Leben
LERNEN
Klett-Cotta

Ob ein wichtiges Mitarbeiter- oder Teamgespräch gelingt oder nicht, hängt in erheblichem Maße von unbewusst wirkenden Prozessen ab. Ziel des Buches ist es, diese verborgenen Einflüsse aufzudecken und den Umgang mit ihnen zu erklären. Zu Grunde liegt das reiche Wissen zum Unbewussten aus Psychoanalyse und vor allem aus der Gruppenanalyse, mit dem der Autor seit vielen Jahren praktisch arbeitet.

Wer Führungspersonen in Konzernen, Betrieben oder Institutionen berät oder coacht, findet hier eine Fülle an Informationen über das, was in Gesprächen nicht ausgesprochen wird, aber dennoch wirksam ist. Ausführliche Beispiele zeigen, wie Konfliktlösungen – auch Mediationen und Schlichtungen – mit diesem Wissen besser gelingen und Gespräche generell erfolgreicher gestaltet werden.

Georg R. Gfäller, Dr. phil., Dipl. sc. pol., Psycho- und Gruppenanalytiker, Supervisor, Organisations- und Konfliktberater, Mediator, arbeitet in eigener Praxis in München; wissenschaftlicher Beirat in verschiedenen Bereichen, u. a. Klinikorganisation; wissenschaftlicher Beirat an der Europa-Universität Viadrina in Frankfurt/Oder (Fachbereich Kultur- und Gesundheitswissenschaften); Lehr- und Vortragstätigkeit.

Alle Bücher aus der Reihe ›Leben Lernen‹ finden Sie unter www.klett-cotta.de/lebenlernen

Georg R. Gfäller

Die Wirkung des Verborgenen

Unbewusste Hintergründe kommunikativer
Prozesse in Unternehmen und Institutionen

Mit einem Vorwort von Klaus Michael Meyer-Abich

Klett-Cotta

Leben Lernen 236

Die Arbeit wurde 2009 von der Kulturwissenschaftlichen Fakultät der
Europa-Universität Viadrina, Frankfurt/Oder, als Dissertation angenommen

Klett-Cotta
www.klett-cotta.de
© 2010 by J. G. Cotta'sche Buchhandlung
Nachfolger GmbH, gegr. 1659, Stuttgart
Alle Rechte vorbehalten
Printed in Germany
Umschlag: Hemm & Mader, Stuttgart
Titelbild: Francis Picabia: Portrait of Marian © VG Bild-Kunst, Bonn 2010
Gesetzt aus der Minion von Kösel, Krugzell
Auf säure- und holzfreiem Werkdruckpapier gedruckt
und gebunden von Kösel, Krugzell
ISBN 978-3-608-89098-3

Bibliografische Information der Deutschen Nationalbibliothek
Die Deutsche Nationalbibliothek verzeichnet diese Publikation in der
Deutschen Nationalbibliografie; detaillierte bibliografische Daten
sind im Internet über <http://dnb.d-nb.de> abrufbar.

Inhalt

Geleitwort: Grenzen der Verständigung – und wie wir uns dem Verborgenen öffnen

von Klaus Michael Meyer-Abich

Gemeinsam etwas zustande zu bringen ist letztlich die Grundform jeder menschlichen Tätigkeit. Sogar der ganz für sich produktive Einzelne steht immer in Beziehungen zu andern. Sich auf die miteinander anzustrebenden Ziele, Wege und über die jeweils nächsten Schritte zu *verständigen* ist deshalb eine Grundbedingung aller beabsichtigten Entwicklungen. Diese Verständigung kann manchmal darauf beschränkt sein, anderen zu erklären, was weisungsgemäß getan werden soll. In einer demokratischen Gesellschaft geht es aber immer auch um die weitergehende Einsicht, dass das Gesollte richtig und sinnvoll ist, dass man es also auch selber will und sich mit der Aufgabe identifiziert. Wo die Einsicht nur begrenzt zu vermitteln ist, bedarf es zumindest des *Vertrauens* in die Einsicht des Vorgesetzten.

Umfragen haben ergeben und von Jahr zu Jahr bestätigt, dass in der deutschen Wirtschaft nur höchstens ein Siebtel der Beschäftigten intrinsisch motiviert für die eigene Arbeit ist, sie also sozusagen um ihrer selbst willen tut. Am anderen Ende der Skala arbeitet ein weiteres Siebtel nur um des Lohns willen und hat keinerlei Interesse an der ausgeübten Tätigkeit. Die große Mehrheit dazwischen tut das Ihre, weil die Arbeit nun einmal zum Leben gehört. Eine starke Wirtschaft aber lebt vor allem von denjenigen, die sich mit ihrer Arbeit identifizieren, denen also das Einkommen erst in zweiter Linie wichtig ist, solange es dabei nicht geradezu ungerecht zugeht. In einigen anderen Ländern ist dieser Anteil größer. Die Umfrageergebnisse deuten darauf hin, dass die nationalen Unterschiede etwas damit zu tun haben, wie gut sich die Beschäftigten in ihrem Arbeitszusammenhang motiviert und geführt fühlen.

Mitarbeiter werden erfolgreich geführt, wenn die äußere Führung durch den Leiter sich in eine innere Führung der Geleiteten umsetzt. Dies gilt sogar beim Militär. Wenn aber Verständigung und Vertrauen dazu die Bedingungen sind, ist es eine vordringliche Aufgabe, die hier bestehenden Hindernisse so gut es geht zu überwinden. Dieses Buch handelt davon, dass die Verständigung, auf der jede erfolgreiche Zusammenarbeit beruht, niemals nur der gemeinsamen Aufgabe gilt, sondern ihre Grenzen am ehesten in persönlichen Eigenschaften der Beteiligten findet. Gfäller zeigt, dass diese Grenzen in der Regel aber nicht unüberwindlich sind.

Der Titel des Buchs »Die Wirkung des Verborgenen« ist gut gewählt, denn die Persönlichkeitsmerkmale, welche die Verständigung erschweren, sind meistens in der zurückliegenden Lebensgeschichte der Beteiligten – der Führenden wie der Geführten – begründet und ihnen nicht gegenwärtig. Beispielsweise sind Führungsprobleme eines Vorstandsmitglieds oder eines Abteilungsleiters häufig durch seine familiäre Vorgeschichte bedingt, und vor Gericht werden die rechtlichen Spielräume – die ja meistens nicht gering sind – in der Regel so genutzt, dass man darin persönliche Erfahrungen der Richter wiedererkennen kann. Derlei persönliche Voreingenommenheiten wurzeln aber im dynamischen Unbewussten der Beteiligten, sodass diese sich mit der Hilfe eines Therapeuten darüber klar werden und in ihren Entscheidungen davon lösen können. Gfäller veranschaulicht die Wirkungen des Verborgenen, das man normalerweise im Rücken hat, das aber seine Selbstverständlichkeit verliert, wenn man darauf aufmerksam wird, durch detaillierte Beispiele aus dem alltäglichen Leben.

Obwohl der Autor seinem Fach nach Psychoanalytiker ist, entbehren seine Analysen ganz und gar der Penetranz, welche dieser Art der Psychotherapie manchmal eigen ist. Er geht nämlich auf die Anfänge der Psychoanalyse bei Freud zurück, in denen sowohl die gesellschaftlichen Dimensionen unseres Seelenlebens als auch die Leiblichkeit des Unbewussten noch nicht ausgeblendet waren. In dieser Spannweite aber hat er darüber hinaus als Gruppentherapeut und als Organisationsberater in vielerlei Institutionen jahrzehntelange Erfahrungen gewonnen, wie die persönlich unbewussten Haltungen erschweren können, dass Menschen zueinander finden und sich verständigen. Dabei geht es nicht um Kranke, sondern um Gesunde in ihren persönlichen Verhältnissen, in diesem Zusammenhang allerdings auch darum, wie sie möglichst gar nicht erst krank werden. Demgegenüber konzentrieren sich die Psychotherapeuten heute in der Regel genauso einseitig auf psychische Krankheiten, wie die Mediziner sich mit den vermeintlich bloß körperlichen Erkrankungen beschäftigen.

Allerdings teilen die meisten Psychotherapeuten wie die Mediziner das individualistische und dualistische Denken heute mit der Allgemeinheit. Freud hat diese Verengung noch nicht gekannt, sondern sah jeden Menschen sozusagen in einer Wolke von Mitsein, in dem sein Selbst sich entwickelt hat und durch das es konstituiert ist. Georg Groddeck und Viktor von Weizsäcker haben später dieselbe Kritik am psychischen und somatischen Individualismus geübt, ihn aber nicht aufhalten können. Alain Ehrenberg hat neuerdings gezeigt, dass das Individuum durch den übersteigerten Autonomieanspruch sogar überfordert sein und dadurch zu Depressionen neigen kann.

Im umfassenden Sinn einer leib- und gesellschaftsorientierten Psychotherapie nicht nur für Kranke kann das Buch auch als eine gar nicht lehrbuchhafte Einführung in die Psychoanalyse gelesen werden. Man lernt, wie wir andere Menschen und ihre Äußerungen zuerst immer nach der Matrix der eigenen Vorerfahrungen bzw. Vorurteile beurteilen und sie deshalb oft missverstehen. Dabei handelt es sich teils um unbewusste Motive und Wertungen, die sich seit der Kindheit in der persönlichen Lebensgeschichte gebildet haben, teils um Projektionen dessen, was man an sich selbst nicht wahrhaben möchte, auf die jeweiligen Mit- oder Gegenspieler, teils um allgemeine, aber auch nicht völlig unabänderliche soziokulturelle Grundverhältnisse. Die Folge ist, dass sich Gegensätze bilden und in der Regel auch leiblich ausdrücken, die persönlich bedingt sind und gemeinsame Lösungen unnötig erschweren. Dies gilt, wie Gfäller immer wieder anschaulich demonstriert, in Wirtschaftsunternehmen ebenso wie im Rechtswesen und im Rechtsvollzug, im Gesundheits- bzw. Krankheitswesen, in therapeutischen Gruppen, in Behörden, in Glaubensgemeinschaften sowie in Bildungseinrichtungen.

Die Verständigung, durch die sich in einem kooperativen Mitsein Einsicht und Vertrauen bilden, wird freilich nicht nur erschwert, indem man andere Menschen immer nach der Matrix der eigenen Vorerfahrungen beurteilt, sondern sie wird dadurch auch selber erst ermöglicht. Denn nur vermöge des bereits Erlebten kann man Bekanntes wiedererkennen. Um Neues wahrzunehmen und Missverständnisse zu überwinden, gilt es, die Vorerfahrungen dann aber in einer Art *Verständigungsarbeit* zu erweitern und zu korrigieren, sodass sich Vertrauen bildet, indem man einander vertrauter wird. Wer darin nicht ohnehin ein Naturtalent ist, kann sich durch dieses Buch zu Hause wie bei der

Arbeit auf den Weg zu einer besseren mitmenschlichen Verständigung bringen lassen.

Obwohl sich die Wirkung des Unbewussten immer nur teilweise bewusst machen lässt, wird der Leser sich im Folgenden oft genug wundern, wie rätselhaft es in der menschlichen Seele zugeht. Erstaunlich ist insbesondere, auf wie vielerlei Weise man sich in der Verständigung mit sich selbst und mit anderen Unangenehmes vom Leib halten kann. Einschlägig für Großbetriebe wie für die politischen Prozesse ist in dieser Hinsicht besonders das Kapitel über die Großgruppenprozesse. Verschiedentlich werden hier auch die Sozialisationsprozesse zum Umgang mit Gewalt oder mit dem Bösen überhaupt berührt.

Gfällers Buch gibt Anlass zur Hoffnung, dass die Möglichkeiten der Verständigung, die hier entfaltet werden, letztlich auch die Ziele verbessern, auf die Menschen sich zu verständigen suchen. Dies ist nicht selbstverständlich, denn man kann sich auch auf böse Handlungen verständigen, sei es auf Verbrechen, auf Kriege oder auf die wirtschaftliche Destruktion der natürlichen Mitwelt. Es sieht aber wohl doch so aus, dass es in diesen Fällen nur eine defizitäre Verständigung darüber gegeben hat, ob das, was gemeinsam zustande gebracht werden soll, wirklich gut ist. Soweit also die Verständigung auch die Werte berücksichtigt, welche unsere destruktiven Neigungen kulturell zu bändigen und zu veredeln vermögen, kann die Verständigungsarbeit sogar dazu beitragen, dass eine Welt mit Menschen schöner und besser wird, als sie es ohne uns wäre. Dieses Buch ist dazu ein Vademecum.

Klaus Michael Meyer-Abich, Hamburg-Blankenese, zu Ostern 2010.

Vorwort

Management, Teamentwicklung, Leitung oder Führung von und in Gruppen und Einzelgesprächen benötigt Erfahrung und Wissen über viele Ebenen von Kommunikationsprozessen. Mit dieser interdisziplinär angelegten Arbeit werden Ergebnisse der Psycho- und Gruppenanalyse über unbewusste Kommunikationsprozesse und deren Wirkungen mit folgenden Anwendungsfeldern verknüpft: Leitungs- und Führungsaufgaben, Supervision, Coaching, Arbeitsgruppen, Teams, Firmen, Organisationen, Institutionen, Soziologie, Politik, Forschung, Ethnologie (Ethnoanalyse), Rechtsprechung, Mediation und andere Schlichtungs- bzw. Konfliktlösungsverfahren, Vortragsgestaltung, Moderation usw. Diese Übertragung bzw. Übersetzung wird mit Fallbeispielen belegt. In all diesen Feldern geschehen unbewusste und damit zuerst einmal unerkannte, verborgene Prozesse, ohne dass bisher die Verknüpfung mit Psycho- und Gruppenanalyse ausreichend und systematisch geschah.

   Die wesentlichen wissenschaftlichen Hintergründe der Arbeit entstanden – neben meinem Studium – vor allem am Max-Planck-Institut zur Erforschung der Lebensbedingungen der wissenschaftlich-technischen Welt (Leitung: Carl Friedrich von Weizsäcker, Jürgen Habermas, 1970 – 1980, Starnberg), mit der bis zu seinem Tode dauernden Zusammenarbeit mit C. F. von Weizsäcker. Wir fanden Übereinstimmungen zwischen modernster Naturwissenschaft (Quantenphysik, Mathematik) und menschlichen Prozessen. Wir wollten zudem der Aufgabe gerecht werden, Wissenschaft unter politischer Verantwortung[1] zu betreiben (C. F. von Weizsäcker 1994[2], 185 – 230). Nach 1980 bildete C. F. von Weizsäcker das »Carl-Friedrich-von-Weizsäcker-Colloquium« mit Institutsmitgliedern, dem ich angehörte. Hier ergab sich eine vertiefte Zu-

---

[1] C. F. von Weizsäcker (1994, S. 225): »*Wie sollte eine Menschheit, die die Krise überlebt, zur Wissenschaft stehen? … A: Der Grundwert der Wissenschaft ist die reine Erkenntnis. B: Eben die Folgen der reinen Erkenntnis verändern unaufhaltsam die Welt. C: Es gehört zur Verantwortung der Wissenschaft, diesen Zusammenhang von Erkenntnis und Weltveränderung zu erkennen. D: Diese Erkenntnis würde den Begriff der Erkenntnis selbst verändern.*«

sammenarbeit mit Klaus Michael Meyer-Abich, mit dem ich Gespräche auch zu dieser Arbeit führen konnte. Neben dem Colloquium entstand der Verein »Wissenschaft und Verantwortung«, der auch anderen Wissenschaftlern und interessierten Politikern, Managern offenstand, und die »Carl-Friedrich-von-Weizsäcker-Stiftung« zur Förderung von diesbezüglichen Arbeiten und nicht zuletzt über das Engagement der Hamburger ehemaligen Institutsmitarbeiter (u.a. W. Schindler und K.M. Meyer-Abich) ein Stiftungslehrstuhl an der Hamburger Universität. Bei »Wissen und Verantwortung« lernte ich Rainer Zimmermann (siehe z.B. 2002, 2007, 2009)[2] kennen, der dabei ist, eine mit der Quanteninformationstheorie (Lyre 1998) in Verbindung stehende qualitative Topos-Mathematik[3] so weiterzuentwickeln, dass damit menschliche Prozesse in Gesellschaft, öffentlichen Räumen, Wirtschaft und Staat mathematisch und damit im strengen Sinne naturwissenschaftlich erfasst werden können. Diese Mathematik bewährte sich bei der gelungenen Umstrukturierung der Innenstadt von Bologna. Die diesbezüglichen Gespräche und mein Verständnis für die dazugehörigen mathematischen Theorien sind nun noch nicht so weit gediehen, dass ich diese die Kultur einschließende Mathematik[4] für diese Arbeit sinnvoll umsetzen könnte.

In einem vielleicht sehr alten Verständnis von Naturwissenschaft geht es hier um Natur, ernst genommen, dem Mitsein des Menschen in seiner, mit der Natur, in Gemeinschaft mit anderen. Natur könnte sein: die Bewegung des Gegebenen im Rahmen der Zeit.

---

2 Zimmermann (2007, S. 41): »*In einer modernen Terminologie würden wir heute (ausgehend von Spinoza, GRG) formulieren: Der Mensch kann die wahre Welt lediglich unter dem* einen *Attribut der Materie wahrnehmen, insofern ›Geist‹ nichts weiter ist als komplexe Materieform«* – und andererseits können wir nur wahrnehmen, was und inwieweit das An-sich-Gegebene uns sich durch für uns nachvollziehbare Information (Wechselwirkung) vermittelt.

3 Zimmermann (2009) sieht ein Begründungsproblem der Psychoanalyse, da sie sich in den üblichen Formulierungen zu weit von der modernen »harten« Naturwissenschaft entfernt habe. Er schlägt die Verbindung zweier aktueller Begriffstriaden vor: Kognition-Kommunikation-Kooperation und Raum-Netzwerk-System. »*Das vergleichsweise neue Gebiet der mathematischen Topos-Theorie bietet hierfür eine geeignete Sprache, die einen solchen Vermittlungszusammenhang auszudrücken imstande und im Bereich zwischen der formalen Sprache der Wissenschaft und der alltäglichen Gestaltsprache angesiedelt ist.*« (S. 1)

4 Im Grunde handelt Mathematik von Ästhetik, von »guten und schönen« (im Sinne Platons) Verhältnissen.

Umgekehrt lässt sich naturphilosophisch argumentieren[5]: Schon Humboldt als auch Herder ließen mit dem Menschen »*nun auch die Sprache als einen* »*Theil der Naturkunde des Geistes*« *aus der Natur hervorgehen*« (Meyer-Abich, 2008, S. 70). Das Denken ist ein Prozess in der Natur geworden, nämlich in Gestalt von Kunst und Wissenschaft als »*geistigen Naturprozessen*« (Picht 1989, S. 159).

Die Modernität der hier von mir vertretenen Psycho- und Gruppenanalyse hängt mit dieser Aufhebung des alten Widerspruchs zwischen Natur- und Geisteswissenschaften zusammen, manchmal können Prozesse zum besseren Verständnis mehr mit den Metaphern und Begriffen der Physik, manchmal mehr mit denen von Soziologie, psychoanalytischer Psychologie, Kultur- und Gesellschaftswissenschaften, um nur einige der hier mit involvierten Wissenschaften zu nennen, beschrieben werden. Eines der Anliegen der Gespräche mit C. F. von Weizsäcker war es, durch genauestes Untersuchen dessen, worüber man sprach, zum einen ein wenig mehr davon zu verstehen, zum anderen die Stellen zu finden, an denen sich die noch bestehenden Widersprüche zwischen Natur- und Geisteswissenschaft versteckt halten könnten. Es wurde auch geprüft, ob unterschiedliche Wissenschaftssprachen (siehe z. B. Järventausta, Schröder 1977) von verschiedenen Standorten aus nicht vielleicht Gleiches und ebenso Ganzes zu begreifen versuchen.

Ohne die kritische Freundschaft mit Klaus-Michael Meyer-Abich, die mit Carl Friedrich von Weizsäcker[6], die Unterstützung durch Hartmut Schröder[7], Stephan Breidenbach und die meiner Frau, Sigrid Gfäller, wäre es nicht gelungen, diesen Text neben einem zeitfüllenden Beruf so zu erstellen, wie er jetzt verfertigt ist. Ein großer Dank gebührt auch Frau C. Treml, der Lektorin des Verlags, die mich bei der Korrektur des Textes begleitete.

---

5 Siehe Meyer-Abich in seiner »praktischen Naturphilosophie« (Meyer-Abich 1997).

6 In den über dreißig Jahren der gemeinsamen Gespräche dürfte ich so viel von Weizsäcker übernommen haben, dass es im Einzelnen gar nicht zu zitieren ist – die Gedanken sind wohl auch meine geworden.

7 Schröder und Breidenbach nahmen diese Arbeit als Dissertation (Juni 2009) an für die Kulturwissenschaftliche Fakultät der Europa-Universität Viadrina in Frankfurt/Oder.

1. Einführung

Es mag vielleicht merkwürdig erscheinen, die in der Regel in der Krankenbehandlung angewandten Verfahren wie Psychoanalyse (als tiefenpsychologische und analytische Einzel-Psychotherapie) und Gruppenanalyse (als tiefenpsychologische und analytische Gruppenpsychotherapie) in anderen gesellschaftlichen Bereichen »anzuwenden«. Es kann da durchaus nachvollziehbare Widerstände geben, denn hier handelt es sich nicht um Krankheiten bzw. um zu behandelnde kranke Menschen, sondern um Konflikte, Widersprüche, Systeme, Organisationen, Institutionen[8], Interessen. Dazu ist zu sagen, dass gerade die hier verwendeten Methoden und Theorien (Psychoanalyse und Gruppenanalyse) von Anfang an dahingehend angelegt waren, auch in anderen Anwendungsfeldern als der Krankenbehandlung gute Dienste zu leisten. Beide Verfahren leiden darunter, dass unter heutigen gesetzlichen Regelungen die Ausbildung fast ausschließlich im Rahmen von Krankenbehandlung stattfindet und die ebenso beiden Verfahren eigentümliche Interdisziplinarität dadurch verloren geht, dass z. B. in Deutschland seit 1975 nur noch ÄrztInnen und PsychologInnen zur Aus- und Weiterbildung zugelassen werden. Die psychoanalytische Kultur- und Gesellschaftskritik, diese »letzte Bastion der Aufklärung« (Heinrich 2007), droht dadurch aufgegeben zu werden, die Kenntnisse werden nur selten noch vermittelt (Gfäller 1997). Dennoch sehen es viele Psycho- und Gruppenanalytiker samt ihren Berufsorganisationen als notwendig an, hier Gegengewichte zu schaffen, was vielfach noch auf Kongressen und diesbezüglichen Tagungen geschieht. Dabei kann man sich gut auf den Gründer der Psychoanalyse beziehen: S. Freud (1923 a [1922], S. 211) beschrieb die Psychoanalyse als bestehend aus drei Wesenheiten:

1. Ein spezielles Verfahren zur Untersuchung, Erforschung menschlicher seelischer Zustände, die ansonsten kaum zugänglich sind,

---

8 Siehe z. B. Bauer, Gröning (1995), die mit anderen Autoren Institutionen und deren unbewusste Prozesse untersuchen.

2. eine Behandlungsmethode, die sich auf diese Art der Untersuchung gründet, und

3. eine Reihe von auf solchem Wege gewonnener Einsichten, die zu einer neuen wissenschaftlichen Disziplin zusammenwachsen.

Diese zusammengehörende Trias von Forschen, Behandeln und Theorien erarbeiten, evtl. auch verwerfen, wenn sie den neuen Ergebnissen widersprechen, die Freud sowohl in den Schriften als auch im Leben beachtete, legt nahe, dass die Erkenntnisse der Psychoanalyse keineswegs auf den Bereich ausschließlicher Psychotherapie reduziert werden dürften, sondern allgemeine Fragen des Mensch-Seins in Kultur, Gesellschaft und Politik, das Verhältnis des Menschen zu seiner inneren und der äußeren Natur kritisch beleuchten können[9]. So ist die Psychoanalyse schon von Anfang an eine interdisziplinäre Wissenschaft[10], die den Austausch mit vielen Wissenschaften benötigt (Freud 1926).

Aus dieser Psychoanalyse heraus ist in den 40er-Jahren des letzten Jahrhunderts die Gruppenanalyse entstanden, da sich die Auffassung verbreitete, ein spezifisches Charakteristikum des Menschen sei es, zeitlebens in besonderer Weise in Gruppenzusammenhängen aufzuwachsen (Familie), im Kindergarten zu spielen, in der Schule zu lernen, schließlich in Gruppenzusammenhängen beruflich tätig zu sein. Der Zusammenschluss in Gruppen zum Zweck der Daseinssicherung und damit auch des Schutzes vor Gefahren hat in der Entwicklung der Spezies Humana eine lange Geschichte (Heigl-Evers, A., Gfäller, G. R. 1993). Freud (1923 a, S. 232) sah dies in dieser Form nicht, meinte noch, dass der sog. Herdentrieb, wie er es nannte, ausreichend aus individuellen libidinösen Objektbesetzungen herzuleiten sei, die sich in Zweier- bzw. Dreier-Situation entwickeln[11]. Schon in der Psychoanalyse erkannte man, dass wesentliche Veränderungsprozesse nur geringfügig über kognitive Einsichten erreicht würden. Veränderungen entstünden

---

9 Zimmermann (2007, S. 39) nennt das den Versuch Freuds, eine umfassende kognitive Metatheorie zu entwerfen.

10 Dies auch im Sinne Christa Rohde-Dachsers (1998), die in interdisziplinären Gesprächen mit Philosophen, Historikern, Juristen und anderen den wissenschaftlichen Standort der Psychoanalyse erforscht.

11 Kaës (2009) stellte kürzlich einen neuen Zusammenhang von »inneren Gruppen«, der inneren Repräsentanz der Gruppeneigenschaft des Menschen, mit Gedanken Freuds her.

über die Erfahrung von Veränderung[12] und über die Aufdeckung der Widersprüche zwischen den früheren, verdrängten, und den jetzigen Erlebnismöglichkeiten. Da zugleich das Erleben im Rahmen der Analyse der Prozesse von Übertragung[13] und Gegenübertragung[14] und deren deutender Erarbeitung sinnlich-symbolisch erfahrbar wurde, lag es nahe, ein Setting der Therapie, Forschung und Theoriebildung zu entwerfen, das den ursprünglichen Ausgangssituationen in der frühen Kindheit eher nahekam als die Zwei-Personen-Situation in der psychoanalytischen Einzeltherapie.

Bald nach Beginn des 2. Weltkriegs und kurz nach dessen Ende sind auf diese Weise mehrere Ansätze analytischer Gruppenpsychotherapie entstanden (Heigl-Evers, A. 1978[2], Gfäller 2006[2]), von denen einer in besonderer Weise herausgegriffen werden soll, da dieser sich weltweit als besonders praktikabel erwies. Der hier zu nennende Pionier ist S. H. Foulkes (Lit.: 1948 bis 1992), der vor diesem Krieg (als Sigmund Heinrich Fuchs, siehe Plänkers u. a. 1996) in Frankfurt zuerst gemeinsam mit Fritz Pearls (Gestalttherapie) Assistent bei einem schon damals sehr bekannten Hirnforscher und Neurologen K. Goldstein[15] war. Goldstein seinerseits lernte Psychiatrie und Neurologie in Paris bei P. Janet, bei dem auch Freud war. Goldstein integrierte in die Theorie des Gehirns die damals gerade entstandene Gestaltpsychologie, da ihm diese die Hirnprozesse, die er beobachtete, am anschaulichsten darzustellen ermöglichte. Er sah bei Hirnverletzungen, dass das Gehirn erstaunliche Kompensationsmöglichkeiten hat, dass sogar bei weitestgehender Zerstörung z. B. durch eine Schussverletzung des Sehzentrums andere Gehirnteile sich gewissermaßen zusammentaten und zumindest doch minimalste Sehmöglichkeiten eröffneten. Das Gehirn funktioniere also als ein Gesamt, ein Ganzes; Störungen in einzelnen Bereichen werden durch andere kompensiert bei Verringerung der Gesamtenergie im Gehirn wegen dieser speziellen Leistungen. Als Assistent von Goldstein sah Fuchs (Foulkes) den empi-

---

12 Entwicklungen stehen im Zusammenhang zwischen äußerer Realität, soweit wahrgenommen, und inneren Möglichkeiten der Verarbeitung und Gestaltung, sind somit, auch wenn man sie später neurotisch nennt, zu gewissen Zeiten eine für die jeweilige Person richtige Lösung, die später eher in die Irre führt, wo es gewisser Überzeugungsarbeit bedarf, dass die neuen Lösungen sinnvoll sein könnten, sie müssen sich in der Erfahrung bewährt haben.

13 Siehe Gill 1982

14 Siehe Gysling 1995, Neyraut 1976

15 Siehe Goldstein 1939

rischen Nutzen dieser Gestalttheorie und übersetzte diese später für die von ihm entwickelte Gruppenanalyse. Danach ließ er sich zum Psychoanalytiker in Wien ausbilden, hatte, wie der andere Assistent Goldsteins, Fritz Pearls, als Lehranalytikerin Helene Deutsch, eine tatkräftige und von Freud bewunderte Frau, die schon früh für die Rechte der Frauen eintrat, allerdings Männer, die in ihrer Sicht nicht wirklich Männer waren, eher schlecht behandelte. Fuchs (Foulkes) als gebildeter Wiener »Charmeur« genoss seine Lehranalyse trotz der leidigen Erkenntnisse über sich selbst[16]. Er hörte Vorlesungen von Freud und den anderen Pionieren der Psychoanalyse. Zurück in Frankfurt, wurde er Leiter der Ambulanz des psychoanalytischen Instituts, das im ersten Stock des später weltweit bekannten »Instituts für Sozialforschung« (Leitung Horkheimer und Adorno[17]) residierte. Die Psychoanalytiker Landauer, später auch Fromm, waren Mitglieder beider Institute. Foulkes nahm an den regelmäßigen wöchentlichen Gesprächen zwischen beiden Instituten teil. Überhaupt war Frankfurt in den Jahren vor dem 2. Weltkrieg ein Zentrum intellektuellen Austausches zwischen verschiedensten Professionen. Man hatte hier von den Ergebnissen der Quantenphysik ebenso gehört wie von den Versuchen von Viktor von Weizsäcker, Philosophie, Physik, Theologie und Medizin[18] so zu verknüpfen, dass er darauf seine »anthropologische Medizin« (1986 ff.) aufbauen konnte. Nach der Machtergreifung der Nationalsozialisten 1933 sah Fuchs (Foulkes) als Sohn eines jüdischen Rabbiners bald keine andere Möglichkeit mehr, als zu emigrieren. Er ging über Frankreich nach England. Dort arbeitete er zuerst an einem Militärkrankenhaus, wo er mit Tom Maine, seinem Oberarzt, den Begriff der therapeutischen Gemeinschaft entwickelte und so auch die Stationen führte (siehe Gfäller 1992).

In diesem Krankenhaus waren schwer erkrankte Soldaten, deren Krankheitsdiagnosen die gesamte Bandbreite von neurologischen, psychiatrischen, psychosomatischen und neurotischen Erkrankungen umfasste. Die Klinik war, wie damals üblich, unterteilt in verschiedene Stationen entsprechend dem Schweregrad der Erkrankungen. Üblich waren psychotherapeutische Gespräche, analytische Gruppensitzungen mit geeignet zusammengesetzten Patientengruppen aus verschiedenen

---

16 Pers. Mittlg. von Elisabeth Foulkes, seiner 2. Ehefrau, London 1990
17 Siehe Horkheimer u. a. 1936, Plänkers u. a. 1996
18 Siehe Gfäller 1995, wo eine Verbindungslinie zwischen Physik und Psychosomatik gelegt wird.

Stationen (über die Stationen hinweg), Stationsversammlungen, auf denen Fragen der Organisation, Versorgung, Neuaufnahmen und Entlassungen besprochen wurden. Eine Klinikgroßgruppe kam später hinzu. Man hatte schon damals erkannt, dass es für jegliche Behandlung förderlich ist, wenn diese nicht nur durch den Arzt durchgeführt wird, sondern im Rahmen und mithilfe der gesamten Klinik und ihrer Struktur[19] – mit Patienten, die sich selbst wiederum als aktive Teilnehmer ihrer Gruppen zum Ziel besserer Genesung verstanden. Es gab damals auch in Deutschland schon Kliniken, in denen ganzheitliches Denken, Psychotherapie und andere der Gesundheit dienende Aktivitäten stattfanden – aber die gesamte Klinik als Hintergrund und aktiver Bestandteil der Therapie zu nutzen war neu.

In diesem Militärhospital hatte Foulkes zum Zweck der Erforschung und Behandlung innerer Hintergründe somit psychotherapeutische Gruppen, die zum Zweck möglichst guter Behandlung über die Stationen hinweg zusammengesetzt, also keine reinen Stationsgruppen waren. Foulkes verließ später dieses Krankenhaus und ließ sich als praktizierender Psychoanalytiker nieder. Als sich der Andrang auf seine Praxis so mehrte, dass extrem lange Wartezeiten entstanden, wagte er es, die gerade im Wartezimmer sitzenden acht Personen zu einer Gruppe zusammenzufassen und mit diesen die ambulante psychoanalytische Gruppentherapie zu beginnen[20]. Bald kamen andere Gruppen hinzu, die nach immer genaueren Vorstellungen zusammengesetzt wurden. Entsprechend der Gestalttheorie[21] sah er das Gruppengeschehen als Figur vor dem Hintergrund der Gruppe und ihrer Dynamik. Es entstand die Frage nach dem für solche Gruppen nötigen Führungsstil, den Foulkes etwa gleichzeitig mit Levin ausführlich beschrieb. Levin hatte die Führungsstile aufgeteilt in drei[22], nämlich

---

19 Im »Nachwort« (Gfäller 1992) konnte auf diese völlig neue Nutzung institutionellen Potenzials hingewiesen werden, da im übersetzten deutschen Text des Buches (Foulkes 1992) die diesbezüglichen Texte des englischen Originals fehlten.

20 Siehe Heigl-Evers 1978

21 Hier kam nochmals zum Ausdruck, dass Foulkes längere Zeit Assistent eines frühen Hirnforschers war, der heute in der Literatur trotz seiner wesentlichen Erkenntnisse kaum mehr erwähnt wird: Kurt Goldstein (1939), der wie Freud bei Janet in Paris war und seine Gestalttheorie des Zusammenhangs von hervortretender Figur und dem begleitenden und inhaltsgebenden Hintergrund mit der Theorie der Gehirnfunktionen weiterentwickelte.

22 Siehe Hiebsch, Vorwerg 1969

1. den autoritären Führungsstil, in dem der Leiter allein entscheidet und alle Informationen an ihn direkt gegeben werden, Meinungen der Gruppenmitglieder zählen nicht, wohl aber deren Unterordnung,
2. den demokratischen Führungsstil, wo der Leiter zwar die alleinige Verantwortung für die Entscheidungen hat, aber zuvor in ausführlichen Gesprächen die für die Entscheidung nötigen Informationen von den Gruppenmitgliedern erhält und auch deren Meinung gefragt ist, wie mit diesen Informationen am besten umzugehen sei.
3. Den dritten Führungsstil nannte Levin den »Laissez-faire«-Führungsstil, wo alle Entscheidungen der Gruppenmitglieder vom Leiter ohne dessen besondere Einmischung mit getragen werden.

Foulkes hatte für sich und die Leitung in der Gruppenanalyse ohne Kenntnis der Schriften von Levin den demokratischen Führungsstil gewählt[23]. Er differenzierte diesen Führungsstil auf das Genaueste aus, man könnte an dieser Stelle jetzt diesen Leitungsstil genau beschreiben, da er sich auch in allen Organisationen, Institutionen und Firmen bewähren könnte, darauf möchte ich später ausführlicher zurückkommen.

Foulkes konnte schließlich mit seinem Setting der gruppenanalytischen Gruppe und der spezifischen Zusammensetzung einer solchen Gruppe entscheidende Neuerfahrungen machen, sodass er schließlich eine gruppenanalytische Gesellschaft und ein dazugehöriges Ausbildungsinstitut begründen konnte. Es sind dies die Group Analytic Society (London) und das Institute for Group Analysis (London), wohin bald aus der ganzen Welt Psychoanalytiker kamen, um diese spezifische Methodik zu erlernen. Ähnlich wie Freud hatte Foulkes als ausgebildeter Psychoanalytiker die Gruppenanalyse konzipiert als

1. Behandlungsmethodik und Behandlung,
2. als Theorie menschlicher Prozesse und
3. als Erforschung des Menschen in seinen gruppalen und sonstigen Zusammenhängen.

Nebenbei hatte Foulkes eine Gruppe von Wissenschaftlern um sich, mit denen er die verschiedensten Theorien der Gruppenanalyse und Methoden der Gruppenforschung entwickelte, besprach und korrigierte. Der Soziologe Norbert Elias (1936, 1987, 1990) gehörte dazu,

---

23 Siehe das Kapitel über die »Leitung«

der mir einer der wichtigen Lehrer in Soziologie war. Aus dessen Begriff der Figuration entwickelte Foulkes seine Theorie des Netzwerkes, aus dessen Theorie der Kulturentwicklung seine Matrizentheorie.

Mit der *Netzwerktheorie* meinte Foulkes (1964) kurz gesagt, dass der einzelne Mensch wie ein Knoten im Netzwerk der Familie, Referenzkollektiven, seiner Gesellschaft, seinem Staat zu sehen ist, vernetzt sei, sodass jegliche Veränderung in einer einzelnen Person in der einen oder anderen Weise auch Veränderungen im gesamten Netzwerk erzeuge. Genauso wirken Veränderungen im Netzwerk auf den Einzelnen. In der praktischen Konsequenz hatte dies in einer z. B. therapeutischen Gruppe die Folge, dass das Sprechen eines Gruppenmitglieds gesehen wird als Ausdruck der gerade bestehenden gruppendynamischen Situation, die es ermöglicht und notwendig macht, dass gerade dieser Einzelne jetzt spricht, da er für diese Rede die geeigneten sozialisatorischen Voraussetzungen mitbringt[24]. Zudem ist zu untersuchen, ob diese Rede des Einzelnen nicht auch dafür Ausdruck sein kann, dass andere Gruppenmitglieder dieses Thema vermeiden, und ihre Konflikte auf diesen einen projizieren, wiederum, weil er gerade dafür geeignet erscheint[25].

Die Aufmerksamkeit des Gruppenleiters richtet sich also nicht in besonderer Weise auf den gerade Sprechenden, sondern auf die gesamte Gruppe und diejenigen, die vielleicht gerade dieses Thema meiden. Damit behält man das gesamte Netzwerk der Gruppe im Auge. Auch der Gruppenleiter ist in dieses Netzwerk eingeflochten, sodass er seine emotionalen Reaktionen und das sich ihm vielleicht aufdrängende Sprechen sowohl im Sinne des Netzwerkes und dessen Wirkung als auch im Sinne der Bearbeitung seiner unbewussten Gegenübertragung[26] untersucht. Es ist dies letztlich die Übersetzung der von Freud geforderten »gleichschwebenden Aufmerksamkeit« auf die neue Situation einer Gruppe, verbale und nonverbale Äußerungen, Haltungen und Reaktionen nicht nach Kriterien wie wichtig, unwichtig, dazu-

---

24 Wie Elias (siehe Gfäller 1996) war Foulkes skeptisch gegenüber der Systemtheorie, wie sie damals formuliert wurde, da diese an den Grenzen des Systems wenig aussagekräftig war – und gerade an den Grenzen spiele sich Wesentliches ab. Vernetzung, Figuration sind zwar etwas unklare Begriffe, sie beschreiben aber Grenzgeschehen aus damaliger Sicht besser.

25 Siehe hierzu die Begriffe der Lokalisierung, Personalisierung

26 Siehe Neyraut 1976

gehörig oder nicht dazugehörig zu bewerten, eigene Verhaltensweisen und Gefühle eingeschlossen, sondern alles möglichst ungewichtet wahrzunehmen. Eine hohe Anforderung, die dann besonders spürbar wird, wenn man als Leiter deutlich davon abzuweichen beginnt. So hat man vielleicht als Gruppenleiter den Wunsch, die gerade in der Gruppe entstehenden Konflikte zu interpretieren, und wehrt damit die eigene unbewusste Gegenübertragung ab, die unbewusste Resonanz auf die Wut auf unfähige Elternfiguren sein könnten, man wehrt also mit einer klugen Deutung die negative Übertragung der Gruppenmitglieder auf sich selbst als Leiter ab, indem man dem Impuls folgt, eine kluge Interpretation zu geben. Dies nur als kleines Beispiel.

Es ist dies Ausdruck der konsequenten Anwendung der Netzwerkvorstellung in der gruppenanalytischen Psychotherapie. Außerhalb der Psychotherapie haben Gruppen nicht als wesentliches Ziel die Selbsterforschung, sondern in der Regel Aufgaben, die erledigt werden müssen[27]. Aber auch hier ist es sinnvoll, die spezifische Vernetzung der Gruppenteilnehmer untereinander und die der Gruppe mit der Umwelt (in einer Firma z. B. die Abteilungen, Hierarchien, Normen usw.) als Hintergrund für die Verhaltensweisen der Gruppe zu berücksichtigen.

So unterscheidet man in der Politik zwischen »imperativem« und »repräsentativem« Mandat, der »imperative« Mandatsträger ist reiner Interessenvertreter der ihn gewählten und damit beauftragenden Gruppe, der »repräsentative« ist zusätzlich dem neuen Ganzen, der jetzigen Gruppe oder Organisation verpflichtet, in die er gewählt wurde, hat eigene Entscheidungsmöglichkeiten, wie es »eigentlich« nach dem Grundgesetz im Deutschen Bundestag sein sollte. Mehrere gescheiterte Parlamentsreformen wollten genau dieses durch Lockerung des Drucks durch Parteidisziplin erreichen (Hamm-Brücher 1990).

Die *Matrizentheorie* von Foulkes (1975) besagt, dass jedes einzelne Gruppenmitglied unbewusst versucht, szenisch die anderen Gruppenmitglieder dazu zu bewegen, dass sie gemeinsam mit ihm wesentliche alte und verdrängte Szenen meist aus der Kindheit wiederholen, um diese endlich bearbeiten zu können. Das ist die *individuelle Matrix*.

Die fast manipulativ in die Gruppe eingebrachten verdrängten Szenen oder Interaktionsformen (Lorenzer 1976[28]) treffen dann auf an-

---

27 Das Konzept von Bion (1971) beruht vorwiegend auf solchen Arbeitsgruppen.
28 Lorenzers Werke werden ausführlich gewürdigt bei Belgrad et al. (1987).

dere. Es ist dies sowohl die positive wie auch negative Seite des Wiederholungszwangs[29], von dem Freud (1923 b) sprach. Negativ insofern, als sich tendenziell die Szenen in der gleichen Weise wiederholen wie schon in der Kindheit und neue Traumatisierungen möglich werden, positiv deswegen, weil alle Gruppenmitglieder versuchen, diese Szenen in die Gruppe gewissermaßen einzubauen, und dadurch ein neues Feld entsteht, sodass sich gleichzeitig die alten Szenen zum Teil wiederholen und sie aber auch schon bearbeitbar werden, weil nicht alle Gruppenmitglieder sich einfügen und Deutungen oder auch die Resonanz der anderen Gruppenteilnehmer die alten, verdrängten Szenen bewusst werden lassen. Dieses, dass alle Gruppenmitglieder versuchen, ihre Szenen einzubringen, bewirke das, was Foulkes die *dynamische Matrix* nannte.

Ein Beispiel:

> Zwei Gruppenmitglieder fühlen sich voneinander heftig verletzt, das eine will die Verletzung klären, das andere nicht. Der sog. Klärungsversuch ist dem einen Gruppenmitglied extrem wichtig, da (was er zu diesem Zeitpunkt nicht weiß, Gründe auf Anfrage nicht nennen kann) in seiner Familie nicht geklärte Spannungen unerträglich waren und einmal zu einer psychotischen Erkrankung dieses Mitglieds geführt hatte. Er steht geradezu unter dem Zwang zu »klären«. Das andere Gruppenmitglied hatte in seiner Familie die leidvolle Erfahrung gemacht, dass Klärungsversuche seinerseits mit Schlägen und schließlich mit seinem Ausstoß aus der Familie geendet hatten. Es wusste auch nicht, warum es sich so sträubte. Die Assoziationen anderer und Deutung seitens des Leiters führten zu den Erkenntnissen über die unterschiedlichen Familiensituationen. Ein weiteres Gruppenmitglied, das heftig emotional bei den Auseinandersetzungen mitsprach, erkannte plötzlich, dass der Konflikt zwischen den beiden es daran erinnerte, wie entsetzlich und auf gleiche Weise seine Mutter und sein Stiefvater miteinander in Spannungen gerieten, er als derjenige, der sich sprachlos zurückzog, sie immer heftiger im Schreien. Und in seiner Heftigkeit seiner Beteiligung

---

29 Mit Wiederholungszwang ist gemeint, dass es eine Tendenz im Menschen gibt, traumatische oder auch nur schwer auszuhaltende Szenen vor allem der prägenden Phase der frühen Kindheit so lange zu wiederholen, bis sie aufgelöst sind. Nur, sie werden meist nicht aufgelöst, sondern nur einfach wiederholt und verstärken damit die alte leidige Erfahrung.

am Prozess erkannte er, wie sehr er ihm unangenehme Züge seiner Mutter an sich selbst entdeckte, was sofort zurückgespiegelt wurde. Zwei weitere Gruppenmitglieder erkannten sich selbst und den Partner in diesen Auseinandersetzungen. Schwer war es für alle, diese nebeneinander bestehenden widersprüchlichen Sichtweisen stehen zu lassen; die Folge war die Suche nach Möglichkeiten, mit solchen Widersprüchen in verschiedenen berichteten Situationen umgehen zu können.

In Psychotherapiegruppen liegt das Augenmerk auf der verdrängten Kindheitsgeschichte samt ihrer Verarbeitung durch die einzelnen Gruppenmitglieder, die auch deren Persönlichkeit formten. *Dieses zuerst unwissentliche und aus der Kindheit stammende Verhalten und Interpretieren[30] der gerade gegebenen Situation tritt in allen Gruppen auf, also auch in Betrieben, in der Politik, man könnte sagen, ubiquitär, sodass die jeweilig verdrängten Hintergründe der Gruppenteilnehmer ein oft viel stärkeres Gewicht bei Auseinandersetzungen, aber auch beim scheinbaren »Verstehen« der Situation haben als die Versuche bewusster Klärung.*

Unbewusste Hintergründe des Verhaltens sind dabei nicht per se störend. Wenn jemand in seiner Kindheit die Erfahrung machen konnte, dass Widersprüche nur selten auf ein »eigentlich« reduziert wurden und Konflikte öfter recht fruchtbar waren, kann dieser in jeweils aktuellen Gruppensituationen diese seine Erfahrungsszenen bewusst oder unbewusst in die Gruppe einbringen, sodass die Fähigkeit der Gruppe wächst, mit Konflikten umzugehen. Bei der Erfahrung allerdings, dass Konflikte zu Trennungen, schweren Auseinandersetzungen führen, wird ein solcher Teilnehmer viel dafür unternehmen, bestehende Widersprüche erst gar nicht sichtbar werden zu lassen, oder mit der Angst reagieren, es könne gleich viel kaputtgehen.

In Arbeitsgruppen, Besprechungen, Sitzungen oder sonstigen Gruppen kann natürlich nicht auf die jeweiligen verdrängten individuellen Hintergründe eingegangen werden, aber es nutzt schon, wenn man weiß, dass die Wahrnehmung oder Interpretation einer gegebenen

---

30 Man könnte das auch unbewusste, verinnerlichte und dann verdrängte Transaktionsmuster nennen, die dann im Jetzt Grundlage für das »Verstehen«, damit das Interpretieren der neuen Situation liefern (siehe Lorenzer 1973 a, 1974).

Situation für jeden Interpreten »real« aus der Logik seiner Sozialisation heraus und damit auch ernst zu nehmen ist, und wenn sie noch so sehr der eigenen Wahrnehmung oder Interpretation widerspricht.

All dies könnte nicht verstanden werden, wenn nicht die dritte Matrix am Werk wäre, nämlich die sog. *Hintergrundmatrix.* Diese Hintergrundmatrix ist die gemeinsame Sprache, die von zumindest einigen geteilten Bedeutungen von Wörtern, symbolischer Handlungen wie der Ort des Sitzplatzes, das Händeschütteln oder die symbolische Bedeutung bestimmter Körperhaltungen beim Sprechen. Die Hintergrundmatrix ist die Grundlage für die Möglichkeit, das Gefühl des Verstehens zu haben und damit Prozesse der Verständigung zu erreichen. Die Untersuchung der verschiedenen Hintergrundmatrizen spielt z. B. bei ethnologischen Forschungsprozessen[31] eine große Rolle, da die Hintergrundmatrix der Forscher eine gänzlich andere ist als die der Beforschten. Diese symbolische Bedeutung von Verhalten oder Handlungen kann in verschiedenen Kulturen durchaus sehr unterschiedlich sein, sie wird durch die jeweilige Hintergrundmatrix geschaffen.

Diese wirkt nicht konfliktfrei, denn in sie gehen alle Konflikte des von ihr repräsentierten Hintergrundsystems ein. Das Modell Hintergrund und Figur ist der Gestaltpsychologie entnommen, wo man erkannte, dass auftretende und sichtbar werdende Phänomene nur dann Bedeutung erhalten, wenn zugleich der Hintergrund mit seiner Wirkung beachtet wird. Im Hintergrund von Gruppen wirken somit neben den genannten Dingen wie Sprache, symbolische Orte auch Familienhintergründe, die Dynamik der Organisation, Entwicklung von spezifischen Normen, Moralvorstellungen, institutionelle, gesellschaftliche und politische Bedingungen.

Zur Illustration eine etwas konstruierte Situation, welche die Wirkung der Hintergrundmatrix beleuchtet. Die deutliche Komplexitätsreduktion muss bei solchen Beispielen in Kauf genommen werden:

Beispiel Kirchengemeinde:
Eine katholische Kirchengemeinde verlor den schon lange wirkenden Gemeindepfarrer. Im Kirchengemeinderat stritten zwei Fraktionen darum, den vorhandenen Etat entweder für den Ausbau des Kindergartens

---

31 Siehe z. B. Adler 1993, Bosse 1994, Devereux 1974–1985, Parin 1978–2006, Reichmayr 2003, Schröder 2003

oder die Erweiterung des Friedhofs zu verwenden. Es kam ein neuer Pfarrer aus Osteuropa wegen Nachwuchsmangels in Deutschland. Dieser entschied ohne längere Rücksprache mit seinem Gemeinderat, das Geld für die längst überfällige Sanierung eines Kirchenheiligtums, einer Pilgerstätte, zu verwenden. Es kam zum Streit, der Gemeinderat wandte sich an die übergeordnete Stelle, da er sich in seinen demokratischen Rechten übergangen fühlte. Die Amtskirche ersuchte den Pfarrer, er müsse die demokratischen Gepflogenheiten achten und sich mit dem Gemeinderat abstimmen. Nun bestanden die drei Positionen bezüglich des Etats, das Geld zu verwenden, weiter: a) für Kindergartenausbau, b) für Friedhofserweiterung und c) für Sanierung des Kirchenheiligtums. Man konnte sich nicht einigen. Zur Konfliktlösung beauftragte man einen neutralen Mediator. Man wollte keinen »Schlichter«, der mit seinem Stimmrecht zugunsten der einen oder anderen Seite entschieden hätte. In der Mediation entdeckte man bei der Untersuchung der verschiedenen Positionen folgende im Hintergrund wirkenden Interessen:

Es gab anhaltende Konflikte zwischen Kirche und Gemeinderat darüber, wie viele Mitbestimmungsrechte dem Gemeinderat zugestanden werden sollten. Die Kirche war hierarchisch organisiert, repräsentiert durch den »alten« Pfarrer und den Bischof. Die Gegenpartei war ein fortschrittlich gesinnter Teil des Gemeinderats, der demokratische Grundsätze pflegte. Er wollte eine in die Zukunft gerichtete Kircheneinheit, was sich im von diesem Teil geführten Kindergarten ausdrückte. Von seiner gesellschaftlichen Position her waren es überwiegend Kaufleute, Handwerksbetriebe.

Der andere, eher konservative Teil des Gemeinderats verteidigte die besondere Stellung des Pfarrers, beanspruchte aber auch gewisse Mitspracherechte, war deswegen mit dem »alten« Pfarrer in gutem Einvernehmen. Mit dem recht autoritären »neuen«, dem Mitbestimmung unbekannt war, bestand ein gewisser Konflikt. Das »Konservative« drückte sich in der Pflege der Gräber und dem Ausbauwunsch bezüglich des Friedhofs aus. Die gesellschaftliche Position war mehrheitlich die von Landwirten, alten Familienbetrieben und einer ortsansässigen Adelsfamilie.

Der »alte« Pfarrer war in die langsame Demokratisierung seiner Kirchengemeinde hineingewachsen, hatte seine Verbündeten im konservativen Teil des Gemeinderats, konnte aber auch die Positionen der Erneuerer zumindest verstehen und achten, sodass größere Konflikte vermieden werden konnten.

Der »neue« Pfarrer war in seiner kirchlichen Sozialisation im Osten Europas geprägt durch autoritativen Führungsstil der Kirche als Gegengewicht gegen den ebenso autoritären antikirchlichen Staat. Es galt Kirchenautorität gegen Staatsautorität zu setzen. Staatliche oder gesellschaftliche Organisationen waren für ihn zuerst einmal Gegner, damit auch der Kirchengemeinderat.

Das waren die miteinander inkompatiblen Hintergrundmatrizen und die davon geprägten Interessen samt den erscheinenden Positionen.

Die Aufgabe der Mediation war es, nicht nur diese Hintergründe aufzuhellen und allen Beteiligten verständlich zu machen, sondern nach Klärung dieser Widersprüche Lösungsmöglichkeiten zu schaffen, bei denen alle Beteiligten das Gefühl eines Gewinns hatten. Schon die Aufdeckung der Hintergründe verminderte die Spannung, sodass die Wirkung der Vergangenheit nachließ. In diesem Klima wurden scheinbar plötzlich neue Ressourcen gefunden: Durch die Ansiedlung einer neuen Firma hatte die Ortsgemeinde mehr Gewerbesteuereinnahmen, die teilweise dem Friedhof und dem Kindergarten zugutekamen; damit war mehr Geld da, um letztlich alle Projekte im Laufe der Zeit angehen zu können. Der Mediator hätte nicht unbedingt Gruppenanalytiker sein müssen, aber die Theorie der Hintergrundmatrix lieferte doch eine gute Grundlage. Aus feindlichen Positionen wurden gegensätzliche Interessen, deren gegenseitige Akzeptanz Grundlage für Entspannung bei Eröffnung neuer Ressourcen war. Es kam zur Umorientierung und damit zu einem Ergebnis, mit dem auf längere Sicht produktive Zusammenarbeit gesichert war. Es blieb allerdings zu vermuten, dass der neue Pfarrer sich nicht leicht in die neue mehr demokratische Situation einfügen konnte.

1.1 Wissenschaftstheoretische Fragen[32] und Hintergründe: Mensch – Natur – Gesellschaft – Staat[33]

Nach meiner Erfahrung und auch der der anderen Mitarbeiter von C. F. von Weizsäcker am damaligen Max-Planck-Institut benötigt sinnvolles wissenschaftliches Argumentieren mehrere Bausteine.

1) Wissenschaft zu treiben an der Grenze der Wissenschaft, sich in noch unbekannte Gebiete hineinzubewegen, benötigt Interdisziplinarität, d. h. einerseits Fachwissenschaftler des zu erforschenden Gebiets, andererseits solche anderer Gebiete, da in der Zusammenarbeit regelmäßig Fragen auftauchen, die in der einzelnen Fachwissenschaft so noch nicht gesehen wurden. Wenn in diesem Text von der Anwendung psychoanalytischer und gruppenanalytischer Erkenntnisse auf andere Bereiche wie Jura (Gericht, Strafvollzug, Mediation), Unternehmensführung (Betriebswirtschaft, Volkswirtschaft, Betriebspsychologie), gesellschaftspolitische Prozesse (Soziologie, Politikwissenschaft) gesprochen wird, benötigt es natürlich das Fachwissen aller dieser Wissenschaften. Am damaligen Institut war der enge Austausch von Geistes- mit Naturwissenschaftlern in interdisziplinären Teams erfolgreich. Die grundlegende Naturwissenschaft ist die Physik, also nutzte man besonders deren Kenntnisse, vonseiten der Geisteswissenschaften waren die Soziologie und Sozialpsychologie von großem Interesse – neben der alles umfassenden Bedeutung der Philosophie.

2) Wissenschaftliche Formulierungen sollten einer alten Forderung genügen, nämlich der »adaequatio res et intellectu«, d. h., das Sprechen und Denken über das zu Erforschende sollte in seiner Form und damit Grammatik dem entsprechen, was beschrieben wird. C. F. von Weizsäcker weitete dies aus zum Kriterium der »semantischen Konsistenz«. Es war eine Paradoxie der klassischen Naturwissenschaft, einerseits grundsätzlich auf alle Erscheinungen anwendbar zu sein und in diesem

---

32 Wer nur an der praktischen Seite dieses Modells interessiert ist, kann dieses Kapitel überblättern und evtl. später nachlesen.

33 *»Der Gehalt der Neuzeit [ist]: die Entfaltung der Realität. Die Realität ist die Natur.«* (C. F. von Weizsäcker 1983, 227) *»Die Realität ist aber nicht die Natur schlechthin. Sie ist nicht die Natur, die wir ursprünglich sind, sondern diejenige, die uns als Objekt gegenübersteht. Soweit man Realität haben will, muss man aufgehört haben, Natur zu sein.«* (C. F. von Weizsäcker 1983, 228)

Sinne die Welt vollständig zu erfassen, andererseits die Grundtatsache auszublenden, ohne die es diese ganze Wissenschaft gar nicht gäbe, nämlich den forschenden und damit einflussnehmenden Wissenschaftler. Darauf hinzuweisen, war das Ceterum Censeo Georg Pichts (1989)[34]. K. Popper (1963, 1980[10]) forderte in seinem »kritischen Rationalismus« nachvollziehbar, dass wissenschaftliche Sätze widerlegbar, falsifizierbar formuliert sein müssten, denn unwiderlegbare Formulierungen (z. B. Tautologien) sind keine Wissenschaft. Er nannte als Hauptaufgabe der theoretischen Sozialwissenschaften die *»Feststellung unbeabsichtigter sozialer Rückwirkungen absichtsgeleiteter menschlicher Handlungen«* (1980, S. 120), womit das sehr in die Nähe der Formulierung von den »verborgenen Wirkungen« rückt. Hempel (1980, 2003) untersuchte Typologien in den Sozialwissenschaften, stellte dabei fest, dass es zwar verschiedene Verwendungsweisen der Typenbegriffe in Psychologie und Sozialwissenschaften gäbe, die im Wesentlichen den gleichen Charakter aufweisen wie die Methoden der Naturwissenschaften[35]. Er unterschied klassifikatorische Typen, denen die bekannte Logik der Klassifikation zugrunde liegt, Idealtypen, Extremtypen und die dahinter stehenden theoretischen Modelle.

Auf die Geschichte der diesbezüglichen Wissenschaftstheorie in der Frage der Anforderung an Texte möchte ich nicht genauer eingehen, aber doch darauf hinweisen, dass einfache Plausibilität nicht genügt, dass die Behauptungen widerlegbar sein sollten, dass Subjektivität in definierter Form Raum haben muss, da man sowohl aus der Soziologie als auch der Physik weiß, dass der Beobachter in Wechselwirkung (Mitsein) steht mit dem, was beobachtet, gemessen wird. Zudem sollten die Schlussfolgerungen in einem gewissen Gleichgewicht zwischen induktiven Schlüssen, d. h. von Einzelsituationen auf größere, und deduktiven Schlüssen, d. h. von der voran angenommenen Theorie in der Betrachtung einzelner Phänomene, stehen. Eine gewisse Einschränkung ist dabei, dass man wahrscheinlich nur solche Dinge entdeckt, von denen man vorher schon annimmt, sie wären vielleicht zu entdecken. Die Deduktion geht also mit gewisser Wahrscheinlichkeit der Induktion voraus.

---

34 *»Die klassische Physik bis hin zur Relativitätstheorie ergibt ein Bild der Welt, auf dem wir selber nicht zu sehen sind. Erst in der Quantentheorie war es damit vorbei.«* (Meyer-Abich 1997, S. 180)

35 *»Und so enthüllt die Analyse des typologischen Verfahrens ... die methodologische Einheit der empirischen Wissenschaft.«* (Hempel 1980, S. 101)

3) Wissenschaftliche Sätze sollten, wenn möglich, so formuliert werden, dass sie in verständlicher Weise der Alltagserfahrung nahekommen; gute Wissenschaft beschreibt Erfahrbares, das so noch nicht benannt oder beschrieben wurde. Selbstverständlich können Messinstrumente verwendet werden, die als Verlängerung der menschlichen Wahrnehmung dienen, ohne die man das Wahrzunehmende nicht entdecken oder erforschen könnte[36].

Diese drei Gesichtspunkte sind wohl eine hohe Anforderung. Manche Autoren machten die Erfahrung, wenn sie selbst für Fachleute schwierige Texte schreiben, könne man davon ausgehen, der Autor habe den Vorgang vielleicht selbst noch nicht ausreichend verstanden. Indem ich solche Forderungen benenne, werde ich mich bemühen, diesen Stand zu halten. Ob dies gelungen ist, wird man sehen.

In modernen Naturwissenschaften wie Physik, Biologie, Mathematik[37] und anderen ist der frühere Gegensatz zwischen Natur- und Geisteswissenschaft im strengen Sinne nicht mehr aufrechtzuerhalten, er ist »aufgehoben« (in den verschiedenen Bedeutungen des Wortes[38]). Der Wunsch nach absoluter »Objektivität« unabhängig vom beobachtenden Subjekt ist, wie schon gesagt, weder mit moderner Soziologie noch mit heutiger Naturwissenschaft zu vereinbaren, Lebendiges, Prozessuales erreicht man dadurch nicht. Zwei besonders sperrige Begriffe der Physik möchte ich da herausgreifen und versuchen, sie so zu übersetzen, dass sie für die Phänomene, über die in diesem Text geschrieben wird, anwendbar werden.

Der erste Begriff ist der der *Wechselwirkung*:

Der quantentheoretische Satz zur Wechselwirkung besagt, dass »*das Tun des Wissenschaftlers zur physikalischen (objektiven) Realität gehört. Die Physik handelt von Tat-Sachen*« (Meyer-Abich 1997, S. 187)[39]. Jeg-

---

36 Wie die empirische Sozialforschung, für die heute Beckenbach (2005, 2007, 2007 a, 2007 b, 2009) steht.

37 Im Grunde genommen handelt Mathematik von Ästhetik, von im Sinne Platons »guten« und »schönen« Verhältnissen. Ästhetik kann in Formeln gebracht werden, umgekehrt entsteht aus Formeln nicht unbedingt Ästhetik. (Meyer-Abich, K. pers. Mittlg. am 13. 5. 2009)

38 Aufgehoben a) im Sinne von hoch gehoben, b) im Sinne von aufgelöst, c) im Sinne von gut aufgehoben

39 C. F. von Weizsäcker (1977, S. 137) formulierte so: »*Der Begriff eines isolierten Objekts ist in der Quantentheorie nur eine Annäherung, und eine schlechte. Mathematisch gesprochen enthält der Hilbertraum eines zusammengesetzten Objekts nur eine Menge*

liche Messung oder Beobachtung (die »Tat«) tritt in diese Wechselwirkung ein und wird davon beeinflusst, genauso wie die in Wechselwirkung stehenden Dinge. Philosophisch hieße das, ich bin auch in der Wissenschaft immer im Zustand des Mitseins, also mich bewegend beteiligt. Die Umstände, unter denen wir von einem Gegenstand erfahren, gehören zur Wirklichkeit[40] dieses Gegenstands. Und da diese Umstände Ausdruck unseres Handelns sind, handelt Wissenschaft von Tat-Sachen[41]. Isoliertes ist zwar denkbar, dürfte der Realität nur wenig entsprechen[42]. Eine weitere Einschränkung gegenüber der damit untergründig verlassenen Objektivität ist, dass man von der Welt nur das wahrnehmen kann, was in Beziehungen erkannt wird. Wahrgenommen wird der Niederschlag der Transaktion[43] zwischen dem zu Beobachtenden und dem Beobachter, was heißt, dass nicht das wahrgenommen werden kann, was »an sich« ist, unabhängig von der Wahrnehmung, sondern nur die Information, die bei uns vom Wahrgenommenen ankommt (Meyer-Abich 2009, Zimmermann 2007). Die Instrumente der Informationserfassung sind in der Physik immer größere und immer genauere Geräte, in menschlichen Gruppen oder in

vom Maße Null von Zuständen, in denen eine bestimmte Zerlegung dieses Objekts in Teile real ist. ... Man kann sagen (GRG), dass getrennte Objekte durch Fakten definiert sind. Fakten sind die Fakten, die sie sind, kraft der Möglichkeiten, die sie konstituieren. Fakten sind irreversibel, aber Irreversibilität in einem isolierten Objekt bedeutet nur mangelnde Kenntnis der Kohärenz (der »Phasenbeziehungen«) der Wirklichkeit. Wenn es überhaupt eine letzte Wirklichkeit gibt, so ist sie Einheit.« Man meint damit gleichzeitig, dass die Tätigkeit des Forschens in Wechselwirkung steht mit dem zu Erforschenden, man erfährt Information über das zu Erforschende, niemals das »Ding an sich« (Kant), denn dieses würde außerhalb der Wechselwirkung stehen.

40 Aus der Sicht der Psychoanalyse entwickelte der französische Psychoanalytiker, der sich selbst der Schule Lacans zurechnet, obwohl er deutlich über Lacan hinausgeht, S. Leclaire (1976), eine Sicht der Wirklichkeit, die er »das Reale« nennt, in dieser Weise: Das Reale ist nicht die Realität, sie ist so etwas wie die psychische Realität, das heißt, die Wirklichkeit, die sich als wirklich entfaltet in der bewussten und unbewussten Wahrnehmung, also wirkt – und sie ist das »Reale«, das im »Zwischen« sich befindet, im Zwischen lokalisierbarer Dinge, Menschen. Das Reale steht in engem Zusammenhang zum Mitsein Meyer-Abichs – oder zur Wechselwirkung der Quantentheorie der Physik.

41 Meyer-Abich, K. pers. Mittlg. 13.05.2009

42 Siehe Drieschner (1979)

43 Transaktion deshalb, weil im Begriff der Interaktion immer noch Lokalisierbares mitschwingt, Interaktion findet zwischen lokalisierbaren Ausgangspunkten statt, während Transaktion von vornherein direkt das »Zwischen«, die Wechselwirkung, das Mitsein, meint.

Zweiersituationen ist das Wahrnehmungsgerät die Resonanz bewusster und unbewusster Art, eine ganzheitliche leibliche Wahrnehmung. Ähnlich, wie physikalische Messinstrumente immer genauer eingestellt werden oder neu überarbeitet werden müssen, gilt für den zwischenmenschlichen Bereich und auch in Institutionen, Organisationen, all dem, was Menschen geschaffen haben, die Wahrnehmung der Resonanz immer genauer einzustellen und vielleicht neue Resonanzmöglichkeiten zu entdecken. Auch diese sind Information im Sinne des Mitseins. Später beschreibe ich diese Beziehungsresonanz unter den Begriffen von Übertragung und Gegenübertragung, die sich gegenseitig bedingen. Diese Begriffe stammen noch aus den wissenschaftlichen Zeiten Freuds, wo von Sender und Empfänger ausgegangen wurde, nicht aber von Wechselwirkungen, Beziehungsresonanz.

Mit diesem Begriff wäre nämlich erfasst, dass die Wechselwirkung im Begriff der Beziehung, die auch zwischen den Menschen wirkt, nicht lokalisierbar ist. Niels Bohr, einer der Begründer der Quantenphysik, forderte von der neuen Physiktheorie, dass das, was in der bisherigen physikalischen Theorie als richtig galt, auch in der neuen Theorie gelten müsse, nur könne man sie mithilfe der neuen Theorie genauer und treffender beschreiben. Er nannte dies das Korrespondenzprinzip (Meyer-Abich 1965). Somit gibt es für Physiker natürlich weiterhin Schwerkraft, die von lokalisierbaren Massen ausgeht, d. h. die Gravitation. Man könnte sie noch in der klassischen Physik als Ergebnis der Raum- und Zeitkrümmung z. B. eines Planeten wegen seiner Masse beschreiben, da diese Krümmungen ihrerseits bewirken, dass die Gesetze der Schwerkraft erfüllt werden. Hier ist man aber schon an der Grenze von klassischer und moderner Physik, denn Raum- und Zeitkrümmungen sind unabdingbare Bestandteile der allgemeinen Relativitätstheorie.

Mit der Schwerkraft allerdings hat man es im zwischenmenschlichen Bereich meist wenig zu tun, jedenfalls nicht, wenn man z. B. Gruppenprozesse beschreiben möchte. Auch die Anziehungskraft zwischen Menschen geht wenig vom jeweils einzelnen Menschen aus, sie entsteht zwischen ihnen und führt sie zueinander hin – oder voneinander weg. Man nennt das zwar Anziehungskraft, weil man noch den alten physikalischen Modellen verhaftet ist, aber wo soll diese Kraft im alten physikalischen Sinne denn sein; die einfache menschliche Erfahrung ist, sie entsteht zwischen den beteiligten Menschen, genauso wie

Abstoßung, man könnte sagen Sympathie oder Antipathie. Sie sind nicht lokalisierbar. Das ist nur das Messinstrument, der Mensch, der diese Gefühle spürt. Lokalisierbar sind also die Auswirkungen bei Beobachtung, d. h. wiederum die Ergebnisse der Resonanz, der Beziehung, die man mehr oder weniger wahrnehmen kann. Nun kann man weitergehen und sagen, eine Gruppe leistet mehr als die Summe ihrer Teilnehmer, ein alter Satz der Gruppendynamik. Wo ist nun aber diese Gruppe, man kann sie gelegentlich definieren durch die Anzahl der Teilnehmer oder durch die innere Haltung der Teilnehmer; wenn man genau hinsieht, wird man feststellen, dass die Gruppe zwischen den Teilnehmern ist, sie selbst ist die Wechselwirkung, das Mitsein, die und das von den einzelnen Teilnehmern in der Bezogenheit wahrgenommen werden kann. Das nicht Lokalisierbare an der Wechselwirkung ist ein schwieriges Phänomen, wenn man darüber nachzudenken beginnt. Sie ist dazwischen, hat selbst keine Kraft, wirkt aber als Kraft im Augenblick der Anwesenheit beteiligter Personen, Substanzen (Descartes) oder der Attribute (Spinoza). Manchmal wird der Umgang mit menschlichen Wechselwirkungen so einfach wie mit der Gravitation. Es ist einfach selbstverständlich, dass der Füllfederhalter auf den Boden fällt, wenn er aus der Hand gleitet. Auch dazu braucht es keine genauere Erfahrung und Wissen über Magnetismus, Gravitationstheorie, magnetische Felder, Feldlinien, Quantengravitation usw., es ist Alltagserfahrung. Beziehung scheint Alltagserfahrung zu sein, wie vorher schon gesagt: Sympathie und Antipathie, oder das Phänomen einer Gruppe.

Einstein (1935) hatte große Bedenken gegen die Wechselwirkungstheorien und deren Nicht-Lokalität. Er hoffte, das seien nur Theorien im Übergang, bis man wieder auf lokalisierbare und kausal wirkende Prozesse komme[44]. Dies ist nicht gelungen. Nun hatte Freud schon an vielen Stellen seiner Texte in genialer Weise von der Nicht-Lokalität psychischer Prozesse gesprochen[45], denn wo soll denn die Psyche lokalisierbar sein, sie ist ja gerade der Zusammenhang des Lokalisierbaren im Horizont des Ganzen. Es war ihm damals noch nicht aufgefallen, dass diese Nicht-Lokalisierbarkeit auch für körperliche Prozesse gelten

---

44 Der Philosoph Bieri (1981) versuchte einen Zwischenschritt, nämlich die Multikausalität, multifaktorielle Wirkungen, blieb dabei letztlich doch im Modell der klassischen Physik haften.

45 Siehe u. a. Freud, S.: 1895d, 227; 1925d [1924], 84f.; 1933a, 170–197; 1940a [1938], 80f., 126; 1940b [1938], 143

könnte, denn es ist ja niemals nur eine einzige Zelle krank, verwundet oder aus dem Gleichgewicht gebracht, ein einzelnes Organ, es ist ja immer der gesamte Mensch, der da an seinem Organ, seiner Zelle erkrankte. Auch der Stoffwechsel ist im strengen Sinne nicht lokal, obwohl es verschiedene Theorien gibt, die von Lokalität ausgehen. Wo ist mein Ich, wo mein Über-Ich, wo mein Es, wo meine Ideale, wo mein Wissen usw., all dies ist etwas, was mit in Wechselwirkung stehenden Substanzen (Descartes), besser Attributen der einen Substanz (dem Ganzen) (Spinoza[46]), zu tun hat, die im Rahmen der Wechselwirkung, des Mitseins, sich angeregt verhalten. Solange man sich die Frage stellt, wo ist denn eigentlich die Psyche oder wo sind denn diese verschiedenen Instanzen, wenn nicht als das Mitsein des Organischen im belebten, beseelten Körper/Leib, im Sinne von Wechselwirkungen, nicht lokalisierbar, wird es sehr schwierig; vielleicht sollte man sich diese Frage nach Verortung besser nicht stellen, um nicht in die Irre zu gehen.

Wenn Neurobiologen sich fragen, weshalb eine Schmerzreaktion z. B. auf einen Zeh ausgeführten Druck zu sofortiger Reaktion führt, obwohl doch die Nervenleitungen bei kausal gedachten Informationen hinauf ins Gehirn und bis runter wieder zum Zeh viel später erst ankommen würden, weshalb also der Zeh sofort reagiert, muss man nur annehmen, diese Wissenschaftler haben eine falsche Axiomatik. Wenn ich denke, ich bin auch mein Zeh, ist es doch selbstverständlich, dass ich dann sofort reagiere, dazu brauche ich keine Nervenleitungsgeschwindigkeit. Ich bin mit mir selbst verschränkt, was zum nächsten Begriff, der vielleicht ebenso sperrig ist, führt. Dabei ist der modernen Hirnforschung viel zu verdanken, ein Einwand gegen sie ist das gelegentliche Vergessen der Allbeseeltheit des ganzen Menschen.

Ebenso wenig wie die Wechselwirkung gefiel Einstein der Begriff der *Verschränkung*[47], mit dem Physiker ein Phänomen ausdrückten, dass ein Teilchen gleichzeitig an verschiedenen Orten auftauchen könne, wenn man es da messe. Die Messung selbst schaffe erst die lokale Anwesenheit des Teilchens. Man hatte entdeckt, schoss man ein

---

46 Z. B. Spinoza (1967)

47 Wengenmayr, R. (2008), S. 73: »*Befinden sich zwei oder mehr Teilchen in einem gemeinsamen Quantenzustand, dann muss jedes beteiligte Teilchen es sofort spüren, sobald an einem der Teilchen eine Messung vorgenommen wird. Das gilt nach der Quantenmechanik uneingeschränkt, selbst wenn die miteinander ›verschränkten‹ Teilchen beliebig weit voneinander entfernt sind.*«

Photon in die Mitte eines 50 km langen optischen Kabels, so war dieses Teilchen gleichzeitig potenziell an beiden Enden vorhanden, real, wenn man es da maß. Die Verschränkung sagt, dass ein Teilchen im schlimmsten Fall überall da sein könne, im ganzen Universum, wo man es messe. Vor nicht allzu langer Zeit hatte man drei Spiegel verteilt, der eine war in Garching am dortigen Max-Planck-Institut, der andere in Chile an einer astrophysikalischen Beobachtungsstelle, der dritte auf einer Raumfähre. Man schoss also ein Photon auf den Spiegel in Garching, und genau dieses Photon wurde dann gleichzeitig auf der Raumfähre und in Chile gemessen. Was es sonst macht, das Teilchen, weiß niemand. Wenn man konstruktivistisch denken würde, würde die Situation der Beobachtung die Teilchen überhaupt erst erschaffen. Dem widerspricht aber, dass das Teilchen tatsächlich von einem Apparat auf den Spiegel geschossen wurde, wo man es auch messen konnte. Dann wäre das Teilchen potenziell schon an drei Orten gleichzeitig. Bei der jetzigen Genauigkeit der Messgeräte könnte man natürlich noch einmal versuchen, im Rahmen der Relativitätstheorie zu denken und zu sagen, dieses Teilchen teile sich eben auf in verschiedene gleich große Teilchen, schwirre da irgendwo herum und tauche dann beim Messinstrument auf. Dazu müsste das Teilchen, wie Versuche in Bern gezeigt haben, mindestens die 100-fache Lichtgeschwindigkeit haben, wie gesagt, bei der jetzigen Genauigkeit der Geräte. Nach der Relativitätstheorie aber gibt es keine 100-fache Lichtgeschwindigkeit. Die Lichtgeschwindigkeit ist die oberste Grenze jeglicher Geschwindigkeit. Die jetzige Hypothese ist, die drei Spiegel sind miteinander verschränkt. Es sind ja tatsächlich gleiche Spiegel, aber das sagt dem einfachen Menschenverstand recht wenig. Ich sehe mich ja auch nicht dreimal an drei verschiedenen Orten, wenn ich drei gleiche Spiegel in verschiedenen Räumen aufstelle. Nun sind Spiegel[48] aber keine Photonen, kleine Bausteine unseres Universums, sondern materielle Dinge, die man als Mensch auch so sehen kann. Zumindest ist nun physikalisch nachgewiesen, dass auch größere Objekte miteinander verschränkt sein können, hoch-

---

48 Erwin Schrödinger entdeckte etwa 1930 das Phänomen, dass zwei Teilchen ein Quantenobjekt formen, selbst wenn sie weit voneinander entfernt sind. Da zusätzlich jede Messung das gemessene Objekt verändert, bewirkt die Messung an dem einen Teilchen, dass es dessen Eigenschaft festlegt, doch nicht nur das, auch die Eigenschaft des anderen mit ersterem verschränkten Teilchens ist mit dem Moment der Messung schlagartig die gleiche (Wengenmayr 2008 a).

wahrscheinlich auch verschränkt sind. Für mich ist es naheliegend, dass der menschliche Körper psychisch verschränkt ist. Mein Ich befindet sich potenziell an jeder Stelle des Körpers wie die anderen Instanzen (Über-Ich, Es), von denen Freud sprach. Vielleicht stellt die Wechselwirkung die Verschränkung her, aber das wäre wieder linear gedacht. Spiritualistisch könnte man vielleicht sagen, hiermit ist es bewiesen, dass der Geist das Materielle schaffe, wie es in der Bibel steht »Und das Wort ist Fleisch geworden« (Johannes 1, 14). Die Leiblichkeit Christi ist Fleisch gewordener Geist. Ein Esoteriker könnte Ähnliches behaupten, er wisse es ja schon längst, dass alles mit allem in Verbindung stehe, er hat sicherlich Sätze auf Lager wie »so wie im Kleinen so auch im Großen« usw. Es dürfte nicht schaden, den mühseligen Weg der Physik nachzuvollziehen, bis man zur Quanteninformationstheorie kam, die aussagt, dass alles Information ist, da wir ja nur das wahrnehmen können, was wir über die Wechselwirkung, das Mitsein, erfahren. Mir ist es eine Hilfe, wenn Physiker ähnliche Phänomene nachweisen können, die man in der alltäglichen Arbeit mit Gruppen oder einzelnen Menschen erleben kann. Einschränkend dabei ist, ich erlebe nur das, was ich beobachte (und damit messe) im Rahmen von Wechselwirkung, Resonanz und Verschränkung. Dieses erfahre ich in meinem Mitsein in meiner Natur mit der äußeren Natur, den anderen Menschen, der Gesellschaft und schließlich auch dem Staat, der globalisierten Welt.

Zu vermuten ist, dass die Zunahme an Informationen, wie sie heute über Medien und Internet möglich ist, die Innenwahrnehmung samt der Wahrnehmung meiner Resonanz beeinträchtigen[49]. Dies zumindest dann, wenn ich auf Letztere nur wenig achte. Die Erweiterung der eigenen Wahrnehmungsfähigkeit zum Zweck nicht nur von Einzel- und Gruppentherapie, sondern zur sonstigen Arbeit mit Gruppen, Institutionen, Organisationen, in der Politik usw. ist Aufgabe und hoffentlich auch Anregung dieses Textes. Ich hoffe damit zu zeigen, dass moderne Psycho- und Gruppenanalyse im direkten Einklang mit der ebenso modernen Naturwissenschaft ist, und zwar nicht nur im ana-

---

49 Baudrillard (2007) wies darauf hin, dass durch die Entfremdung des Menschen von seiner und der mit ihm in Verbindung stehenden Natur »der Mensch verschwindet«, vorausgegangen war dem, dass durch die Überflutung mit Schreckensbildern in den Medien »das Ereignis verschwindet«, das heißt die Möglichkeit, einfühlend noch am Bildgeschehen teilzunehmen, die Bilder bleiben äußerlich, wodurch die Qualität eines Ereignisses »verschwindet«.

logen Sinne, sondern homologen, man beschreibt die Phänomene eben nur mit anderen Begriffen, die Phänomene selbst aber sind die gleichen. Von der Logik her ist das »tertium non datur« (das ausgeschlossene Dritte) überholt, das Aristoteles forderte, wenn er den Satz verbot: »Der Kreter sagt, alle Kreter lügen.« Im Unbewussten gibt es keinen Begriff von Zeit, wiewohl das Verdrängte, das dynamisch Unbewusste zeitlich geschichtet ist, gleichzeitig Richtiges und Falsches ist erlaubt, der Mensch ist zutiefst ambivalent, wie Freud entdeckte, hat wohl immer gleichzeitig gegensätzliche Wünsche, Impulse und Haltungen, wovon dann meist nur eine Seite erscheint, die andere äußert sich zuerst unerkannt, wird vielleicht sogar verdrängt; im Alltagsleben sind es die Fehlleistungen und die Träume, die darauf aufmerksam machen.

Welche Stellung gebührt im Rahmen dieser Überlegungen dem Unbewussten? Die Konzeption dieses »Unbewussten« war und ist einer der Grundpfeiler der Psychoanalyse und der von ihr abgeleiteten Theorien. Freud[50] setzte sich damit in den Gegensatz zur damaligen Psychologie, die das Psychische mit der Bewusstheit gleichsetzte. Er wollte die Wissenschaftlichkeit der Psychoanalyse untermauern und wies die Wirksamkeit unbewusster Vorstellungen und damit die Macht des Unbewussten nach (Gödde 2009, S. 9).

Die »Natur« des Unbewussten ist nicht lokal, aber es ist durchaus die Behauptung möglich, sie sei beim Menschen sein Körper/Leib[51] – und Seele/Psyche die Beschreibung und Ausdruck seines Zusammenhangs z. B. im Mitsein der Organe, sie findet sich nicht in den Teilen. In seiner Nicht-Lokalität ist das Unbewusste auch zwischen den Menschen (z. B. Beziehung), wie man an Gruppenprozessen sieht, und überall, wo Menschen etwas geschaffen haben, wie z. B. in Institutionen, Organisationen usw.

Die Bewusstheit ist ebenso Bestandteil dieses Körpers[52] oder auch Leibs. Freud unterschied zwischen dem »dynamischen« und dem »ur-

---

50 »Nein, die Bewusstheit kann nicht das Wesen des Psychischen sein, sie ist nur eine Qualität desselben, und zwar eine inkonstante Qualität, die viel häufiger vermisst wird, als sie vorhanden ist. Das Psychische an sich, was immer seine Natur sein mag, ist unbewusst.« Freud 1940b, 144

51 Meyer-Abich (2010): »Der Leib ist der Raum des Unbewussten.« (S. 136)

52 »Leib bin ich ganz und gar und Nichts außerdem; und Seele ist nur ein Wort für ein Etwas am Leibe ... Werkzeug deines Leibes ist auch deine kleine Vernunft, mein Bruder, den Du ›Geist‹ nennst, ein kleines Werk- und Spielzeug deiner großen Vernunft.« Nietzsche 1884, S. 39

sprünglichen« Unbewussten, meinte damit, dass die meisten Körper-funktionen wie die Triebe und Prozesse wie z. B. der Stoffwechsel oder der Blutkreislauf absolut unbewusst ablaufen, dem Bewusstsein unzu-gänglich bleiben, während das, was man im Laufe des Lebens von Ge-burt an aus dem Bewusstsein verdrängt, eine unbewusst dynamische Wirkung entfaltet, indem es sich über Träume, Fehlleistungen, Fehl-wahrnehmungen und Symptome dem Bewusstsein wieder aufdrängt[53]. Die Gruppenanalyse beschäftigt sich, aufbauend auf Freud und Foul-kes, dann mit den Vorgängen, die das »Gruppenunbewusste« genannt werden, auch Gruppen können verdrängen, tabuisieren (Schröder, H. 2003, 2008), wobei es hier nicht mehr zwingend ist, dass keines der Gruppenmitglieder vom Verdrängten weiß, es ist nur aus der Gruppen-kommunikation ausgeschlossen und entfaltet die ähnliche Dynamik. Es ist von daher notwendig, ausführlich auf die Mechanismen einzuge-hen, die zur Verdrängung bzw. zum Ausschluss aus der Kommunika-tion, zur Tabuisierung (ein zusätzlicher Prozess) führen.

Psycho- und Gruppenanalyse sind aus meiner Sicht Natur-Wissen-schaft[54], Natur ernst genommen, damit Wissenschaften vom Leib, dem beseelten Körper. Im Sinne Spinozas[55] ist das alles Umfassende, das Ganze, die Substanz, versehen mit Attributen wie Soma und Psyche. Körper/Leib und Geist sind die Attribute des Ganzen, hier des Men-schen. Der isolierte einzelne Mensch ist kaum vorstellbar, er lebt zuerst im Mitsein seiner Organe[56], was vielleicht seine Seele ist, dann im Mit-

---

53 »*Grund der Verdrängung konnte nur eine Unlustempfindung sein, die Unverträglichkeit der einen zu verdrängenden Idee mit der herrschenden Vorstellungsmasse des Ich. Die verdrängte Vorstellung rächt sich aber dadurch, dass sie pathogen wird.*« Freud 1895 d, S. 174

54 Bowlby (1999) listet Freuds Denken in seiner Beziehung zur Naturwissenschaft aus-führlich auf und zeigt den Anspruch Freuds, Psychoanalyse als Naturwissenschaft zu verstehen.

55 Nietzsche 1880 – 1884, S. 111, Brief vom 30. 7. 1881: »*Ich habe einen Vorgänger und was für einen! Ich kannte Spinoza fast nicht: … Nicht nur, dass seine Gesamttendenz gleich der meinen ist – die Erkenntniß zum mächtigsten Affekt zu machen – in fünf Hauptpunkten seiner Lehre finde ich mich wieder … er leugnet die Willensfreiheit –; die Zwecke –; die sittliche Weltordnung –; das Unegoistische –; das Böse –; … in summa: meine Einsamkeit, die mir, wie auf ganz hohen Bergen oft, oft Athemnoth machte und das Blut hervorströmen ließ, ist jetzt wenigstens eine Zweisamkeit.*«

56 Meyer-Abich (13. 5. 2009) zieht in Bezug auf menschliche Prozesse das »Mitsein« dem Begriff der »Wechselwirkung« vor, der aus der Physik kommt. Das »Zwischen« zwischen lokalisierbaren Orten oder Attributen (Spinoza) ist neben dem Da und Dort eine wesentliche Position – ohne jeglichen Ort.

sein in seiner Natur (den Attributen Körper und Geist, Psyche) mit der Natur, weiter im Mitsein mit anderen (in Gruppenzusammenhängen), im Mitsein in seiner Gesellschaft, dem Staat, alles dies gehört auch zu seiner Natur. Und diese Natur ist im Zusammenhang (Mitsein) mit der ganzen Natur. Um anthropozentristischen Gedankengängen vorzubeugen, die die Natur so behandeln, als könnte sie nur aus dem Sinn und Nutzen für den Menschen betrachtet werden, als wäre sie eine außerhalb von uns, teile ich die Gedanken der Naturphilosophie K. Meyer-Abichs (1997, 2010), die sich an die Philosophie von C. F. von Weizsäcker anschließt, aber eine Philosophie des Mitseins, insbesondere des natürlichen Mitseins ist.

2. Die gruppenanalytischen Ebenen der Kommunikation

Die Kommunikation selbst als eine zentrale Kategorie menschlicher Prozesse kann nach Foulkes (1971) und meiner kleinen Erweiterung und Korrektur (Gfäller 1986²) auf mehreren Ebenen erlebt und untersucht werden, die genauerer Betrachtung bedürfen. Foulkes entwickelte diese Ebenen aus der analytischen Psychotherapie-Gruppe[57] und war der Auffassung, dass man von einer Ebene zur anderen komme, eine sei »tiefer« als die andere. Meine 35-jährige Erfahrung mit Gruppen, Institutionen, Organisationen usw. und die meiner Supervisanden und Kollegen (z. B. C. Pehle 2007) war und ist hingegen, dass a) diese Ebenen auszuweiten sind auf jegliche (auch non-verbale) Kommunikation und b) gleichzeitig nebeneinander existieren. Der Begriff der »Tiefe« sagt hier wenig aus. Werden diese Ebenen nicht genügend in der Reflexion der Kommunikation beachtet, entfalten sie untergründige Dynamiken und damit heftige Störungen im Prozess. Es dürfte erlaubt sein, diese Ebenen auch auf das Individuum zu beziehen[58], sie könnten im Sinne Spinozas weitere Attribute des Ganzen sein[59].

2.1 Ebene Öffentlichkeit

Hannah Arendt (1960[60]) untersuchte als Philosophin die Frage der Öffentlichkeit und ihrer Wirkung. Foulkes hatte diese Ebene als eine der wesentlichen der Kommunikation mit sehr ähnlichen Begründungen beschrieben. Es handelt sich darum, dass Öffentlichkeit und Realität in engem Zusammenhang stehen. So fand Foulkes heraus, dass das dyna-

---

57 Im engen Austausch mit N. Elias, siehe Literatur
58 Dieses versuchte ich in einem Aufsatz (Gfäller 1986) darzustellen, in welchem die verschiedenen psychoanalytischen Theorien zum »Ich« in Bezug zu den Ebenen gestellt wurden.
59 Behr, Hearst (2005) haben die Gruppenanalyse in ähnlicher Weise beschrieben.
60 Siehe dazu auch Kristeva, J. 2001

misch wirkende Unbewusste in der Gruppe in ähnlicher Weise wirke, wie Freud das dynamische Unbewusste in seiner Wirkung auf die Einzelperson benannte. Beim Einzelnen ist es, allgemein gesagt, das Verdrängte, d. h., Erlebnisse, Verarbeitungsformen, Interaktionsformen, die einmal geschehen sind, vor allem in der frühen Kindheit, werden gewissermaßen vergessen, verdrängt, da sie für das bestehende Selbstgefühl als zu schmerzlich, zu peinlich empfunden wurden oder einfach unerträglich waren bzw. sind. Es ist die schwierige Aufgabe der Psychoanalyse, dieses Verdrängte dem Erleben wieder zugänglich zu machen. In der Gruppenanalyse[61] hat jeder einzelne Teilnehmer eben solches Verdrängtes, aber für die Kommunikation in der Gruppe ist es nicht unbedingt erforderlich, dass niemand von dem in der Gruppe Verdrängten weiß, sondern es kann durchaus sein, dass Einzelne davon wissen, es aus bestimmten Gründen aber nicht aussprechen. Dieses Wissen scheut die Öffentlichkeit der Gruppe und wirkt dadurch untergründig in besonderer Weise. Das Gruppenunbewusste ist somit nicht nur das von den Einzelnen Verdrängte, sondern auch das, was nicht öffentlich besprochen werden kann. Es mag zwar für jeden Einzelnen der Gruppenmitglieder eine private Realität geben, die er nicht mit anderen teilt, aber schon diese Realität ist nicht in Isolation entstanden, sondern in der Inter-, besser Transaktion mit anderen Menschen.

Realität benötigt kommunikativen Austausch, somit Öffentlichkeit[62]. Diese Öffentlichkeit setzt sich zusammen aus dem Gruppensetting, dem Ort der Gruppe, der institutionellen Eingebundenheit der Gruppe, den Regeln der Gruppe, dem gesellschaftlich geregelten Experten-/Klientenverhältnis, den Rahmenbedingungen allgemein, in denen die Gruppe stattfindet. Die Gruppe kann Fantasien haben über den Leiter, über dessen Leben, über den Raum und die Institution, innerhalb deren die Gruppe stattfindet. Wenn darüber nicht gesprochen werden kann, weil eine individuelle oder gruppale Zensur dies verbietet, weil man z. B. meint, dieses oder jenes gehöre nicht zur Aufgabe, darüber zu sprechen, entsteht untergründig in der Gruppe eine Dynamik, die die Arbeitsfähigkeit einer Gruppe deutlich einschränkt. Gruppenanalytiker sehen es als eine ihrer zentralen Aufgaben an,

---

61 Über die Wurzeln der Gruppenanalyse im Nachkriegsdeutschland schrieb neuerdings L. Hermanns (2009), sich dabei auf Gfäller, Leutz (2006) beziehend.
62 Brown, Zinkin (1994) untersuchten mit anderen Autoren Öffentlichkeit, innere Wirkung der äußeren Welt, Sozialität der Psyche – in der Tradition von Foulkes stehend.

Kommunikation zu fördern und Behinderungen der Kommunikation auszuräumen durch geeignete Maßnahmen wie z. B. Deutungsprozesse und sonstige Interventionen. Stockt die Kommunikation, kann man davon ausgehen, dass die Zensur der Gruppe oder einzelner Gruppenmitglieder es gebietet, die Öffentlichkeit der Gruppe zu meiden. Damit wird ein Teil der Realität verleugnet.

Ein Beispiel aus einer Gruppensitzung:

In einer analytischen Gruppe erzählt ein Teilnehmer, wie er sich in der letzten Sitzung ausgeschlossen, vor allem durch zwei der damaligen Redner in den Hintergrund gedrängt fühlte. Nach einer Pause berichtet ein weiteres Gruppenmitglied über seine Ängste, bestimmte sexuelle Dinge in der Gruppe zu besprechen. Wieder Pause. Es kommen weitere Mitteilungen darüber, durch was und wen man sich in der Gruppe behindert fühle. Immer wieder ist das Gespräch durch kürzere und längere Pausen unterbrochen. Der Gruppenleiter überlegt, was durch diese Pausen ausgedrückt werden könnte, ob er durch Analyse seiner Gegenübertragung vielleicht etwas erahnen könne. Es fällt ihm ein, während die anderen Gruppenmitglieder durch weitere Pausen und kurze Reden schreiten, dass er unter dem Druck stehe, Berichte zur weiteren Kassenfinanzierung schreiben zu müssen. Was wehrt er durch diese Überlegungen ab, fragt er sich. Es scheint sich um Formales zu handeln, was wäre das Gegenteil? Etwas Persönliches? Was könnte dieses sein? Hier beginnt der erste Sprecher, nachdem die Gruppe selbst über die Pausen nachgedacht hatte, darüber eine Vermutung anzustellen, dass er sich in Rivalität zu anderen befinden könnte, er habe das Gefühl, zu kurz zu kommen. Wenn er so recht überlege, fühle er sich weniger durch die anderen Gruppenmitglieder behindert, sondern irgendwie vom Leiter abgelehnt. Das war die entscheidende Hilfe für den Gruppenleiter, nun eine Interpretation wagen zu können: Könnte es sein, dass in der Gruppe die Vorstellung bestehe, niemand dürfe eine ausgeprägte persönliche Beziehung zum Leiter haben, denn dies würde zur Folge haben, wenn es bekannt würde, dass man ob solcher Gefühle beschämt und von den anderen bloßgestellt werde. Es gehöre sich nicht, eine spezifisch individuelle Beziehung zum Leiter zu haben, man sei schließlich eine Gruppe. Die Interpretation folgte der alten Freud'schen Regel, den Widerstand (Beschämung, Normverletzung) zu deuten, um dann den Inhalt benennen zu können. Es stellte sich heraus, dass tatsächlich in der Gruppe bei einigen Teilnehmern der Wunsch nach einer Einzelsitzung bestand, wobei dieser Wunsch von der Gruppe leicht als Ausweichen vor der Öffentlichkeit der Gruppe gesehen werden könnte, um nicht wegen der Gefühle zum Leiter beschämt zu werden. Es hatte sich also in der Gruppe die Norm entwickelt, ähnlich, wie es leider manchmal Eltern machen und die Kinder davon überzeugen, man liebe alle gleich, niemand ist hervorzuheben. Der Wunsch, selbst hervorgehoben zu werden und in seiner Individualität und Besonderheit gesehen zu werden, sei schändlich. Erst als diese Norm der Öffentlichkeit der Gruppe im Gespräch zugänglich gemacht wurde, endeten die Pausen.

Ein anderes, vielleicht etwas banales Beispiel aus einer Vortragsveranstaltung:

Der Vortragende wurde im Vorlesungssaal einer Hochschule angekündigt; er hielt seinen Vortrag, nun sollte die Diskussion folgen. Einzelne Diskussionsteilnehmer aus dem Hörsaal meldeten sich, es entstanden längere Pausen zwischen den einzelnen Reden, schließlich ebbte die Diskussion ab. Der Vortragende hatte bemerkt, dass der Hörsaal von seiner Struktur und Anordnung her nur eine eindimensionale Diskussion zuließ, nämlich vom Fragenden zum Antwortenden, dem Vortragenden. Ein Gespräch zwischen den Zuhörern war nicht entstanden, durch die Sitzanordnung erschwert. Als Gruppenanalytiker wusste er nun, dass Rahmenbedingungen im Sinne dieser Ebene der Öffentlichkeit, wenn sie nicht angesprochen werden, lähmende Wirkungen entfalten können. Es kam auf den Versuch an. Er sprach in das Mikrofon, dass es hier doch schwer sei, miteinander ins Gespräch zu kommen, wenn man sich immer umdrehen müsse, um den Redner zu hören, oder nur die Rücken der sprechenden Teilnehmer sähe, es sei die Anordnung in diesem Raum, die eine gemeinsame Diskussion erschwere. Der Versuch wirkte, nun kam die Diskussion, und zwar der Teilnehmer untereinander unter Einschluss des Vortragenden, gut in Gang. Man kann sich vorstellen, dass sich die Zuhörer selbst durch die Sitzordnung im miteinander sprechen behindert fühlten. Das wurde aber nicht ausgesprochen, denn vermutlich meinten diese Personen, es sei ihre eigene Pflicht und Schuldigkeit, mit diesen Verhältnissen zurechtzukommen. Als durch den Vortragenden diese Realität der Situation benannt wurde, verlor sie ihre dynamische Kraft. Natürlich spielen auch andere Gründe

wie das Setting einer Universität, wo man sich an die eigene Studenten-
zeit gemahnt fühlte, eine weitere Rolle.

Ein Beispiel aus einer Organisationsberatung, ein Teil davon war
die Leitung mehrerer Großgruppensitzungen:

In einer solchen Großgruppensitzung in einer Klinik mit allen Ärzten,
Pflegern, der Verwaltung und den Patienten entstand nach Diskussion
eines schwierigen Vorfalls im Hause langes Schweigen. Der Großgruppenleiter sagte nach einiger Zeit, er könne sich gut vorstellen, dass unter
den institutionellen Bedingungen, die hier herrschten, manche Dinge
nicht besprochen werden könnten. Könnte es vielleicht (er hatte dafür
einige Hinweise aus dem vorausgehenden Gruppengespräch) das Problem geben, dass Sexualität in dieser Klinik tabu sei. Sie könnte ja schließlich zu juristischen Komplikationen führen. Das entfachte sofort ein
ausführliches Gespräch über das scheinbare Verbot, in der Klinik Kleidung zu tragen, die vielleicht verführerisch wirken könnte, man hatte
sich geschlechtsneutral gemacht; besonders die Frauen atmeten auf,
dass dieses wohl unterschwellige Verbot nun, da es ausgesprochen war,
keine Wirkung mehr habe. Die Folge war, dass einige Wochen später bei
der nächsten Großgruppensitzung viele adrett gekleidete Männer und
Frauen zu sehen waren, die sichtlich stolz auf ihre zumindest äußere
Verwandlung waren.

Die Ebene der Öffentlichkeit, d.h. die Suche danach, was aus irgendwelchen Gründen der Kommunikation vorenthalten werden müsse, da
Öffentlichkeit drohe, und damit Scham, Beschuldigung, vielleicht sogar
Gruppenausschluss, erweist sich als eine, die nicht ungestraft vermieden werden darf.

Nun lässt sich diese Ebene auch in gesellschaftlichen Prozessen
beobachten, ein Beispiel:

Fremdenfeindlichkeit dürfte u.a. dadurch geschaffen oder verstärkt
werden, dass jahrhundertelange Erfahrungen mit Fremden nicht in
Geschichtsbüchern, öffentlichen Diskussionen tradiert werden und die
nationale Identität auf falschen »Geschichten« ruht, wie z.B. in Deutschland (Gfäller 2004): Über Jahrhunderte hatten fremde Truppen das
Gebiet des späteren Deutschlands überfallen, ausgeraubt, Menschen ge-
schändet, getötet, die eigenen Fürsten benutzten in der Regel Soldaten

aus fremden Regionen, um die eigene Macht vor den Bewohnern zu schützen. Das unsägliche Elend der Bevölkerung wurde oft wegen Scham über das Erlittene nicht weitererzählt. In den Geschichtsbüchern erscheinen regelhaft nur Kämpfe von Truppen samt ihren Befehlshabern, den Gebietsgewinnen oder -verlusten und im Nebenbei auch die Tatsache, dass die Zivilbevölkerung (möglichst anonym) gelitten habe. Manchmal kommen Berichte vor wie Schandtaten im 30-jährigen Krieg, z. B. der »Schwedentrunk«, aber kaum in einer Weise, dass das entstandene Elend wirklich nachvollziehbar würde. Die Geschichte des erfahrenen Leides der Bevölkerung erscheint gelegentlich in Romanen, nicht aber als offizielle Geschichte. Verschwiegenes entfaltet oft mehr Dynamik als das offen Tradierte. Wie sollen also Menschen, die über Jahrhunderte unter »Fremden« litten, die realen Erfahrungen aber verschwiegen und damit verdrängt wurden, Fremde gerne haben, diesen gastfreundlich entgegentreten? Das kulturelle Ideal verlangt Gastfreundschaft gegenüber Fremden, Offenheit, Interesse und Entgegenkommen. Somit verlagert die Gesellschaft den Hass gegenüber Fremden auf gesellschaftlich marginalisierte Gruppen, die dann das ausüben, wovon sich die Mehrheit mit Abscheu abwenden kann, das ist der Gruppenabwehrmechanismus der »Verschiebung« oder der »Lokalisierung« und gelegentlich der »Personalisierung«[63] auf Personen und Gruppen, deren Handlungen der eigenen Person oder Gruppe fremd zu sein scheinen. Der Konflikt Deutsche – Ausländer hat zusätzlich damit zu tun, dass die deutsche Identität auf wackeligen Beinen steht. Fragt man in der Bevölkerung, seit wann es Deutschland gäbe, antworten viele: seit dem »Heiligen Römischen Reich Deutscher Nation«. Also schon Jahrhunderte. Faktisch waren bis zur Gründung Deutschlands 1871 Fürstentümer unterschiedlicher Geschlechter an der Macht in zersplitterten Gebieten. Es gab also gar kein Deutschland, sondern verschiedene Herzogtümer, Königreiche, adelige Geschlechter, die sich gegenseitig um die Vorherrschaft in dem einen oder anderen Gebiet stritten. Eine solche der Geschichte widersprechende Identitätsgeschichte fordert, je falscher sie ist, das lässt sich in vielen Staaten nachweisen, eine besondere Bindung[64] an diese und viel Kraft zur Aufrechterhaltung dieser Identität. Immer eig-

---

63 Siehe die entsprechenden Kapitel
64 Siehe hierzu Bowlby 1975, der nachweist, wie gesteigertes Bindungsverhalten bei tatsächlich wenig erlebter Bindung entsteht. Bowlby (1999) sah sich selbst als Psychoanalytiker, Biologen und damit Naturwissenschafter, regte deshalb an, Psychoanalyse

nen sich marginalisierte Gruppen der Gesellschaft besonders dazu, diese künstliche Identität und Geschichte gegenüber solchen mit Gewalt durchzusetzen, die als Nicht-Deutsche gelten könnten.

In Österreich ist es ähnlich: Das Reich der Babenberger, später Habsburger, wird fälschlich gleichgesetzt mit Österreich, wie die Millennium-Feiern vor Jahren zeigten. Verschwiegen wird, dass große Teile des jetzigen Gebiets Österreichs, wie der Name eigentlich schon sagt, Bestandteil des Ostreiches der Habsburger über Jahrhunderte waren, regiert von Madrid aus. Man entfernte nach dem Zweiten Weltkrieg und kurz vor diesen Feiern im Wappen Österreichs Hammer und Sichel, da dies angeblich an die Kommunisten erinnere. Tatsächlich war Hammer und Sichel über Jahrhunderte das Symbol des Bauernstandes, auf dem sehr lange die Wirtschaft Österreichs ruhte. Mit den Feiern wollte man auch die Neutralität betonen, die nun gerade darauf beruhte, dass Russland und die Westmächte nach dem Krieg sahen, dass die Kommunistische Partei Österreichs einer der heftigsten Widersacher gegen den Nationalsozialismus war. Wegen dieses Kampfes gegen den Nationalsozialismus erlaubte die UdSSR die Neutralität. Und nun wurde gerade dieses Symbol als vermeintliches Symbol der Kommunisten aus der Flagge gestrichen. Eine doppelte Widersinnlichkeit. Was macht das mit der Identität der »Österreicher«, die lange einem Vielvölkerstaat angehörten? Ausländerfeindlichkeit ist angesagt – und wieder sind es marginalisierte Gruppen der Gesellschaft, die diese dann ausüben, wovon sich Aufgeklärte mit Abscheu abwenden.

In Tirol wird Andreas Hofer als Volksheld gefeiert. Wer war dieser, woher hatte er seine Waffen? Beim genauen Hinsehen und Vergleichen verschiedenster Geschichtsbücher kann man zwischen den Zeilen erfahren, dass er schmählich von Wien im Stich gelassen wurde, dass er die Waffen neben den im Kampf gewonnenen von kleinen sog. Landjunkern, also Adeligen, hatte, die Tirol zurück in ein Feudalsystem führen wollten und deswegen sich von der napoleonischen Besatzung, an der führend Bayern beteiligt war, befreien wollten. Ein wirklicher Volksheld? Natürlich, ist die Antwort, denn er konnte mit seinen Mitkämpfern eine stolze und tapfere Identität der Tiroler schaffen, das Verschwiegene aber arbeitet untergründig.

---

auch als eine Naturwissenschaft zu verstehen, da sie sich um die Natur des Menschen kümmere.

Es wären noch viele Geschichten aus vielen Nationen und Staaten zu berichten, die alle von verdrängter, also nicht öffentlich tradierter Geschichte und seltsamen Geschichten zu den Symbolen der nationalen Identität handeln (siehe z. B. Volkan 1999, Gfäller 1998, 2002 a), wo es entweder charismatische und demagogische Führergestalten ermöglichen, nackte Gewalt gegen Fremde auszuüben, oder marginalisierte gesellschaftliche Gruppen, meist von Arbeitslosigkeit und Zukunftslosigkeit geplagte junge Menschen aus gesellschaftlich schwachen Schichten die »Schmutzarbeit« erledigen, begleitet vom Abscheu führender gesellschaftlicher Schichten[65]. Solche Überlegungen sind deshalb aus der Sicht der Gruppenanalyse gut möglich, weil die Ebene »Öffentlichkeit« schon vom Konzept her einerseits innerhalb der Gruppe besteht, andererseits die Verbindung von Gruppe und Umwelt, Gesellschaft betont.

Auch Firmen und sonstige Organisationen haben oft eine solche verdrängte Geschichte, die aufzudecken eine wichtige Arbeit für Organisationsberater ist, um heutige Konflikte besser zu verstehen.

In der ambulanten psychoanalytischen Einzel- und Gruppentherapie ist diese Ebene der Öffentlichkeit verbunden mit dem Begriff der Administration[66], d. h. Rahmenbedingungen, Vereinbarungen (z. B. Gruppenregeln wie Schweigepflicht, Abstinenz), Sitzungsdauer, Frequenz, Vereinbarungen über Ferien, Zusammensetzung der Gruppe, Ausfallhonorare usw. Für den Gruppenleiter ist da eingeschlossen die Frage der Abstinenz, d. h. zu begleiten und nicht in irgendeine Richtung zu führen, Verzicht auf private Kontakte, Verzicht auf Aussagen über sich selbst, wenn diese nicht vielleicht im Prozess von notwendiger Identifikation oder dem Prinzip Antwort (Lindner 2006) eine gewisse Rolle spielen sollten. Dazu gehören die Gestaltung des Raums, in dem Einzel- oder Gruppentherapie stattfindet, die Anordnung der Stühle, bei Gruppen ein kleiner runder Tisch in der Mitte, um einen symbolischen Ort zu haben, der nochmals die Gruppe repräsentiert, darauf können dann Benachrichtigungen von Teilnehmern gelegt werden oder sonstige offizielle Dinge wie z. B. der Urlaubsplan. Diese

---

65 Siehe Gfäller 2002 a
66 Der Begriff stammt von Foulkes (1948, 1964, 1971). Er wollte hiermit ausdrücken, welch wichtige Bedeutung die Verantwortung des Gruppenleiters für das Setting der Gruppe hat, wobei auch hier es nicht nur um therapeutische Gruppen, sondern auch um Arbeitsgruppen und allgemein Führungsfragen geht.

Ebene hat auch symbolische Bedeutung, indem die Gruppe z. B. erlebt werden kann wie frühe Sozialisationsagenten, z. B. der Kindergarten, die Vorschule oder auch die Schule selbst, die Kindergruppe noch vor dem Kindergarten, wenn man z. B. in einem Wohnblock aufgewachsen ist, wo viele Kinder im Hof spielen konnten. Sollte es eine Großfamilie gegeben haben, gehört sie ebenfalls dazu, als Möglichkeit, diese in der Gruppe wiederzufinden. Klinisch gesehen kann diese Ebene auch eine Hilfe bei der Angst vor großen Plätzen, vor Öffentlichkeit (Agoraphobie) sein. In der Einzel-Psychotherapie ist die Ebene dadurch repräsentiert, dass man Öffentlichkeit ausschließt, andererseits über die Rahmenbedingungen wieder als Schutz hat. Es ist eine Intimität im öffentlichen Raum, der Institution, Praxis oder der Klinik.

2.2 Übertragungsebene I (Ganze Personen)

Einzelne Gruppenmitglieder, Untergruppen, die Leitung, das Team, der Vorgesetzte oder die Gruppe insgesamt können wahrgenommen werden im Sinne der (unbewussten) Übertragung wie wesentliche Personen der Kindheit und Jugend. In den Vorgesprächen wurden die Teilnehmer darüber informiert, dass es ein Spezifikum der Gruppenanalyse Foulkes'scher Prägung[67] sei, die Gruppe so zusammenzustellen, dass in Strukturanteilen Personen der Primärfamilie, also Personen des frühen Familiennetzwerkes, bis etwa zum 5. oder 6. Lebensjahr, vorhanden seien. Wenn im Gruppengespräch durch die Resonanzen der Teilnehmer und des Leiters samt seinen Interventionen Widerstände gegen die Erinnerung prägender Ereignisse langsam beseitigt werden, kann es durchaus geschehen, dass ein Teilnehmer zu einem anderen sagt: *»Du redest wie meine Mutter, ich habe mich schon lange gefragt, warum ich immer so aufgeregt reagiere, wenn du zu sprechen beginnst.«*

---

67 Bei nochmaliger Durchsicht neuerer Literatur zur Gruppenanalyse konnte ich dieses Kriterium der Zusammenstellung von Gruppen nur noch wenig finden. Ich hoffe, es ist dies nur ein pragmatischer Ausdruck der Situation a) es gibt einerseits deutlich weniger praktizierende Gruppentherapeuten wegen jahrelanger sehr schlechter Honorierung und b) in Zeiten von »Individualisierung«, Vereinzelung möchten Patienten keine Gruppentherapie, eher Einzelbehandlung – außerdem gibt es viele schlechte Erfahrungen mit Gruppentherapie seitens der Patienten aus den Zeiten, in denen es keine geregelte Gruppenweiterbildung gab.

Ein anderes Beispiel:
Nach zögerlichen Gesprächen entsteht eine Pause, und ein Teilnehmer sagt nach gewisser Zeit, dies erinnere ihn an das wütende Schweigen zu Hause beim Abendessen, wenn die Eltern einen Konflikt hatten und diesen nicht vor den Kindern austragen wollten.

Auf dieser Ebene kann also beschrieben und erlebt werden, wie sich bislang verdrängte Interaktionsmuster, aber auch die, die nicht verdrängt werden mussten, in der Gruppe wiederholen und damit der Bearbeitung zugänglich werden.

Als z. B. der Gruppenleiter einmal in einer Sitzung eine immer länger werdende Interpretation abgab, dabei zu spüren begann, dass etwas nicht stimmte, untersuchte er neben dem Sprechen, welche unbewusste Gegenübertragung er mit diesem Sprechen gerade abwehre. Während die Gruppe nachdenklich die Interpretation überlegte, merkte der Gruppenleiter, was das Abgewehrte gewesen sein könnte: Die Gruppe hatte gerade über depressive Mütter gesprochen, die in ihren Depressionen samt den dazugehörigen Schuldgefühlen emotional unerreichbar waren, dann auch über Väter, mit denen man nicht wirklich reden konnte. In diesem Fall war wohl diese Mutter- als auch Vaterübertragung beim Leiter unbewusst angekommen, er wollte unbewusst wohl nicht mit diesen Müttern oder Vätern identifiziert werden und gab deshalb die langen Erklärungen und Interventionen ab. Die Gruppenmitglieder waren gewissermaßen Geschwister, die unbewusst Mutter oder Vater auf den Leiter übertrugen und mithilfe des Leiters ein Szenario schufen, in dem dies weiter verdrängt bleiben sollte. Die kurze Intervention des Leiters war dann, zu sagen, es gäbe wohl ziemlich schmerzliche Erlebnisse mit solchen Müttern oder Vätern und, indem ich dies zu deuten versuche, wird erreicht, dass diese sich nicht wiederholt, nämlich die Anklage an mich, nicht in Resonanz oder sonst wie nicht erreichbar zu sein. Tatsächlich beklagten sich daraufhin einige Gruppenmitglieder, nicht genug wahrgenommen zu werden. Wenn der Leiter zu lange schweige, sei es oft wie zu Hause.

Diese Übertragungsebene beleuchtet die verdrängten Interaktionssequenzen zwischen Personen des primären Familienumfelds. Übertragung ist ubiquitär und damit nicht zu vermeiden. Sie hat dabei nicht nur mit den unbewusst gewordenen verdrängten Kindheitserlebnissen zu tun, sondern auch mit allen anderen späteren Erfahrungen mit wesentlichen Bezugspersonen. Je stärker die Verdrängungsschranke ist und damit der Widerstand, diese aufzulösen, desto stärker wirkt die Übertragung als dynamisierender Prozess in zwischenmenschlichen Beziehungen. Auf diese Weise entstehen Anteile der Prozesse, wenn man eine neue Person kennenlernt und diese in Millisekunden anziehend, abstoßend oder sonstige Gefühle auslösend erlebt. Man versucht mit den im Laufe des Lebens erfahrenen Interaktionssequenzen zuerst die neue Situation einzuschätzen, erkennt dabei pathisch[68] gerade nicht das Neue, sondern stülpt dem Neuen das Alte über, um schließlich das Neue, wenn es gelingt, langsam herauszuschälen. Die verdrängten Interaktionen und die damit verbundenen Übertragungsbereitschaften sind so stark, dass sie sogar in glücklichster Ehe dazu führen, dies ist vielfältige Erfahrung mit Ehepaartherapien, unbewusst mit diesen Übertragungsbereitschaften die Beziehung angreifen oder gar bedrohen. Es dürfte in jeder Lebensgemeinschaft nötig sein, diese Übertragungsbereitschaften aufzudecken, wozu oft das wachsame Auge des Partners nötig ist, um die Liebesbereitschaft und -fähigkeit neu zu entfachen. Doch schon die erste große Liebe ruhte u. a. darauf, dass man im Liebesobjekt die Möglichkeit sah, vergessene, verdrängte Liebes-, Geborgenheits- und Näheerlebnisse wiederholen zu können. Freud sprach vom Anlehnungstypus (Freud 1916–1917, S. 442). Diese Übertragungsebene I ist eine der genuin psychoanalytischen Ebenen und spielt bei der Aufarbeitung der Lebensgeschichte eine wesentliche Rolle. Sie wird in psychoanalytischer Psychotherapie selten vergessen, wird aber falsch, wenn die jeweiligen anderen Ebenen wie Öffentlichkeit und die noch zu nennenden vernachlässigt werden. Man ist eben nicht nur mit Personen aufgewachsen, sondern diese Personen waren vernetzt mit ihrer Familie, mit sozialen, beruflichen und gesellschaftlichen Strukturen samt der damit verbundenen Kultur, sodass es sogar in der Psychotherapie schädlich ist, gewissermaßen ein Kunstfehler, wenn man versucht, alles auf diese personale Ebene zu reduzieren.

Da Übertragungsprozesse in jeglicher menschlicher Kommunikation eine nicht unbedeutende Rolle spielen, verdienen sie besonders

---

68 Ein Begriff von Viktor von Weizsäcker (1986 f.), mit dem er in etwa meint, dass Wahrnehmung eine Bewegung unter Einbeziehung aller Sinne unter Nutzung des auch körperlichen Gedächtnisses im Umstand des Mitseins ist.

dann Beachtung, wenn Kommunikationsprozesse entgleisen, Missverständnisse sich häufen, scheinbar der Situation inadäquate Gefühle entstehen. Ich will dies an einigen Beispielen erläutern:

a) Beispiel Hochschule

Eine Hochschullehrerin war in Gesprächen mit einer ausländischen Studentin wegen derer Schwierigkeiten, Texte zu verfassen, langsam zu einer Vertrauten geworden. Die Studentin hatte ihr geschildert, dass sie sich in Deutschland wie verlassen von ihrer Familie fühle. Andererseits stehe sie unter Druck, da die Familie ihr das Studium finanziere und erwarte, dass sie das Studium möglichst schnell abschließe. Die Hochschullehrerin, ich nenne sie Frau H., ließ die Studentin als Ersatz für eine gescheiterte Seminararbeit eine Hausarbeit machen, setzte einen Termin an. Die Studentin konnte wieder nicht schreiben, deutete ihrer Lehrerin Suizidalität an, wenn sie diese Arbeit nun auch nicht schaffe. Frau H. wandte sich hier an mich mit der Bitte um Hilfe. Wir konnten erarbeiten, dass es sich bei Frau H. und der Studentin um eine unbewusste Wiederholung einer Mutter-Tochter-Situation handelte, wo die an sich sehr begabte junge Studentin den Abschluss ihres Studiums einfach nicht erreichen durfte, da sie in berechtigter aber durchaus unbewusster Weise einerseits den Neid der Mutter fürchtete, wenn sie diese überflügle, andererseits fürchte, wenn sie das Studium schaffe, dann gänzlich ihrem Vater ausgeliefert zu sein, der ein übertrieben enges und fast missbräuchliches Verhältnis zu seiner Tochter hatte. Gleichzeitig drohte mit dem Abschluss des Studiums, dass sie wieder in ihre Heimat Iran zurückkehren müsse, wo sie als nichtgläubige Muslimin, sie war als Alt-persische Zaruostra (Zarathustra)-Anhängerin dort vielfältigen Schikanen ausgesetzt. Da Frau H. nicht psychoanalytisch oder psychotherapeutisch ausgebildet war, sagte sie ihrer Studentin, dass sie vermute, sie dürfe ihr Studium gar nicht abschließen, aber dies zu bearbeiten sei Aufgabe mit einem Psychotherapeuten, der ihr helfen könne, sie sei, ihre Hochschullehrerin und habe andere Aufgaben. Frau H. führte also die Ebene Öffentlichkeit und Realität, siehe oben, wieder ein, indem sie klärte, wer für welche Probleme der richtige Ansprechpartner sei, und sagte dann auch der Studentin, dass sie nicht so etwas wie ihre Mutter oder ein Mutterersatz für sie sein könne. Dies ändere nichts daran, dass sie ihr bei ihrer Hausarbeit schon auch helfen könne. Bei diesem Gespräch erzählte dann die Studentin, sie habe Angst vor dem

Nachhausekommen, habe als Kind oft Angst vor den Schlägen der Mutter gehabt, wenn diese bemerkte, dass sie zu viel mit ihrem Vater zusammen sei. Frau H. hatte wieder ihre Rolle und damit Sicherheit. Die Studentin wurde von der Tochter wieder zur Studentin. Ein Therapieplatz wurde gefunden.

b) Beispiel aus der Ethnologie:

Im Rahmen ihrer Habilitationsschrift forschte eine junge Ethnologin im Hochgebirge Südamerikas. Während des Forschungsaufenthalts fiel ihr auf, dass sie zunehmend von einheimischen Familien zum Essen, auf Feste und sonstige gesellige Zusammenkünfte eingeladen wurde, auch von Leuten, mit denen sie bislang nicht gesprochen hatte. Sie freute sich über diese weiteren InterviewpartnerInnen, was sonst etwas schwierig gewesen wäre. Auf diversen Einladungen wurden ihr die Kinder der Familien vorgestellt. Die Bemühungen, sie auf Einladungen zu bekommen, verstärkten sich, sodass die junge Forscherin bald nicht mehr allen Einladungen nachkommen konnte, um ihre Forschung nicht zu gefährden. Daraufhin wurde die Anzahl der Familien, die sie einluden, langsam weniger, schließlich blieb eine Familie übrig, von der sie sich in ganz besonderer Weise ins Herz geschlossen fühlte. Wenn sie Zeit hatte, verbrachte sie diese bei dieser Familie. Hier schien sich in besonderer Weise die zweite Tochter der Familie an die Forscherin anzulehnen, es begann da so etwas wie Freundschaft. Als die Ethnologin dann ihren Forschungsaufenthalt beendete, sie hatte sich von der Familie verabschiedet, wurde sie besonders innig von dieser fast zur Freundin gewordenen jungen Tochter umarmt, die ihr ins Ohr flüsterte, sie sei jetzt ihre »Compadre«. Als sie am Flughafen eincheckte, kam dieses junge Mädchen (ca. 15 – 16 Jahre alt) auf sie zugerannt und sagte, ihre Eltern hätten ihr diesen Flug bezahlt und sie freue sich darauf, ab jetzt bei ihr zu wohnen. Die Forscherin antwortete, sie könne da nicht einfach mitkommen, sie habe doch ihr Zuhause und sicherlich würden die Eltern sie wieder vom Flughafen abholen. Das Mädchen flog mit.

Was war geschehen? In der Kultur des Volkes, das da beforscht wurde, suchen die Familien, die oft in armen Verhältnissen leben, nach einem finanziellen gut ausgestatteten Paten für die Kinder, damit diese bessere Überlebenschancen hätten. Es ist dies nicht ein Pate wie hier in Deutschland, ein Tauf- oder Firmpate, sondern vielmehr, wie man frü-

her sagte, ein Gevatter (siehe z. B. Grimms Märchen[69]: Gevatter Tod).
Die Forscherin sollte also Gevatterin sein und man hatte sie traditions-
gemäß durch diese vielen Einladungen, wozu erst mehrere Familien
darum konkurrierten, für wen sie diese Rolle spielen solle, ausreichend
vorbereitet. Da sie die Zuneigung des Mädchens sichtlich erwiderte,
galt dies als Zusage. Sie war damit unwissentlich »Compadre« geworden. Seltsamerweise hatte sie als Ethnologin von diesem Compadre-
system gewusst, sie hatte es aber nicht auf sich bezogen, nicht einmal
dann, als ihr beim Abschied in der Familie das Mädchen eben jenes
Wort Compadre ins Ohr flüsterte. Es war allerdings auch die erste von
ihr selbst geleitete Feldforschung. Wie konnte es zu dieser Verdrängung
kommen? Die Forscherin war selbst in nicht nur emotional, sondern
auch finanziell kargen Verhältnissen aufgewachsen. Ihre Mutter litt an
allerlei Krankheiten, sodass sie sich um ihre Tochter nicht ausreichend
kümmerte. Diese war oft über kürzere oder längere Zeit in Kinder-
heimen, später im Internat. Sie hatte also unbewusst in diesen äußerst
freundlichen und scheinbar warmherzigen einladenden Familien die
vermisste Seite ihrer eigenen Familie wiedergefunden, war in ihrer
Übertragung auf diese Familie nicht in der Lage zu sehen, dass hinter
den Einladungen noch andere Interessen standen; die Übertragung
legte nahe, es geschehe alles nur aus Liebe und Zuneigung. Sie ideali-
sierte also diese Familie und deren Herzensgüte. Und als sie umgekehrt
bei den Kindern dieser und auch vorher anderer Familien so nett und
liebevoll spielen konnte, diese herumtrug, sie herzte usw., war sie zu der
Mutter geworden, die sie selbst eigentlich gebraucht hätte. Da sie wegen
ihrer Kindheit an ihren Fähigkeiten als Mutter zweifelte, überkompen-
sierte sie dies und strengte sich sehr an, diesen Kindern und zuletzt diesem Mädchen eine ganz besonders liebevolle Ersatzmutter zu sein. Da
die Familien und zuletzt die eine Familie dies auch noch förderten,
konnte die Forscherin nicht erkennen, wie sehr sie da in Rivalität eintrat. Psychoanalytisch gesprochen übertrug die Forscherin unbewusst
die negative Mutter auf die Mütter und Familien ihrer Forschungs-

---

69 Bezogen auf die textkritische Ausgabe: Röllere (1982). Ein Vater sucht für seinen Sohn
   einen Gevatter aus Not und Geldmangel. Dieser soll gut betucht sein und für den
   Sohn so etwas wie ein Ersatzvater. Er wählt schließlich den Tod, da ihm ein reicher alter Mann (Gott) und ein fescher Junker (Teufel) als unglaubwürdig erscheinen. Der
   Tod war ehrlich und für den Sohn von großem Nutzen im Leben. Ein Märchen, gut
   für Ärzte und Psychotherapeuten.

region und wehrte dies durch die Idealisierung ab. Bei sich selbst kämpfte sie ebenso gegen die internalisierte innere böse Mutter, indem sie dies durch das Gegenteil, eine ideale gute Mutter zu sein, abwehrte. Auch das Mädchen hatte unbewusst die negative Seite ihrer Mutterübertragung auf die Forscherin abgewehrt, indem sie auf das kollektive System der Compadre zurückgriff und damit die ausschließlich positive Seite der Mutter in der Compadre fand. Die Aufdeckung dieser Prozesse ermöglichte, dass die beiden in Frieden voneinander lassen konnten und das Mädchen bald wieder in ihre Heimat flog, wobei das entstandene Schuldgefühl bei der Forscherin bewirkte, dass sie dem Mädchen dann in ihrer Heimat mit finanzieller Unterstützung half, dort ihre Ausbildung zu machen. Sie war tatsächlich Compadre geworden und übernahm die Aufgabe der Unterstützung.

c) Beispiel aus einer Ehe:

Die beiden lernten sich kennen, als die Frau sich wegen ihrer hervorragenden Leistungen beim Geschäftsführer, dem späteren Mann, bewarb, um die Leitung einer Abteilung übertragen zu bekommen. Es war so etwas wie Liebe auf den ersten Blick. Sie übernahm diese Abteilung, nach einem Jahr heirateten sie, und sie wurde zweite Geschäftsführerin und Teilhaberin. Beide hatten aufgrund ihrer familiären Vorerfahrungen das dringende Bedürfnis, voneinander unabhängig zu bleiben und keine Kinder zu bekommen. Die Ehe verlief über Jahre hin gut, beide verdienten viel Geld, da sich ihre Zusammenarbeit auch für die Firma als profitabel erwies. Man ergänzte sich, sie verbrachten aber auch viel Zeit miteinander, hatten in der Sexualität großes Glück gefunden. Der Altersunterschied, er 14 Jahre älter als sie, beeinträchtigte die Beziehung keineswegs. Beide arbeiteten viel und intensiv in der Firma, bis den Ehemann ein Herzinfarkt ereilte. Er war knapp über 50 Jahre alt. Im Laufe der Jahre hatten sich sowohl Liebe wie Sexualität verflacht, die gemeinsamen Freizeiten wurden seltener, man könnte sagen, beide arbeiteten nur noch. Sie hatte in der Firma einen etwas jüngeren hochbegabten jungen Mann entdeckt und gefördert, ihn zum Abteilungsleiter gemacht, zum Zeitpunkt des Herzinfarkts ihres Mannes war es schon so, dass sie fast Liebesgefühle diesem gegenüber empfand. Sie hatte dies ihrem Mann berichtet, da sie miteinander offen umgehen wollten. Beide bekamen Angst vor der Zukunft ihrer Ehe, und da sie in ihrem neuen Studium im Nebenfach Psychologie belegt hatte, wusste sie von Paartherapie.

Beide waren reflektierte Menschen und konnten in den Paargesprächen sowohl ihre jeweils eigene Lebensgeschichte als auch die Zeit ihrer Liebe und Ehe gut berichten. Bezüglich ihrer Ehe betonten beide etwas auffällig, wie wenig der Altersunterschied Bedeutung hatte. Ebenso auffällig betonten beide, dass sie sich gemeinsam all das geschaffen hätten, was sie sich schon als junge Menschen gewünscht hatten. Sie waren reich geworden, angesehen und hatten ein immer noch liebevolles Verhältnis zueinander. Da der Therapeut bei beiden Beteuerungen hellhörig geworden war, versuchte er mit den beiden, die ja zugaben, dass die Sexualität und Liebe wirklich deutlich nachgelassen hätten, Konflikte anzugehen. Die Kinderlosigkeit hatte bei der Frau den Hintergrund, dass sie nicht in die gleiche Abhängigkeit wie ihre Mutter gegenüber ihrem Vater geraten wollte, beim Mann, dass er es sich überhaupt nicht vorstellen konnte, außer mit negativen Attributen, was Vater-Sein bedeute, da er selbst nur einen sehr schwachen, früh verstorbenen Vater hatte, seine Mutter wäre überfordert gewesen mit vier Kindern, wovon er der Älteste gewesen sei. Bezüglich der Verleugnung des Altersunterschieds stellte es sich heraus, dass er in der frühen Kindheit so etwas wie eine Familienfantasie entwickelt hatte, in der er ein mit der Ehefrau glücklicher Vater von mindestens 5 oder 6 Kindern war und dabei eine Tochter hätte, die ihm viel Freude bereiten würde. Seine Wahrnehmung der Kindheit war, dass die Mutter seine Schwestern ihm gegenüber bevorzugt hätte. Weitere Gespräche ergaben die Eifersucht auf seine jüngeren Geschwister, die ihm die Mutter wegnahmen. Die Tochterfantasie war so zu verstehen, ein jüngeres Geschwister sein zu wollen. Mit der Ehefrau hatte er die fantasierte Tochter gefunden, aber auch ein Bruder-Schwester-Verhältnis entwickelt. Sie hatte ihrerseits im Ehemann den immer gewünschten fürsorglichen Vater neu erlebt. Die Therapie ergab, dass seine in der Kindheit fantasierte Familie oft auf Reisen war. Er empfand seine Familie als Kind am entspanntesten, wenn sie in den Ferien waren. Bei ihr stellte sich ihr Wunsch nach absoluter Unabhängigkeit vom Partner damit zusammenhängend, dass im Hintergrund der gegenteilige Wunsch wirkte, nämlich der nach Abhängig-sein-Können und da sich gut aufgehoben zu fühlen. Es hatte unbewusst einerseits das Inzesttabu begonnen zu wirken, das zwischen Vater und Tochter, dann auch das zwischen Bruder und Schwester, weshalb die Sexualität immer weniger wurde, die Liebe nachließ. Das Sich-in-die-Arbeit-Stürzen wurde als Ausdruck der Abwehr von gänzlich anderen Bedürfnissen erkannt, wie gesagt, bei ihm

das Reisen und bei ihr der Wunsch, in Abhängigkeit sich wohlfühlen zu
können. Kreativ, wie beiden waren, entschlossen sie sich zu Folgendem:
Sie verkauften ihre Firma zu einem guten Preis, ebenso eines ihrer
beiden Häuser, das andere sollte vermietet werden, damit sie regelmäßig
weitere Einkünfte hätten. Der Reisewunsch wurde dahingehend umgesetzt, dass beide einen internationalen Bootsführerschein erwarben und
sich mit dem vielen Geld, das sie hatten, eine Jacht kauften, die so groß
war und ist, dass sie Passagiere mitnehmen konnten, um da zumindest
die Anlege- und sonstigen Unterhaltskosten des Schiffes zu bezahlen.
Bis heute, also über zwei Jahrzehnte nach Beendigung dieser Ehepaar-
therapie, kamen Briefe der beiden, in denen sie die Richtigkeit der Entscheidung damals bestätigten.

d) Beispiel aus der Wirtschaft:

Der Vorstandsvorsitzende einer international auf vielen Gebieten tätigen Firma fragt bei einem Psychoanalytiker nach, ob er jemanden in
Beratung nehmen möchte, der aus seiner Sicht fast über alle Qualitäten
verfüge, sein Nachfolger zu werden, es aber an einer Qualität fehlen
lasse, nämlich der Kampfbereitschaft (siehe Gfäller 2007). Die Aufgabe
wurde übernommen, und jener Kandidat für den Vorstandsvorsitz
suchte den Psychoanalytiker auf. Die ersten Gespräche verliefen so, dass
dieser Kandidat darüber berichtete, wie schrecklich sein Vorstandsvorsitzender sei, er sei autoritär, nur am Profit orientiert, keine Menschlichkeit hafte ihm an. Er solle als neuer Vorstandsvorsitzender einer kleineren
Firma eine andere, mit dieser Firma konkurrierende, feindlich übernehmen. Diese sei, was es ihm besonders schwer mache, die Firma seines
Onkels, der sowohl Vorstandsvorsitzender als auch Hauptaktionär sei.
Der Klient wollte unbedingt den Therapeuten überzeugen, dass das Vor-
haben seines ihm vorgesetzten Vorstandsvorsitzenden doch inhuman,
unmenschlich sei. Der Berater ließ sich nicht sehr beeindrucken. Er sah
wohl die Nöte des Klienten. Er untersuchte die Lebensgeschichte des
Klienten. Auffällig daran war, dass dieser einen Vater hatte, der extrem
autoritär war, sodass der Klient sich schon in frühen Jahren von diesem
abwandte und beschloss, niemals so mit Menschen, Frauen umzugehen,
wie dieser es tat. Er wollte das Management mit Menschlichkeit[70] in Ver-

---

70 Siehe hierzu Hirschhorn (2000), der, sich anlehnend an den Begriff des »primären
Ziels« (Obholzer 2000), den Begriff des »primären Risikos« entwickelte – im Rahmen
der »Psychodynamischen Organisationsberatung« (Lohmer 2000). In meiner Ver-

bindung bringen. Auf keinen Fall so, wie es sein Vater tat, der auch Manager war. Die Unmenschlichkeit, seinen Onkel und dessen Firma für den Profit seiner eigenen Firma kaputt zu machen, habe er nicht. Bei der Überprüfung seiner familiären Situation zeigte es sich, dass seine Ehefrau dabei war, sich von ihm zu trennen, da er, kurz gesagt, ihren Vorstellungen von Männlichkeit nicht entspräche. Da es nicht Aufgabe einer Organisationsberatung ist, individuelle menschliche Krisen zu bearbeiten, überwies der Berater den Klienten zu einem psychotherapeutischen Kollegen, um dort die Probleme mit seiner Familie und seiner Frau aufzuklären. Die Gespräche wurden auf die wesentlichen Beteiligten erweitert. Es begann sich herauszuschälen, dass die sog. feindliche Übernahme in Wirklichkeit ein für beide Firmen produktives Ergebnis zeigen könnte: Es gab mehrere gemeinsame Vorstandssitzungen beider Firmen unter Moderation des Beraters. Anwesend waren dabei auch Anwälte der beiden Firmen[71]. Im Verlauf der gemeinsamen Vorstandsgespräche, an denen der Klient als Vorstandsvorsitzender der einen Firma teilnahm, ebenso der Onkel, stellte sich heraus, dass beide Firmen es mit einem schwieriger werdenden Weltmarkt zu tun hatten. Es konnte nur der eine oder andere gewinnen, so schien es jedenfalls. Die mediatorischen Fähigkeiten des Beraters zeigten schließlich Früchte: Zwar hatten beide Firmen im Wesentlichen eine ähnliche Produktpalette, aber im Kleinen unterschieden sie sich dennoch. Jede der Firmen musste für den Bereich der anderen Firma, wo diese schon gute Produkte hatte, enorme Entwicklungsarbeit leisten, um konkurrenzfähig zu bleiben. So lag es dann doch nahe, sich auf die wirklich fundierten Gebiete zu beschränken und die Ergebnisse der anderen Firma ohne eigene Entwicklungsarbeit zu nutzen. Zudem war der Onkel aus Altersgründen bereit, seine Firma abzugeben, sodass es für beide Firmen von Vorteil war, dass der Klient und seine Firma die andere aufkaufen konnte. Das bewirkte, dass die nun neue Firma zwei miteinander sich ergänzende Positionen auf dem Weltmarkt ausbauen konnte. Von feindlicher Übernahme war nichts mehr übrig, es gab das »win-win« der Mediation oder auch CP. Im Rahmen seiner Psychotherapie hatte der Klient zudem erkannt, dass er in seiner Vaterübertragung sowohl auf den Vorstandsvorsitzenden als

wendung der Begriffe »primäres Ziel« oder »primäres Risiko« beziehe ich mich auf diese beiden Autoren.
71 Wie bei Mediation, Kap. 5.1 und CP (kooperative Praxis), Kap. 5.2

auch den Onkel allzu sehr von bislang unbewussten Motiven geprägt war, sodass er den wirklich nötigen Zusammenschluss beider Firmen, wie es sein angeblich »böser« Vorstandsvorsitzender plante, als etwas Gutes erfahren konnte und gleichzeitig an Männlichkeit gewann, was letztlich auch seine Ehe rettete.

Um mit den Vielfältigkeiten der Übertragungsebene 1 abzuschließen, wähle ich noch ein

e) Beispiel aus dem Gericht:
Es handelte sich um eine Berufungsverhandlung vor einem Oberlandesgericht zu Fragen des Zugewinns, nebenbei auch Unterhalt. Was vom ehemaligen Ehemann an Zugewinn und Unterhalt zu bezahlen ist, berechnete das vorangegangene Urteil, das überprüft werden sollte. Anwesend sind ein Vorsitzender Richter, zwei beisitzende, wie üblich, die Prozessparteien samt ihren Anwälten, einige Zuschauer. Die Verhandlung behandelte zuerst die mögliche Wertsteigerung (Zugewinn) der Firma des Ehemannes während der Ehe. Wegen eindeutiger Gesetzeslage, da die Firma als persönlichkeitsgebunden eingeschätzt wurde, wies man die Klage zum Zugewinn kostenpflichtig ab. Der Anwalt der früheren Ehefrau hatte ohne irgendeinen Beweis eingeklagt, dass die Frau am Aufbau und der Erweiterung der Firma beteiligt gewesen wäre und daher wegen ihrer Mitarbeit den hälftigen Anteil an der Wertsteigerung dieser erhalten wolle. Das änderte nebenbei nichts an der Gebundenheit an die Person des Firmeninhabers. Sie hatte das Pech eines Anwalts, der in seiner Einstellung, Frauen möglichst gut zu verteidigen, einen unmäßig hohen Betrag an Zugewinn eingefordert hatte, vielleicht auch, um den Streitwert hoch zu halten. Im weiteren Verlauf des Prozesses bemerkte einer der beisitzenden Richter, jetzt den Unterhalt betreffend, dass auch die Frau einen Anteil an der Versorgung der beiden Kinder übernehmen müsse. Der Vorsitzende Richter unterbrach seinen Beisitzer und sagte, dass eine Frau, die so viele Jahre mit einem dominanten Mann gelebt, unter diesem zwangsläufig gelitten und damit das Recht habe, nun als über Fünfzigjährige als arbeitsunfähig zu gelten. Sie habe sich aufopferungsvoll um die Kinder und den dominanten Mann gekümmert, sodass sie keinesfalls für irgendwelche Unterhaltszahlungen an die Kinder im Zusammenhang mit neuer Arbeitsaufnahme trotz guter Angebote in Anspruch genommen werden dürfe.

Bezüglich des Unterhalts entschied man somit folgerichtig, dass nach 27 Ehejahren lebenslanger Unterhalt bezahlt werden müsse.

Bei Untersuchung der Motivationslage der drei Richter (in Supervision) stellte sich heraus, dass der Richter, der für die Unterhaltspflicht der Frau gegenüber den Kindern eintrat, jemand war, dessen etwas schwacher Vater die Familie verlassen hatte, Unterhalt gab es nur für die Kinder, weil die Ehefrau, seine Mutter, zu stolz war, von diesem Unterhalt anzunehmen, sie wollte es alleine schaffen. Der andere beisitzende Richter, der kaum ein Wort sprach, war seinerseits in einer Familie aufgewachsen, die sich dadurch auszeichnete, dass Mutter und Vater beständig stritten, sie hatten die Ehe nur deswegen wählen müssen, weil ein Kind unterwegs war, nämlich der Richter. Er wollte unbewusst diesen Streitigkeiten entfliehen, sagte deshalb kaum etwas. Der Vorsitzende Richter hingegen stammte aus einer Familie, wo der Vater die Mutter schon vor der Geburt verließ, sie waren nicht einmal verheiratet. Es bestand in der Familie ein unaufhörlicher Kampf der Mutter gegen den Vater, in dem sie versuchte, über alle möglichen Gerichte und Urteile den Unterhalt zu erhöhen, ihn falscher Angaben zu bezichtigen und zu zwingen, mehr zu zahlen. Er war in einem Klima aufgewachsen, in dem Männer als blindwütige und triebhafte Menschen gekennzeichnet waren, die ihrer Verantwortung zu entfliehen versuchten. Viele Jahre war die Mutter des Richters auf sich gestellt und hatte Geldprobleme. Der Vorsitzende Richter übertrug also unbewusst seinen sich gegen Zahlung wehrenden Vater auf die männliche und die eher leidende Mutter auf die weibliche Prozesspartei. Der beisitzende Richter, der wünschte, dass auch die Frau Verantwortung übernehme, war in seiner Kindheit der o. g. scheinbar stolzen Mutter ausgesetzt. Ausgesetzt deshalb, da die Mutter in ihm einen Partnerersatz fand, dies sogar dann aufrechterhielt, als sie erneut heiratete. Er übernahm seinerseits kleine Arbeiten schon als Kind, um die Restfamilie finanziell zu unterstützen. Gleichzeitig, das war ihm unbewusst, konnte er sich auf diese Weise die Mutter etwas vom Leibe halten. Als seine Mutter wieder mehr zu arbeiten begann, fühlte er sich einerseits nun weniger bedrängt, andererseits aber auch etwas im Stich gelassen. Vermutlich übertrug er auf die weibliche Partei sowohl die Situation, in der die Mutter ihn als Partnerersatz benutzte, als auch die, in der er vermehrt etwas verlassen, aber doch freier war, als die Mutter wieder arbeitete. Er mochte Frauen, die unabhängig vom Mann Verantwortung auch für ihre Kinder übernehmen.

Das Recht hat Spielräume, in denen man mehr die eine oder auch mehr die andere Seite belasten oder auch befreien kann. Psychologische Prozesse wie die der Übertragung dürften bei Entscheidungen eine nicht zu unterschätzende Rolle spielen.

Kleiner Einschub zum ödipalen Konflikt:
Psychoanalytisch gesprochen wäre es die Aufgabe der Väter, von Geburt der Kinder an die Ehefrau von einer versorgenden Mutter immer wieder neu zu seiner Geliebten zu machen, sie also als Frau anzusprechen und zu lieben. Viele Väter können dies nicht, sie tendieren dazu, Rivalen der Kinder um die Gunst der Mutter zu werden. Es wäre schön, könnte es glücken, dass Väter und Mütter dem liebevoll entgegentreten, dass die Frauen auf ihr Dasein als Mütter und die Männer auf ihres als Väter reduziert werden und dadurch jeweils von Neuem zu Frau und Mann werden. Als Sohn oder als Tochter würde man erleben, dass man alles ausprobieren kann, um die eigene Geschlechtsidentität am gegengeschlechtlichen Elternteil zu prüfen und spiegeln zu lassen, um dann festzustellen, dass man als Kind letztlich doch keinen Erfolg im Versuch hat, die Mutter (als Sohn) oder den Vater (als Tochter) ganz für sich zu gewinnen[72], weil dieser Bereich der Sexualität und Libido bei den Eltern dadurch abgedeckt ist, dass sie gleichwertig neben ihrer Elternschaft ein liebendes Paar sind. Ein guter Ausgang des Ödipuskomplexes wäre, sich als Kind genügend geliebt und geborgen zu fühlen, um die Frustration, Vater oder Mutter nicht vollständig für sich gewinnen zu können, aushalten zu können, einen Reifungsschritt zu machen und in etwa denken, jetzt habe ich meinen Kampf zwar nicht gewonnen, aber wenn ich einmal groß bin, dann habe ich dasselbe Liebesglück wie meine Eltern. Es lohnt sich, groß zu werden. Dieses ist vielen verwehrt. So auch bei obigen Richtern. Der eine unterstützt in der unbewussten Wiederholung den Kampf des Vaters gegen die Mutter, der andere in ebensolcher Wiederholung den Kampf seiner Mutter gegen den Vater.

Ödipale Übertragungsmuster, vor allem dann, wenn diese Phase unbefriedigend verlief, bringen nicht nur bei Gericht, sondern auch in allen möglichen menschlichen Beziehungen, somit auch im Betrieb, Probleme mit sich, werden sie nicht erkannt.

---

72 Die Notwendigkeit des Scheiterns daran zum Zweck der Entwicklung nennt die Psychoanalyse »Kastration« (siehe Leclaire 1976, Green 1996).

2.3 Übertragungsebene II (Projektive Ebene)

Nach den Ebenen des Gesprächs oder der Kommunikation von Öffentlichkeit und Übertragung konzipierte Foulkes[73] eine weitere, er nannte sie die projektive Ebene, auf der Suche danach, was sich alles in kommunikativen Akten abspiele, um diese besser erfassen zu können und zugleich zu sehen, wenn eine dieser Ebenen unterdrückt oder verdrängt wird; es geht ihm um die Frage, was geschieht im Hier und Jetzt in dieser Gruppe oder dieser Situation, in der mehrere Menschen miteinander sprechen oder arbeiten. Dies benötigt Strukturierungselemente zur Orientierung. Diese Ebene, ich nenne sie deswegen Übertragungsebene II, da hier eben nicht nur Projektionen unerwünschter Selbstanteile auf andere vorkommen, sondern Übertragungen, die Projektionen sein können, Introjektionen, vor allem aber Übertragungen von Anteilen, seien sie Anteile des eigenen Selbst oder Teile der Objekte, der anderen Personen. Dies bezieht sich auf eine sehr frühe Phase der Kindheit, in der es für Kinder zwar möglich ist, Familienmitglieder untereinander und Nicht-Familienmitglieder etwas zu unterscheiden in den Reaktionen, an den Reaktionen selbst kann man sehen, dass diese auch durch Puppen oder andere fassbare Dinge ausgelöst werden können. Geht man zuerst einmal vom Begriff der Projektion aus, so finde ich bei anderen Gruppenmitgliedern oder Untergruppen Teile meines abgewehrten Trieblebens, z. B. die mir selbst unerträgliche Aggression, Destruktion oder auch abgewehrte libidinöse Strebungen, die ich diesen unterstelle, da ich mit solchen Gefühlen, das ist die Voraussetzung, nicht umgehen kann, da sie meinem Selbstgefühl unerträglich erscheinen. Das Christentum erlaubt tödliche Aggression im Notwehrfall. Es liegt daher nahe, bei genügend aufgestauter innerer Aggression Lebenssituationen so zu gestalten, dass man in anderen die ursprünglich eigenen Destruktionen wecken bzw. finden kann, um dann endlich die Berechtigung zu haben, zuzuschlagen. In einer analytischen Gruppe lassen sich solche Prozesse gut beobachten. Andere Personen, Unter-

---

73 Foulkes (1971) verarbeitete mit dieser Ebene die neueren Erkenntnisse der Psychoanalyse, wo man sah, dass nicht nur sog. »ganze« Personen im inneren Drama einer Person eine Rolle spielten, sondern einzelne Teile, die in komplizierter Weise entweder gut aufeinander abgestimmt werden oder bei sog. Frühstörungen fast nebeneinander existieren und Konflikte mit sich bringen.

gruppen, die Gruppe selbst oder auch der Leiter werden projektiv nicht nur mit Trieb-, sondern auch mit Persönlichkeitsanteilen ausgestattet, die dem Selbst, würde es diese bei sich selbst erkennen, unerträglich und peinlich erscheinen. Die anderen Menschen werden dabei unbewusst nicht wie ganze Menschen wahrgenommen, sondern nur als Träger unerträglicher Haltungen und Gefühle, z. B. wie eine nicht oder übermäßig versorgende Mutterbrust, die da keine Milch, keine Nähe oder eben auch viel zu viel davon gibt.

In langjährigen Ehen kommt es gelegentlich vor, dass Fähigkeiten und Haltungen so aufgeteilt werden, dass im Laufe der Zeit der männliche Teil weniger redet, die Frau mehr. Beim Autofahren kann sich der eine zunehmend gut orientieren, der andere gar nicht mehr, der eine wird zunehmend aktiv, der andere zunehmend passiv usw. Man läuft so leicht Gefahr, statt einer partnerschaftlichen Beziehung in so etwas wie eine gegenseitige Symbiose hineinzugeraten. In der Regel dürfte dies die Sexualität zwischen den Partnern deutlich beeinträchtigen. Außerhalb der Ehe sprach man auf dieser Ebene z. B. bei Siemens von der Siemens-Familie, wo der Konzern sowohl eine versorgende Mütterlichkeit als auch die realitätsbezogene und steuernde Väterlichkeit darstellte. Der amerikanische Präsident George W. Bush arbeitete auf dieser Ebene, wenn er Staaten zum »Reich des Bösen« oder Saddam Hussein als »Inkarnation des Bösen« bezeichnete. Es kann auf dieser Ebene Entmenschlichung stattfinden, wie es in der Menschheitsgeschichte häufig der Fall war, man nannte den eigenen Stamm, das eigene Volk Menschen, die anderen waren keine Menschen, sondern gefährliche Feinde, die das Böse repräsentierten. Diese anderen, die Fremden, sind gelegentlich auch solche, die man der Promiskuität oder sonstiger »Abartigkeiten« bezichtigen kann, um solches bei sich selbst oder der eigenen Gruppe verdrängt zu halten.

Man kann diese Ebene aus dem Gesichtspunkt der Regression betrachten, womit man in der Psychoanalyse meint, dass es im Laufe des Lebens frühere und spätere Verarbeitungsmodi gibt, mit Konflikten, Grenzen und sonstigen Schwierigkeiten umzugehen, und auf diese Stufen zurückgegriffen wird. Je früher diese Modi entstanden sind, desto schwächer ist die Legierung zwischen aggressiv/destruktiven und libidinösen Triebanteilen. Die Übertragungsebene II, von der gerade gesprochen wird, ist auf einem sehr niedrigen Niveau, sie entspricht in etwa den Modalitäten im ersten Lebensjahr. Von daher kann es eben wegen der damit verbundenen geringeren Bindung zwischen Libido und Aggression sowohl zu den absolut hasserfüllten und vernichten wollenden destruktiven Aggressionen kommen, andererseits aber auch zu puren Liebesgefühlen, die, da sie nicht oder nur wenig mit Aggression legiert sind, bewirken, im Gefühl gewissermaßen sitzen zu bleiben und nichts tun zu können, um das Liebesobjekt zu erreichen. Die Handlungsfähigkeit des Ichs lässt nach, da keine aggressiven (hier: auf das Liebesobjekt zugehenden) Fähigkeiten vorhanden sind. Was viele in der Pubertät so erleben: Je stärker der Trieb, desto weniger Handlungsfähigkeit[74].

In der Psychologie von Massenansammlungen scheint die Regression auf diese Ebene eine gewichtige Rolle zu spielen, wenn in Massenaufläufen Panik ausbricht oder wenn charismatische Führer diese zu extremster Aggression aufputschen, wenn solche Massen z. B. im Fußballstation und danach bei Niederlage ihres Clubs brandschatzend, prügelnd und die Fans der gegnerischen Fußballmannschaft brutal zusammenschlagen; die libidinöse, aber auch hier primitive, Seite zeigt sich bei Pop-Veranstaltungen, wenn die Masse ihr Idol liebt. Diese Ebene eignet sich gut zur Manipulation, das steuernde Ich wird auf den Führer oder das Idol übertragen, was dieser zum Zweck der Mobilisierung in der einen oder anderen Triebrichtung dann nutzen könnte. Demagogen, Manipulatoren, »Gurus« und andere charismatische Führerpersönlichkeiten können auf dieser Klaviatur gut spielen. In Massen oder Großgruppen wurde diese Ebene genauer untersucht und beschrieben, doch dazu mehr im Kapitel über Großgruppen. Die grenzenlose destruktive Gewalt, die in solchen Ansammlungen auftreten kann, findet man oft in sog. marginalisierten gesellschaftlichen Gruppen wie z. B. Jugendlichen-Gruppen, die arbeitslos, unterprivilegiert sind, keine wirkliche Lebensperspektive zu haben glauben und dann auf andere gelegentlich mit Todesfolge einprügeln. Das Militär nutzt die Mechanismen dieser Ebene, wenn man Hunderte oder Tausende von Soldaten auf den Feind hetzt, die Angst vor eigenem Tod oder Verletzungen geht verloren. Wie im Rausch stürzen sich die Soldaten auf

---

74 In der Jugend und Adoleszenz ist das Ich wegen der auftauchenden heftigen Sexualität samt der hier stattfindenden Wiederholung des Ödipus-Komplexes in seiner Funktion als innere Steuerung dann besonders beeinträchtigt, wenn durch die Gegenwart eines anderen Menschen, der starke Liebesgefühle auslöst, sogar sprachliche Möglichkeiten zu verschwinden drohen.

die anderen, die Feinde, die ausgeschaltet werden müssen. Ebenso sind extreme Ausländerfeindlichkeit, antisemitische Pogrome mithilfe dieser Ebene zu verstehen.

In der Gruppenanalyse wurde diese Ebene gut untersucht, sie zeigt sich hier in milderer Form, da sie da nicht ausgelebt, sondern der Bearbeitung zugänglich gemacht wird. Dennoch kann es geschehen, dass einzelne Gruppenmitglieder dann, wenn die Gruppenleitung nicht rechtzeitig eingreift, mithilfe des Gruppenabwehrmechanismusses der Personifizierung zum Sündenbock abgestempelt werden, Träger der von den anderen abgewehrten Aggression werden oder sich plötzlich das sog. Pairing[75] entwickelt, wo zwei Gruppenmitglieder sich scheinbar intensivst ineinander verlieben. In Gruppen geschieht solches oft dann, wenn die Gruppe unbewusst meint, vor einem absolut unlösbaren Problem zu stehen, wenn zu viel unbewusste Gewaltbereitschaft auftaucht. Das Liebespaar samt dem unbewusst fantasierten Kind (= Messias) soll die Gruppe dann davor retten. Paarbildung in Teams haben die gleiche Funktion.

2.4 Ebene: Der Leib, der Körper

Zuerst möchte ich begründen, weshalb ich hier in Erweiterung des Konzepts von Foulkes und meinen bisherigen Texten hier vom »Leib« spreche und nicht nur vom »Körper«: Vom Sprachgebrauch her ist der Descartes'sche Dualismus im Sinne der Gegensätze »Körper – Geist« und »Leib – Seele« tief verwurzelt. Mit Foulkes meine ich mit »Körper« immer den beseelten, lebendigen Körper, keinesfalls einen toten. Die Lebendigkeit und das Sterben des (weiblichen?) Körpers erfolgt ansonsten nur über den sog. Geist, der ewig lebt, der dann letztlich das (männliche?) Leben repräsentiert. Bei der Benutzung des Wortes »Leib« kann allerdings wiederum ein toter Leib, in der christlichen Kultur der Leib Christi, assoziiert werden. Der Gegensatz zwischen

---

75 Bion (1971) entwickelte im Rahmen der Untersuchung unbewusster Grundannahmen einer Gruppe, die die Arbeitsfähigkeit einer Gruppe empfindlich stören, folgende Grundannahmen: Abhängigkeitsgruppe (die Gruppe fühlt sich vom Leiter völlig abhängig), Kampf und Flucht, wo sich die Gruppe durch Kämpfe und Fluchttendenzen eher lähmt, und schließlich die Paarbildung, die hier benannt ist.

toter Materie (res extensa) und lebendigem Geist (res cogitans) bliebe bestehen. Leib assoziiert Seele in diesem Dualismus, oder nach Spinoza das Ganze, wovon Körper und Seele die zugehörigen Attribute sind. Was ist nun aber die Seele? Könnte Seele nicht Folgendes ausdrücken? a) Das Wort Seele rekurriert auf die Tatsache, dass wir einerseits sterblich, andererseits zusammengesetzt sind aus unsterblichen Atomen, die sich wieder zu neuen Molekülen zusammenfinden, b) Seele beschreibt die Wechselwirkungsvorgänge nicht lokaler Art, die nicht nur Grundbestandteil unseres Universums sind, sondern ganz konkret in jedem Menschen zwischen seinen Zellen, seinen Organen, das Mitsein dieser, sein Gesamt ausmachen, und c) Seele beschreibt die Eigentümlichkeit des Menschen, nur in seinem »Mitsein« mit anderen Menschen überhaupt existieren zu können. d) Die Metaphysik samt deren Seele lasse ich hier außer Acht.

Diese Überlegungen zur Begrifflichkeit des »Körpers« oder des »Leibes« erscheinen mir nötig, um nachvollziehen zu können, dass der Begriff »Leib«, so sperrig er sein mag, vielleicht doch dann näher liegt, was einerseits der Unabtrennbarkeit dieser Ebene von den anderen entspricht, andererseits besser als »Körper« mit seinem Gegensatz »Geist« das in Zusammenhänge bringt, was mit dem Wort beseelter Leib angedacht ist. Dennoch werde ich noch gelegentlich das Wort Körper verwenden, gemeint ist dabei ebenso der lebendige, beseelte. Das als Vorbemerkung.

Aus guten Gründen werden in psychosomatischen Kliniken vor allem Gruppentherapien durchgeführt, da diese, gleich welcher Art, bei psychosomatischen Erkrankungen guten Erfolg zeitigen. Finanzielle Gründe spielen zwar eine Rolle, aber eine eher untergeordnete. Die Gruppe scheint in guter Weise das leibliche Mitsein zu repräsentieren, davon ausgehend, dass der Mensch von vornherein sozial eingebunden ist. Menschen mit Konversionserkrankungen[76] haben keine größere pathologische körperliche Veränderung, z.B. bei vielfältigen Arten des Kopfschmerzes, anderer Schmerzen, Blutdruckschwankungen, anderen vegetativen Symptomen wie Schweißausbrüche, Herzklopfen, inneren

---

76 Der Begriff der Konversion wird für Erkrankungen angewendet, die scheinbar keine wirkliche organische Pathologie haben – im Sinne des Mitseins der Organe, des Mitseins in der Gemeinschaft bedürfte es der Konversion nicht, hier wirkt der cartesianische Dualismus noch nach.

Unruhezuständen usw. Man kann in Gruppen gelegentlich beobachten, wie die Symptome sich schon während einer einzigen Sitzung verändern, manchmal sich bei anderen Gruppenmitgliedern lokalisieren. Die Erregungsabfuhr findet leiblich ohne Beteiligung des Bewusstseins (Verdrängung) statt. Gerade bei Nichtbeachtung dieser Ebene laufen diese Prozesse verstärkt ab, wie Sozialmediziner wissen. Sie können gut angegangen werden, wenn diese Ebene im Konzept des Gruppenleiters enthalten ist. Es ist ein großes Verdienst von S. H. Foulkes, diese Ebene des Körpers, des Leibes, konzeptualisiert zu haben; in keiner anderen der bekannten Gruppenpsychotherapien ist diese Ebene in den theoretischen Erwägungen so präsent wie in dieser Form der Gruppenanalyse, die hier als wesentlicher Ausgangspunkt dient.

Man kann in der Gruppenkommunikation beobachten, wie sich die Körper der einzelnen Teilnehmer voneinander abwenden, zueinander sich hinwenden, wer mit wem in körperlicher Kommunikation steht, sei es ablehnend oder sich zuwendend oder auch neutral. Es lassen sich viele Verbindungslinien zwischen der anthropologischen Medizin von Viktor von Weizsäcker und der Gruppenanalyse nach Foulkes finden (Gfäller 1995). Das In-der-Welt-Sein ist ein leibliches Mitsein. Damit ist gerade kein entseelter Körper gemeint, sondern der ganze leibliche Mensch. Der unglückselige Leib-Seele- oder Soma-Psyche-Dualismus, den man Descartes zurechnen darf, hatte zu etwas seltsamen und für den kranken Menschen wenig hilfreichen Prozessen geführt, dass auf der einen Seite die somatisch orientierten Mediziner psychisches Geschehen und die auf das psychische Geschehen fixierten Psychologen oder Psychosomatiker die leibliche Seite des Geschehens vernachlässigten. Die Ebenen, von denen hier gesprochen wird, legen aber nahe, dass es nur eine Frage der Betrachtungsweise ist, ob man »psychisch« erklärt, wie z. B. eine Depression nach dem Verlust einer wichtigen Bezugsperson im Sinne einer unverarbeiteten Trauer entsteht, oder ob man den anderen Blickwinkel einnimmt und untersucht, wie hierbei gleichzeitig Veränderungen an den Synapsen des Nervensystems stattfinden. Im Sinne modernster Naturwissenschaften kann man da gar nicht mehr fragen, wo man die Ursache lokalisieren kann, denn weder die körperlichen noch die psychischen Prozesse lassen sich wirklich lokalisieren, sie finden im Zwischenreich der Wechselwirkungen (im Mitsein der Organe, des Leibs) statt. Nebenbei muss man sich wieder einmal fragen, wenn man schon lokal oder kausal denkt, wo denn diese

Psyche nun sein soll, wenn nicht Bestandteil des Leibes, Ausdruck der Ganzheit des Menschen.

2.4.1 Psychosomatik

Die Leib-Ebene verdient es, nicht nur im Rahmen psychosomatisch[77] erkrankter Menschen betrachtet zu werden.

Zuerst einmal dürfte es, um das Ziel etwas einzuschränken, darum gehen, wie der Leib im Sinne der Kommunikation Gewicht hat, schließlich aber auch darum, wie das Verhältnis zum Leib überhaupt ist, wie Psycho- und Gruppenanalyse dazu stehen.

Beginnen wir mit der ersten Frage, der des Leibes in Kommunikation mit anderen. Der Leib bewegt sich, signalisiert etwas, auch die Art des Sprechens, die Tonhöhe, die Ausdrucksfähigkeit der Stimme, die begleitende Mimik und Gestik dürften wohl einen Großteil dessen ausmachen, was an Information zwischen lebendigen Körpern korrespondiert. Man kann »aus dem Bauch sprechen«, lispeln, laut oder leise, gepresst, in tiefer oder hoher Stimmlage sich mitteilen, all dies hat Bedeutung und wird wahrgenommen und interpretiert. Forscher der nonverbalen Kommunikation wie R. Krause in Saarbrücken (2002, 2008) gehen davon aus, dass bis zu 90 % der Kommunikation über Körperhaltungen, Verhalten, Sprachmodulation, Mimik und Gestik gehen, die sprachlichen begleitenden Mitteilungen seien fast nur so etwas wie ein Kommentar zur leiblichen Kommunikation. Wie sich Körper zueinander verhalten und welche Interpretationsmuster dabei Wirkung haben, hat wesentlich mit den kollektiv erworbenen und damit kulturellen und gesellschaftlich bestimmten Symbolisierungsformen zu tun. Es sind aber nicht nur diese gesellschaftlichen und kulturellen Bezugssysteme, die Körperinteraktionen gewissermaßen verständlich machen, gemeinsame Interpretationsmöglichkeiten schaffen, sondern auch solche, die aus der Primärfamilie stammen, aus der der jeweilige Sprecher oder Interpret kommt. Wenn es wahr sein sollte, dass die leibliche Kommunikation die Möglichkeit des Mitseins mit anderen, mit dem

---

77 Schon dieser Begriff widerspricht dem Ansatz dieser Arbeit, es ist immer der ganze Mensch, der erkrankt. »Psychosomatisch« erkrankte von anderen Erkrankten zu unterscheiden, ist in sich problematisch. Das sehen auch folgende Autoren: Bräutigam (1969²), Brede (1974), Janssen et al. (2006).

Gesprächspartner geradezu bedingt, kann dies im Bezug zur oft unbewussten Interpretation und zum Verständnis der Körpersprache nicht eine ganz einfache Möglichkeit darstellen, sondern sie benötigt zum Verständnis die letzte Ebene von Foulkes, die sog. primordiale Ebene, auf die ich noch eingehen werde.

Die zweite Frage aber, die sich mit dem beschäftigt, was es sei, das Leibliche oder das Seelische, das Soma oder die Psyche, verlangt nach weiteren Überlegungen und Erklärungen. In Deutschland gibt es seit einigen Jahren drei Facharztgruppen, die in spezifischer Weise versuchen, Somatisches und Psychisches im Zusammenhang zu sehen: der Facharzt für Psychiatrie/Psychotherapie, der Facharzt für Kinder- und Jugendlichen-Psychiatrie/Psychotherapie und der Facharzt für psychosomatische Medizin und ärztliche Psychotherapie. Dabei soll sich der Psychiater den sog. Geisteskrankheiten nebst ihren körperlichen Begleiterscheinungen, möglicherweise ihren somatischen »Ursachen«, linear gedacht, widmen, der Kinder- und Jugendlichen-Psychiater sowohl mit den Geisteskrankheiten als auch den psychosomatischen Erkrankungen des Kinder- und Jugendlichenalters, der Psychosomatiker mit der Frage, ob etwas Körperliches psychisch bedingt und ob etwas Psychisches körperlich verursacht sei. Die cartesianische Trennung von Psyche und Soma bleibt samt dem jeweiligen Denken in Kausalitäten und Lokalitäten bestehen. Für viele Menschen scheint es erleichternd zu sein, von Medizinern erfahren zu können, dass ihre psychischen Störungen und Auffälligkeiten somatisch bedingt, etwas weniger hingegen, inwiefern ihre körperlichen Erkrankungen oder Störungen »psychisch« begründet seien. So definiert die ICD (International Classification of Diseases) unter dem Punkt F45 Somatisierungsstörungen verschiedener Art, wo gemeint ist, dass die auffindbaren körperlichen Veränderungen nicht durch den Körper, sondern durch eine sog. »Psyche« bedingt seien, man brauche hier selten körperliche Behandlung, sondern Psychotherapie.

Nun berichte ich zuerst über ein Fallbeispiel einer Patientin, die im Rahmen ihrer Behandlung gleichzeitig und zwischendurch schulmedizinisch behandelt wird. Das zweite Fallbeispiel handelt von Somatisierungsprozessen im Zusammenhang mit vorhandener, aber unlebbarer und deshalb verdrängter Destruktion, bei der Kulturunterschiede eine Rolle spielen. Das dritte berichtet über mögliche Psychosomatik einer Krebserkrankung.

2.4.1.1 Unfallfolgen und Umgang damit, Beispiel 1

Eine zu Therapiebeginn 56 Jahre alte Patientin war von ihrer Nervenärztin zur Psychotherapie überwiesen worden, weil ihre Schmerzzustände, Depressionen samt Suizidalität nicht mehr in üblicher psychiatrischer Praxis behandelt werden konnten. Die Patientin berichtete über extremste Schmerzen im Unterbauch, an den Kiefergelenken samt chronischer Blasenentzündung. Die Patientin hatte einige ernst gemeinte Suizidversuche mit Schlaftabletten hinter sich, die allesamt so verliefen, dass sie wegen ihrer unerträglichen Schmerzen und der Weigerung ihrer Ärzte, die Psychiaterin eingeschlossen, ihr dabei medikamentös ausreichend zu helfen, ein Hotel aufgesucht habe, wo sie das Schild »bitte nicht stören« außen an die Tür heftete und Schlaftabletten einnahm, in einer Menge, die aus ihrer Sicht mit Sicherheit zum Tode führen sollten. Sie hatte ihre Schmerzen nicht mehr ausgehalten. Die Schlaftabletten hatte sie sich im Laufe der Zeit bei Besuchen bei verschiedenen Ärzten besorgt, die ihr die Rezepte gaben, sodass sie für ihren Zweck ausreichend waren. Die Psychotherapie ergab, dass sie sich mit der Allerweltsdiagnose »Fibromyalgie« von ihren Haus- und den Fachärzten und der daraus folgenden eigentlich Nicht-Behandlung überhaupt nicht verstanden fühlte. Die Schmerzen seien immer wieder so extrem geworden, dass sie aufgrund der Weigerung ihrer Ärzte, ihr die nötigen Medikamente zu geben, obwohl unter diesen Medikamenten auch Morphiumpflaster und Ähnliches zu finden waren, dass sie sich lieber umbringen wollte, als diese Schmerzen und die Weigerung, sie genauer zu untersuchen, noch länger ertragen zu können. Das war in etwa die Ausgangslage; anamnestisch ließ sich finden, dass sie in einer extrem zerstrittenen Familie aufgewachsen war, wo sie schon in frühester Kindheit miterlebte, wie der Vater die Mutter, ihre Schwester und sie selbst auf grausame Art und Weise schlug. Sie selbst bekam etwas weniger Schläge, denn irgendwie habe der Vater sie auch geliebt, was Schuldgefühle gegenüber den Geschwistern auslöste. Der Vater neigte zu Alkoholexzessen, starb daran früh. Als die Patientin 8 Jahre alt war, heiratete die Mutter wieder, der Stiefvater erschien ihr zuerst als Entlastung. Sie hatte große Hoffnung, dass nun »alles gut« werde. Schon bald, nach einem Jahr, wurde der Stiefvater zunehmend bösartig. Sie beobachtete ängstlich, wie er versuchte, die verschlossene Schlafzimmertür der Mutter mit Gewalt zu öffnen, die Mutter schrie drinnen, er solle wegbleiben. Vermutlich hatte sich die Mutter von seinen sexuellen Attacken bedroht gefühlt. Es dauerte nicht lange, bis auch der Stiefvater zu trinken anfing und immer aggressiver wurde, jähzorniger, bis auch er zu prügeln begann. Sie fühlte sich zunehmend schuldig, wenn der Stiefvater vor allem auf die Mutter und ihre Geschwister losging, sie verschonte. Des Öfteren wurde sie in ein Gasthaus geschickt, um den Stiefvater in seinem betrunkenen Zustand nach Hause zu holen, was sie dann auch tat. War er total betrunken, stützte sie ihn, brachte ihn auf die Couch im Wohnzimmer; in das Ehebett durfte er nicht, sie gab seinem Drängen nach, sich an sie zu kuscheln. Da er dabei friedlich einschlief, dachte sie, es sei ihre Aufgabe, die Familie davor zu schützen, dass er in Aggressionen ausbreche, indem sie seinem Drängen nachgab. Eine Missbrauchskarriere deutete sich an. Ab der ersten Periode (Menarche) durfte sie ihren Stiefvater nicht mehr nach Hause holen, er tobte dann umso mehr zu Hause herum, die Mutter und die Geschwister schlossen ihre Zimmer ab. Letztere zogen bald aus dem Haus aus. Wieder versuchte sie, den Stiefvater zu beruhigen, was gelegentlich gelang, aber auch zu Handgemengen führte, die sexuellen Anklang hatten. Die Mutter, ängstlich eingeschlossen in ihrem Zimmer, erlebte wohl diese Befriedung ihres Mannes als Schutz und Hilfe. Schließlich kam es dazu, dass die Mutter, um ihren Mann zu beruhigen, den Schlüssel zum Zimmer der Patientin, die nun von ihr da eingesperrt wurde, offen für ihn auslegte. Das führte dazu, dass er aufsperrte und sich zu ihr legte. Bald kam es zur ersten Vergewaltigung. Die Patientin kämpfte gegen das Eingesperrtwerden, war der Mutter aber unterlegen und schrie aus Leibeskräften um Hilfe, wenn sie den Stiefvater kommen und aufsperren hörte, was bei dem alleinstehenden Haus nichts nutzte. So wurde sie bis zum 18. Lebensjahr auf diese Weise mindestens einmal wöchentlich vergewaltigt. Die Drohung, umgebracht zu werden, wenn sie anderen davon berichte, war so glaubwürdig und ernst, dass sie schwieg. Bei der Brutalität des Vergewaltigers musste sie wegen starker Blutungen zum Arzt, sie ging aber jedes Mal zu einem anderen und beschwor diesen, nichts zu sagen. Es kam dennoch einmal zu einem Prozess gegen den Stiefvater, wo dieser freigesprochen wurde, da sowohl er, die Mutter und sie beschworen, es wäre nicht er, sondern ein Unbekannter gewesen, der sie abends überfallen habe. Dem war vorangegangen, dass da die Patientin sogar stationär behandelt werden musste und der Stiefvater sie dort heimlich in der Nacht aufsuchte, sie heftig würgte und erneut drohte, sie und die Mutter umzubringen, wenn sie ihn beschuldigte. Er ließ sich ihr

Schweigen mit der Bibel beschwören. Dennoch absolvierte sie die Schule bis zum Abitur, getraute sich abends nicht auszugehen, da sie befürchtete, dass der Stiefvater dann die Mutter umbringe, wenn sie nicht da sei. Er hatte dies mehrfach angedroht. Während eines Krankenhausaufenthalts der Mutter, kurz nach dem Abitur, das sie gerade noch bestand, floh sie schließlich doch, nahm eine Lehre auf, zog in eine andere Stadt und brach jeglichen Kontakt nach zu Hause, wie schon vorher die Geschwister, ab. Etwa 15 Jahre später starb der Stiefvater an den Folgen seines Alkoholismus. Sie versuchte danach verzweifelt, die Beziehung zur Mutter wieder in guter Weise herzustellen, die Mutter gab ihr aber die Schuld dafür, dass die beiden Männer gestorben waren, dass sie die Mutter diesem Mann ausgeliefert hatte, indem sie weggegangen war. Sie bekam nach der Lehre eine Anstellung, begann eine berufliche steile Karriere. Jahre danach, als sie wieder einmal bei der Mutter war, um sich mit ihr gut zu stellen, erhielt sie erneut die alten Schuldvorwürfe. Daraufhin sei sie zusammengebrochen und habe den ersten Suizidversuch mit Tabletten gemacht, wo sie dann, schon bewusstlos, sich erbrach, von einer engen Freundin gefunden wurde, die sie vermisste. Sie kam erstmals in stationäre psychiatrische Behandlung, wo man eine schwere »endogene Depression« feststellte und sie wegen der Suizidgefährdung in einer geschlossenen Station unterbrachte und mit hoher Medikation behandelte. Wieder zu Hause, beschloss sie, ihre ganze Vergangenheit ad acta zu legen und sich auf ihre berufliche Zukunft hin zu orientieren, was ihr weitgehend auch gelang. Sie lernte einen verständnisvollen Mann kennen, der besonders im Bereich der Sexualität keinerlei Anforderungen an sie stellte, mit ihr eine neue Liebe aufbauen wollte. Auch er hatte die Hoffnung, durch Abwendung von seiner Vergangenheit als Heimkind, ohne Eltern aufgewachsen, gemeinsam Glück schaffen zu können. Das Verdrängen der Vergangenheit gelang, Patientin machte ihre Karriere, ihr Ehemann ebenso, bis sie auf einer Reise in den Fernen Osten nach einem Mückenstich, den sie wenig spürte, rund um diesen in der Nähe des Nabels Schmerzen bekam. Die Schmerzen breiteten sich aus, sie entwickelte heftige Krampfzustände, bis sie stationär aufgenommen wurde und im Rahmen einer Rückflugversicherung nach Deutschland in ein Tropenkrankenhaus kam. Ab da begann ihre Karriere als Schmerzpatientin. Verschiedenste medikamentöse Therapien brachten kein Ergebnis, die Schmerzen blieben und wurden stärker, bis sie einen weiteren Suizidversuch unternahm, psychiatrisch behandelt wurde, danach von einem Arzt zum anderen ging, weitere Suizidversuche folgten mit stationären Aufenthalten. Schließlich kam sie zu einer Nervenärztin, welche sie zum psychoanalytischen Therapeuten überwies. Diese Nervenärztin war die Erste, mit der sie sich getraute, über ihre Vergewaltigungserlebnisse zu sprechen. Sie hatte inzwischen ihren Beruf verloren, war Niederlassungsleiterin einer großen Firma gewesen und wegen ihrer vielfältigen Schmerzzustände, Schädigungen infolge der Suizidversuche frühberentet worden. Wegen des nächtlichen Zähneknirschens, wohl im Zusammenhang mit den Schmerzen, hatte sie ihre Zähne abgeschliffen und zugleich die Kiefergelenke ziemlich ruiniert, wo aber keine medizinische Behandlung mehr erfolgte. Nach einem halben Jahr Behandlung beim Therapeuten begannen Albträume, in denen sie fast jede Nacht nacherlebte, wie der Stiefvater betrunken ins Zimmer kam und sie vergewaltigte. Etwa gleichzeitig brach ein auf Schmerzzustände spezialisierter Arzt seine Behandlung ab mit der Bemerkung, es handle sich bei ihr um »somatoforme« Schmerzen, womit er meinte, sie habe gar keine wirklichen Schmerzen, sondern bilde sich diese nur ein. Sie unternahm einen weiteren Suizidversuch, kam wieder in eine psychiatrische Klinik, ihre zunehmenden Schmerzen im Kieferbereich und im Abdomen (Unterbauch) wurden nochmals als »somatoform« bezeichnet und somit nicht weiter behandelt, außer der psychiatrischen Medikation im Sinne von schweren Antidepressiva und anderen Psychopharmaka. Die Schmerzen wurden immer schlimmer, vor allem die im Unterbauch; sie spürte beim Abtasten, dass da etwas Hartes war, was ungemein wehtat. Dies wurde nicht untersucht, es war ja »somatoform«. Eigentlich bedeutet diese Diagnose etwas Richtiges, nämlich die körperliche Seite psychischer Konflikte. Der behandelnde Stationsarzt der Klinik nahm dann doch Kontakt mit dem Therapeuten auf, wodurch zumindest eine gynäkologische Untersuchung erfolgte, die aber keinen Befund ergab. In ihrer Not wusste sie nichts anderes mehr, als einen Suizidversuch vorzutäuschen, sodass sie aus der psychiatrischen Klinik auf die Intensivstation einer anderen Klinik kam, wo sie untersucht wurde und man vielfältige und gefährliche Neubildungen im Unterleib feststellte, die unbedingt sofort entfernt werden mussten; auch um die Kiefergelenke kümmerte man sich. Sie hatte sich auf diese Weise freigekämpft und erschien bald wieder in der Therapie. Im Entlassungsbericht der psychiatrischen Klinik war nichts von körperlichen Befunden zu lesen, man blieb dabei, dass die Schmerzzustände »somatoform«, aber in der falschen Weise somatoform, nämlich ausschließlich »psychisch« bedingt seien. Die Psychotherapie ergab, dass die Zunahme der Schmerzen, die Verkrampfungen im direkten Zusammenhang mit der Annäherung an weitgehend verdrängte grausame Situationen ihrer Kindheit waren, die Albträume hatten davon schon Zeugnis abgelegt.

Die Suizidversuche hatten nun ihrerseits beträchtliche Schädigungen ihres Körpers hinterlassen, sie konnte sich langsam damit abfinden, dass sie sich selbst mit den Suizidversuchen geschädigt hatte, den damit verbundenen Unmengen von Tabletten. Sie begann zu hoffen, dass sie mit ihrem enormen Lebenswillen langsam über diese Schädigungen hinwegkomme. Gleichzeitig näherte sich die Therapie der Aufhebung der Verdrängung ihrer Kindheits- und Jugendgeschichte. Sie entwickelte in diesem Zusammenhang vor allem über die Analyse ihrer Übertragung[78] enormes Vertrauen in die Therapie und den Psychotherapeuten. Langsam standen nicht mehr die Schmerzen im Vordergrund der Behandlung, sondern die grausigen Ereignisse mit Mutter und Stiefvater, noch früher die mit dem Vater. Sie genas tatsächlich deutlich, aber da begann eine Krise bei ihrem Ehemann, dessen Firma geschlossen wurde. Er war plötzlich arbeitslos. Er war seiner Frau über all die bisherige Zeit aufopfernd beigestanden, hatte dazu, das war die Vermutung des Therapeuten, aber beständiger narzisstischer Zufuhr, d. h. Bestätigung, Erfolg, Zuwendung und Bewunderung bedurft, dies nicht nur am Arbeitsplatz, sondern auch zu Hause. Diese narzisstische Zufuhr zumindest im Beruf ging vollständig verloren, er hatte sich wirklich überfordert im immerwährenden Beistand gegenüber seiner Frau, sodass nun seinerseits die abgewehrte Kindheit ausbrach und er plötzlich zu jemandem wurde, der zuerst im Affekt und bald öfters seine Frau zu schlagen begann. Er hatte im Kinderheim gelernt, sich mit Brutalität und Gewalt Respekt zu verschaffen. Diese schlimme Seite der eigenen Person, hatte er gehofft, gemeinsam mit seiner Frau, wie diese ihre Kindheit, verdrängt zu haben und den Blick nur in die Zukunft richten zu können. Nach seinen aggressiven Durchbrüchen ihr gegenüber stand sie trotz ihrer eigenen Probleme und Ängste kurz davor, sich von ihm zu trennen. Sie erlebte mit ihm unbewusst die Wiederholung der Ereignisse mit Vater und Stiefvater und arbeitete in der Therapie daran. Dadurch verlor er seine ihm nötige narzisstische Bestätigung zu Hause. Er

---

78 Siehe das entsprechende Kapitel

reagierte mit heftigen Schuldgefühlen, schwor, niemals mehr die Hand gegen sie zu erheben. Schließlich wurde er wegen seiner Auffälligkeiten, er hatte zudem wohl in schon immer unterdrücktem Zorn deutlich abgenutzte Gelenke und ebensolche Schmerzen wie sie, früh berentet. Im Verlauf der Psychotherapie und der immer wieder neuen Annäherung an die grausigen Situationen ihrer Kindheit, die auch in der Übertragung auf den Therapeuten sich neu konstellierten, gleichzeitig aber auch bearbeitbar wurden, besserten sich die Schmerzsymptome und der Allgemeinzustand. Sie lernte mit ihren Behinderungen zunehmend gut umzugehen. Durch Umzug in die Voralpen, wo es beiden gut gefiel und sie sich einen Wohnwagen an einem See leisten konnten, wurde die Therapie langsam beendet. Der dortige neue Hausarzt der beiden, der oft überfordert war angesichts vielfältigster Symptome, blieb bis vor einigen Jahren mit dem Therapeuten in Kontakt. Das Leben der beiden war einigermaßen erträglich geworden, der Ehemann hatte eine Psychotherapie aufgesucht und da Hilfe erhalten. Über die Kontakte mit dem Hausarzt war zu erfahren, dass die ehemalige Patientin zwar weiter an den Folgen ihrer Tabletteneinnahme litt, aber doch trotz gelegentlicher Krisen einigermaßen stabil geblieben war.

2.4.1.2 Krankheit im Zusammenhang mit nicht lebbarer Destruktivität, Beispiel 2[79]

Eine 32-jährige Frau befand sich in analytischer Gruppentherapie, weil sie trotz jahrelanger vieler medizinischer Versuche, einschließlich künstlicher Befruchtung, zwar schwanger wurde, aber das Kind spätestens zwischen der 8.–12. Woche wieder verlor. Ein unsicher gewordener Gynäkologe überwies sie zur Psychotherapie. Die Patientin war zudem darüber depressiv geworden. Sie und ihr Mann hätten sich sehnlichst ein Kind gewünscht, hatten eine schöne Beziehung. Es dauerte sehr lange, etwa 2 Jahre, bis – nach einem weiteren Abgang – sie diese 12. Woche mit ihrem Kind überstand und schließlich zuerst dieses eine, dann ein weiteres Kind, letzteres schon nach der Therapie, zur Welt bringen konnte. In der Therapie konnte langsam herausgearbeitet werden, dass sie selbst eine grausame Kindheit mit ablehnender Mutter, al-

---

79 Wenn hier Beispiele aus der therapeutischen Praxis genommen werden, sollte bedacht werden, dass diese zwar etwas extrem sind, aber in verminderter Form im Berufsalltag bei unerkannten unbewussten Konflikten vorkommen und zu vielen Krankheitstagen führen.

koholkrankem und jähzornigem Vater gehabt hatte – beim Erstgespräch sprach sie noch von einer »eigentlich guten« Kindheit, hatte vieles entweder verdrängt oder den zur Erinnerung gehörenden Affekt abgespalten – und, das war das Überraschende, was sich in Träumen langsam andeutete, jeglichen eigenen und auch anderen Kindern gegenüber Hassgefühle, die man zuerst nicht einordnen konnte. Zudem waren solche Gefühle hochnotpeinlich. Peinlich war auch, was sie nach Auflösung innerer Widerstände schmerzlich erinnerte: Sie neigte als kleines Kind dazu, andere Kinder zu quälen, sie zu verletzen. Das stand im Zusammenhang damit, dass sie das weitergab, was sie selbst erlebt hatte. Nach dem genannten weiteren Abgang wurde sie immer depressiver, in Träumen wurde sie verfolgt, getötet. Wegen dieser Albträume konnte sie kaum schlafen. In der Gruppe wurde sie dem Leiter und anderen Gruppenmitgliedern gegenüber zunehmend aggressiv – die Therapie schade nur, es gehe ihr schlechter als jemals zuvor. Unbewusst war sie recht eng mit diesen anderen verknüpft, von diesen auch gespiegelt[80], was sie lange nicht erkennen konnte. In dieser Zeit wurde sie wieder schwanger und überstand die leidige 12. Woche. Sie lebte die Destruktion gegen die Gruppe – und nicht mehr gegen den Embryo. Das über viele Träume und Gruppentransaktionen gesicherte Ergebnis war schließlich, dass sie so voller Destruktion war, dass sie alle Kinder, alle Gruppenmitglieder, die es besser hatten als sie selbst, fast umbringen wollte und könnte. Sie war zutiefst von Neid erfüllt gewesen – auch auf den Embryo, der es später mit ihr als Mutter und dem Vater mit Sicherheit besser habe als sie. Als sie Neid und Hass in der Gruppe unterbringen konnte, ging es mit ihr und dem Embryo stetig aufwärts. Hier konnte sie sich dann erinnern, dass es gelegentlich schöne und liebevolle Erlebnisse in der Kindheit auch gegeben habe – neben den schrecklichen Ereignissen. Sie wurde zunehmend weicher, die Depression verschwand. Sie konnte nach der Geburt ihres ersten Kindes die Therapie beenden. Die Destruktion bestand zu großen Teilen auf der unbewussten Übernahme der Aggressionen der Eltern (siehe »Identifikation mit dem Aggressor«), zu anderen Teilen auf ganz natürlicher Aggression und Destruktivität, die bei besonneneren Eltern hätten gut eingebunden und in Kreativität umgewandelt werden können.

---

80 Spiegelung ist ein in Gruppen häufig vorkommender Mechanismus, in dem man langsam eigene abgewehrte Affekte erkennen kann.

Gelegentlich machte man Freud den Vorwurf, er sei ein Kulturpessimist, wenn er der Auffassung war, neben den libidinösen gäbe es beim Menschen auch ebenso heftige destruktive Anteile, die im Rahmen der Kulturentwicklung nur zeitweise unterdrückt werden könnten (1930a [1929]), dann neu hervordrängten und sogar bis zur Vernichtung des Menschen selbst z. B. in großen Kriegen beitragen könnten, sodass, wie er in seiner Antwort an Einstein schrieb (1933b [1932]), auch die Psychoanalyse außer der Förderung der Liebe, Vernunft und Kultur noch zu wenig wisse, um destruktiven Durchbrüchen Einhalt zu gebieten, um damit den möglicherweise bald kommenden großen Krieg (2. Weltkrieg) noch zu verhindern. Er hatte in den Krankenbehandlungen die leidige Erfahrung gemacht, dass seine ursprüngliche Ansicht, Aggression und Destruktivität seien Ausdruck gescheiterter oder zurückgewiesener Libido oder nicht lebbarer Verhältnisse, die den Ich- oder Lebenserhaltungstrieben entgegenstünden, nicht mehr aufrechtzuerhalten sei. Dabei hatte er schon 1915, nach kurzer anfänglicher Begeisterung für den möglichen Sieg der Kultur gegenüber Unkultur zu Beginn des 1. Weltkrieges, leidvoll feststellen müssen, dass das Verbot »Du sollst nicht töten« wohl deswegen entstanden sei, weil der Mensch zur Übertretung neige und zudem dieses Verbot erst akzeptieren konnte im Schmerz über den Verlust eines geliebten und von einem anderen getöteten Menschen (1915 b). Nun kann ich mich wegen langjähriger Tätigkeit als psychoanalytischer Psychotherapeut der Ansicht Freuds nicht erwehren und konnte in den Behandlungen oft keine andere Erklärung für bestimmte Verhaltensweisen oder Symptome finden als Wirkungen unterdrückter bzw. abgewehrter Destruktion.

Weitere Beispiele mögen dies belegen:

Ein 35-jähriger Mann berichtet in den Vorgesprächen, er leide an ihn ängstigenden gelegentlichen heftigen Anfällen von Herzrasen (Tachykardie). Sie seien das erste Mal nach einer Demonstration aufgetreten, als er, in der ersten Reihe gehend, einem Polizeiaufgebot gegenüberstand, das begann, auf ihn und seine Mitstreiter einzuknüppeln. Er habe solche Wut bekommen, dass er nach dem ersten Schlag, den er erhielt, auf einen Polizisten losstürzte und ihn zu Boden schlug. Das sei vor etwa 15 Jahren gewesen. Seine Wut war so groß, dass ihn seine Mitstudenten kaum beruhigen konnten. Diese Wut, für die er sich sehr schämte, sei seit dieser Zeit nie mehr aufgetreten. Während des Nachhausegehens begann die Tachykardie. Er war über seine Wutimpulse extrem erschrocken und schämte sich sehr. Am folgenden Tag untersuchte ihn ein Arzt; wegen leicht erhöhtem Blutdruck und unregelmäßigem Puls bekam er ein Medikament, das er nicht mehr erinnert. Jedenfalls träten jetzt erstmals wieder Anfälle von Herzrasen auf, er wisse aber keinen Grund. Wenn er zum Arzt gehe, könne dieser nichts feststellen, was auch der vorliegende Arztbericht zeigte. Daneben klagte er über nächtliches Zähneknirschen, Schweißausbrüche, Schlafstörungen und eine zunehmende depressive Grundstimmung. Er habe zwei Kinder, eine gute Position im Beruf, ein liebevolles Verhältnis zu Frau und Kindern. In der Therapie stellte sich langsam heraus, dass er eine turbulente und teilweise auch gewalttätige Kindheit hatte. Er sei oft geschlagen worden, zu seiner Mutter habe er nur wenig guten Bezug finden können. Sie habe sich von ihm vermehrt abgewandt, wenn er krank war. Körperliches und Körperkontakte wurden abgelehnt, wenn nicht unumgänglich nötig. Er kam in eine gruppenanalytische Gruppe. Die Fragen, die während der Therapie auftauchten, waren, ob er sich vielleicht mit seinem schlagenden Vater identifiziert habe und dies abwehre; dann hätte er im Sinne der Wendung der Aggression gegen die eigene Person in Situationen, in denen er dem schlagenden Vater ohnmächtig ausgeliefert war, sich umidentifiziert[81] und dadurch die Position des Täters eingenommen, um nicht mehr das Opfer zu sein. Es schälte sich heraus, dass er in einem Land aufgewachsen war, in dem Brutalitäten auch auf offener Straße keine Seltenheit waren. Seine deutschen Eltern waren wegen des Berufs des Vaters in diesem Land. Er sollte der Straße fernbleiben, damit ihm da nichts geschähe. Man verkehrte in einer Enklave der Deutschen, die leitende Positionen in verschiedenen Betrieben einnahmen. In der Enklave war es relativ ruhig, man hatte abgeschirmte Sportplätze, auch die Schule war abgeschirmt. Das verhinderte natürlich nicht, dass er als kleiner Junge gelegentlich Brutalitäten mit ansah, wenn auch nur von fern. Er schwor sich, niemals so aggressiv und unbeherrscht zu sein wie sein Vater und die von Weitem beobachteten Jugendlichen. Bald nach Beginn der Therapie trat ein weiteres Symptom auf, eine schmerzhafte Bewegungseinschränkung im rechten Schultergelenk, die als beginnende Arthrose vom behandelnden Arzt eingestuft wurde. In der Gruppe war der Patient äußerst verständnisvoll gegenüber anderen,

---

81 Siehe »Identifikation mit dem Aggressor«, Kap. 4.2.9

immer hilfsbereit, brachte produktive Beiträge ein. Er konnte an sich selbst keinerlei destruktive oder aggressive Affekte feststellen, war gegenüber dem Therapeuten eher ablehnend, wenn dieser Vermutungen in dieser Richtung anstellte. Träume, die er berichtete, erlebte er als Albträume. Es gab da kämpfende Hunde, andere kämpfende Tiere, die sich zerfleischten, er wachte da schweißgebadet auf. Als in der Gruppe von anderen Teilnehmern die Vermutung geäußert wurde, solche Träume müssten doch mit seiner eigenen Aggressivität zu tun haben, die er nicht erleben dürfe, begann er darüber nachzudenken, die Therapie abzubrechen, weil diese ja doch nichts nütze. Er hatte nach solchen Sitzungen vermehrt sein Herzrasen wieder und kam zur Auffassung, eine Therapie, in der gerade das Symptom verstärkt würde, wegen dem er ja gekommen sei, könne doch nichts nutzen. Er wollte aber auch nicht sofort abbrechen, sondern kündigte unter Einhaltung der Frist von drei Monaten. Die Albträume, das Herzrasen, die Arthrose samt dem Zähneknirschen wurden schlimmer. Die Wende kam, als er träumend selbst in Kämpfe verwickelt wurde. Mithilfe der Gruppe erinnerte er sich an bisher vergessene Dinge seiner Kindheit, z. B., wie er einmal im Kindergarten ein anderes Kind mit Schlägen und Fußtritten malträtiert hatte. Er konnte für sich noch einige Zeit vor seiner letzten Sitzung, die ja schon angekündigt war, schmerzlich erkennen, es schlummere tatsächlich in ihm ein erhebliches Aggressionspotenzial. Die anderen Gruppenmitglieder getrauten sich nun, ihn härter mit sich selbst zu konfrontieren, es kam mit ihm vermehrt zu Auseinandersetzungen. In einer nachfolgenden Sitzung bekam er während dieser Herzrasen und Schweißausbrüche, er spürte seine aufkeimende und lauernde Wut. Er widerrief seine Kündigung und setzte die Therapie fort. Seine Symptomatik erklärte sich schließlich aus vielen Faktoren. Natürlich war er unbewusst mit dem Vater identifiziert, bewusst war er das Gegenteil, natürlich hatte er unterdrückte Wut gegen seine Mutter, die ihm auch in Krankheiten nicht wirklich beigestanden hatte und oft gänzlich resonanzunfähig war; die Körperfeindlichkeit der Familie hatte ihm den Zugang zum eigenen Körper schwergemacht. Aber all die Erklärungen, die sich nur auf sein familiäres Schicksal bezogen, reichten nur zur Besserung der Symptome, nicht zur Ausheilung. Diese war erst möglich, nachdem auch die kulturelle Situation, in der er aufgewachsen war, in Erinnerungen wiedererlebt, erinnert und durchgearbeitet wurde. In der Kultur seiner Familie und der Deutschen gab es so etwas wie eine kulturelle

Begrenzung gewalttätiger Ausschreitungen. Es gab Regeln, es gab den Sport, man kämpfte, wenn überhaupt nötig, aus gewissermaßen »edlen« Absichten. Da diese Kultur aber nicht abgeschlossen war gegenüber der anderen Kultur, in der er ebenso aufwuchs, erlebte der Patient oft, dass menschliche Aggression und Destruktivität überhaupt keine Grenze kannten. Es hatte da auch Tote gegeben, die er zwar nur von Weitem sah, aber dennoch in ihm so etwas wie eine Ungewissheit hinterließen, ob Aggression und Destruktivität wirklich zu bremsen seien. Erst, als er dies mit verständlicherweise begleitenden Ängsten erkannte, begann ein zunehmender allgemeiner Heilungsprozess. Er erlaubte sich Auseinandersetzungen in seiner Ehe, erfuhr andererseits einen Durchbruch tiefster Liebesgefühle, die er so vorher nicht kannte. In der Gruppe konnte er aus seiner früheren Sicht aggressiv, aus der jetzigen eher standfest und mutig reagieren und dies auch bewusst miterleben. Er akzeptierte für sich, dass tatsächlich Aggression und Destruktivität, wenn die Situation ausreichend dafür geschaffen schien, auch bei ihm unbeherrscht durchbrechen könnten, er brauche dazu nicht einmal das Notwehrargument. Da er nun über seine tiefliegenden Aggressionsbereitschaften wusste und sie sich auch zu spüren wagte, konnte er mit ihnen weit besser umgehen, auch in Situationen, die ihn vorher, wie er sagte, zur Raserei getrieben hätten. Die Therapie dauerte etwa vier Jahre. Man könnte einwenden, dass vielleicht nicht alle familiären Bedingungen gesehen oder erkannt wurden, in denen berechtigte Aggression entstanden wäre; die lange Zeit der Therapie und sein unermüdliches Erforschen seiner Lebensgeschichte lassen doch den Schluss zu, dass einerseits der erlebte Kulturschock und andererseits die Großgruppensituation z. B. seiner Prügelei mit dem Polizisten eine geeignete Ausgangsbasis für die Unsicherheit lieferten, starke und triebhafte Gefühle beherrschen zu können. Da er Kontrollverlust in seiner dann heftigen und liebevollen Sexualität mit seiner Frau inzwischen freudig erleben konnte, hatte er auch ein gewisses Gefühl der Sicherheit gewonnen, Kontrollverlust in der Liebe und die Fähigkeit dazu könne zur Umgehung destruktiver Ausbrüche und deren Steuerung gut beitragen, wobei er aber auch wusste, es könnte Situationen geben, in denen er die Hemmung verlieren könnte. Es galt nun, solche Situationen möglichst zu erkennen und dadurch vielleicht zu verhindern. Zudem verringerte sich seine innere Anspannung vehement. Seine Entwicklung in der Gruppe zeigte gut die auch kulturelle Verwobenheit des Körpers/Leibes und der Körperwahrnehmung, er kam vielmehr in ein inneres und äußeres Gleichgewicht, wurde achtsam auf sich und andere. Die Erkenntnis, von innen anstürmende libidinöse und destruktive Impulse nicht allein, sondern in und mithilfe der Liebe zur Frau und in der Gemeinschaft mit anderen leben und auch bändigen zu können, seinem Mitsein mit anderen ausgeliefert zu sein, fiel ihm auch am Ende der Behandlung noch nicht leicht.

2.4.1.3 *Lange nicht gelebte Leidenschaft, Beispiel 3*

Nach der Operation eines schon weit entwickelten Prostatakarzinoms kam ein 53-jähriger Mann zum Vorgespräch. Er wollte Hilfe bei der Aufarbeitung der Krebserkrankung, litt seit etwa 10–11 Jahren an Depressionen, Schlafstörungen und Panikattacken. Mit seiner Frau gab es seit 15 Jahren keine Sexualität, beide seien trockene Alkoholiker, wobei seine Frau seit einigen Wochen wieder zu trinken begonnen habe. Sein Trinken begann kurz vor dem Abitur – nur so habe er sich erstmals Frauen anzusprechen gewagt. In der Firma sei es lange nicht aufgefallen, bis man ihn zur Entwöhnungskur zwang, wo er mithilfe der »Anonymen Alkoholiker« seit 20 Jahren trocken sei. Jetzt habe er in der Firma eine gesicherte leitende Position. Zur Vorgeschichte bezüglich Kindheit und Jugend berichtete er größte Ängste vor seinem im Alkoholrausch prügelnden Vater, eine leidende Mutter, die die Kinder oft übermäßig mit Zuneigung bedrängte, wenn der Vater nicht da war; war er da, zog sie sich vollständig zurück. Nüchtern hatte der Vater höchste Leistungsansprüche an den Patienten, die dieser niemals hätte erfüllen können. Dennoch schaffte er das Abitur und das anschließende Studium, Letzteres schon mit zunehmend viel Alkohol. Mithilfe des Alkohols und nach Auszug von zu Hause hatte er einige kürzere Liebschaften, bis er seine Frau kennenlernte. Der Vater, in leitender Position, half ihm nach dem Studium, eine Stelle in seiner Firma zu bekommen, nicht ohne den Hinweis, ansonsten würde ohnehin nichts aus ihm werden. Die Ehe sei nur anfangs gut gewesen, bald langweilig geworden; die Frau sei nie schwanger geworden, was beide bedrückte. Die Sexualität empfanden beide als eher etwas Schmutziges, sie duschten danach ausgiebig. Der Krebs hatte sich etwa 5 Jahre nach Beendigung der Sexualität mit Miktionsbeschwerden angekündigt, worauf er aber nicht achtete. Nach weiteren 10 Jahren, wo er sich inzwischen eine höhere Leitungsposition in der Firma wegen bester Leistungen erarbeitet hatte, ging er wegen extremer

Miktionsbeschwerden und Schmerzen dann doch zum Arzt, der sofortige Prostataoperation anordnete, die aber möglicherweise schon zu spät kam. Während der etwa 4-jährigen Therapie lernte er nach Trennung und Scheidung von seiner inzwischen vollständig in den Alkoholismus abgesunkenen Frau eine neue Frau kennen, schilderte eine noch nie dagewesene Liebe mit intensivster Sexualität, zog mit dieser zusammen, schließlich heirateten sie. Das Glück der gemeinsamen Sexualität, Erotik und Lebensfreude brachte einen weiteren beruflichen Fortschritt, er leitete schließlich ein mehrstelliges Millionenprojekt erfolgreich. Es kam zu Auslandsreisen und weiterer Lebensfreude. Jegliche Hinweise auf die Krebserkrankung waren verschwunden. Allerdings war er noch immer sehr abhängig von Bestätigungen und dem Lob seiner Vorgesetzten wie früher beim Vater. Dieses war in der Therapie in Arbeit – neben der Aufarbeitung der in der Therapie wiedererinnerten oft schrecklichen, manchmal auch schönen Kindheitsereignissen –, als man ihm in der Firma sagte, er müsse jetzt Altersteilzeit samt früher Berentung angehen. Gleichzeitig entband man ihn von seiner Position und versetzte ihn, bei gleichem Gehalt, an eine minderwertige Stelle in der offensichtlichen Absicht, ihn mürbe zu machen. Depressionen und Angstanfälle begannen wieder, nachdem sie seit Längerem verschwunden waren. Er fand für die aus Enttäuschung entstandene Wut und Verzweiflung in der Firma keinen Ansprechpartner, der ihn bislang unterstützt habende Vorgesetzte war auch nicht mehr da. Man zwang ihn schließlich zu einem Home-Office mit weiterhin wenig fordernden Aufgaben. Der Patient kämpfte weiter und machte auch aus dieser Arbeit etwas Sinnvolles – die Firma ließ diese seine Ideen im Papierkorb verschwinden. Immerhin fiel er nicht in den Alkoholismus zurück, hatte weiterhin die Liebe und Unterstützung seiner neuen Frau. Die therapeutische Bearbeitung seiner Nicht-Anerkennung durch die Firma im Sinne einer Verknüpfung mit der fast lebenslangen Nicht-Anerkennung durch seinen Vater samt weiteren neuen bislang verdrängten Kindheitserinnerungen konnte der Realität der Abweisung seiner auch für die Firma finanziell hervorragenden Leistungen wenig entgegensetzen. Nach einer Sommerpause entschuldigte seine Frau ihn, er könne nicht zur Therapie kommen, weil man ihn gerade an einem aggressiven Bauchspeicheldrüsenkrebs operiere, der möglicherweise im Zusammenhang mit seinem früheren langjährigen Alkoholismus stehe. Er und sie wünschen dringend Krankenbesuche des Therapeuten, der ihm vielleicht noch einmal helfen könne. Die Operation war erfolglos geblieben. Es gab einige solcher Besuche, aber es war schnell klar, er würde nur noch wenige Wochen am Leben bleiben. Schließlich starb er in den Armen seiner ihn liebenden Frau.

Schon durch die Beschreibung dieser Therapie ist im Sinne der anthropologischen Medizin Viktor von Weizsäckers nahegelegt, es bestünden enge Zusammenhänge zwischen Erkrankung und Lebensgeschichte. Als Psychoanalytiker sehe ich diese Zusammenhänge ebenso. Sicherlich ist es möglich, diese Therapie anders zu beurteilen oder zu interpretieren. Cartesianisch gedacht, wie es das Medizinstudium üblicherweise lehrt, wäre denkbar, dass die Prostataerkrankung, an der schon sein Vater (wie viele ältere Männer) gelitten hatte, was bisher nicht erwähnt war, ein Erbstück sei, das nichts mit innerer Verarbeitung seiner Lebensumstände zu tun habe. Die zum Tode führende Bauchspeicheldrüsen-Krebserkrankung könnte, wie seine Klinikärzte meinten, ihrerseits als Abkömmlinge der Prostatakrebserkrankung und als Folge des früheren Alkoholismus gedeutet werden. Krebsverläufe sind eben unberechenbar, mit psychischen Hintergründen hätte das nichts zu tun; gut sei es aber, dass der Patient wenigstens einen Ansprechpartner gehabt habe, das erleichtere oft Krankheitsverläufe. Die Psychotherapie könne körperliche Prozesse nicht beeinflussen.

Dagegen spricht, dass sich in sehr nachvollziehbarer Weise im Zusammenhang mit Therapie und Lebensprozess die gesamten sog. psychischen Symptome samt Prostataerkrankung völlig zurückgebildet hatten, dass die äußeren Beziehungsformen, die sich auch innerhalb der Therapie rapide entwickelt hatten, Verdrängtes aufgedeckten und die hier beschriebene Einheit von Körper und Psyche im Sinne eines beseelten Leibes den Verlauf weit anschaulicher und nachvollziehbarer machen als über einseitige psychische oder somatische, lokalisierbare Kausalitäten. Erfahrungen von Jahrzehnten in der Behandlung u. a. von Krebskranken sind ein weiteres nicht unwiderlegbares Argument.

Vieles spricht dafür, dass das Unbewusste, wenn man die Unterscheidung dynamisches Unbewusstes (das Verdrängte – im allgemeinen Sinn), das sich in einer bestimmten Lebenssituation, vor allem in der analytischen Psychotherapie, aufdecken lässt, und das grundsätzlich Unbewusste (nie dem Bewusstsein zugänglich, z. B. Triebe, zentrale Nervenfunktionen, Stoffwechsel, Kreislauf) fallen ließe, läge die Vermutung nahe, das Unbewusste ist der Körper, der Leib. Meyer-Abich (2009) erörtert, wie auch Medikamente direkt auf dieses Unbewusste, den Körper, wirken. Man könnte auch versucht sein, in vielen der gewaltigen religiösen Bilder, Hölle, Himmel, Teufel, Fegefeuer usw. eine hilfsweise und nach außen verlagerte Beschreibung der uns unheimlichen triebhaften Vorgänge in unserem Leib zu sehen.

2.5 Primordiale Ebene

Auf dieser Ebene der Kommunikation beschrieb Foulkes die Wirkung kollektiver Symbole, den kulturellen Hintergrund, das »kollektive Unbewusste« von C. G. Jung[82], Rituale, verdrängte kollektive Geschichte, symbolische Bedeutung von Haltungen, Verhalten, wie z. B. den Habitus Einzelner oder einer Gruppe. Damit ist gemeint, dass Kommunikation, um einigermaßen verstanden zu werden, einen gemeinsam geteilten Hintergrund benötigt, der selbst unhinterfragt ist. Es ist keineswegs selbstverständlich, sich zu verstehen, vor allem dann nicht, wenn man beginnt zu hinterfragen, was verstanden worden sei. Es braucht eine gewisse Einigung darüber, was die Begriffe bezeichnen, mit denen im Gespräch umgegangen wird. So scheint es auf den ersten Blick klar zu sein, was eine Gruppe ist, nämlich eine Ansammlung von Personen, die sich in irgendeiner Weise von anderen Ansammlungen oder anderen Personen abgrenzen lassen. Man sagt oft, eine Gruppe müsse erst als Gruppe zusammenwachsen. Wenn Menschen auf irgendeine Art und Weise gruppiert sind, sind sie deswegen noch lange keine Gruppe. In der Soziologie und Sozialpsychologie haben sich viele Forscher damit beschäftigt, was eine Gruppe sei und was sie ausmache. Zumindest ist das Wort Gruppe ein Begriff, der ausdrückt oder ausdrücken soll, dass da Dinge oder Menschen, indem sie in irgendeiner Weise miteinander verbunden sind, miteinander so etwas bilden wie das, was dann Gruppe (in Wechselwirkung?) heißen könnte. Foulkes meinte, dass es so etwas wie selbstverständliche Verständigungsbasen geben müsse, damit eine Ansammlung von Menschen sich als Gruppe verstehen könne. Sitzt man nun in einer solchen Gruppe und fragt sich, wo denn nun die Gruppe ist, muss festgestellt werden, sie ist als materielles Substrat nicht

---

82 Siehe C. G. Jung, der den Begriff des »kollektiven Unbewussten« formulierte und ihn verband mit der Suche nach verborgenem Wissen, z. B. in der Alchemie (Jung 1971).

vorhanden, außer dadurch, dass sich die Teilnehmer darauf einigen, eine Gruppe zu sein. Dann kann man sich der Gruppe zugehörig oder auch nicht zugehörig fühlen, von ihr abgelehnt oder angenommen – immer ohne Zweifel bezüglich der Existenz dieser Gruppe. Das Wort Gruppe ist also als Begriff auch ein Symbol für verschiedenartigste Gefühle und Befindlichkeiten, die entstehen, wenn man sich als Teil einer Gruppe fühlt oder als nicht zugehörig. In jedem Fall wird sie als vorhanden erlebt. Glaubt man zu erleben, dass sich eine Gruppe in Auflösung befindet, bleibt wiederum unhinterfragt, was denn Gruppe überhaupt sei. Auf dieser unhinterfragten, unbestimmten[83] Basis besteht dann eine Gruppe. Bezogen auf die inhärente Wissenschaftstheorie wäre Gruppe ein Ausdruck für die erfahrenen Wechselwirkungen bzw. das Mitsein in der Gruppe, die Beziehung innerhalb dieser.

Für gruppales Brain-Storming oder eine therapeutische Gruppe empfehle ich, diese mit möglichst gleichen Stühlen im gleichen Abstand um einen kleinen Tisch anzuordnen.

Der kleine Tisch in der Mitte repräsentiert so etwas wie z. B. ein Lagerfeuer, um das sich die Gruppe schart. Der Tisch ist auch der Ort, auf dem für alle zugängliche Papiere liegen, z. B. mit Mitteilung der Ferienzeiten der Gruppe oder die Mitteilung, welcher Teilnehmer nicht kommen kann, er ist also nochmals ein Symbol der gemeinsamen kommunikativen Tätigkeit, also der Gruppe selbst. Manchmal wird der Tisch zum Ort, auf den hin man sprechen kann, um nicht direkt ein einzelnes anderes Gruppenmitglied anzusprechen, sondern die Gruppe als Ganzes. Fehlt ein solcher Tisch in der Mitte, sprechen Gruppenmitglieder meist auf den Boden, schauen in der Luft oder im Raum umher, beziehen sich auf einzelne andere, das Gruppengefühl hat dann keinen symbolischen Ort mehr.

Der gleiche Abstand der Stühle zueinander und die möglichst gleichen Stühle symbolisieren, dass alle, die hier im Kreis sitzen, bezüglich Nähe und Distanz den gleichen Abstand haben, dass keiner durch die Sitzanordnung über- oder untergeordnet ist. Die Funktion der Leitung

---

83 Der Mathematiker Frege (1884) sagte: »Die« Zahl 1 ist »ein« Ding. Die genaueste Mathematik beruhte (1900) gerade darauf, dass eine »bestimmte« Zahl, wie 1, ein »unbestimmtes« Ding sei. Vermutlich benannte W. Heisenberg seine Beobachtungen »Unbestimmtheitsrelation«, um neben der physikalischen Beschreibung auszudrücken, Unbestimmtheit sei die Bedingung der Genauigkeit. Verständlich, dass A. Einstein nur ungern einwilligte.

einer solchen Gruppe benötigt in gruppenanalytischen Gruppen, wie ich sie vertrete, keinen Chefsessel, um die Leitung hervorzuheben, allerdings benutzt der Leiter immer den gleichen Stuhl, damit sich die Gruppe um ihn anordnen kann. Er sollte eine in ihm selbst ruhende Autorität haben, die nicht der dauernden Bestätigung seiner Gruppenmitglieder bedarf.

Durch die freie Wahl des Sitzplatzes der Gruppenmitglieder mit Ausnahme des Platzes des Leiters lassen sich schon dynamische Strukturen erkennen, die wiederum durch die Art der Wahl des Sitzplatzes symbolisch dargestellt werden. So sitzt häufig dem Leiter gegenüber ein Teilnehmer, der den Leiter dadurch besonders gut beobachten, kontrollieren kann, häufig ist es ein Mitglied, das in hoher Ambivalenzspannung zum Leiter steht. Rechts neben dem Leiter sitzt gerne ein besonders schutzbedürftiges Gruppenmitglied, ob es sich dessen bewusst ist oder nicht. Tischordnungen höfischer Gesellschaften oder auch solche in bäuerlicher Tradition berücksichtigen solches oft sehr genau, ohne Gründe benennen zu können.

Wenn in der Gruppe die unbewusste Fantasie besteht, es handele sich um eine Familie, dann sitzt in westeuropäischen Kulturen oft rechts neben dem Leiter (unbewusst der Vater) die »Ehefrau« oder das ödipal mit der Frau rivalisierende Kind, die Tochter. Da in Gruppen schnell regressive Momente auftreten, wird die Anwesenheit einer symbolischen Ehefrau oder auch eines symbolischen Ehemannes, wenn die Leitung durch eine Frau repräsentiert ist, durch das in der ödipalen Phase sich befindliche »Kind« besetzt. Links vom Leiter, wenn er männlich ist, sitzt oft so etwas wie ein Schildknappe, der die Leitung gewissermaßen unter dem Schild des Leiters zusätzlich verteidigt, wenn Angriffe befürchtet werden. Um denjenigen oder diejenige in der Funktion des Opponenten gruppiert sich dann die auf ihn bezogene Untergruppe in ähnlicher Weise.

Bei offiziellen Empfängen wird oft versucht, spontane Gruppendynamik dadurch zu bremsen, dass vorher Platzkarten auf den Tisch gestellt werden. Jeder muss an seinem zugewiesenen Platz sitzen. Das bewirkt eine andere Dynamik, die sich häufig so äußert, dass, nachdem die Leitungsfigur die einleitenden Worte gesprochen hat, sehr intensive Gespräche zwischen den anderen Teilnehmern entstehen, häufig ein Durcheinander, sodass der »Chef« auf keinen Fall mehr mitbekommen kann, was in der Gruppe alles geschieht.

Man will sich einerseits seiner Kontrolle entziehen, andererseits wollen Einzelne besondere Aufmerksamkeit von ihm und den anderen erreichen. Im unbewussten Hintergrund lauern Neid, Rivalität, Gelüste, den »Chef« abzusetzen, an seine Stelle treten zu wollen, andererseits in seinem Schutz heimliche, sonst nicht erlaubte Dinge tun oder sprechen zu können.

P. E. Slater (1970) beschrieb solche kollektiv unbewussten Prozesse in der Gruppe. Das kollektive Unbewusste[84] erschafft in den Gruppenmitgliedern z. B. den Archetyp der Mutter. Wie soll eine »richtige« Mutter sein, wie sieht sie aus, wie verhält sie sich, welche Charaktereigenschaften hat sie? Es ist das ideale Bild einer Mutter, die häufig wenig dem entspricht, wie man selbst seine Mutter erlebt hat.

Die kulturelle Bestimmtheit eines Archetyps wird in wohl jeder Kultur ein um ein weniges differierendes Bild der sog. Mutter entwerfen, an dem dann die Gruppenteilnehmer teilhaben. Ebensolche archetypischen Bilder werden mit dem Begriff des Vaters, Gottes, Teufels, der Muttergottheit oder des erstgeborenen Sohnes, des Jüngsten usw. in kulturell verschiedener Weise wachgerufen.

Wenn Gruppenmitglieder sich weiterhin auf der Ebene der archetypischen Familie unbewusst bewegen, gilt das Inzesttabu, das Exogamiegebot, Brüder und Schwester haben kein sexuelles Verhältnis untereinander oder zu den Eltern zu haben, auch wenn sie dies unbewusst wünschten. So sieht es die Gruppenanalyse als sinnvoll an, die unbewusste Familienrepräsentanz in der Gruppe nicht zu stören, damit zu ermöglichen, dass Gruppenteilnehmer in der gruppenanalytischen Therapie nicht nur keine sexuellen Verhältnisse untereinander beginnen, sondern sich überhaupt außerhalb der Sitzungen nicht treffen oder sprechen. Betriebliche oder sonstige Gruppen dürften davon nicht weit entfernt sein.

In amerikanischen Firmen wird das Inzesttabu oder Exogamiegebot häufig so angewandt, dass keine Lebensgemeinschaften zwischen Angehörigen einer Firma entstehen dürfen, wenn doch, müssen einer der beiden oder beide die Firma sogar verlassen.

---

84 Sowohl der Begriff des »kollektiven Unbewussten« als auch der des »Archetyps« entstammen der Theorie C. G. Jungs (1971), womit mit dem Begriff »Archetyp« so etwas wie – in Anlehnung an Platon – eine allgemein beim Menschen vorhandene Vorstellung (Idee) über z. B. »die Mutter«, »den Vater«, »den Weisen«, »das Kind«, »der Mann«, »die Frau« usw. gemeint ist.

2.5.1 Grundverhältnis – Ethnomethodologie

Aus meiner Sicht repräsentiert diese primordiale Ebene auch das, was Viktor von Weizsäcker (1986 ff.) das Grundverhältnis nannte, nämlich die nicht zu hinterfragende Grundlage jeglicher Verständigung, die sofort zerstört wird, wenn man beginnt, die Bedeutung der gerade verwendeten Wörter zu hinterfragen. Die Bedeutung der Wörter oder was diese symbolisieren, ist oft schon von Familie zu Familie unterschiedlich. So sagt eine Familie stolz, das Kind könne sich gut darstellen, den Mittelpunkt eines Gesprächs einnehmen, die andere Familie wertet das Gleiche ab und sagt, es sei unbescheiden, sich so darzustellen oder den Mittelpunkt einzunehmen. In einer Familie heißt Herzklopfen haben Angst, in anderen, verliebt zu sein. Nicht nur Familien haben so unterschiedliche Symbolisierungssysteme, sondern auch gesellschaftliche Gruppen, Schichten, manchmal haben Mitglieder des einen Stadtviertels einen leicht anderen Habitus als die des anderen. So berichtete mir mein Sohn, der Ethnologie studiert, dass große Unterschiede im Habitus wie auch im Sprachgebrauch unterschiedlicher Stadtbezirke zu vielen Schwierigkeiten führten, sich in München darüber zu einigen, wie die Renaturierung der Isar, die ja durch ebensolche verschiedene Stadtbezirke verläuft, gestaltet werden könne. Dieser Prozess dauerte daher viel länger als ursprünglich angenommen.

J. Habermas (1981, I, 180 ff.) war der Auffassung, dass sich die kommunikativ Handelnden mit jeder Interaktionssequenz den Schein einer durch Normen strukturierten Gemeinschaft geben, es ist aber nur ein Schein, in Wirklichkeit tasten sie sich von einem problematischen Augenblickskonsens zum nächsten, wobei eine Äußerung niemals für sich selbst stehe, hier wachse ihr Bedeutungsgehalt aus dem Kontext zu, dessen Verständnis der Sprecher beim Hörer voraussetze. Das Vorverständnis des Kontextes, von dem das Verständnis einer in diesem Kontext gemachten Äußerung abhängig ist, kann sich der Interpret nicht erwerben, ohne am Prozess der Bildung und Fortbildung dieses Kontextes teilzunehmen.

Das »Grundverhältnis« Viktor von Weizsäckers hat mit dieser von Habermas geäußerten Grundlage jeglicher Kommunikation viel zu tun. In der Ethnologie spricht man vom »ethnomethodologischen Dilemma«, in welchem der Ethnologe versucht, sowohl den Kontext als auch die daraus folgenden Bedeutungen der gesprochenen Wörter oder gehandelten symbolischen Akte zu erfassen, ohne in diesen Kontext selbst hineinverwoben zu sein. Er interpretiert aber zwangsweise in unbewusster (verborgener) Verwobenheit der Kontexte zuerst einmal aus dem eigenen Kontext und den dort selbstverständlichen Bedeutungsgehalten und Symbolen von Sprechen, Handeln, Haltung und Habitus. Es braucht einen gemeinsam ausgehandelten Kontext, auf dem das Gesprochene verstanden werden kann. Um diesen Kontext auszuhandeln, braucht es einen tiefer liegenden weiteren Kontext usw.

Eine Gruppe dieser primordialen Ebene nimmt als Kontext, den sie aushandelt, zunächst den jeweils familiären, dann den des Referenzkollektivs[85], schließlich den einer bestimmten Schicht oder auch eines bestimmten Orts; man scheint sich dann zu verstehen, aber dieses Verstehen muss immer wieder neu ausgehandelt werden, setzt dabei den gemeinsamen Kontext von Neuem voraus. Und dieser Kontext besteht oft aus kulturgebundenen Symbolen, wie oben gesagt auch Archetypen[86], oder sonstig ausgehandelten Symbolisierungsformen, von denen zu erwarten, dass alle Teilnehmer sie sofort verstehen, eine Überforderung wäre.

Die Anglisierung der deutschen Sprache in unterschiedlicher Art und Weise, in unterschiedlichen Firmen samt den dabei oft verwendeten Abkürzungen sind solche Beispiele des Suchens und Findens eines gemeinsamen Kontextes, auf dem Verständnis möglich wird. Man schafft mit solcher Angliederung ein Gefühl der Zugehörigkeit zur Gruppe der Menschen, die etwas Sinnvolles und Wichtiges tun – im Gegensatz zu anderen, die der aufstrebenden Gruppe wirtschaftender und planender Menschen nicht angehören. Die Sprache wird zur Uniform der »Corporate Identity«.

Gruppen verwenden Rituale, um Verständigungsgrundlagen zu schaffen. Der gleiche Abstand der Stühle zueinander regelt z. B. rituell

---

85 Das kann eine Gruppe, eine Gesellschaftsschicht oder ein Staat sein, dem oder der man sich zugehörig fühlt.

86 Siehe Pauli (1952). Pauli (1900–1958) war, wiewohl öffentlich nicht sehr bekannt, einer der bedeutendsten Physiker des 20. Jahrhunderts. Er arbeitete einige Zeit mit C. G. Jung zusammen, wo er dessen Lehre der Archetypen kennenlernte. Pauli: »*Die rationalistische Einstellung der Forscher seit dem 18. Jahrhundert hatte zur Folge, dass die Hintergrundsvorgänge, welche die Entwicklung der Naturwissenschaften begleiteten, obwohl sie wie stets vorhanden und entscheidend wirksam waren, weitgehend unbeachtet, d. h. im Unbewussten verblieben sind.*« (S. 113)

das Problem von Wünschen nach großer Nähe und der gleichzeitigen Notwendigkeit ausreichender Distanz. Nach Freud hat das Ritual auch die Funktion, frühere unaufgearbeitete traumatische Situationen des Kollektivs sowohl in Erinnerung zu rufen als auch in symbolischer Form erneut aus dem Alltagsleben zu entfernen (Freud 1912–1913). So sind Sitzordnungen z.B. Versuche, wie schon gesagt, Erfahrungen mit Nähe und Distanz sowohl zu neutralisieren als auch darauf hinzuweisen, dass dieser Widerspruch zwischen Nähe und Distanz weiter besteht. Diese Nähe- und Distanzregulierung wird rituell in Gruppen beim Abschied und bei der Begrüßung verwendet. Gruppen einigen sich nonverbal darauf, ob alle dem Leiter bei der Begrüßung oder bei der Verabschiedung die Hand geben oder keiner oder nur besonders Hervorgehobene. Dies braucht nicht besprochen zu werden, sondern setzt sich unbewusst durch; auch damit wird versucht, Berührungswünsche zum Leiter sowohl auszudrücken als auch sie gruppal wieder zum Verschwinden zu bringen, da es ja »nur« um Verabschiedung oder Begrüßung gehe.

Diese Rituale äußern sich in symbolischen Verhaltensweisen, die meist nicht hinterfragt, aber anscheinend von allen verstanden werden, gemeint sind Sitzordnungen, die Tiefe von Verneigungen, Kleiderordnungen, Regelungen darüber, was getan werden muss, um zur Gruppe dazuzugehören, Körperhaltungen, Vermeidung bzw. Nutzung des Augenkontakts, mehrdimensionales Gruppengespräch oder eindimensionale Orientierung am Leiter usw. (Gfäller 1996). Im Alltagsleben tauchen solche Rituale und Symbolisierungen zum Zweck der Grundlegung kommunikativer Möglichkeiten vielfältigst auf: Die Hörsäle an alten Universitäten waren eindeutig so gestaltet, dass Vortragender und Zuhörer symbolisch gänzlich ungleichgewichtig erschienen. Der Vortragende stand am Podium, die Zuhörer alle mit dem Gesicht zu diesem, damit war auch Hierarchie ausgedrückt.

Als Werkstudent bei einem Autokonzern erlebte ich bei der Neugestaltung von Großraumbüros, dass die unterschiedliche Farbe der Telefone die jeweilige hierarchische Position dessen ausdrückte, der im Besitz der einen oder der anderen Farbe des Telefons war. Die Institution des Betriebs wollte dadurch die jeweils Höherstehenden vor dem Neid und den möglichen Attacken der Untergebenen einerseits schützen, da damit gesagt war, diese Farben hat nicht jeder sich selbst erworben und es kann mit ihm darum gekämpft werden, sondern es steht die gewaltige Macht der Institution dahinter, gleichzeitig kann gerade dadurch der Neid wieder von Neuem entstehen.

Mein Platz in den Gruppen, die ich in meiner Praxis abhalte, ist immer in der Nähe der Tür, aber so, dass ich sowohl die Tür als auch die Gruppe im Auge behalten kann. Damit symbolisiere ich meinen Platz als den Platz an der Grenze der Gruppe zur Außenwelt. Alles, was von der Außenwelt in die Gruppe hineinkommt oder was von der Gruppe in die Außenwelt hinauswill, muss gewissermaßen durch den Leiter hindurch, der damit auch den Schutz der Gruppe, soweit es ihm möglich ist, symbolisiert.

In natürlichen Gruppen, gleich welcher Kultur, in Betrieben, Institutionen, Organisationen usw. gibt es gewisse Insignien des Leiters oder Häuptlings, Vorgesetzten usw., die symbolisieren sollen, welche herausragende Position er gegenüber den anderen hat, deren Angriff oder Neid er vielleicht ausgesetzt sein könnte. Bei aufmerksamer Beobachtung seiner Umwelt dürfte man solche Insignien überall auffinden.

Im Kontakt mit einer bekannten Unternehmensberatungsfirma vor vielen Jahren durfte ich erfahren, dass diese Insignien strengstens geregelt waren. Auf einer bestimmten Ebene durften nur bestimmte Klassen von Autos gefahren werden, auf einer anderen andere. Es war sogar geregelt, ob man Schuhe »von der Stange« kaufen dürfe oder sie sich von einem bestimmten Schuhmacher machen lassen müsse. Die Aktentaschen sollten aus unterschiedlichem Leder auf verschiedenen Ebenen sein, mussten bestimmte Farben haben. Auch die Qualität und Farbe der Anzüge war geregelt.

Uniformen und Abzeichen in der Armee dienen dem gleichen Zweck. Es sind dies Notwendigkeiten, die in der einen oder anderen Form gewährleisten sollen, abgestufte Hierarchien erkennbar zu machen, damit der Kommunikationsstil dementsprechend sich anpasse.

Wenn heute im Rahmen des Projekt- oder vor allem des Lean-Managements äußere Kennzeichen der Hierarchie und Hierarchien ausgedünnt werden, tritt leichte Desorientierung ein. Man kann sagen, Mobbing besteht erst seit dieser Zeit in größerem Umfang, als eben diese neuen Formen des Managements eingeführt wurden, wodurch

Tabus im Umgang mit Vorgesetzten unberechenbar entweder ausgesetzt oder plötzlich neu eingesetzt wurden, wenn sich der dann doch Vorgesetzte nicht genügend als Vorgesetzter geachtet fühlte. Vorgesetzte, die entweder selbst Zweifel an ihrer Autorität haben oder jeglichen berechtigten Zweifel dadurch zu kompensieren versuchen, dass sie einer dauernden Bestätigung ihrer Berechtigung, Vorgesetzter zu sein, durch ihre Mitarbeiter bedürfen, wirken einschränkend auf die Kreativität ihrer Mitarbeiter, wenn sie nicht noch schädlicher wirken und Ängste erzeugen. Sowohl der Neid als auch die Berührungswünsche, sowohl die gewünschte oder gefürchtete Nähe oder die gewünschte oder gefürchtete Distanz konnten unter selbstunsicheren oder Pseudosicherheit darstellenden Leitern gerade bei Lean-Management nicht mehr über klare hierarchische Bahnen abgeführt werden. Die Konflikte bezüglich solcher Widersprüche entstanden dann innerhalb der Gruppe, was oft zu Mobbing ausartete oder ausartet. Lean-Management gedeiht nur dann gut, wenn der Team-Leiter eigene, selbst erworbene oder schon bestehende Autorität besitzt und es deshalb nicht nötig hat, als Leiter immer wieder durch seine Mitarbeiter bestätigt zu werden. Eine »natürliche« Autorität ist gefragt, die allerdings in tätiger demokratischer Leitung beständig neu abgesichert – im kommunikativen Austausch mit den Mitarbeitern – werden muss. Da viele Projektleiter oder auch sonstige Team-Leiter nur ungenügend darauf vorbereitet sind bzw. die dazu passende Persönlichkeit nicht entwickelt haben, ihre Leitungsfunktion dann nur noch von oben her gerichtet ist, entstehen innerhalb der Gruppe der Mitarbeiter, da sie den Leiter nicht absetzen können, Ärger, Unsicherheit und Wut, die dann gern im Sinne des Mobbings auf einzelne etwas abweichende Mitarbeiter abgeladen werden. Leider sehen solch schwache und nur von oben her gestützte Leiter im Mobbing nicht die eigentlich ihrem Selbst zugehörige Kritik an eigenen Unfähigkeiten. Die Wut auf den ungenügenden Leiter (König) kann nicht ausgelebt werden, sie wird verschoben auf einen oder mehrere andere – im guten Einverständnis mit dem Leiter, da dieser dadurch entlastet ist. Der vom Mobbing Betroffene wird nun wegen der unbewussten Gruppendynamik sich, um weiter zur Gruppe dazuzugehören, in paradoxer Weise so verhalten, dass die im Mobbing implizierten Vorwürfe gewisse Berechtigung erhalten. Er möchte dann einen schützenden Leiter, der dieser Aufgabe aber gerade nicht gewachsen ist, weil er sich entlastet fühlt, da die »Schuld« für Dissonanzen oder sonstige Schwierigkeiten gut beim vom Mobbing betroffenen Mitarbeiter lokalisierbar ist.

In Gruppen von Gleichberechtigten und einem Leiter besteht der Widerspruch zwischen dem Wunsch nach Individualität und besonders individueller Beziehung zwischen Leiter und dem Einzelnen und dem entgegenstehenden Wunsch, dass niemand bevorzugt oder besonders benachteiligt werde. Darüber zu sprechen ist oft ein Tabu, denn dann würde ja die eine oder die andere Seite des Widerspruches mehr in den Vordergrund treten und den entsprechenden Protest der anderen Seite hervorrufen. Die Ausnahme davon sind bestimmte Gruppenmechanismen, auf die ich noch zu sprechen komme.

Diese primordiale Ebene hat gleiches Gewicht wie die anderen.

2.6 Konkrete Anwendungen der Ebenentheorie

(Das Beispiel einer ethnologisch-soziologischen Forschung zum Thema »Kommunikative Prozesse« kann als PDF-Datei auf der Homepage des Verlags: www.klett-cotta.de auf der Seite zum Buch heruntergeladen werden.)

2.6.1 Kommunikation und die Ebenen beim Umstrukturierungsprozess eines Unternehmens

Eine zentrale Kategorie der Gruppenanalyse ist der Begriff der Kommunikation[87]. In der Anwendung im Bereich der Psychotherapie ist es erforderlich, Hemmungen der Kommunikation in der Gruppe möglichst schnell zu erkennen und über die Analyse der Hintergründe gemeinsam mit der Gruppe herauszufinden, wodurch diese Hemmungen bedingt sind. Es ist meist eine Zensur, die in zwei Richtungen wirkt. Die eine Richtung geht dahin, dass das, was den einzelnen Teilnehmer gerade bewegt, ihm selbst als zu unwichtig und zu nebensächlich für eine Mitteilung erscheint; die zweite Zensur liegt darin, dass der Teilnehmer meint, seine Gedanken, Gefühle und Bilder passen nicht zum

---

87 Siehe hierzu auch J. Habermas (1981, 1984), dessen Beitrag zur politischen Verantwortung der Wissenschaft (am damaligen [1970–1980] Max-Planck-Institut) war, Konflikte in und zwischen Gesellschaften, Staaten auch als Ausdruck unerkannter und damit missverständlicher Kommunikationsmuster zu sehen.

gerade bestehenden Gruppenthema, sodass hier eine zentrale Aufgabe des Leiters liegt, die Gruppenteilnehmer zu ermutigen, auch scheinbar nebensächliche oder unpassende Dinge zu äußern. Langsam entsteht in einer Gruppe dann das Gefühl, weil immer wieder solche ursprünglich gehemmten Aussagen dann doch gemacht wurden, dass gerade diese scheinbar nebensächlichen oder nicht zum Thema gehörigen Dinge wichtige Aufschlüsse für den Prozess bringen. Ist einmal ein solches Klima in einer Gruppe entstanden, genügen gelegentliche Hinweise auf die Notwendigkeit, sich wieder mehr Freiheit zu gestatten. Eine Hemmung kann schließlich darin begründet sein, dass man das, was einem gerade einfällt, keinesfalls sagen möchte, man würde sich blamieren, beschämt werden oder sonstigen Sanktionen anheimfallen, wenn man dies äußere. In den notwendigen Vorgesprächen wurde darauf hingewiesen, dass ein wesentlicher Beitrag des neuen Mitglieds für seine eigene Psychotherapie darin liege, möglichst unabhängig alle Gedanken und Gefühle zu äußern, auch wenn diese als sinnlos, nebensächlich oder prozessbehindernd erlebt würden. Könne man etwas überhaupt nicht sagen, so solle man dies zumindest mitteilen. Die freie Gruppenkommunikation ist so etwas wie das Äquivalent der Psychoanalyse, der freien Assoziation. Dennoch wird natürlich nicht immer alles gesagt, was gedacht und gefühlt wird, das ist im praktischen Sinne unmöglich, weil dann alle gleichzeitig sprechen würden. Damit entsteht das Gruppenunbewusste, das identisch ist mit dem, was nicht kommuniziert werden will oder kann. In jeder Gruppe schleichen sich immer wieder Gesprächsregeln ein, die der freien Kommunikation schaden. Somit bleibt die Aufgabe des Gruppenleiters bestehen, immer wieder von Neuem dieses Nicht-Kommunizierte anzugehen und die Teilnehmer zu ermutigen, darüber zu sprechen. Ansonsten entwickelt sich eine unübersehbare unbewusste Dynamik in der Gruppe, die nur über die Analyse der Widerstände, warum etwas nicht kommuniziert werden kann, langsam aufzulösen ist. Gleichzeitig ist es nötig, in der Gruppe ein Klima langsam zu schaffen, in dem jeder Teilnehmer sich genug sicher fühlen kann, seine bislang nicht geäußerten Gedanken und Gefühle doch auszusprechen und damit den Prozess zu unterstützen[88].

---

88 Diese in der gruppenanalytischen Psychotherapie sinnvolle Forderung nach möglichst freier Äußerung aller Gedanken, Gefühle und Befindlichkeiten ist z. B. in Situationen, in denen Gruppenteilnehmer voneinander abhängig sind, z. B. als Team, Arbeitsgruppe, Vorstand usw., nicht sinnvoll, da hier berufliche Konsequenzen drohen.

Diese freie Gruppenkommunikation, die zur Bedingung hat, dass sich die Teilnehmer außerhalb nicht treffen, sodass keine Realkonsequenzen drohen können, ist bei der Anwendung der Gruppenanalyse auf betriebliche Prozesse natürlich so nicht möglich, die Teilnehmer sind voneinander in gewisser Weise abhängig, müssen kooperieren und benötigen den Schutz, nicht Dinge zu äußern, die ihnen vielleicht beruflich schaden könnten. Es geht hier also nur um möglichst freie Kommunikation, bei der der Gruppenleiter in seiner jetzigen Funktion als Führungskraft, Organisationsberater oder Mediator dennoch darauf zu achten hat, dass eben diese möglichst freie Kommunikation entsteht. Gleichzeitig ist er auf den Schutz der Teilnehmer bedacht, sich durch unüberlegte Äußerungen nicht zu schädigen. Die Erfahrung zeigt, dass es eher selten geschieht, dass zu viel gesagt wird, häufiger werden mögliche, aber eigentlich nur fantasierte Gefahren zur Begründung der Zensur herangezogen. Es obliegt dem Gruppenleiter, die richtige Balance zwischen freier Äußerung und sinnvoller Zurückhaltung zu ermöglichen.

Beispiel aus einer Organisationsberatung:

Vom alleinigen Inhaber eines inzwischen groß gewordenen mittelständischen Unternehmens wird der Auftrag erteilt, mit der Firma zu untersuchen, welche Bereiche der Firma evtl. abgekoppelt und in selbstständige Aktiengesellschaften umgewandelt werden können, welche vielleicht sogar abgestoßen werden müssen, da sie dysfunktional arbeiten. Das zentrale Anliegen aber des Eigentümers war, die Firma aus Altersgründen abzugeben und mit neuen Vorständen oder Geschäftsführern so auszugestalten, dass das Gesamt der Firmen, die dann entstehen könnten, auf eine solche gute Art arbeiten, dass das vorhandene Kapital möglichst vermehrt wird trotz ungünstiger werdenden allgemeinen wirtschaftlichen Verhältnissen. Die Firma ist zudem für den alleinigen Inhaber zu unübersichtlich geworden, um noch in jedem Bereich genügend involviert zu sein und diese Bereiche auch ausreichend steuern zu können. Der Inhaber hatte schon einen Plan, wie er die Gesamtfirma entsprechend den bestehenden Bereichen umgestalten

---

Dennoch bedeutet es etwas im Sinne unbewusster Dynamiken, wenn hier zu vorsichtig gehandelt und gesprochen wird. Die Leitung der Gruppe ist da gefordert, den nötigen Schutz zu gewährleisten.

könnte, sodass zwei oder drei neue eigenständige Firmen daraus erwachsen. Der Organisationsberater erhielt dazu den zusätzlichen Auftrag, mithilfe von Einzel- und Gruppengesprächen herauszufinden, welche Personen sich für welche Positionen am besten eignen würden. Aus Gründen der Schweigepflicht kann ich dabei die genauen Tätigkeitsbereiche der Gesamtfirma nicht nennen. Es ist jedenfalls zu sagen, dass zwei Bereiche hoch profitabel arbeiteten, drei weitere entweder mit Gewinn oder sogar mit Verlusten arbeiteten, die über die beiden anderen finanziert wurden. Beigeordnet war allen fünf Bereichen ein sechster Bereich, die Entwicklung. Der Leiter dieser Entwicklung kam aus der Großindustrie mit vielen Erfolgen und bezog ein entsprechend extrem hohes Einkommen. Bei den Vorgesprächen mit den Personen, die für eine der zentralen Führungsaufgaben infrage kommen könnten, stellte sich eine vorher nicht vermutete neue untergründige Dynamik heraus: Der Inhaber hatte einen Sohn aus erster Ehe zum stellvertretenden Leiter einer der Bereiche gemacht, um ihm, der sich bislang in keiner anderen Firma bewährt hatte, eine sinnvolle Arbeit zu geben. Der Konflikt zwischen dem Sohn und dem Vater bestand hauptsächlich darin, dass der Vater meinte, sein Sohn sei zu wenig motiviert, übernehme zu wenig Verantwortung, er müsse »mit Härte« endlich erzogen und zu einem motivierten Manager gemacht werden. Der Sohn seinerseits war in eher schwierigen Familienumständen aufgewachsen. Seine Mutter kränkelte seit seiner Kindheit und starb schließlich in der Zeit seiner Pubertät. Er hatte sich sehr um seine Mutter gekümmert, sie auch gepflegt. Sein Vater erschien ihm als arbeitswütiger Mensch, der nie wirklich für die Familie da gewesen sei, der in seiner Ausrichtung auf Erfolg die Fähigkeit, ein gutes Leben zu führen, verloren habe. Als der Vater seine zweite Frau heiratete, wuchsen die Konflikte zwischen ihm und dem Vater, er absolvierte zwar noch Abitur und anschließendes Studium, lebte dann aber vom Geld des Vaters, traute sich einerseits nur wenig zu, wollte andererseits auch niemals in der gleichen Weise die Familie vernachlässigen wie der Vater. Der Sohn hatte inzwischen eine eigene Familie mit zwei Kindern, um die er sich liebevoll kümmerte. In seiner Position als stellvertretender Bereichsleiter arbeitete er nach dem Prinzip, mit möglichst wenig Aufwand möglichst viel zu erreichen, was ihn in zusätzliche Konflikte mit seinem Bereichsleiter brachte, der von ihm mehr Einsatz forderte. Dabei konnte dieser Bereichsleiter ihn nicht wirklich erreichen, da sein Stellvertreter ja der Sohn des Inhabers war und von daher kaum Handhabe bestand, ihn zu mehr Arbeit zu zwingen. Der Bereichsleiter wollte auch nicht mit dem Inhaber darüber sprechen, da er befürchtete, wenn er das aus seiner Sicht mangelnde Engagement seines Stellvertreters dort bemängele, würde er Probleme wegen Führungsschwäche bekommen. Dieser Bereich war einer derjenigen, die weitestgehend ohne Gewinn, manchmal mit Verlust arbeiteten. Der Bereichsleiter sah die Gründe für die Schwierigkeiten dieses Bereichs vor allem in seinem Stellvertreter, dem Sohn des Inhabers.

In den Vorgesprächen tat sich ein weiterer dynamisch schwieriger Punkt auf: Der Firmengründer hatte vor Jahrzehnten die Firma gemeinsam mit einem Freund aufgebaut, der für ihn ein idealer Partner war, da dieser das nötige technische Know-how besaß, um die Firma auf dem Markt gut zu platzieren. Der Inhaber kümmerte sich mehr um die wirtschaftlichen Aspekte. Der Mitarbeiter hatte lange Zeit den Bereich der Entwicklung geleitet, wurde dann aber ins zweite Glied mit dem eingekauften o. g. Manager versetzt. Somit gab es in der Entwicklung einen großen Konflikt zwischen dem alten und neuen Leiter der Entwicklung. Der alte wollte neue Technologien nur dann einführen, wenn diese genauso sicher und funktionsfähig oder vielleicht sogar noch besser waren als die alten; der neue brachte von vorneherein neue Technologien mit, die er schon an seinem früheren Arbeitsplatz entwickelt hatte. In diesem Konflikt hatte man sich schließlich darauf geeinigt, dass die alte Technologie, die noch absolut sicher war, in einem einzigen recht profitablen Bereich angewandt wurde, die neue in den anderen Bereichen. Für die Endanwender war es so, dass diese die neue Technologie leicht beherrschen konnten, die alte aber hoch spezialisierte Kenntnisse brauchte, um mit ihr gut umgehen zu können. Die Endanwender hatten inzwischen in dem einen Bereich, den der »alte« Entwickler betreute, gegen diese alte Technologie protestiert, weil sie durch diese gezwungen waren, nur hoch bezahlte und spezialisierte Leute mit dieser alten Technologie zu betrauen. Sie wollten aber billigere Arbeitskräfte, die ohne Probleme mit neuer Technologie hätten umgehen können. Zum Zeitpunkt der Auftragsannahme war er so, dass der »alte« Entwickler mit seinem früheren Freund, dem Inhaber, kaum mehr ein Wort sprach. Beide wussten nicht so recht, was sie da tun sollten, hatten sich schließlich entschlossen, auf die jeweilige Altersgrenze zu warten. Im Vorgespräch zeigte sich der »alte« Entwickler als durchaus kompromissbereit gegenüber neuen Technologien, wenn diese nur genügend sicher seien. Dies aber konnte der neue Entwicklungschef nicht gewährleisten, da die von ihm verwendete Technologie von den Grundlagen her etwas störanfällig war. Dieses Problem konnte er nicht ausräumen. Über die Vorgespräche erfuhr der Organisationsberater dann noch einen weiteren Konflikt, nämlich den, dass der Inhaber schon zweimal den Versuch gemacht hatte, die Firma auseinanderzudividieren unter Nutzung bekannter Unternehmensberatungsbüros. Beide Male wäre es geschehen, dass man die Umsetzung hätte machen können, schließlich habe der Inhaber aber alles gestoppt und alles beim Alten gelassen. Er war sich zu unsicher, ob mit den gefundenen Veränderungsmöglichkeiten seine Firmen wirklich hätten Bestand haben können. Der Organisationsberater (im Folgenden OB genannt) hatte mit den Teilnehmern der Vorgespräche vereinbart, dass nur solche Berichte an den Inhaber gesandt werden, die vorher von den Teilnehmern abgesegnet werden würden, wie es dann auch geschah. Damit war abgesichert, dass keine für die Einzelnen schädlichen Berichte entstanden. Es folgte ein Gespräch mit dem Inhaber, indem ihm die verschiedenen Konfliktfelder ausführlich deutlich gemacht wurden. Er habe dies in dieser Form so nicht gewusst, meinte er. Er war darüber geradezu erschrocken, vor allem über die Konsequenzen mit seinem Sohn und dem früheren Teilhaber der Firma, wie sich jetzt herausstellte. Sie hatten tatsächlich zu zweit diese Firma gegründet, die inzwischen auf etwa 1300 Mitarbeiter angewachsen war. Zum Bruch und zur Auszahlung seines früheren Teilhabers sei es mit der Neueinstellung des Chef-Entwicklers gekommen. Er habe gedacht, mit der Auszahlung von dessen Firmenanteilen und der gut bezahlten Stellung als stellvertretender Entwickler sei dieser ehemalige Freund gut bedient gewesen. Aber nun gehe kein Weg mehr daran vorbei, dass die alte Technologie aufgegeben werden müsse, um die neue, die von den Endverbrauchern gefordert wurde, auch in dem letzten Bereich durchzusetzen, der zwar noch profitabel arbeite, wo man aber erwarten müsse, dass die Kunden langsam abspringen und zur Konkurrenz wechseln, wenn nicht eine neue sichere Technologie auch in diesem Bereich eingeführt würde. Überraschenderweise meldete sich da der Sohn des Inhabers zu einem weiteren Vorgespräch, in dem er mitteilte, er habe eine Möglichkeit gefunden, die neuen Technologien so zu entwickeln, dass die alten sicheren Bestandteile der Technologie erhalten bleiben können und dennoch das Neue für die Endverbraucher nutzbar sei. Er hatte also durchaus deutliches Engagement gezeigt, was darauf zurückzuführen war, dass ihm in den beiden vorangegangenen Vorgesprächen aufgegangen sei, dass sein von anderen bemängeltes Engagement damit zusammenhänge, dass seine Fähigkeiten nicht anerkannt waren. Und die waren nicht die eines Vertriebsfachmanns, wie gewünscht, sondern vom Studium her die eines Entwicklers. Er habe schon auch gesehen, dass sein besonderer Einsatz für die Familie eine Abwehr gegen seinen Vater und die damit verbundenen Erfahrungen in der Kindheit waren; diese Abwehr sei nun nicht mehr nötig, wenn man ihm eine ihm gemäße Aufgabe in der Firma geben würde, nämlich in der technologischen Entwicklung. Auf einer Gruppensitzung mit den bisherigen Bereichsleitern, ihren Stellvertretern und dem Inhaber äußerte nun der Sohn diese seine Wünsche und Bedürfnisse, was für alle überraschend kam, da man ihm unterstellte, nur das Geld seines Vaters ohne viel Arbeit haben zu wollen. In weiteren Sitzungen kam man zu folgenden Beschlüssen, mit denen sich auch der Inhaber einverstanden erklärte: Der die alte Technologie vertretende ehemalige Freund des Inhabers wird mit dem etwas erhöhten Wert seiner noch bestehenden Anteile ausbezahlt, nachdem er mit dem Sohn des Inhabers und dem Entwicklungschef eine für alle mögliche sowohl sichere als auch moderne Technologie ausgearbeitet habe. Alle waren damit einverstanden. Der Sohn sollte Bereichsleiter in seinem Bereich werden, was bei der geplanten Umwandlung in eine Aktiengesellschaft bedeutete, da Vorstandsvorsitzender zu werden, und bis zu diesem Zeitpunkt die Technologie fortentwickeln. Dann würde er gemeinsam mit dem bisherigen Entwicklungschef eine Entwicklungsfirma gründen, die gemeinsam mit der alten Entwicklung ausgegliedert werden würde. Diese werde Entwicklungsaufträge auch von anderen Firmen annehmen, dabei aber vertraglich eng mit den dann neuen Firmen, die vorher unter einem gemeinsamen Dach waren, zusammenarbeiten. Um die dann neue Selbstständigkeit des Entwicklungschefs auch kapitalmäßig zu stützen, bringe dieser neues Eigenkapital ein, zunächst im Verhältnis 49 % zu 51 % (Inhaber), später könne man dieses Kapitalverhältnis umwandeln in 30 % (Inhaber) und 70 % (Entwicklungschef). Über das dafür nötige Kapital verfüge der Entwicklungschef, wie er in den Gruppengesprächen äußerte. Eine Firma sollte abgestoßen werden an einen Konkurrenten, der mit dem technologischen Know-how dieses Bereichs seine eigene Position verbessern könne, zwei Bereiche sollten in Aktiengesellschaften umgewandelt werden, wofür die Vorbereitungen schon angelaufen waren. Es war in den Gruppengesprächen viel Erleichterung zu verspüren, dass die Konfliktherde zwischen dem ursprünglichen Partner und späteren stellvertretenden Entwicklungschef auf diese Art und Weise aufgelöst waren, dass der Sohn seine ihm mögliche Verantwortung übernahm, sodass der Inhaber auf mehrfaches Nachfragen, ob er diesem auch zustimmen könne, dies öffentlich bestätigte, sodass damit die Arbeit, da sie auch vertraglich abgesichert wurde, des OB beendet werden konnte. Es war geplant, dass etwa ein halbes Jahr nach der beschlossenen Umstrukturierung noch eine Sitzung einberufen würde, die offene Fragen klären sollte und den gesamten Prozess zum Abschluss bringen könnte. Zu dieser Sitzung kam es allerdings nicht, da der Inhaber trotz aller vertraglichen Bestimmungen wie schon die Male zuvor begonnen hatte, zumindest einiges von den Verträgen wieder so zurückzuführen, dass er sich doch nicht in den Ruhestand versetzte und dann ein gänzlich neues eigenes Programm durchführte, welches für die Firma und die inzwischen neu entstandenen Aktiengesellschaften zumindest problematisch wurde. Der OB wurde nicht mehr eingeladen.

Welcher Fehler war geschehen? Im Rückblick nach Jahren ist zu sagen, dass die hohe Ambivalenz des Inhabers bezüglich des einen Wunsches, endlich ein schönes und freies Leben mit seiner Frau führen zu können, und der anderen Seite, die Macht über die Firma zu behalten, nicht aufgelöst wurde. Der OB hätte sehen müssen, dass es nicht nur um die Zukunft der Firmen ging, sondern auch um die Zukunft des Inhabers. Diese Zukunftsplanung des Inhabers war zwar nicht Bestandteil des Auftrags, hätte aber als solcher gesehen werden müssen. Der Inhaber hatte für seine eigene Zukunft keinen wirklichen Plan. Er wollte nur frei sein von der Firma, hatte aber keine genaue Vorstellung davon, was frei sein bedeuten könnte. Es hätte wahrscheinlich einer Auftragserweiterung bedurft, den Firmeninhaber zu coachen in der ihm möglichen Gestaltung seiner neuen Freiheit. Da er ja ohnehin zuerst einmal kapitalmäßig bei allen neuen Firmen und den übrig gebliebenen alten Teilen seiner Firma genügend gut repräsentiert war, wäre es vielleicht möglich gewesen, ihn davon zu überzeugen, dass er im Hintergrund doch strategische Bedeutung haben könnte, um sein Kapital zu schützen. Vielleicht wäre es möglich gewesen, den Firmeninhaber zu einem solchen notwendigen Begleitprozess zu motivieren. Mit den Verträgen war zwar die Zukunft der verschiedenen Bereiche gewährleistet, die Zukunft des Inhabers aber nicht. Dies hätte der OB sehen können. Das Beispiel zeigt auch, wie ein OB den realen Auftraggeber zugunsten der Firma »vergessen« konnte. Die psychoanalytische Deutung eines solchen Fehlers ist: Der OB war, wie es der Inhaber am Anfang wohl auch wollte, zum heimlichen Chef der Firma geworden, konnte dieser narzisstischen Verführung nicht widerstehen.

Die Untersuchung des Ablaufs der Beratung unter Einbeziehung auch noch nicht genannter Hintergründe anhand der fünf Ebenen ergibt:

Die Ebene der Öffentlichkeit, der Verträge und der öffentlichen Aussprache in den Teamsitzungen, auch im Zusammenhang mit veränderter Weltmarktsituation und dem Standing dieser Firma in dieser nebst der Veröffentlichung der Ergebnisse der Einzelgespräche, wurde berücksichtigt.

Die *Übertragungsebene I*: Die berufliche Situation zwischen Vater und Sohn, zwischen ehemaligem Partner und Inhaber, zwischen dem Sohn und seinem Vorgesetzten, zwischen hier nicht erwähnten anderen Stellvertretern und ihren Chefs war überlagert von Vater-, manchmal Mutter-Übertragungen, was in den Einzelgesprächen erarbeitet werden konnte. Es fehlte das Gespräch mit dem Inhaber über die Zeit der Erkrankung und des schließlichen Todes seiner ersten Ehefrau, obwohl es deutliche Anzeichen für Schuldgefühle gab. Er war mit der Firma wie mit seiner ersten Frau verbunden, was seiner jetzigen Frau gar nicht gefiel. Diese wollte ihn möglichst schnell, in Sorge um seine Gesundheit, aus der Firma herausheben. Die Firma repräsentierte auch Mutteraspekte (Versorgung). Die Gefahr des Niedergangs der Firma (unbewusst frühere Frau, aber auch Mutter) bewegte den Inhaber mehrmals dazu, nicht in den Ruhestand gehen zu können. Er befand sich zudem in unbewusster Gegenidentifikation mit seinem Vater und dessen autoritärer Haltung. So konnte er härtere Entscheidungen nur dann treffen, wenn diese ihm für das Wohl der Firma absolut notwendig erschienen. Psychoanalytisch gesagt, benötigte er dafür Rationalisierungsmöglichkeiten[89]. So gestaltete er seinen Führungsstil so, dass scheinbar alle gleichberechtigt mitentscheiden konnten. Dann entschied er plötzlich ganz allein etwas anderes, weil er Informationen hatte, die den anderen nicht mitgeteilt worden waren. So wirkte er

---

89 Siehe das Kapitel 4.2.8 Intellektualisierung

letztlich genauso unberechenbar wie sein Vater, fühlte sich unverstanden und sehr gekränkt, wenn man dies andeutete.

Auf der *Übertragungsebene II,* der projektiven Ebene, war zunächst der Sohn des Inhabers gutes Projektionsfeld für alle, die sich verboten, ein angenehmes Leben zu führen. Sie projizierten auf den Sohn, er würde private Lebensinteressen fälschlicherweise vor die Verantwortung und nötiges Engagement für die Firma stellen. Unbewusst übernahm der Sohn diese Projektion, die ja schließlich auch die Projektion seines Vaters war, der selbst sein eigenes Leben unabhängig von der Firma nicht leben konnte. Schließlich wurde eine weitere Projektionsfigur als für geeignet gehalten, nämlich der Repräsentant der alten Technologie. Er wolle in seiner Arbeit nur seinen eigenen Bedürfnissen nachgehen, kümmere sich überhaupt nicht um die Zukunft der Firma. Da man es bei Projektionen schlecht aushalten kann, wenn die Projektionsfigur für einen selbst verloren geht, entwickelte man Schuldgefühle, indem dieser Mitarbeiter nochmals mit einer großen Geldsumme und einer für ihn erträglichen noch bestehenden Arbeitszeit ausgestattet wurde.

Auf der *Ebene des Körpers* entwickelten sowohl der Inhaber, der Sohn, der Entwicklungschef und auch der alte Entwickler körperliche Symptome dergestalt, dass sie zeitweise wegen Erkrankungen ausfielen. Der Inhaber gesundete dann aber, als er begann, die beschlossenen Verträge wieder rückgängig zu machen, zumindest teilweise. Der alte Entwicklungschef gesundete, nachdem ihm eine gehörige Abstandsbezahlung in Aussicht gestellt wurde, der Sohn gesundete mit der Übernahme der neuen Verantwortung, schließlich gesundete auch der jetzige Entwicklungschef, als ihm klar wurde, dass er nun in Bälde eine eigene Firma aufbauen könne.

Auf der *primordialen Ebene* könnte man interpretieren, dass durch die Anwesenheit und Gesprächsleitung des OB in der Firma überhaupt wieder ein Gespräch in Gang gekommen sei, dass so etwas wie ein Grundverhältnis entstanden war, auf dem es möglich wurde, auf neue Weise miteinander zu kommunizieren. So kamen bislang peinliche und vermiedene Auffassungen zutage. Es wurde möglich, so etwas wie die Einheit der Firma gerade dadurch wiederherzustellen, dass sich diese Firma entsprechend den Marktverhältnissen neu aufstellte. Dies geschah zuvor nicht in der erweiterten Form, wie in den Verträgen vereinbart, aber dann doch in einer Form, die sowohl dem Inhaber als auch den neuen Firmen adäquat war. Kollektiv unbewusste Prozesse könnten vielleicht darüber aufgefunden werden, wenn man die Sitzordnung bei den Gesprächen berücksichtigt, wo bei jeder Gruppensitzung der Inhaber rechts vom OB saß, um gewissermaßen in seinem Schutz die Firma lenken zu können. Im Hintergrund aber war dem OB immer bewusst, auf welcher Ebene man sich gerade bewegte, welche Ebenen sich miteinander überschnitten und wie dies für eine produktive Gesprächsatmosphäre zu nutzen sei. So ist es zumindest in Teilergebnissen zu einer fruchtbaren Entwicklung sowohl der Firma als auch bei den einzelnen Beteiligten gekommen. Da es dem OB an Nachhaltigkeit gelegen war, war dieser letztlich doch etwas enttäuscht über die suboptimale Auswirkung seiner Tätigkeit. Möglicherweise ist es aber auch unmöglich, in solchen Situationen mehr zu erreichen als das, was mit dieser Firma geschehen ist, vor allem, wenn der Auftraggeber nicht genügend berücksichtigt wird.

2.6.2 Streit in einer Joint-Venture-Firma

Auch bei diesem Beispiel wirkten die fünf Ebenen, obwohl der wesentliche Konflikt zuerst einmal ein anderer war:

Eine europäische Firma, die größere medizinische Geräte herstellt, verlagerte die Produktion und Entwicklung im Sinne eines Joint Ventures in das Ausland. Ein schwerer Konflikt im gesamten Vertriebsbereich konnte nicht mehr firmenintern gelöst werden, weshalb man um Beratung von außen nachsuchte. Sehr ins Persönliche gehende Konflikte zwischen dem Gesamtleiter des Vertriebs und seinen verschiedenen Abteilungsleitern waren entflammt. Man könne nicht mehr zusammenarbeiten. Es war bald im Rahmen verschiedener Gespräche zu eruieren, warum die Konflikte scheinbar entstanden waren: Es ging um persönliche Auseinandersetzungen über die Art der Zusammenarbeit, über die Art und Weise, wie Sanktionen ausgesprochen wurden. Es hatten sich Fraktionen gebildet, die, wenn man sie einzeln ansprach, durchaus gute und vernünftige Gründe für das eigene Verhalten angeben konnten, weshalb man sich durch das Verhalten der anderen so beeinträchtigt fühlte. Man hatte schon nach interkultureller Beratung von außen nachgesucht, da man vermutete, dass die europäischen mit den nicht europäischen Mitarbeitern wegen Kulturunterschieden nicht miteinander arbeiten könnten. Diese Hypothese erwies sich aber als falsch, denn die

Fraktionen, die inzwischen entstanden waren, waren in der Regel gemischt-kulturell zusammengesetzt. Diese Vorgespräche im Rahmen einer vorweggenommenen Organisationsanalyse, die wohl immer notwendig ist, zeigten also wohl nur auf, die Position der einen kann gut und richtig vertreten werden, die Position der anderen ebenso. Man überlegte eine Produktanalyse: Vielleicht ist im Produkt selbst ein Widerspruch enthalten, der in personalisierter Form dann im Management ausgetragen wird. Ein Beispiel für eine solche Produktanalyse wäre z. B. in der Autoindustrie, ob das eine Interesse nach mehr Sicherheit mit dem anderen Interesse nach mehr Beweglichkeit und Schnelligkeit kollidiere. Aber auch bei der Produktanalyse dieser Firma ließ sich nichts Gravierendes im Sinne eines Widerspruchs im Produkt selbst erkennen. Bei der gruppenanalytisch orientierten Organisationsberatung ist es nun erforderlich, unbewusst gewordene, d. h. verdeckte, Konflikte im Rahmen von Interviews und eben der genannten Organisationsanalyse versuchen aufzufinden. Ein Gespräch mit einer leitenden Mitarbeiterin ergab in deren Nebenbemerkungen einen plötzlichen Anhaltspunkt: Der frühere Leiter des Vertriebs war nach Europa zurückberufen worden, der neue Vertriebsleiter war jahrelang erfolgreich Entwicklungschef gewesen. Einer der Gründe für den Wechsel sei gewesen, dass sich die Vertriebsmitarbeiter im Bereich der Technik der von ihnen zu verkaufenden Geräte überfordert fühlten, hier nicht nur nach mehr Schulung im technischen Bereich nachsuchten, sondern auch wollten, dass ihnen Personen der Entwicklung beim Verkauf der Produkte technisch beratend beistehen. Die europäische Stammfirma hatte im dortigen Entwicklungsbereich mit ihrem Leiter eine Person gefunden, die in so guter Weise nicht nur technisch die Entwicklung beförderte, sondern auch im Sinne der Personalführung eine Person war, die man unbedingt weiterqualifizieren und für höhere Aufgaben vorsehen wollte. Mit dem Schritt, diesen Entwicklungschef zum Chef des Vertriebs zu machen, dachte man, einerseits die Forderungen der Vertriebsmitarbeiter zu berücksichtigen, und andererseits, diesem leitenden Herrn eine nun weitere Qualifizierung im Vertrieb anzubieten. Man hatte aber auch auf unteren Ebenen tatsächlich Entwicklungsmitarbeiter den Mitarbeitern im Vertrieb in geringer Weise beigesellt, plante zudem Qualifizierungsmaßnahmen sowohl für die Entwickler im Sinne des Vertriebs als auch für die Vertriebspersonen im Sinne der Entwicklung und Technik. Sind die nun entstandenen Konflikte im Vertrieb nicht doch nur per-

sönliche Konflikte von Mitarbeitern, die einfach nicht miteinander auskommen können? Das war eine wichtige Frage. Die Gesamtleitung der
Firma war gerade zu dieser Auffassung gekommen und hatte deswegen
einen Organisationsberater mit dem Hintergrund von Psycho- und
Gruppenanalyse gewählt, der ihr als Spezialist für zwischenmenschliche
Konflikte galt. Die jahrzehntelange Erfahrung des Organisationsbera-
ters in seiner therapeutischen Praxis war, dass er immer gut beraten war,
bei Überweisungen gut hinzuschauen. Wenn er z. B. einen Patienten von
einem Kardiologen überwiesen bekam mit dem Hinweis, kardiologisch
sei nichts zu finden, deshalb müsse etwas Psychisches im Gange sein,
könnte es erforderlich sein, noch einmal genauestens kardiologisch zu
prüfen, ob nicht doch etwas Wesentliches übersehen wurde. Dieses
Übersehen fand sich in der Regel bald. Das änderte natürlich nichts daran, dass doch eine Psychotherapie erforderlich war; aber so wusste man
wenigstens, welcher körperliche Anteil an den Störungen bestand. Ähnliches galt bei allen Fachärzten, wenn eine sog. Ausschlussdiagnose
kam, es sei nämlich nichts Körperliches zu finden, also sei es psychisch,
dies genau und ausführlich zu hinterfragen. Die Erfahrung war, dass es
immer eine körperliche und gleichzeitig eine psychische Seite gab. Und
die körperliche sollte man auch genau kennen. Mit dieser Skepsis ausgestattet, wurde nun die Organisationsanalyse der Firma weiter betrieben.
Die Organisation meinte ja, es gäbe keine Organisationskonflikte, keine
Konflikte im Produkt, die Konflikte seien rein personal zu sehen. Man
habe alles versucht, um kulturelle Konflikte, Fragen zur Leitungskompetenz auszuschließen, an der Organisation läge es keinesfalls. Als Gruppenanalytiker weiß man über die Gruppenabwehrmechanismen von
Lokalisation und Personalisierung. Auch in therapeutischen Gruppen
ist eine der zentralen Aufgaben des Leiters, genauestens zu prüfen,
ob auftauchende persönliche Konflikte und konfliktbeschleunigende
Äußerungen einzelner Gruppenmitglieder nicht auch dazu dienen
könnten, eine unbewusste Gruppendynamik zu verschleiern und den
Blick auf die scheinbar seltsam reagierenden Einzelnen zu legen, also zu
überprüfen, ob nicht ein unbewusster Gruppenkonflikt personalisiert
und an einzelnen Personen lokalisiert werde. Der Gruppenanalytiker
begab sich also auf die weitere Suche nach unbewussten Organisationskonflikten. Das Gespräch mit der oben erwähnten Mitarbeiterin hinter-
ließ so etwas wie ein Gefühl, da könne etwas einfach nicht stimmen. Er
ließ sich noch einmal alle Einzelgespräche, die Gespräche mit einzelnen

Abteilungen durch den Kopf gehen, entdeckte aber immer noch nichts, obwohl dieses ungute Gefühl blieb. Ein erster Anhaltspunkt war, dass sich in der Zwischenzeit zwei weitere Konflikte in der Firma auftaten, nämlich zwischen dem neuen Entwicklungschef und dem jetzigen Vertriebsleiter und zwischen dem Vertriebsleiter und dem Gesamtvorstand. Es waren keine schwerwiegenden Konflikte, eher solche, die durchaus lösbar waren. Aber weshalb nun diese neuen Konflikte? Sind diese nicht Hinweis auf etwas, was bisher noch nicht verstanden ist? Der Konflikt zwischen dem Vertriebsleiter und den anderen Vorständen hatte etwas mit seiner beruflichen Karriere zu tun, die er als nicht genügend unterstützt fühlte. Der Konflikt mit dem neuen Vertriebsleiter war bezüglich der Ausstattung der Geräte entstanden, der Vertriebsleiter wollte die Entwicklung ein wenig bremsen, da er für die gänzlich neuen und immer noch komplizierteren Entwicklungen wenige Absatzchancen sah. Es hätte die Geräte so verteuert, dass sie auf dem Weltmarkt möglicherweise etwas ins Hintertreffen gekommen wären. Dies führte zu einer neuen Hypothese.

Was ist der grundsätzliche Konflikt zwischen Vertrieb und Entwicklung? Dieser Konflikt besteht in der Regel darin, dass die Entwicklung möglichst hervorragende und für alle möglichen verschiedenen Einsatzzwecke hin optimierte Geräte schaffen möchte, während der Vertrieb nur Geräte braucht, die die Kunden brauchen, und diese müssen dann nicht über extrem viele Zusatzfunktionen verfügen, die zwar von einzelnen Kunden gewünscht sind, von den meisten aber nicht gebraucht werden. Also ist der zentrale Konflikt einer Organisation zwischen Vertrieb und Entwicklung der, dass die Entwicklung unabhängig vom Verkauf und den Verkaufsmöglichkeiten produziert, während der Verkauf bzw. der Vertrieb den Kundeninteressen folgen muss. Daraus folgte, es könnte sich tatsächlich bei den Konflikten im Vertrieb darum handeln, dass der jetzige Leiter des Vertriebs noch mit der Entwicklung identifiziert war und von daher anderen Interessen folgte, als es dem Vertrieb angemessen war. Bei der genaueren Untersuchung dieser Hypothese in wiederum mehreren Gesprächen bestätigte es sich, dass der neue Leiter des Vertriebs sich eher als technischer Berater des Vertriebs verstand. Er wollte den Vertrieb im Sinne der früheren Entwicklungsvorstellungen umorganisieren, was die Vertriebsmitarbeiter als falsch und unsinnig ansahen. Sie brauchten ja nur mehr technische Hilfe, nicht aber Einmischung in ihre Arbeit als Vertriebssachverständige. In den

Konflikten mit seinen Vertriebsmitarbeitern verließ den Chef des Vertriebs auch seine Fähigkeit, wie in der Entwicklung gute Personalpolitik zu betreiben und die einzelnen Mitarbeiter in ihren Fähigkeiten zu fördern. In den Konflikten versteifte er sich und wurde zunehmend diktatorisch. Er hatte die Interessen der Kunden nicht im Auge. Nachdem der Vertrieb sich nicht einfach als erweiterte Entwicklungsabteilung umstrukturieren ließ, wurde er zunehmend persönlich, was wiederum persönliche Attacken der anderen bewirkte. Er hätte in den nun zunehmenden Konflikten sehen können, dass Organisationsprobleme im Hintergrund stehen, dies war ihm aber nicht möglich. So personalisierte er auch diesen Konflikt, da er nun meinte, überall von Menschen umgeben zu sein, die ihm nicht wohl wollten. Schließlich wollte er wenigstens seine eigene Laufbahn retten und begann einen neuen Konflikt mit den anderen Vorständen und der europäischen Zentrale, von der er sich ungenügend unterstützt fühlte. Letzteres war teilweise richtig, denn man hatte nicht berücksichtigt, dass es nicht so einfach geht, einen Entwicklungschef zum Vertriebschef zu machen, ohne diesen speziell für die ganz anderen Aufgaben des Vertriebs, nämlich die der Kundenorientierung, zu schulen und einzuweisen. Es war also doch ein unbewusster Organisationskonflikt, dies war die inzwischen erhärtete Hypothese. Im Gespräch mit dem Vertriebschef, dem früheren Entwickler, konnte nun deutlich werden, auch ihm selbst, dass sein Gefühl der mangelnden Unterstützung berechtigt war, weil er in die völlig anderen Aufgaben des Vertriebs nicht wirklich eingearbeitet worden war. Er wurde bescheidener, wodurch sich die Konflikte mit seinen Mitarbeitern langsam entschärften. Er konnte auch sehen, dass seine Karriere keineswegs beeinträchtigt sei, wenn er sich mit den ihm neuen Aufgaben im Vertrieb, nämlich der Kundenorientiertheit, vertraut machte. Er ließ sich von seinen Vertriebsmitarbeitern nun beraten und achtete viel mehr auf deren Meinung, sodass auch dieser Konflikt langsam verschwand. Mit dem Abnehmen der Konflikte entwickelte er auch wieder seine alten Fähigkeiten der Personalführung, sodass Ruhe einkehrte. Am Ende der Beratung war die Situation dann so, dass der langsam in Ruhestand gehende Gesamtchef des Unternehmens den jetzigen Vertriebschef offiziell als seinen Nachfolger benannte. So war der Karriere gedient, die Firma hatte ihren Organisationskonflikt wieder bearbeitet, der Prozess von Lokalisierung und Personalisierung war wieder aufgehoben.

Neben den genannten personalisierten Organisationskonflikten wirkten auch die fünf Ebenen, die es nun genauer zu untersuchen gilt:

Auf der *Ebene der Öffentlichkeit* bestand der gemeinsam mit seiner Gesamtfirma bestehende Wunsch des alten Entwicklungschefs, wegen guter persönlicher Ausgangsbedingungen weiterqualifiziert zu werden. Dies geschah. So gab man einem Entwickler die Möglichkeit, sich auch im Vertrieb zu bewähren, allerdings ohne ihn dafür genügend vorzubereiten. Damit war der neue Vertriebschef seinen Aufgaben nicht ausreichend gewachsen. Es entwickelten sich Konflikte mit seinen Mitarbeitern, in denen er seine alten Fähigkeiten auch als Förderer in der Personalentwicklung verlor und zunehmend diktatorisch agierte. Dies verschärfte die Konflikte.

Die *Übertragungsebene I*, ganze Personen, spielte hier vermutlich eine geringe Rolle, außer in dem Bereich, in dem sich der neue Vertriebschef von seinen Vorgesetzten (unbewusst Vater, Mutter) nicht genügend unterstützt fühlte, was in gewisser Weise so auch stimmte. Inwieweit die Mitarbeiter unbewusste Konflikte mit ihren Eltern an ihrem Vertriebschef abhandelten, war weder zu eruieren noch notwendig, dieses herauszuarbeiten.

Auf der *Übertragungsebene II*, der projektiven Ebene, entfaltete sich der ganze Konflikt, man vermutete und lokalisierte in den jeweils anderen (Mitarbeiter, Chefs, Gesamtvorstand) die bei sich selbst abgewehrten destruktiven Impulse. Da in Firmen Destruktion kaum einen Platz haben dürfte und in der Selbstreferenz der beteiligten Mitarbeiter destruktive Affekte wohl nicht wirklich integriert waren, eignete sich diese Ebene in besonderer Weise dafür, in den anderen die vermeintlich bösartigen Zerstörer zu finden.

Die *Ebene des Körpers* konnte unberücksichtigt bleiben, es wurden jedenfalls in allen Gesprächen, sowohl den Einzelgesprächen als auch den Gesprächen mit den verschiedenen Teams, keine körperlichen Begleitsymptome, außer vielleicht solche der Situation angemessenen extremen Anspannung, berichtet.

Die *primordiale Ebene*, der Grundlage jeglicher Verständigung, wurde zwar in den Konflikten zwischen Kulturen von der Firma selbst erörtert, konnte aber keinen wesentlichen Aufschluss über die Kommunikationsstörungen im Betrieb ergeben. Natürlich war diese Ebene betroffen, wenn man sich überhaupt nicht mehr verständigen konnte und nur noch mit Vorwürfen reagierte.

Man könnte hier also sagen, die Ebenen liefen im Hintergrund mit, hatten aber keinen wesentlichen Anteil an der Aufklärung, hier waren es tatsächlich Organisationskonflikte, nicht aber persönliche oder solche, die wesentlich mit persönlichen Übertragungsprozessen zu tun hatten. Arbeitnehmer auf allen Ebenen wollen nach meiner Erfahrung in der Regel eine gute Kombination von Interessen der Firma mit denen persönlicher Art.

Es war also tatsächlich so, dass die Untersuchung der Ebenen in diesen Konflikten nicht die zentralen Probleme erhellten. Vielmehr wurden unbewusste, nicht kommunizierte Konflikte der Organisation (gegensätzliche Positionen von Vertrieb und Entwicklung) im Sinne der Gruppenabwehrmechanismen von Lokalisation und Personalisierung abgewehrt. Es war sinnvoll, einen externen Gruppenanalytiker mit Erfahrung über Organisationsprozesse (z. B. gegensätzliche Positionen von Vertrieb und Entwicklung) zu kontaktieren, um die bestehenden Konflikte angehen zu können. Die Ebenen blieben im Hintergrund.

3. Leitungs- und Führungstheorien, abgeleitet aus Psycho- und Gruppenanalyse

In allen Kapiteln dieses Buches werden implizit Fragen der Leitung betrachtet; hier soll explizit darauf eingegangen werden:

Aus der Psychoanalyse lassen sich gut Bedingungen für die Führung von Zweiergesprächen ableiten: Zweiergespräche unter der Bedingung der Anwesenheit eines Dritten (Krankenkasse, Kassenärztliche Vereinigung, Gutachter, gesetzliche Regelungen), der Grenzen und Möglichkeiten setzt. Aus der Gruppenanalyse lassen sich ableiten: Teamgespräche, Leitungsaufgaben allgemein, Moderation[90] und Fragen der Führung. Beiden Verfahren sind gemeinsam die Bedeutung des Settings, das heißt die Bedeutung der Rahmenbedingungen, unter denen die Gespräche stattfinden. Für das Setting ist der Psychoanalytiker, der analytische Psychotherapeut, der Gruppenanalytiker wie der gruppenanalytische Psychotherapeut in gleicher Weise verantwortlich. Das Setting schließt in allgemeiner Weise den gewählten Raum ein, die Sitzordnung, die Gesprächsregeln, die Zeitdauer, den Schutz vor Störung von außen. Da der »Leiter«[91] an der Grenze von analytischer oder sonstiger Situation zur Umwelt sitzt, den Umgang mit Grenzphänomenen sowohl in der Richtung von innen nach außen wie von außen nach innen. Letzteres mag ein Beispiel demonstrieren:

In einer Klinik findet eine Supervisionssitzung mit dem Leitungsteam statt. Es klopft an der Tür, die Tür wird geöffnet, der Blick des Eintretenden wandert in der Gruppe umher, heftet sich schließlich an den Supervisor, ohne ihn zu kennen. Aber irgendwie hatte der Supervisor

---

90 Doppler/Lauterburg (1994), S. 233 f.: »*Wann und wo immer Change Management angesagt ist, steigt die Nachfrage nach Moderation.*« Die Autoren sehen das Erlernen und die Fähigkeit zu moderieren als eine Notwendigkeit jeglicher Führungskraft in modernen Unternehmen.

91 Wiederum möchte ich mit der männlichen Form spezifisch weibliche Führungsqualitäten nicht vernachlässigen.

diese Position an der Grenze der Gruppe nicht nur eingenommen, sondern anscheinend auch szenisch dargestellt. Er war eben ein Gruppenanalytiker mit dem Wissen um seine Position an der Grenze der Gruppe. An ihn wurde also die Frage gestellt, ob der Klinikleiter kurz wegen eines Notfalls entbehrlich sei. Der gruppenanalytische Supervisor blickte kurz in die Runde der Gruppe, entschied dann, dass der Klinikleiter jetzt wegen seiner Aufgaben in der Klinik kurz weggehen könne, sagte dies auch (siehe Ebene Öffentlichkeit, es muss auch gesagt werden). Daraufhin stand der Klinikleiter auf und besprach sich kurz mit seinem Mitarbeiter, gab ihm die nötigen Anweisungen und kehrte in die Supervisionsgruppe zurück, wieder mit Blickkontakt zum Supervisor. Es ist nicht einfach, eine solche Settingverantwortung durch den Supervisor zu installieren, Vorgespräche über die Notwendigkeiten sinnvoller Supervision sind mit dem Leitungsteam erforderlich, das gehört zur nötigen Administration einer Gruppe, die hier durch den Supervisor zu gewährleisten ist.

Die Aufgabe der Gesprächsleitung beginnt also schon lange vor Beginn jeglichen Gesprächs – sie kann nicht einfach allgemeine Bedingungen z. B. von Supervision oder Organisationsberatung der jetzigen Institution, Organisation oder dem jeweiligen Betrieb überstülpen, sondern muss in den Vorgesprächen gemeinsam mit den Beteiligten die Rahmenbedingungen so abstecken, dass sie einerseits der Realität der zu beratenden Gruppe genau so entspricht wie den Anfordernissen sinnvoller Supervision, Beratung oder ähnlicher Prozesse. Das gehört zur Administration, die oben schon erwähnt wurde. Erst wenn hierüber einigermaßen Einigkeit erzielt wurde, kann der »Leiter« der Situation seine Position an der Grenze der Gruppe oder der Grenze des Zweiergesprächs sinnvoll einnehmen, sodass sogar Personen oder Funktionsträger, die von außen kommen, diese Position intuitiv erspüren können und sich dementsprechend verhalten. Die »natürliche Autorität« des Leiters ist somit nicht eine dogmatisch von außen kommende, sondern eine, die in den Vorgesprächen gemeinsam mit den Betroffenen erarbeitet wurde. Mit den heute üblich gewordenen Anglizismen könnte man von »Boundery-Management« sprechen[92].

---

92 Doppler und Lauterbach (1994, S. 90 f.) sehen eine Schwerpunktverlagerung der Führungsaufgaben der Vorgesetzten in folgenden Gesichtspunkten: Sie beinhalten jetzt 1. Zukunftssicherung, Sicherung der nötigen Infrastruktur für gegebene und neue

Zur Administration gehört weiter, dass vor jeglichem dem Auftrag zugehörenden Gespräch so etwas wie eine Organisationsanalyse gemacht wird. In der Therapie ist dies Anamnese, Gruppenvorgespräch wie auch Diagnostik und Befunderhebung. Bei Organisationen, Betrieben, Firmen, Konzernen, Parteien, politischen Gremien usw. müssen diese administrativen Anforderungen beinhalten: Organisationsanalyse, Produktanalyse[93], Analyse der Geschichte der Institution, Organisation, Analyse der primären und jetzigen Ziele, Analyse der jetzigen und früheren Situation der zu Beratenden – ich nenne sie jetzt einfach mal »Gruppe«.

Dieses »Boundery-Management«, das Sitzen an der Grenze, wird bei den flacher werdenden Hierarchien in Firmen zunehmend wichtig. Für den Leiter bedeutet dies, seine von ihm geleitete Gruppe in guter Weise vor unzuträglichen Außeneinwirkungen zu schützen, andererseits innerhalb der Gruppe die gesetzten Bedingungen, die ja von außen kommen, nicht nur mitzuteilen, sondern auch zu vertreten. Eine weitere Aufgabe ist es, durch geeignete Förderung und gemeinsame Rekapitulation der geleisteten Dinge für kooperative Arbeit zu sorgen, damit die jeweils spezifischen Fähigkeiten der Mitarbeiter gerade in ihrer Unterschiedlichkeit genutzt werden können. Schnelles Funktionieren von Arbeitsgruppen hängt also nicht mit Gleichförmigkeit, gleichen Ansichten, gleichen Qualifikationen und Ähnlichem zusammen, sondern gerade mit der Fähigkeit, die spezifischen Unterschiedlichkeiten einerseits zu fördern und gerade dadurch aber auch wieder zu integrieren. So kann ein Arbeitsklima von gegenseitiger Achtung und auch Neugierde gegenüber möglicherweise sogar völlig abweichenden Äußerungen entstehen. Eine »gute« Gruppe lebt von ihren Unterschiedlichkeiten, in der Wissenschaft: Interdisziplinarität.

Aufgaben, 2. Menschenführung im Sinne von Betreuung und Förderung, 3. Management des permanenten organisatorischen Wandels samt Sicherstellung der nötigen Kommunikation und ihrer Strukturen.

93 Produktanalyse ist deshalb nötig, weil sich oft innere Widersprüchlichkeiten des Produkts (z. B. soll sich ein Abfangjäger leicht umrüsten lassen in einen Bomben- und Raketenträger, was gegensätzliche Anforderungen sind – siehe die Konflikte um den »Eurofighter«) in Konflikten im Management widerspiegeln. Konflikte im Krankenhaus, wo es einerseits um gute ärztliche Leistungen (ärztlicher Direktor, Ober- und Chefärzte), andererseits um finanziellen Erhalt der Klinik (Verwaltungsdirektor) und zum Dritten um gute Versorgung der Patienten geht – neben den Interessen des gesamten Personals. Wo liegt nun das »wirkliche« Produkt der Klinik?

Der Leiter ist für das Klima der Gruppe verantwortlich, die er leitet. Das ist dann besonders schwierig, wenn die Gruppe nicht von ihm selbst zusammengesetzt ist, sondern ihm aus der Firma zugeordnet wurde, ohne zu prüfen, inwieweit die Mitarbeiter wirklich gut miteinander zurechtkommen. In der Gruppenanalyse hat man zwar als Leiter die Möglichkeit, die Gruppe gänzlich selbst zusammenzustellen[94], es ist jedoch nicht vorhersehbar, wie Einzelne miteinander auskommen. Das ist allerdings auch nicht gefragt, vielmehr, wie sich unbearbeitete unbewusste Konflikte aus den früheren Lebensjahren in der analytischen Gruppe neu entfalten können. Diese Konflikte äußern sich zuerst einmal dadurch, dass Gruppenmitglieder Spannungen entwickeln, sie finden sich unsympathisch, behaftet mit Persönlichkeitszügen, die man nicht mag, usw. Die Therapie hat die Aufgabe, die auftretenden Konflikte auf ihren oft verdrängten lebensgeschichtlichen Hintergrund hin zu erforschen.

Arbeitsgruppen haben andere Aufgaben. Hier geht es darum, aus unterschiedlichen Persönlichkeiten und Qualifikationen eine Gruppe zusammenzuschweißen, die, nun hier genauso wie in der Gruppenanalyse, in ihrer Unterschiedlichkeit, Widersprüchlichkeit genutzt werden soll, um gute Arbeitsergebnisse zu erbringen. Das stellt hohe Anforderungen an die Persönlichkeit des Leiters, dessen Reflexionsfähigkeit, Wissen und Fähigkeiten im Umgang mit Gruppenabwehrmechanismen[95].

In der Gruppenanalyse nennt man den Leiter oft »Conductor«[96], also so etwas wie einen Dirigenten. Er dirigiere ein Orchester, dessen Partitur er nicht kenne. Diese Partitur entsteht in der Gruppenanalyse aufgrund der Aufforderung an jeden Gruppenteilnehmer, möglichst offen und frei gerade darüber zu sprechen, was ihn im Moment be-

---

94 Die Gruppenzusammenstellung einer ambulanten therapeutischen Gruppe hat folgende Kriterien: a) Niemand soll mit seiner Symptomatik, Lebenssituation allein sein, b) Heterogenität in Bezug auf Persönlichkeitsstruktur, Symptomatik, Alter, Geschlecht, sozialem Status und c) – ein Spezifikum der Gruppenanalyse nach Foulkes, von mir weiterentwickelt –: In Persönlichkeitsanteilen anderer Gruppenmitglieder sollten solche des primären Beziehungsumfelds, meist Familie, enthalten sein, damit sich das ursprünglich pathologisierende Netzwerk wieder neu entfalten und damit besser bearbeitet werden kann.

95 Siehe Kapitel 4.3

96 Diesen Begriff verwendeten Foulkes und seine Schüler, um damit auszudrücken, wie eng der Leiter mit der Gruppe verbunden ist (Behr, Hearst 2005).

wege, was er fühle, welche Gedanken sich ihm aufdrängen. Dadurch versucht man an die unbewussten Hintergründe zu gelangen. Wie kann das z. B. für einen Projektleiter in einem Betrieb oder einen Abteilungsleiter usw. übersetzt werden? Im Bereich der Entwicklung neuer Produkte oder Verbesserung alter ist diese Partitur zwangsläufig besonders unsicher, da man hier gerne neues Gebiet betreten möchte, um die Produktpalette auf modernstem Stand zu halten. Im Vertriebsbereich ist es die Unsicherheit darüber, wie spezielle Wünsche der Kunden in Abgleich gebracht werden können mit den vorhandenen Möglichkeiten der Firma, diese auch zu liefern. Somit ist in gewisser Weise auch im Vertrieb die Partitur, die zu dirigieren ist, nicht wirklich gut bekannt. Wie können Führungskräfte damit umgehen? Auch wenn es vielleicht wünschenswert wäre, kann man nicht von jedem Leiter einer Gruppe erwarten, eine lange gruppenanalytische Ausbildung gemacht zu haben[97]. Aber ein gewisses Training in Gruppenanalyse sollte doch vorliegen. In der Supervision von Gruppenleitern, gleichgültig, ob in der Gruppenanalyse oder in Betrieben, war oft festzustellen, dass diesen Gruppenleitern das Augenmerk dafür fehlt, wie stark sie selbst mit ihrer Persönlichkeit und ihren Interventionen das Gruppengeschehen beeinflussen. Es ist einfacher, Konflikte in Arbeitsgruppen auf die Mitarbeiter zu schieben, diese seien eben von ihrer Persönlichkeit her schwierig, zu unqualifiziert oder hätten sonstige Mängel.

So berichtete eine Führungskraft des oberen Managements über eine Abteilung seiner Firma, in der die Produktivität deutlich vermindert sei, da dort bis zum Betriebsrat gehender Mobbingverdacht bestand, einige Mitarbeiter verurteilten und verdächtigten sich gegenseitig. In der Supervisionsgruppe spiegelte sich dies in plötzlichen Spannungen. Dann sprach eine Untergruppe heftig über ein anderes Thema, nämlich über die Frage der Abhängigkeit eines Leiters von der Anerkennung seiner

---

97 In einer Neu-Definierung von Führungsfunktionen heutiger Großbetriebe besteht *»die Funktion der Führung nicht mehr im Wesentlichen darin, Arbeit vorzubereiten, Aufgaben zu verteilen und das Tagesgeschäft zu koordinieren, sondern darin, Rahmenbedingungen zu schaffen, die es normalintelligenten Mitarbeiterinnen und Mitarbeitern ermöglichen, ihre Aufgaben selbstständig und effizient zu erfüllen.«* (Doppler, Lauterbach 1994, S. 61) Das nötige Wissen über Gruppenprozesse, auch unbewusst ablaufende, setzen die Autoren voraus, ohne allerdings zu sagen, wo und wie man dieses erwerben kann.

Autorität. Im weiteren Gespräch, das wieder zurückkehrte zu obiger Abteilung, erfuhr man schließlich, dass die oberste Spitze der Firma überlegte, den Arbeitsbereich dieser Abteilung auszugliedern. Um es sich mit der Firmenspitze nicht zu verderben und nicht noch mehr Konflikte in die Abteilung zu tragen, hatte der Berichterstatter seinen Abteilungsleiter davon nicht informiert. Er scheue Konflikte und könne des Öfteren die nötige Grenzposition seinen Abteilungsleitern gegenüber nicht einnehmen, was manchmal weitere Konflikte mit sich bringe. Er fühle sich zwischen den Interessen der Unternehmensleitung und denen seiner Mitarbeiter oft wie zerrieben. Das weitere Gespräch ergab, er kenne solche Loyalitätskonflikte schon aus seiner Kindheit und Jugend, wo er, wenn die Eltern miteinander stritten, ängstlich versuchte, zwischen den beiden zu vermitteln, um die Familie aufrechtzuerhalten. Als die Eltern sich schließlich scheiden ließen, habe ein Kampf um ihn begonnen, bei wem er wohnen dürfe, ohne dass er sich und seine Zerrissenheit in der Loyalität gegenüber Vater und Mutter wirklich gefragt fühlte. Mit der Erkenntnis dieser familiär bedingten Lähmung war nun ein ganz anderes Herangehen an die Frage möglich, weswegen er seinem Abteilungsleiter die Überlegungen der Firmenleitung verschwiegen hatte. Er war damals als Kind schon überfordert, hatte wohl diese innere Situation übertragen auf seine jetzige. Er hatte unbewusst die Trennung der Firma von dieser Abteilung, ähnlich wie die Scheidung der Eltern, innerlich vorweggenommen. Mit dieser Erkenntnis konnte er nun neu überlegen, ob und wie er seinen Abteilungsleiter doch noch genauer informieren sollte. Dies waren nun Überlegungen, die mit der aktuellen Situation der Firma zu tun hatten. In der nächsten Supervisionssitzung berichtete er, er habe mit seinem Abteilungsleiter die Situation angesprochen und mit ihm gemeinsam überlegt, wie man in dem einen oder anderen Fall bei Trennung oder Nicht-Trennung die Mitarbeiter motivieren könne, am Projekt dieser Abteilung wieder aktiver mitzuarbeiten. Sein Abteilungsleiter war in dieser Frage weniger von einer Familiendynamik bestimmt, sodass er in einer Konferenz mit seinen Mitarbeitern darüber sprechen konnte, dass für den Fall, dass nicht bald wieder gute und produktive Zusammenarbeit möglich würde, die Firma die Überlegung habe, die Abteilung zu schließen. Unbewusst hatte die Abteilung in den Konflikten und dem Mobbing innerhalb der Abteilung die Ihnen nicht bekannte, aber unbewusst wirkende Szenerie des Ausschlusses im gruppenanalytischen Sinn lokalisiert und personalisiert. Die Situation in der Abteilung lockerte sich, ein Mitarbeiter wollte ohnehin zum Zweck des Aufstiegs in eine andere Abteilung wechseln, was möglich gemacht wurde, die vorher sich als gemobbt gefühlten Mitarbeiter verstanden die gefährliche Situation und konnten sich relativ problemlos dazu aufraffen, unter neuen und etwas veränderten Bedingungen wieder miteinander zu arbeiten. Das offene Gespräch mit und in der Abteilung war nötig gewesen.

Aus diesem Beispiel ist gut zu ersehen, wie notwendig es für einen Leiter jeglicher Hierarchiestufe ist, seine eigenen lebensgeschichtlichen Verflechtungen auch bei scheinbar rein unternehmerischen Entscheidungen und Überlegungen mit zu reflektieren. Dies kann aber nur, wer dafür genügend sensibilisiert ist und die Erfahrung gemacht hat, welche Hilfe solches bringt. Unbewusste Prozesse bestimmen weit mehr die scheinbar bewussten Entscheidungen, als man sich vergegenwärtigen möchte. Es ist dies natürlich auch eine große Kränkung, zu erleben, wie unbewusste Prozesse weit größeres Gewicht haben können und haben, als man sich wünscht.

Rutscht man selbst als Leiter in die Position einer lokalisierten und personalisierten Organisationsproblematik, ist man noch mehr davon betroffen. Hier allerdings dient dann die Analyse der eigenen Lebensgeschichte dazu, sich nicht allzu bereitwillig in diese Konflikte hineinzugeben, sondern Widerstand leisten zu können, der nun nicht unbewusst konterkariert wird, sondern auf der realen Ebene stattfinden kann. Je mehr man über sich als Persönlichkeit und seine Lebensgeschichte und die verdrängten Anteile dieser Bescheid weiß und vor allem darüber, dass gerade die verdrängten Geschichten eine besonders gewichtige Rolle spielen, desto mehr ist ein solcher Leiter in der Lage, souverän zu bleiben. Er ist dann den realen Prozessen, die unbewusst mitdeterminiert sind, näher.

Die Frage, inwieweit man aufgrund seiner Lebensgeschichte geeignet ist für Personalisierungs- oder Lokalisierungsprozesse, bringt bei der Erkenntnis dieser Eignung gänzlich neue Handlungsmöglichkeiten, die wieder realitätsadäquat sind. Die unbewussten Prozesse können zwar als realitätsadäquat erscheinen, sie sind es nicht.

Streng genommen sollte jeder Leiter, jede Leiterin einen langfristigen gruppenanalytischen Prozess bei sich selbst durchmachen, vielleicht auch einen psychoanalytischen, um die jeweils spezifische Eignung für Verlagerungsprozesse innerhalb einer Firma mitdenken und mitspüren zu können und genügend Handwerkszeug zu haben, die eigene lebensgeschichtliche Verwicklung als Erfahrungsgrundlage nutzen zu können. Dies ist ähnlich wie bei den Vorwürfen der 1968er-Jahre an die rebellierenden Studenten, denen vorgeworfen wurde, sie kämpfen »eigentlich« gegen die eigenen Väter und seien deswegen verblendet. Kluge Psychoanalytiker sahen es so: Gerade, weil diese Generation so unter ihren sich autoritär verhaltenden Vätern ohne echte Autorität gelitten habe, habe sie ein besonders gutes Gefühl für Personen, deren Autorität nicht innerlich gewachsen war, sondern autoritär durchgesetzt werden sollte.

Die obige Anforderung nach Fortbildung bzw. theoretisch begleiteter Selbsterfahrung dürfte heute (in den 70er- bis 80er-Jahren des letzten Jahrhunderts war dies ganz anders, einige Firmen verlangten für Führungskräfte solche Fortbildungsgänge) wieder wenig umzusetzen sein, zumindest aber sollte eine gewisse Erfahrung vorliegen, Supervision von Leitungsaufgaben erscheint mir als immer dringend erforderlich. Da das Klima einer Gruppe in ganz besonderer Weise von der Persönlichkeit und der Arbeitsweise des Leiters bestimmt ist, kann dieser Forderung nicht nachdrücklich genug Gewicht gegeben werden. Es ist ein großer Unterschied, ob Führungskräfte nur kurzfristig in Schulungen oder Coachings sog. »Persönlichkeitsentwicklung« betreiben oder ob sie sich, was ich hier dringend empfehlen möchte, in längere, möglicherweise sogar Jahre dauernde kontinuierliche Selbsterfahrung begeben, um sich und ihre Wirkung auf andere im Bezug zur eigenen Lebensgeschichte ausführlich zu überprüfen. Führungskräfte, die diese langfristige Prüfung eigener Entwicklung übernahmen, dankten dies nicht nur dadurch, dass sie im Beruf erhebliche Fortschritte machten, sondern auch dadurch, dass sie anderen einen solchen Weg nahelegten, wenn sie vorwärtskommen wollten[98].

Eine andere Seite der Leitung ist die der sog. Abstinenz. Unabhängig von der Persönlichkeit, die mehr oder weniger Nähe zu den Mitarbeitern braucht, ist es für einen Leiter erforderlich zu erkennen, dass seine Autorität nicht dadurch wächst, dass er die Anerkennung dieser

---

98 Ein Vorstandsvorsitzender einer großen Bank wollte eine solch langdauernde Selbsterfahrung für alle Vorstände und die darunter liegende Ebene zwingend vorschreiben, da er selbst damit so gute Erfahrungen gemacht hatte, scheiterte natürlich daran, dass Zwang dazu ein ungeeignetes Mittel ist.

Autorität von seinen Mitarbeitern braucht. Dieses Brauchen sollte nun näher untersucht werden. Natürlich ist Autorität ohne deren Anerkennung durch andere hinfällig. Wie aber kann die Anerkennung erreicht werden? Sie muss auf einem gewissen inneren Gleichgewicht zwischen den Erwartungen der Vorgesetzten und den Erwartungen der Mitarbeiter im Zusammenhang mit dem Gleichgewicht der eigenen Persönlichkeit bestehen. Nehmen wir einmal an, die Persönlichkeit des Leiters ist aufgrund seiner Lebensgeschichte in besonderer Weise davon abhängig, gebraucht zu werden. Er wird sich so verhalten, dass er Informationen nicht so weitergibt, dass größtmögliche Selbstständigkeit bei seinen Mitarbeitern entsteht, sondern immer etwas zurückhaltend, gleich aus welchen betrieblich anscheinend bedingten Gründen es auch immer sei. Er will sie abhängig halten, um darüber seine eigene Abhängigkeit von Anerkennung zu vertuschen. Ist sich der Leiter dieser Persönlichkeitseigenschaft bewusst, kann er damit besser umgehen und, sich selbst korrigierend, dann doch akzeptieren, dass seine Mitarbeiter unabhängiger von ihm werden. Sein Bedürfnis nach Anerkennung kann er dann woanders bearbeiten. Wenn Anerkennungsbedürfnisse allerdings unbewusst geschehen, werden die Mitarbeiter immer über zu wenige Informationen und autoritären Führungsstil klagen. Es geht also nicht darum, überhaupt keine Fehler zu haben, sondern darum, mit seinen Fehlern umgehen zu können, wenn man sie schon nicht bereinigen kann.

Das führt zur nächsten Aufgabe des Leiters, nämlich, die Mitarbeiter nicht für persönliche Bedürfnisse zu gebrauchen, sondern sich Möglichkeiten zu verschaffen, diese andernorts zu befriedigen. Er muss sich allerdings dieser Bedürfnisse bewusst sein. Ich selbst war im Rahmen eines Studiums einmal einem Leiter ausgesetzt, der in solch hohem Maße aufgrund eigener Lebensgeschichte davon überzeugt war, man könne nur sein Mitarbeiter sein, wenn man absolut unabhängig von ihm gewissermaßen in Einsamkeit seine eigenen Arbeiten selbst formulierte, die Hintergründe dieser Arbeiten sich erarbeitete, ohne besondere Unterstützung von ihm. Seine Lebensgeschichte war unverarbeitet damals die, als Kind einer aristokratischen Familie von wechselnden Betreuerinnen und Erziehern begleitet zu sein, wo wirklich menschliche Bindung nur im doch vorhandenen warmen Klima der Familie entstehen konnte. Er hatte sich aufgrund seiner großen Begabung und Vitalität Einfluss und Positionen verschafft, die es ihm ermöglichten, große Institute, Gremien usw. zu leiten. Viele seiner Mitarbeiter litten daran, von ihm zu wenig Unterstützung zu erfahren. Ich wusste dies damals nicht und geriet folglich wie andere in den Strudel von Selbstzweifeln angesichts ebendieser mangelnden sichtbaren Unterstützung. Bis auf die wenigen, die eine ähnliche Lebensgeschichte hatten, war es nur relativ unabhängigen Persönlichkeiten möglich, unter dessen Leitung zu hervorragenden Leistungen zu kommen. Man könnte sagen, dies wäre ein natürliches Auswahlprinzip, eine Firma aber könnte sich so etwas kaum leisten. Nun, dieser Leiter brauchte keine Bestätigung seiner Autorität. Er hatte sie und brauchte die Bestätigung zu wenig. Die andere, sehr positive Seite seiner Leitung war, von ihm im Denken und Arbeiten dergestalt geführt zu werden, als man sich mit ihm und seiner absolut bescheidenen Art, sich Wissen anzueignen, unbedingt identifizieren konnte. Er hatte zudem starkes Charisma. Strampelte man sich frei von eigenen oft kindlichen Bedürfnissen nach Anleitung, Führung und Unterstützung, konnte man sich seiner Aufmerksamkeit, nach einiger Zeit auch freundschaftlicher Zuneigung, gewiss sein. Solches sagt auch darüber etwas aus, dass man als Mitarbeiter auch eine gewisse Aufgabe darin sehen könnte, trotz Schwächen der Leitung sich auf deren Stärken beziehen zu können.

Ein Leiter, der mit anderer Persönlichkeit und Lebensgeschichte zur Bestätigung eigener Autorität die dauernde Bestätigung seiner Mitarbeiter benötigt, wird in dieser Frage abhängig, versucht seine Autorität gewaltsam durchzusetzen. Unbewusst braucht er beständige narzisstische Zufuhr, psychoanalytisch gesprochen, also Anerkennung. Dies ist nun aber nicht die Aufgabe der Mitarbeiter. Er muss schon in sich selbst ruhen und die Bestätigung seiner Autorität auch darüber sich erwerben, dass er mit sich selbst in dieser Frage im Reinen ist. Psychoanalytisch gesprochen entsteht diese Autorität oder dieses sog. Selbstbewusstsein dadurch, dass man sich im wörtlichen Sinne seiner selbst, d.h. seiner Schwächen und Stärken, einigermaßen bewusst ist. Dieses Bewusstsein seiner selbst erreicht man nicht solipsistisch, allein, sondern man ging durch verschiedene Prüfungen, in denen man in der Lage war, die Prüfer selbst als Personen anzuerkennen, deren Urteil genügend gewichtig ist, um eigenes Selbstbewusstsein darauf aufbauen zu können. Aus der Sicht der Psychoanalyse würde man hier von der Notwendigkeit sprechen, einer möglichen Kastration nicht aus dem Weg gehen zu dürfen, wobei der Begriff der Kastration[99], wie immer in der Psychoanalyse, auch den Körper meint, gleichzeitig aber symbolische Bedeutung hat, nämlich die Gefahr der Vernichtung.

Optimal hatte man dazu die Möglichkeit in der ödipalen Phase, d. h. im Alter zwischen etwa 4–6 Jahren, mit den eigenen Bedürfnissen die Eltern so bedrängen zu dürfen, dass diese in ihrer liebenden Zweisamkeit ein genügend großes Bollwerk dem entgegenzusetzen hatten, sodass die Liebesstürme des Kindes zwar anerkannt, gleichzeitig auch abgewehrt werden konnten, indem die Liebe zwischen den Eltern die stärkere war. Ein dermaßen glücklicher Ausgang des Ödipuskomplexes wäre dann so, dass das Kind sagt, nun habe ich es zwar vielfach versucht, die alleinige Liebe meiner Mutter oder meines Vaters für mich zu erringen, ich bin gescheitert, aber dann, wenn ich einmal groß bin, habe ich dasselbe Glück und dieselbe Liebe und Leidenschaft, wie es meine Eltern miteinander hatten. Und diese dürfen sich dann in meine Beziehung nicht mehr einmischen. Dies ähnlich so, wie ich mich auch nicht einmischen konnte, auch wenn ich es noch so sehr wollte.

Das Glück einer solch guten Entwicklung in der ödipalen Phase ist heutzutage nur wenigen Menschen möglich. Man muss davon ausgehen, dass reale Persönlichkeiten heute in unserer Gesellschaft immer mit gewissen ödipalen Einschränkungen belastet sind. Das bedeutet, in der Kindheit, nämlich der ödipalen Phase, nicht wirklich sich selbst freilassen zu können, um auf die Grenzen angesichts der Liebe und Leidenschaft der Eltern zueinander zu stoßen, sondern sich einbremsen zu müssen, um nicht in inzestuöse Beziehungen als Junge zur Mutter oder als Mädchen zum Vater zu geraten. Die meisten Menschen reden heute davon, sich in Beziehungen einlassen zu können oder auch nicht. Man redet so, als hätte man als Kind wirklich die Fähigkeit erworben, das Sich-Einlassen eigenhändig zu bremsen. Dieses Bremsen ist aber nur dadurch entstanden, dass anstelle der Grenze durch die Eltern innere

---

99 Es ist dies hier ein erweitertes Verständnis von »Kastration«, es geht nicht so sehr darum, »wirklich« im Sinne körperlicher Beschädigung »kastriert« zu werden, sondern um die Erfahrung von Niederlage, Scheitern angesichts übertriebener Wünsche und deren Abwehr durch mächtige andere (Vater, Mutter, später andere anerkannte Autoritätspersonen), was im Unbewussten aber tatsächlich einer einschneidenden körperlichen Beschädigung und Vernichtung fast gleichkommt. Siehe dazu Green (1996), Laplanche, Pontialis (1972), Nagera (1977), Segal (1994). Schon Freud hatte das große Gewicht dieser »Kastration« zum Zweck der gesunden Entwicklung gesehen und erforscht – ohne Grenze keine Entwicklung.

Über-Ich-Grenzen errichtet wurden, die die eigene Liebes- und Erlebnisfähigkeit beschränkten. In der Regel regredierte man, psychoanalytisch gesprochen, auf das anale Leistungsniveau, man brachte statt seiner Liebe nun Leistung, um die nötige Anerkennung zu erhalten. Wurde diese Leistung nicht ausreichend anerkannt, fehlte also die nötige narzisstische Zufuhr, regredierte man gelegentlich auf das orale Niveau, entwickelte depressive Züge, man fühlte sich nicht beachtet, nicht geliebt, nicht für genügend wertvoll gefunden usw. Das sollen nun Vorgesetzte und die Mitarbeiter ausgleichen. Diese sind dafür weder geeignet noch überhaupt dafür zuständig. Im Allgemeinen weiß man davon wenig; ich habe kaum Leiter angetroffen, die über ihre ödipale Schnittstelle samt der Notwendigkeit der Kastration (von außen und nicht durch Über-Ich-Einschränkungen oder sonstige kindliche Verdrängungen bedingt) ausreichend Bescheid wussten. Wenn man also aufgrund der schwierigen Beziehung der Eltern zueinander den Ödipuskomplex nicht wirklich gut durchlaufen konnte, sondern regredierte auf das Leistungsniveau, suchte man über diesen Weg narzisstische Zufuhr, d.h. die nötige Anerkennung. Die Persönlichkeit bildet sich entsprechend aus, und man erwartet nun von allen und jedem diese narzisstische Zufuhr. Man könnte andere Wege finden, für sich das Problem zu lösen. Es ist für Gruppenanalytiker eine Selbstverständlichkeit, Abstinenz in dieser Weise auszuüben, Gruppenmitglieder nicht für die eigene narzisstische Bestätigung zu benötigen. Das sollte für Leiter allgemein gelten.

Die hier angesprochene Abstinenz beinhaltet auch etwas, was für Leiter oft schwer zu ertragen ist. Man muss allein sein können. Was heißt dies? Man sollte sich selbst einen Lebensraum schaffen können, in dem das ausgeglichen wird, was man vielleicht in seiner Kindheit nicht erlebt hatte oder noch braucht. Es wird in der Literatur des Öfteren von der Einsamkeit der Leitung gesprochen, man kann dies natürlich kognitiv anfordern, inhaltlich aber ist es nur auszufüllen, wenn man eigene Bedürfnisse einigermaßen kennt und diese Bedürfnisse dann nicht mit den Mitarbeitern gewissermaßen bearbeitet bzw. diese dazu benutzt, sondern in der als Leiter gewählten Einsamkeit selbst in seinem Lebensraum bewältigt. Gelegentlich spricht man in der Psychoanalyse von drei voneinander verschiedenen Formen des Umgangs mit anderen: Die erste Form ist das Brauchen des Säuglings, man braucht da jemanden, der von sich aus weiß, welche Bedürfnisse man hat und wie sie befriedigt werden könnten. In einer späteren Stufe der Entwicklung, wenn die erste Stufe einigermaßen gut verlaufen ist, entwickelt der Säugling die Fähigkeit des Benutzens. Er lernt zu erkennen, wie man die Bezugspersonen dazu bringen kann, genau das zu tun, wodurch eigene Bedürfnisse befriedigt werden. Man benutzt in dieser Weise die inneren Strukturierungen der Bezugspersonen, die man teilweise auch aufgrund ererbter Fähigkeiten erkennen kann. Der Säugling weiß nun, auf welche Reize die Mutter oder der Vater so oder so reagiert, man kann diese Reize langsam einsetzen. Dazu ist es aber notwendig, dass man in gewisser Weise schon akzeptiert, dass die Personen in leichter Weise unabhängig von einem selbst reagieren, man muss deren Reaktionsmuster erkennen, was durchaus möglich ist. Depressiv strukturierten Persönlichkeiten ist dies in außergewöhnlicher Weise möglich, da sie ein gutes Radarsystem entwickelt hatten, wie man andere Menschen dazu bewegen kann, das zu tun, was man selbst braucht. Dieses Radar wurde aber nur notwendig, weil die angeborenen Mechanismen der Kommunikation nicht ausreichten, um die nötige Bedürfnisbefriedigung zu erhalten. Die nächste Stufe nach dem Brauchen und dem Benutzen ist die der Verführung[100]. Dazu muss man eine noch weitere Unabhängigkeit der Bezugspersonen von sich selbst anerkennen, was nur möglich ist, wenn die ersten beiden Phasen einigermaßen gut durchlaufen wurden. Nun beginnt der Säugling mit eigenen teilweise angeborenen, teilweise erworbenen Fähigkeiten, die Bezugspersonen nicht nur mithilfe der Kenntnis deren eigener innerer Struktur für sich zu benutzen, sondern sie als eigenständig zu behandeln und damit auch zu akzeptieren, dass sie nicht unmittelbar erreichbar sind. Das Kleinkind kann im nächsten Entwicklungsschritt durch bestimmte Veränderung eines Ausdruckes, durch bestimmte Veränderung seiner Gefühlsäußerungen die mit ihm inzwischen nicht mehr automatisch verbundenen Bezugspersonen dazu bringen, freiwillig, weil sie sich dadurch geliebt fühlen, dazu zu bringen, seine Bedürfnisse zu befriedigen. Er verführt sie zu dieser Befriedigung. Dieses Verführen-Können ist nun die absolute Aufgabe eines Leiters einer Arbeitsgruppe. Er muss diese Fähigkeit[101] aber auch tatsächlich besitzen. Er wird

---

100 Siehe dazu Winnicott (1973), S. 101–110

101 Neyraut (1976) wies auf dieses »Verführen-Können« hin zur analytischen Arbeit als wichtige Aufgabe des Analytikers, abzuleiten ist diese Aufgabe für jegliche Leitung.

Mitarbeiter um sich scharen, die ihm und des guten Klimas zuliebe, das er verbreitet, die Arbeit nicht nur gut, sondern exzellent erfüllen. Gelingt dieses Verführen aber einmal nicht, so kann ein solcher Leiter, der sowohl des Brauchens, des Benutzens als auch des Verführens mächtig ist, eine Stufe zurückschalten und gewissermaßen die Benutzeroberfläche seiner Mitarbeiter nutzen, wenn auf dieser Oberfläche der meiste Gewinn entstehen kann. Er kann dann spielen zwischen den Ebenen des Brauchens, des Benutzens und des Verführens, wobei die Ebene des Verführens natürlich immer die adäquateste ist. Denn schon auf der Ebene des Benutzens entstehen Abhängigkeiten, die ihrerseits wiederum zu aggressiven und destruktiven Konflikten führen können, noch mehr auf der Ebene des Brauchens. Hier fühlen sich Mitarbeiter kurzfristig gelobt, dann aber schrecklich missbraucht. Auf der Ebene des Benutzens fühlen sich Mitarbeiter zuerst auch einmal wie selbstverständlich in ihrer Arbeit anerkannt, dann aber letztlich doch so, dass sie das Gefühl haben, manipuliert zu werden. Erst auf der Ebene der Verführung entsteht das gute Klima einer Arbeitsgruppe, nämlich gerne miteinander arbeiten zu wollen und sogar Höchstleistungen zu vollbringen. Ein wenig problematisch ist dabei, dass die Ebenen des Brauchens und des Benutzens gewissermaßen geschlechtsneutral sind, während die Ebene des Verführens direkt mit der eigenen Geschlechtlichkeit verbunden ist, d.h. mit der Identität als Mann oder als Frau[102]. Wiederum kann man sagen, dass unter heutigen gesellschaftlichen und familiären Bedingungen nur wenige Menschen die Ebene des Verführen-Könnens erreichen konnten, die meisten sind im Brauchen oder Benutzen stecken geblieben. Zudem ist die geschlechtsspezifisch unterschiedliche Ausdrucksform des Verführens in der Öffentlichkeit ein wenig tabuisiert, unaufdringlich spürbare geschlechtliche Anwesenheit eines Mannes oder einer Frau gilt heutzutage in den Firmen meist als etwas, was zu vermeiden ist. Es geht angeblich ausschließlich um Sachlichkeit, die mit männlicher oder weiblicher Verführung nicht verbunden sein sollte. Dabei wird übersehen, dass es sich ja nicht um Verführung im geschlechtlichen Sinne geht, sondern um Verführung zur Arbeit. Unter den heute erschwerten Bedingungen einer gut abgeschlossenen ödipalen Phase gilt es, Führungskräfte in besonderer Weise

---

102 Erikson (1971, 1974, 1977) wies in besonderer Weise auf die Problematiken bei der Entwicklung der Geschlechtsidentität hin, wie diese auch gesellschaftlich geprägt ist.

darin zu schulen, eigene Defizite sowohl im ödipalen (Verführen) als auch im Bereich von Brauchen und Benutzen zu erkennen, um damit umgehen zu können. Wiederum heißt dies nicht, jegliche Führungskraft müsse unbedingt eine volle Gruppen- oder Psychoanalyse durchlaufen haben, um eigene Schwächen und Stärken zutiefst erkannt zu haben, sondern es geht darum, Strukturschwächen zu erkennen und diese möglichst nicht an den Mitarbeitern abzuarbeiten. Dies führt wieder zur Einsamkeit des Leiters; diese Einsamkeit muss er sogar selbst herstellen, auch wenn alle seine inneren Bedürfnisse vehement dagegen anstreben.

Die Schwierigkeit des Leiters, an der Grenze zu bleiben, sich selbst in den Konflikten seiner Mitarbeiter zu erkennen, eigene Bedürfnisse nach Nähe oder narzisstischer Zufuhr durch Mitarbeiter dahingehend lösen zu können, dass er diese Bedürfnisse nicht mit den Mitarbeitern, sondern in seinem allgemeinen Lebensumfeld bearbeitet, verlangt nach tief gehender Reflexion. Es handelt sich dabei um immer auch unbewusste Kommunikationsprozesse, die anzuerkennen jedem schwerfallen dürften, der in einer Erziehung aufwuchs, in der man die Ideologie eines »autonomen« Individuums pflegte. Jegliches Individuum wird durch räumliche, gesellschaftliche, familiäre und sonstige Bedingungen geformt und geprägt, wo absolute Autonomie unerreichbar ist. Bei der Untersuchung der jeweiligen unbewussten Hintergründe entdeckt man, wie sehr man geformt und geprägt wurde durch eigene teilweise verdrängte Sozialisationsbedingungen, aber auch durch Bedingungen unbewusster, nicht kommunizierter Vorgänge im eigenen Betrieb. Dieses Sicherkennen im Mitsein ist keineswegs eine Schwäche, vielmehr eine große Stärke, es hat damit etwas zu tun, ein wirkliches Selbstbewusstsein im wörtlichen Sinne zu haben, nämlich ein Bewusstsein der Entwicklung seines Selbst im Verlaufe seiner Lebensgeschichte bis heute.

3.1 Leitung unter Berücksichtigung der fünf Ebenen

Auf weitere Führungstheorien, die sich spezifisch mit den jeweiligen Anforderungen der Leitung unter unterschiedlichsten Bedingungen beschäftigen, wie z.B. Notwendigkeiten beim Militär im Sinne einer strengen Befehlshierarchie, aufgelockert durch gewisse demokratische Elemente, die Kirche mit ihren Priestern/Pfarrern, Bischöfen, Landesbischöfen oder bei den Katholiken Kardinäle bis zum Papst, möchte ich nicht im Besonderen eingehen. Mit zwei Beispielen aus dem katholischen Kirchenleben und einem Beispiel aus einem Coaching möchte ich versuchen zu erläutern, wie die fünf Ebenen den Leiter in die Prozesse involvieren, wie er sie aber auch nutzen kann. Die Beispiele liegen lange genug zurück, die jeweilige Örtlichkeit wird nicht genannt, sodass die nötige Schweigepflicht gewahrt bleibt.

3.1.1 Beratung im Frauenkloster[103]

Eine Leiterin eines katholischen Frauenklosters ruft beim gruppenanalytischen Organisationsberater an mit der Bitte, das Kloster bei zwei Fragen zu begleiten: Die erste Frage war, wie in dem Kloster mit neuerdings aufgetretenen heftigen sexuellen Problemen umgegangen werden kann. Das sei die Vorbedingung für die Aufgabe zwei, nämlich die geplante Umwandlung des Klosters in ein offenes Wohnheim für eine bestimmte weibliche Personengruppe. Die Leiterin des Klosters hatte zuvor selbst eine psychoanalytische Therapie wegen zunehmender körperlicher Erkrankungen durchlaufen. Sie stellte dabei fest, dass diese Erkrankungen u. a. mit ihren Zweifeln an der Notwendigkeit des Verzichts einer Beziehung zu einem Mann zusammenhingen, dann auch mit Komplikationen wegen sexueller Abstinenz. In der Therapie sei sie gesundet, übe nun wieder mit Freude das Amt der Leiterin des Klosters aus. Allerdings habe sie im Laufe der Therapie auch gesehen, dass das Problem des Verzichts auf Sexualität in den Zwistigkeiten und gelegentlichen Erkrankungen ihrer Mitschwestern eine nicht gerade geringe Rolle spielten. Sie selbst sei überfordert, diese Probleme in guter Weise anzugehen, benötige deshalb Hilfe von außen. Frauenklöster durften von Männern nicht betreten werden, die Messen und Andachten wurden von Priestern geleitet, die einen anderen Eingang benutzen mussten, um in den Altarbereich und zu ihrer Seite der Beichtstühle zu kommen. Ein stabiles Gitter trennte die Priester von den Nonnen. Es musste also

---

103 Die beiden hier erwähnten Beispiele aus der Kirche haben nicht nur mit der immer noch vorhandenen Bedeutung der Religion zu tun, sondern können gut übersetzt werden auf Organisationen und Firmen, die fast wie Kirchen Unterordnung unter gegebene Ideologie fordern.

eine Sondergenehmigung eingeholt werden vom zuständigen Kardinal, dass der Organisationsberater freien Zutritt zum Sitzungssaal der Frauen bekam. Von Vorteil war, dass zwischen dem zuständigen Kardinal und dem beauftragten Gruppenanalytiker und Organisationsberater ein Vertrauensverhältnis bestand, sodass der Kardinal relativ problemlos eine besondere Ausnahmegenehmigung zustande brachte. So kam es zum ersten Gruppenvorgespräch mit der Leiterin des Klosters und den Nonnen. Die Klosterleiterin eröffnete das Gespräch, indem sie den Berater vorstellte und sagte, die Gespräche sollten möglichst offen sein. Käme es im Verlauf der Gespräche zu Problemen, die die Substanz des Klosters beträfen oder Sanktionen erforderten, würde sich die Leiterin dem Organisationsberater unterordnen und nur Sanktionen aussprechen, wenn diese zuvor im Gruppengespräch vom Organisationsberater akzeptiert würden. Er erhielt also ein gewisses Vetorecht gegenüber den ansonsten üblichen kirchlichen Regeln im Kloster. Die Leiterin hatte nämlich in ihrer analytischen Therapie den Wert freier Assoziationen kennengelernt und wollte dieses auch ihren ihr unterstellten Nonnen ermöglichen. Sie war eine sehr mutige Frau. Auch zu diesem Punkt hatte der Kardinal seine Zustimmung gegeben. Tatsächlich begannen zwei Nonnen das Gespräch dann mit äußerst intimen Dingen. Sie erzählten, dass die täglichen Waschungen ein immer größeres Problem darstellten, weil schon allein beim Zusehen, wie eine andere Schwester sich wusch, intensivste sexuelle Gefühle bis hin zum Orgasmus ausgelöst würden. So wisse man gar nicht mehr, wie man angesichts beengter Verhältnisse den Reinlichkeitsgeboten noch nachkommen könne. Würde sich jede Schwester einzeln waschen, es steht dafür nur ein einziger Raum im Kloster zur Verfügung, würde sich das Waschen über Stunden hinziehen und den gesamten sonstigen Ablauf des Klosters fast zum Erliegen bringen. Auch für die sich waschende Schwester sei es ein Problem, dass andere Schwestern anwesend seien, die sich auch auf das Waschen vorbereiten, man könne kaum den Unterleib berühren, ohne selbst orgiastische Gefühle zu haben, das Gleiche gelte für das Waschen der Kopfhaare. Eine andere Schwester erzählte, sie sei von ihrer Namensgebung her so eingeschränkt, dass sie wie eine gewisse Kirchenreformerin vor vielen Jahrhunderten, deren Namen sie trage, nicht umhinkönne, beim Waschen sich den Verkehr mit Jesus vorzustellen, was jedes Mal intensive orgiastische Gefühle auslöse. Sie wisse nicht, ob sie wirklich Jesus meine, vielleicht meine sie auch junge Männer, denen sie beim Einkauf für das Kloster begegne. Sie sei völlig verwirrt, denke oft daran, das Kloster vielleicht zu verlassen, um das Glück einer liebenden Beziehung mit einem Mann erleben zu können. Wieder andere Schwestern erklärten, wenn man diese sexuelle explosive Gefahr nicht irgendwie bändigen könne, sei es unmöglich, das Kloster zu öffnen und das geplante Wohnheim aufzubauen. Dann gäbe es viel mehr Kontakte nach außen, die die sexuellen Fantasien noch mehr anstacheln würden. Eine weitere Frage schon im Erstgespräch war, ob es nicht auch lesbische Fantasien gäbe. Hier gestand eine andere Schwester, sie leide an solchen Gefühlen gegenüber der Leiterin des Klosters, habe zudem in wiederkehrenden Träumen sexuelle Kontakte mit ihr. Dann wache sie erschreckt auf. Sie fürchte sich, wieder einzuschlafen. Beten und Bitten an Gott helfe nichts. Es kam noch zur Frage, ob nicht vielleicht eine weibliche Organisationsberaterin angesichts dieser spezifisch weiblichen Probleme vielleicht besser geeignet sei als ein Mann, was einhellig verneint wurde. Im Wesentlichen seien es ja die fehlenden Männer und der Umgang mit der sexuellen Abstinenz, man habe gleich gesehen, mit diesem Berater könne man gut arbeiten. Der Organisationsberater beschloss die Sitzung mit der Bitte, sich noch einmal ein bisschen Pause zu gönnen, um sich für einen Prozess entscheiden zu können, mit ihm oder jemand anders, man solle ihn in vier Wochen anrufen, um ihm die Entscheidung mitzuteilen. Würde sie positiv ausfallen, schlug der Organisationsberater wöchentliche Sitzungen von je 1½ Stunden für 1 Jahr vor. Von der Leiterin des Klosters war dieses Jahr ohnehin geplant, denn dann sollte das Kloster geöffnet werden. Es kam zu den vereinbarten Sitzungen für 1 Jahr. Bei der ersten Sitzung dieser Sitzungsfrequenzen berichtete die Leiterin zu Beginn recht stolz, es habe im Bad kleine Veränderungen gegeben. Es waren getrennte Duschkabinen eingerichtet worden, sodass man sich gegenseitig nicht mehr sah, aber für die Mehrzahl der Schwestern bewirkte dies wenig bis gar nichts. Schon die Vorstellung von dem, was in der Nebenkabine geschah, reichte aus, um die intensiven sexuellen Gefühle zu wecken, die unbeherrschbar geblieben waren.

Hier half sehr die Ebene der Öffentlichkeit, wo es im Verlauf vieler Gespräche möglich wurde, alle, auch die intimsten, Fantasien und Vorstellungen im Gruppengespräch öffentlich zu machen, wodurch sie aus dem Bereich des Geheimen und damit der unbewussten Kommunikation entfernt wurden.

Die Schwestern erzählten, wie sie die Zeit als Novizinnen verbracht hatten, was davor geschehen war, bis hin zur offiziellen Anerkennung als Ordensschwester. Bei vielen zeigte sich, dass im Hintergrund Liebesenttäuschungen eine nicht geringe Rolle spielten, bei anderen wiederum Enttäuschungen über die extrem schlechte Ehe der Eltern, über traumatische Kindheitserlebnisse auch in Bezug zur Sexualität und sexuellen Übergriffen.

Auf der Übertragungsebene I (ganze Personen)
wurde deutlich, dass die sich waschenden jeweils anderen Schwestern unbewusst einerseits mit Geschwistern oder Freunden aus der Kindheit in Verbindung gebracht wurden, wo verbotene Doktorspiele eine nicht geringe Rolle spielten. Andererseits sah man in den anderen sich waschenden Schwestern unbewusst die eigene Mutter, die sich in übergriffiger Weise beim Waschen entweder dem Bruder, der Schwester oder auch der Sprecherin selbst genähert hatte, den Vater, der die Mutter zur Sexualität zwang oder sich in übergriffiger Weise der Sprecherin genähert hatte. In sehr offener Weise wurden hier Kindheitserinnerungen ermöglicht. Ein Klima größter Offenheit war entstanden. Bezüglich des Gruppenleiters entstanden gleichzeitig ebenso Fantasien, wenn z. B. vom übergriffigen Vater oder der übergriffigen Mutter gesprochen wurde. Der Leiter versuchte dies nicht gewissermaßen in die Vergangenheit abzuschieben, sondern als gerade jetzt geschehendes Ereignis zu besprechen, er selbst sei jemand, dessen Übergriffigkeit man vielleicht fürchte. Dazu kamen Träume der Nonnen, in denen der Gruppenleiter als Person männlichen oder weiblichen Geschlechts sexuell missbräuchliche Verhaltensweisen zeigte. Die Schwestern hätten von diesen Missbrauchserlebnissen nicht sprechen können, wenn es dem Leiter nicht möglich gewesen wäre, die damit verbundene Übertragung auf ihn als den oder die Missbraucher oder Missbraucherin auszuhalten. Sie abzuwehren und ausschließlich in die Kindheit der ihm Anvertrauten zurückzuverweisen, hätte den Gruppenverlauf behindert. Es war immer alles zugleich Vergangenheit und Gegenwart. Auch die Leiterin des Klosters konnte man in Träumen, aber auch in direkten Äußerungen der Nonnen über ihre Fantasien als übergriffige, sexuell stimulierende, eigene Bedürfnisse mit den Nonnen auslebende Person erkennen. Auch diese begann langsam einzusehen, als Leiterin des Klosters immer zugleich Übertragungsfigur zu sein.

Nur zu bedauern, was damals in der Kindheit geschehen war, wäre ein Abschieben in die Vergangenheit gewesen. Damit wäre die Realität dessen, dass das, was gerade gesprochen wird, auch in irgendeiner Weise geschieht, zerstört worden. In der Gruppenanalyse nennt man dies das Äquivalenzprinzip. Spricht jemand über dieses oder jenes aus der Vergangenheit, ist der Leiter oder die Leiterin immer auch aktuell involviert im Sinne der Übertragung, darf dies nicht einfach in der Vergangenheit lassen und sich in den Fantasien und Erzählungen nicht erkennen. Die umgekehrte Reduktion auf die Gegenwart ist ebenso unrichtig und prozesslähmend. Schließlich fanden diese Übertragungsprozesse auch untereinander statt, wo bestimmte Schwestern miteinander so etwas wie ein Mutter-Tochter-Verhältnis eingenommen hatten oder auch ein Vater-Tochter-Verhältnis. Die reale Geschlechtsidentität der Übertragungsfigur spielte nicht nur hier kaum eine Rolle, die Übertragung kann davon absehen. Das Äquivalenzprinzip bestätigt allgemeine Lebenserfahrung, wenn ein junger Mann z. B. ein Café betritt, eine für ihn sehr attraktive Frau an einem Tisch sieht, sich zu ihr hinbewegt und sie fragt, ob noch ein Platz frei sei, sie bejaht, er setzt sich; wenn nun diese Frau zu erzählen beginnt, dass sie in einer sehr schlechten Beziehung lebe oder im Moment gar keine Beziehung habe, der junge Mann vielleicht Ähnliches erzählt, erzählen die beiden natürlich nicht nur, was da draußen in ihrer Beziehung oder Nicht-Beziehung geschieht, sondern sie teilen sich auch gegenseitig mit, dass sie frei füreinander seien. In der Diplomatie wird dieses Äquivalenzprinzip in besonderer Weise genutzt, wenn der Vertreter des einen Staates zum Vertreter des anderen von früher erfahrenen Übergriffen eines anderen Staates berichtet, so sagt er damit für jeden Diplomaten verständlich, dieses Land befürchte einen Übergriff des gerade vom Gesprächspartner vertretenen Landes. Solches wird nie oder nur selten direkt ausgesprochen. Doch nun zurück zu den weiteren Gesprächen und den damit verbundenen Ebenen.

Auf der Übertragungsebene II (projektive Ebene)
sahen die Schwestern in den sich waschenden anderen Schwestern eigene unterdrückte Bedürfnisse nach Masturbation, nach sexueller Vereinigung, nach Gelüsten bislang verbotener körperlicher Begegnung. Gelang ihnen diese Projektion vollständig, blieben sie selbst sexuell etwas weniger berührt, verachteten dann die anderen, die scheinbar

masturbierten oder sich sexuellen Genüssen hingaben, die ihnen selbst verboten waren. Dank der Leiterin des Klosters, die schon in der langen Zeit vorher über solche projektive Mechanismen mit ihren Schwestern gesprochen hatte, diese Projektionen auch als notwendige Abwehr eigener Bedürfnisse interpretiert hatte, war es gar nicht schwer, solche Fantasien und Vorstellungen als Projektionen zu entlarven. Für den Leiter, und hier geht es ja um die Frage des Leiters, war es schon etwas bedrängend, wenn man ihn als den übergriffigen Vater oder die übergriffige Mutter erlebte, dann zugleich zu sehen, dass diese Übergriffigkeit auch eine Projektion der verbotenen Wünsche der Schwestern war, sich selbst gegenüber den Mitschwestern oder gegenüber der Leiterin des Klosters übergriffig verhalten zu wollen. Sich andere Menschen untertan machen zu wollen, war ein großes Verbot. Es war unbewusst zu sadomasochistischen Fantasien gekommen, die nun absolut verboten waren, obwohl in gewissen Klosterregeln auch dieser Bereich etwas abgedeckt war, z. B. mit extrem kalten Waschungen oder stundenlangem Knien-Müssen usw. Dass es hilfreich sein könnte, in einer anderen Person projektiv das erleben zu können, was man selbst abwehrt, wo man sich auch über diese andere moralisch entrüsten konnte, wurde gesehen und die damit verbundene Dynamik entschärft.

Auf dieser Ebene spielte es auch eine Rolle, dass das Kloster als Kloster langsam aufgegeben und in ein katholisches Frauenwohnheim umgewandelt werden sollte, wo man in den neu dann hinzukommenden Frauen vieles von dem befürchtete, was im Kloster verpönt war. In den Gesprächen darüber, was diese neuen jungen oder älteren Frauen, für die das Kloster geöffnet werden sollte, tun oder auch erleben würden, konnte vieles an Projektionen und Übertragungen von Selbstanteilen erarbeitet werden. Der Leiter half auch hier nicht mit zu verschieben in die Zukunft auf die neu Hinzukommenden, war er doch auch ein Neuer von außen. Er blieb somit in diese Fantasien mit eingebunden, was bestätigt wurde. Wenn die Gruppe auf sein männliches Genitale alle möglichen Fantasien im Sinne der Übertragungsebene eins, nämlich Vater, Brüder oder andere Männer, hin projizierte, so war es doch möglich, in diesen Fantasien auch verbotene Gelüste des weiblichen Genitales in projizierter Form zu finden. Es war ja offensichtlich nicht so, dass nur Männer sexuelle Bedürfnisse hatten, der Ausgangspunkt war gerade ja die weibliche Sexualität, die im Kloster zu explodieren drohte.

Auf der Körperebene, die mit den Genitalien schon angesprochen war,
erlaubten sich die Schwestern zunehmend Fantasien sowohl über den
Körper der Klosterleiterin als auch den des Beraters. Im Umgang mit
diesen Fantasien war es notwendig, Widerstände gegen die Äußerung
solcher Fantasien gemeinsam mit der Gruppe zu untersuchen, wie es
überhaupt vor Interpretationen ratsam ist, die Widerstände gegen das
Erkennen und Äußern solcher Fantasien vorweg zu untersuchen, den
Inhalt der Fantasien berichten die Teilnehmer meist von selbst. Die
Regel, zuerst Widerstände vor der Inhaltsdeutung zu untersuchen, gilt
nur dann nicht, wenn die Inhalte bislang nie sprachliche Form gefunden
hatten, d. h. aus der Zeit stammen, in der noch keine Sprache erworben
war, in der Regel also in der Zeit von der Geburt bis zum eineinhalbten
Lebensjahr. So tief brauchte man aber in dieser Gruppe nicht zu gehen,
die beteiligten Frauen waren und blieben außergewöhnlich offen. Die
freudianische Deutungsregel, immer zuerst den Widerstand anzusprechen samt seiner Berechtigung, dann würde das durch den Widerstand
bislang verhinderte Material schon etwas mehr an die Oberfläche kommen und ausgesprochen werden dürfen, gilt in dieser starken Form
natürlich nicht für jegliche Leitungstätigkeit, aber sie sollte doch im
Hinterkopf bleiben.

Bezüglich der Interventionstechnik gibt es einen brauchbaren Dreisatz
für den Leiter, der so nicht ausgesprochen werden muss, aber in etwa
im Verlauf des Gesprächs verwendet werden kann: Es wird das oder
jenes gerade (dieses sollte benannt werden) besprochen, weil für den
Fall, dass etwas anderes besprochen wird, was jetzt auch zu benennen
ist, der Widerstand berechtigt ist, denn dann würde etwas Katastropha-
les geschehen. Noch einmal kürzer: Sie sprechen gerade über das, um
etwas anderes nicht zu besprechen, weil für den Fall, dass dieses besprochen würde, folgende Katastrophe eintreten würde.

In dieser Gruppe hieß dies z. B. auf der Ebene des Körpers, sie sprechen
über orgiastische Gefühle, wenn eine andere Schwester sich wäscht, um
die Vorstellung wegzudrängen, wie sich der Gruppenleiter in der Nach-
barkabine waschen würde, wie er sein Genitale berühre, wie sie vielleicht selbst überlegten, dieses Genitale zu berühren, denn für den Fall,
dass sie so etwas denken würden, müssten sie sich selbst zutiefst verach-
ten. So wurde es nie ausgesprochen, aber der Gruppenverlauf verlief in

ähnlicher Weise. Dafür sorgte der Leiter. Es ist immer notwendig, den Widerstand gegen Unausgesprochenes zu untersuchen, immer darauf zu hören, wo vielleicht Unausgesprochenes lauern könnte, um auch auf der Ebene des Körpers, wie hier gesagt, weiter arbeiten zu können. So entstanden auch während der Sitzungen gelegentlich sexuelle Gefühle, die zu äußern nicht leicht waren. Der Leiter konnte sie an seiner eigenen Körperresonanz erkennen; sie ließen nach, wenn sie von den Teilnehmerinnen ausgesprochen werden konnten.

Nun mag sich eine Führungskraft fragen, was diese Ebene des Körpers im Betrieb zu suchen habe. Hier gehe es sachlich zu, es sei gleichgültig, ob jemand anziehend oder abstoßend wirke, ob man Mann oder Frau sei. Dem wäre entgegenzuhalten, dass sichtbare Aufregung, Schweißausbrüche, eigene körperliche Befindlichkeiten während der Leitung einer Verhandlung oder eines Gruppengesprächs durchaus eine Rolle spielen. Es kann gut sein, dass die Verdrängung der Ebene des Körpers in Betrieben in besonderer Weise Körperreaktionen beschleunigt. Diese Körperreaktionen wiederum sind Ausdruck von Energien, die vielleicht besser genutzt werden könnten. Auch eine Führungskraft kann aus seiner Körperresonanz erschließen, wenn er etwas geschult ist, was so neben den sachlichen Dingen vorgeht.

Die primordiale Ebene hatte in dieser Gruppe eine große Bedeutung,
nämlich insofern, als schon die Namensgebung der Schwestern mit den Geschichten der ursprünglichen Namensträgerinnen verwoben war. Es handelte sich ja ausnahmslos um Heilige, die dem einen oder anderen Martyrium zum Opfer gefallen waren. Es ergab sich ein ausgeprägter Widerspruch zwischen dem anscheinend notwendigen Martyrium und der notwendigen Zugewandtheit gegenüber dem realen Leben. Die schon erwähnte Teresa von Avila[104], eine Kirchenreformerin, hatte in ihrer Reform der Frauenklöster angeregt, dass es nur dann zu einer wirklichen Begegnung mit Jesus kommen könne, wenn man in einer imaginierten (geschlechtlichen) Vereinigung mit Jesus ein göttliches Gefühl erhalte, das einem Orgasmus durchaus gleichzusetzen ist. In diesem hier berichteten Kloster waren mehrere Theresas, wobei eine aller-

---

104 Siehe Thiele (1988), die die religiöse Frauenbewegung des Mittelalters mit dem schönen Wort einleitete: Mein Herz schmilzt wie Eis am Feuer.

dings eine andere Theresa als Namensvetterin hatte, deren Martyrium für diese Schwester einen weiteren Widerspruch bedeutete. Die Kirchengeschichte sowohl in ihrer tradierten offiziellen Form wie auch in der nicht innerhalb der Kirche tradierten Geschichtsschreibung spielte bei allen Sitzungen wiederum nicht nur als das Außen und die »Mutter-Kirche« eine Rolle, sie war auch innerhalb der Gruppe beständig gegenwärtig, wie Hildegard von Bingen, Elisabeth von Schönau, Mechthild von Magdeburg, Gertrud die Große, von Helfta, Hadewijch, Angela von Foligno, Margaritha Colonna, Christine Ebner, Margaritha Ebner, Katharina von Unterlinden, Marguerite Porète, Agnes Blannbekin, Elisabeth von Oye, Brigitta von Schweden, Juliana von Norwich, Caterina von Siena, Dorothea von Montau und Teresa von Avila (Thiele 1988).

Die Sitzordnung, im Kreis um einen kleinen Tisch zu sitzen, wurde in der Gruppe gesehen als ein imaginäres Abendmahl, als Reproduktion eines Rituals der frühchristlichen Gemeinschaften, wo alle noch gemeinsam ohne Hierarchien beteten, aber auch als archaisches Ritual, wo man gewissermaßen um ein Feuer herumsaß, sich Geschichten erzählte. Die Leiterin des Klosters war auf dieser Ebene des Öfteren so etwas wie eine archetypische »große« Mutter, der Leiter so etwas wie ebenfalls archetypisch der »große« Vater (C. G. Jung).

Die Anwendung der Ebenen war für die Darstellung der Aufgaben des Leiters nicht absolut notwendig, dennoch konnte in verschiedenen Gesprächssituationen, wenn sie scheinbar undurchschaubar waren, mithilfe der Ebenen doch so etwas wie eine Orientierung erreicht werden, sodass die Berücksichtigung der Ebenen für einen Leiter, gleich welcher Leitungsaufgabe er ausgesetzt ist, ein hilfreiches Instrument bleibt.

3.1.2 Folgen des Priestermangels in einer Erzdiözese

Eine Erzdiözese litt unter Priestermangel, der durch Priester aus Afrika und Ländern im Osten (z. B. Polen) notdürftig ausgeglichen wurde. Diese konnten mit der deutschen Kirchendemokratie wenig anfangen. Sie waren es mit dem Hintergrund ihrer Herkunftsländer gewohnt, mehr oder weniger autokratisch als Priester über die Gemeinde – ohne Mitwirkung eines Gemeinderats – bestimmen zu können. Trotz dieser vom Ausland kommenden Priester blieben Pfarreien ohne eigenen Priester. Somit gab es diese beiden Probleme, nämlich einerseits autokratisch regierende und den Gemeinderat eher missachtende Priester, andererseits Gemeinden, die gar keinen eigenen Priester hatten. Das durfte nach dem bisherigen Recht nicht sein, eigentlich wäre eine solche Gemeinde gar keine. Man schaltete einen gruppenanalytischen Organisationsberater ein, der die Kirche in diesen beiden Fragen beraten sollte. Die katholische Kirche hatte seit vielen Jahren im Rahmen der Konflikte zwischen Priestern und Gemeinderäten so etwas wie eine offizielle kirchliche Gemeindeberatung geschaffen, deren Aufgabe es war, entstehende Konflikte mit der jeweiligen Gemeinde aufzuarbeiten. Die zu beratende Gruppe setzte sich zusammen entsprechend den beiden Aufgaben aus Vertretern der Gemeindeberatung und kirchlichen Würdenträgern. Es war nicht leicht, über die Analyse von Widerständen das nötige offene und gleichzeitig vertrauliche Klima in der Gesprächsgruppe zu schaffen. Man befürchtete, dass trotz Schweigepflicht etwas aus diesen Gesprächen an die Öffentlichkeit dringen könnte, was denjenigen Material liefere, die sensationslustig weitere Fehler der Kirche aufdecken wollten. Eine weitere Schwierigkeit der Gruppe war die gelegentliche Anwesenheit eines hohen Würdenträgers, dessen Macht und Einfluss gefürchtet wurde, andererseits war aber gerade diese Macht notwendig, um klug mit dem gegebenen Kirchenrecht so umzugehen, dass eine Möglichkeit entstand, die Gemeinden weiter bestehen zu lassen. Die katholische Kirche selbst wurde für offene Gespräche als gefährlich angesehen, es könnten Sanktionen drohen. Wie konnte so ein offenes Gesprächsklima entstehen? Es war z. B. für den Gruppenleiter nötig, in den Sitzungen ohne diesen hohen Würdenträger darauf hinzuweisen, dass man nur so sprechen solle, als ob dieser anwesend sei, weil in den späteren Sitzungen ihm, da er ebenfalls ein Gruppenmitglied war, Bericht zu erstatten sei. Es bestand ein Widerspruch zwischen der Öffentlichkeit der Gruppe, gewissen Heimlichkeiten in und zwischen den verschiedenen Pfarreien und solchen gegenüber Bischöfen und Kardinälen. Einige der Pfarreien hatten nämlich längst Lösungen gefunden, die aber mit den offiziellen Kirchengesetzen keineswegs im Einklang standen. Von Kirchenrecht und -diplomatie etwas zu wissen, war für den psycho- und gruppenanalytischen Organisationsberater (OB) von nicht geringem Vorteil[105]. Der OB wurde somit zu einem gewissen Ge-

---

105 Nach langjähriger Erfahrung mit Supervisionen und Organisationsberatungen neige ich zur Feststellung, dass solche Tätigkeiten nicht nur der Gruppenkompetenz, sondern auch der sog. Feldkompetenz bedürfen (Gfäller 2007).

gengewicht gegen den Würdenträger, obwohl dieser von sich aus keinen Anspruch auf besondere Rücksicht stellte. Das ging natürlich in dieser Form so einfach, denn er hatte ja reale Macht in der Kirche. Nun waren auch andere Würdenträger der Kirche anwesend, die gewissen Einfluss und Macht hatten. Einer dieser Würdenträger hielt die Schweigepflicht nach außen nicht ein. Er schied deshalb aus der Gruppe aus. Bezüglich des Kirchenrechts konnte sich die Gruppe mithilfe des OB erarbeiten, dass dieses wie die darauf beruhende angloamerikanische Rechtsprechung ein fortgeschriebenes Recht war. Präzedenzfälle im Laufe der Geschichte der Kirche können dafür verwendet werden, jetzige dem gegebenen Recht widersprechende Situationen mithilfe dieser Präzedenzfälle dem Kirchenrecht einzuordnen. Die allgemeine juristische und speziell kirchenrechtliche Kompetenz der Gruppe wuchs, es fanden sich für beide anfangs gestellte Fragen Lösungen, die nun dem fortgeschriebenen Recht der Kirche entsprachen, indem man auf Urteile bis hin zum Mittelalter zurückgriff. Keine Gemeinde musste wegen Priestermangels geschlossen werden, es fanden sich Regelungen, dass Priester aus Nachbargemeinden diese offenen Gemeinden übergangsweise betreuten, die Konflikte zwischen Priestern aus Osteuropa, aus Afrika, aus Lateinamerika und ihren Gemeinderäten konnten wohl allesamt in guter Weise angegangen und weitgehend gelöst werden. Für die gesamte Beratung war ein Jahr angesetzt mit jeweils einer Sitzung von 90 Minuten pro Woche. Der OB führte diese Sitzungen in seiner Praxis durch, sodass schon von der räumlichen Situation her ein anderes symbolisches Klima geschaffen war. Von der Administration der Gruppe her wurde neben der Schweigepflicht vereinbart, entstehende Entscheidungen schon im Prozess innerhalb der Gruppe zu besprechen. Es sollten Entscheidungen vermieden werden, die zu sehr und unbewusst von Gruppendynamiken bzw. Gruppenabwehrmechanismen bestimmt waren. Man einigte sich darauf, dass das Unbewusste schließlich auch gottgegeben sei, auch wenn sich die Kirche darum oft nur im Sinne des Teufels gekümmert habe. Wenn ein mächtiger Mann der Kirche dem zustimmte, galt dies. Das recht offene Klima entstand auch dadurch, dass der OB keinerlei Übertragungen auf sich ablehnte, das Äquivalenzprinzip beachtete und die Ebenen nutzte, um Verständnis für das jeweilige Gespräch samt der Auflösung gewisser Widerstände gegen offenes Gespräch in seinen Deutungen nutzte. Es wurde langsam möglich, die Öffentlichkeit der Gruppe wirklich zu nutzen. (Das zur Ebene Öffentlichkeit und Administration.)

Auf der Übertragungsebene eins (ganze Personen)

gab es aus Sicht der Gruppe einen Konflikt zwischen der Macht des teilnehmenden hohen Würdenträgers und der Macht des Gruppenleiters, das Gruppengeschehen wirklich so gestalten zu können, dass zuerst einmal keine äußeren Konsequenzen außer den vereinbarten erfolgten. Die anwesenden Gemeindeberater, die teilweise zugleich Priester waren, konnten in der Untersuchung der Konflikte zwischen den neu gekommenen aus anderen Kulturen stammenden Priestern mit ihren Gemeinderäten erkennen, dass diese aufgrund ihrer kulturell bedingten meist extrem patriarchalischen Herkunft ebendiese patriarchalische Umgangsform wahren mussten, da sie sonst keinerlei Identifikationsmöglichkeiten mit der neuen Situation hier in Deutschland hatten. Man begann Verständnis zu entwickeln für deren autokratisches Verhalten, wodurch nun in der konkreten Gemeindeberatung erreicht werden konnte, dass diese Priester langsam den Wert der Kirchendemokratie mit den Gemeinderäten erkennen konnten, weit weg von ihrer Herkunftssituation. Das entschärfte die Konflikte in den Gemeinden enorm. Die Priester hatten sich wie Väter aus ihren Herkunftsfamilien verhalten, konnten mit der gänzlich anderen Kultur zuerst einmal wenig anfangen, bis sie die Zusammenhänge verstanden.

Auf der Übertragungsebene zwei (projektive Ebene)

konnten die Gruppenmitglieder eigene abgewehrte Wünsche nach Macht erkennen, wie sie diese auf die aus dem Ausland kommenden Priester projizierten, diese damit bislang unbewusst unterstützt hatten. Das war nicht leicht anzunehmen. Eine große Erleichterung dabei war die neue Sicht auf das Kirchenrecht – keine absolut starren Regeln, sondern fortgeschriebenes Recht. Damit war man wieder auf der Seite der Macht und konnte die Geschichte des Kirchenrechts durchleuchten nach geeigneten Präzedenzfällen. Der Gruppenleiter (OB) war gelegentlich in der Kontrolle seines eigenen Narzissmus angefragt, da man ihm gelegentlich viel Macht übertrug bzw. auf ihn projizierte, um mit der Gruppe und ihm ein Gegengewicht gegen bestehendes Gewicht der Kirche zu haben. Es ist immer eine gewisse Schwierigkeit für Leiter, Führungspersönlichkeiten, mit der auf sie projizierten großen Macht, die den verbotenen und deswegen verdrängten Machtwünschen der Teilnehmer entspricht, gut umzugehen, da es natürlich zumindest zuerst einmal eine enorme narzisstische Gratifikation ist, mit solchen fast magischen Fähigkeiten ausgestattet zu werden. Hat man als Gruppenleiter aufgrund nicht vorangegangener Einzel- und Gruppenanalyse unausgesprochene, unterdrückte Machtbedürfnisse, verfällt man leicht dieser narzisstischen Gratifikation, kann diese nicht als Abwehr der projizierenden Personen gegenüber ihren eigenen Machtbedürfnissen und narzisstischen Gratifikationen sehen.

Auch wenn die Kirche der »Corpus Christi« sein soll, zumindest in der katholischen Kirche, spielte die Ebene des Körpers nur in der üblichen Weise eine Rolle wie in der Gruppenanalyse selbst. Der Leiter (OB) nutzte seine Körperreaktionen, nutzte die zugewandte oder abgewandte Haltung der Teilnehmer für die Überprüfung seiner möglichen Interventionen. Wirklich angesprochen zu werden brauchte diese körperliche Ebene wenig, was man vielleicht als Ausnahmefall sehen kann oder auch als Schwierigkeiten des OB, mit der körperlichen Ebene im kirchlichen Kontext gut umzugehen. Dazu ist es nötig zu wissen, dass er in seiner Kindheit, als er noch Mitglied dieser Kirche war, er die Aufnahme der Hostie tatsächlich wie die Inkorporation des Leibes Christi empfand, also nicht zubeißen durfte, was gegen seine unbewussten kannibalistischen Impulse stand. Man durfte eben nicht auf die Hostie beißen, weil sie sonst schwarz würde und er von der Gemeinde dafür verachtet würde. Die kannibalistische Seite der katholischen Religion war ihm ein Hemmnis[106]. Von daher ist vielleicht zu verstehen, dass er nur wenig die körperliche Ebene des Gesprächs beleuchten konnte, heute wäre dies wohl anders.

---

106 Es ist sicherlich nicht ganz angemessen, hier von Kannibalismus zu sprechen. Allerdings berichteten in einer Supervision Ethnologen, die in abgelegenen Gebieten Afrikas forschten, davon, dass Eingeborene ihnen von schrecklichen Zauberern erzählten (missionierende Mönche), die in ihrem Kannibalismus sogar so weit gingen, täglich mindestens einmal ihren eigenen Gott aufzufressen – mit den Worten »das ist mein Leib, das ist mein Blut«. Man könnte im Gegenzug dazu die Kommunion der Katholiken als einen besonders geglückten Versuch ansehen, nicht nur »im Geiste«, sondern im leiblichen Mitsein sich mit Gott zu vereinigen, also den Leib als psycho-physische Wirklichkeit aufrechtzuerhalten. Der Protestantismus neigt dazu, zu viel Wert auf die Ebene des Verstands und des Geistes zu legen, fast körperfeindlich zu sein.

Die primordiale Ebene

spielte bei diesem Beispiel ebenso wie beim vorangegangenen eine große Rolle, es ging da zu wie bei frühen Konzilen[107], wo man nur in Beispielen sprechen konnte, das Äquivalenzprinzip nutzte wie in der Diplomatie, wo die Sitzungen auch auf Fantasien über Gottesdienste sowohl kirchlicher als auch satanischer Art zurückgriffen, wo gewissermaßen der Teufel allgegenwärtig war. Leider gefiel es dem Leiter manchmal viel besser, in der Übertragung als Teufel angesehen zu werden denn als Gott. Auch wenn es dem Leiter bewusst war, wenn auf dieser primordialen Ebene ihm unbewusst Göttliches zugeschoben oder der Sitzung insgesamt ein »heiliger« Charakter verliehen wurde, dass dann Fantasien über so etwas wie einen archetypischen »großen Vater« im Hintergrund waren, so war die Angelegenheit doch in gewisser Weise zu »heilig«, als dass er mit solchen profanen Fantasien hätte wirklich gut umgehen können. In der Gruppe erschien dies als Schwierigkeit der Priester und der Würdenträger, dem eigenen Wunsch nach Omnipotenz sich zu versagen, sich selbst als göttlich zu empfinden, man sagte dazu, als Priester oder als Würdenträger sei man gewissermaßen in der Nachfolge von Petrus, dem Hirten, was natürlich rational so stimmte, aber auch eine Rationalisierung omnipotenter Machtbedürfnisse darstellte.

3.1.3 Leitung einer Firma in einer anderen Kultur

Ein Leiter eines großen Betriebs war zuerst wegen heftiger neurotischer Verhaltensweisen für einige Zeit in analytischer Psychotherapie, die in guter Weise abgeschlossen wurde. Nach einigen Jahren kontaktierte er einen anderen, vom ersten empfohlenen Psychoanalytiker, der zugleich Organisationsberater (OB) war, um Schwierigkeiten in der Leitung seiner sich nun im Ausland befindlichen Firma besser bewältigen zu können. Es kam zum Coaching. In seiner analytischen Therapie hatte er neben der Bearbeitung seiner Probleme in der Familie samt seiner Kindheit langsam gesehen, dass sein Leitungsstil gerade deswegen so konfliktbehaftet war, weil er keinerlei gute Identifikationsmöglichkeiten mit seinem Vater oder später mit Vorgesetzten hatte. Der persönliche Hintergrund war der eines, soziologisch gesprochen, Aufsteigers. Er kam aus einer einfachen Familie, arbeitete sich über Lehre und ver-

---

107 Siehe Alberigo, G. (1993)

schiedene Zusatzqualifikationen hoch, arbeitete viel, brachte hervorragende Leistungen, sodass er bis zum Direktor eines großen Betriebes aufstieg. Wie es aber bei solchen Aufsteigern aus einer niedrigeren gesellschaftlichen Schicht in eine höhere häufig vorkommt, war er von seinem Selbstbewusstsein her nicht wirklich innerlich und äußerlich abgesichert. Erst mithilfe der analytischen Therapie wurde es ihm langsam möglich, einen demokratischen Führungsstil unter Anerkennung der Verschiedenheiten der Meinungen seiner Mitarbeiter zu installieren. Dieser demokratische Führungsstil beruht darauf, dass er die oft auch widersprüchlichen Meinungen seiner Abteilungsleiter allmählich zu schätzen lernte, nicht mehr einfach dazwischenfuhr, um seine Autorität zu festigen, was ihm anfangs schwerfiel. Das war aber im Rahmen der analytischen Therapie abgeschlossen, er wurde ein angesehener Leiter seiner Firma, seine Mitarbeiter bedauerten es sehr, dass er nach China ging. Der von ihm in Deutschland langsam erworbene demokratische Führungsstil bedeutete auch, immer letztliche Verantwortung für die Entscheidungen in seinem Betrieb zu übernehmen. Seine chinesischen Mitarbeiter, die Abteilungsleiter unter ihm, konnten diesen Führungsstil aber aufgrund kultureller gänzlich anderer Bedingungen nicht einfach akzeptieren. Man hatte ihm eine große Villa samt Personal und einem Wagenpark samt Chauffeuren zur Verfügung gestellt, was er aber ablehnte, da er dies angesichts der Analyse der Probleme seines Aufstiegs noch nicht akzeptieren konnte. Vielmehr bezog er eine kleine Wohnung ohne Bedienstete, nahm nur einen Dienstwagen ohne den ihm zustehenden Chauffeur. Als er sich erneut an seinen OB wandte, waren schon heftigste Konflikte zwischen ihm und seinen chinesischen Abteilungsleitern entstanden. Diese versuchten, ihn mithilfe des übergeordneten Weltkonzerns abzusetzen, da er die aus ihrer Sicht nötigen Leitungspflichten überhaupt nicht erfüllte, sondern geradezu seltsame Anforderungen an seine Mitarbeiter stellte. Der letztliche Grund für die Bitte um Beratung war, dass er im Rahmen einer Direktionskonferenz der weltweit agierenden Firma angedeutet bekam, dass seine Stellung wackele, was bei ihm längst vergangene heftige Minderwertigkeitsgefühle auslöste, die er geglaubt hatte, in der Therapie bearbeitet zu haben. Er fürchtete finanziellen Ruin, auch wenn dies sicherlich in dieser Form so nicht wirklichkeitsgerecht war. Er hatte eine der größten Niederlassungen seiner Firma übertragen bekommen, nicht zuletzt deswegen, weil er sich als Leiter der Niederlassung in Deutschland hervorragend bewährt hatte. Nun aber hatte man ihn nicht wirklich auf die Aufgaben einer Leitung einer großen Niederlassung in China vorbereitet, ihm die andere Kultur nicht nahegebracht. Das Ergebnis des Coachings war, dass er sich intensiv mit der Geschichte Chinas und den verschiedenen Leitungstypen und Leitungsaufgaben in China im Laufe der langen chinesischen Geschichte beschäftigte, chinesische Märchen las, dann auch Philosophen wie Konfuzius oder Lao Tse. Langsam lernte er, dass in China Leitung in viel größerer Weise als in Deutschland oder Europa Repräsentation bedeutet als direktes Einmischen in die Tätigkeit seiner Mitarbeiter. Er hätte dies natürlich auch daran erkennen können, wie man ihm die Villa samt Personal, Chauffeuren und Autos zur Verfügung gestellt hatte, was er aber abgelehnt hatte. Er wollte bescheiden sein, was für chinesische Verhältnisse einem Leiter keineswegs entspricht. Er hatte es auch abgelehnt, seine Firma beständig zu verlassen, um sie in Peking oder in anderen Großstädten bei großen öffentlichen Veranstaltungen zu repräsentieren, denn er wollte ja im deutschen Sinne ein guter Leiter sein. Dazu war seine Anwesenheit erforderlich. Seine Abteilungsleiter wiederum empfanden dies als ungerechtfertigte Einmischung. Sie sollten ja nur strategische Anweisungen bekommen, das taktische Umsetzen obliege ihnen selbst, was aber der Leiter zuerst so nicht verstand und sich mit ihnen damit in enorme Konflikte begab.

Auf der Ebene der Öffentlichkeit

verhielt sich der Leiter so, wie es in einer europäischen Firma oder Öffentlichkeit vielleicht sinnvoll gewesen wäre. Er konnte den Kulturunterschied zu China zuerst einmal nicht erkennen. Damit entzog er sich gewissermaßen der Öffentlichkeit der Diskussion seiner Abteilungsleiter, die nun eine Gegenöffentlichkeit aufbauten. Erst als es dem Leiter aufgrund zunehmender Kenntnisse über die Geschichte von Leitungsaufgaben in China möglich war, sich einigermaßen den chinesischen Verhältnissen anzupassen, ohne sich selbst dabei aufzugeben, konnte er diese Gegenöffentlichkeit für sich wieder erschließen und eine gemeinsame Öffentlichkeit mit seinen Abteilungsleitern aufbauen, bei denen er sich nicht zuletzt auch mehrfach entschuldigen musste wegen seiner früheren Unkenntnis chinesischer Gebräuche. Schließlich akzeptierte er etwas widerwillig auch die Villa, einen Chauffeur samt den repräsentativen Autos.

Auf der Übertragungsebene eins

sieht man einen Leiter, der die spezifisch kulturellen Übertragungen seiner Mitarbeiter auf ihn durchgängig ablehnt, meint, es besser zu wissen als diese, und dadurch in der Übertragung zu so etwas wie einer alten Kolonialmacht wird, die man nur zu gerne abschüttelt, wofür man in China gute historische Gründe hat.

Die Übertragungsebene zwei (projektive Ebene)

konnte im Coaching nicht ausführlich beleuchtet werden, die einzige Seite davon war, dass er in den Aktionen seiner Mitarbeiter verdrängte eigene Bedürfnisse nach absoluter Machtentfaltung erkannte, die seinen Aufstieg bestätigen sollten.

Die Körperebene

konnte deswegen zu wenig bearbeitet werden, weil für das gesamte Coaching nur wenige Sitzungen zur Verfügung standen, zumindest aber konnte man feststellen, dass die körperlichen Reaktionen des Leiters im Sinne der Resonanz auf die Tätigkeiten seiner Mitarbeiter zwangsläufig falsch interpretiert wurden, denn diese Resonanzen waren durch seine deutsche und europäische Vorgeschichte und Unternehmenskultur bestimmt, nicht aber durch die chinesische Kultur und Geschichte wie die seiner Mitarbeiter. Der Körper gab also falsche Informationen. Diese waren kulturell bestimmt.

Die primordiale Ebene

hatte insofern Bedeutung, als ein Reich, das einige tausend Jahre länger besteht als das Reich, in dem er aufgewachsen war, es einforderte, diesem Reich und seiner langen Geschichte auch gerecht zu werden. Märchen, Philosophen und Denker des alten China halfen ihm ein wenig dabei, mehr davon zu verstehen, wie Leitung in dieser Kultur anerkannt werde.

Für den Coach war es eine Herausforderung, in den Übertragungs- und Projektionsprozessen seines Klienten sich selbst zunehmend als chinesischer Repräsentant einer Firma zu erleben, was natürlich eine eigene Beschäftigung mit der chinesischen Geschichte und Realität voraussetzte. Dass man vor einem Leiter und dessen auf ihn projizierten magischen Macht Furcht haben dürfe, erforderte vom Leiter dieser Firma, auszuhalten, dass man sich vor ihm fürchtete, ohne beschwichti-

gen zu müssen. Er lernte im Laufe der Zeit langsam mit dieser ihm imaginierten Macht umzugehen wie mit den anderen Fragen chinesischer
Geschichte und Kultur. Innerlich hatte er immer das Bedürfnis, seine
Mitarbeiter in ihren Ängsten zu beschwichtigen, das aber musste seiner
eigenen Analyse vorbehalten bleiben. Es hat dies viel mit chinesischen
Archetypen zu tun, die in vieler Weise doch ganz anders sind als europäische[108]. Darauf heißt es sich einzustimmen, was dem »Herrn Direktor« wohl trotz der kurzen Zeit des Coachings aufgrund seiner Fähigkeiten letztlich gelang.

---

108 Siehe Gerlach in Adler (1993). Die aus Psycho- und Gruppenanalyse abgeleitete
   Ethnoanalyse ist gerade wegen ihrer Untersuchung unbewusster Prozesse eine un-
   schätzbare Hilfe bei interkulturellen Konflikten.

4. Bewusstes, Vorbewusstes, Unbewusstes, Tabus

Auch wenn die alte Unterscheidung Freuds[109] zwischen Unbewusstem, Vorbewusstem und Bewusstem nicht ganz dem modernen Stand der heutigen psychoanalytischen Wissenschaft entspricht, so hat sie doch immer noch großen heuristischen Wert, da diese Unterscheidung in der Anwendung sehr hilfreich ist. Grob gesagt, besteht das Unbewusste in diesem Sinne zum einen aus dem immer Unbewussten, d. h. allgemeinen Triebbedürfnissen wie Lebenserhaltung, Aggression samt Destruktivität, libidinösen Kräften sowohl im Bereich der engeren als auch weiterer Sexualität und schließlich in Anlehnung an den zweiten thermodynamischen Hauptsatz in der langfristigen Eingliederung auch des Menschen in Verfallsprozesse, zuerst aber einmal als gegenteiliger Prozess im Aufbau des menschlichen Lebens, um sich dann schließlich im Rahmen des Todes wieder der allgemeinen Differenzierung und dem Zerfall einzugliedern. Freud hatte mehrfach seine Triebtheorien revidiert angesichts der Ergebnisse seiner Forschungen. Hier versuche ich so etwas wie eine Zusammenfassung seiner verschiedenen Triebtheorien[110]. Das andere Unbewusste ist das sog. dynamische Unbewusste, es ist das Unbewusste, das im Zusammenhang mit lebensgeschichtlichen Verdrängungsprozessen[111] entstanden ist. Eine gewisse Verdrängung ist lebensnotwendig und gesundheitserhaltend, da es nicht möglich ist, alle erfahrenen Ereignisse, Interaktionen und Bilder samt der eigenen Beteiligung daran beständig im Bewusstsein zu halten, es ist notwendig zu differenzieren, bestimmte Dinge dem Bewusstsein fernzuhalten, Unwesentliches von wesentlichen Dingen zu unterscheiden, sich auf Wesentliches zu konzentrieren, sodass die Verdrängung in ebendieser gewissen Weise notwendig ist, um gesund bleiben zu können. Im Rahmen von psychotischen Erkrankungen brechen die Verdrängungsschranken oft auf. Von daher empfiehlt es sich, sog. gesunde Verdrän-

---

109 Siehe Freud (1912 – 1913), (1916 – 1917)
110 Siehe Freud (1940a [1938])
111 Siehe Abwehrmechanismen, Kap. 4.2

gung von neurotischer Verdrängung zu unterscheiden, die gesunde wurde gerade besprochen. Die neurotische wäre, dass aufgrund von inneren inzwischen entstandenen Verboten beim Kind und auch später Wahrnehmungseinschränkungen dergestalt entstehen, dass in der Erfahrung gegebener Wirklichkeit diese nur noch oder weitgehend dadurch bestimmt wird, was man zwar erlebt, aber nicht verarbeitet hatte. Der Grund für diese Unfähigkeit zu verarbeiten sind nicht nur traumatische Erlebnisse im engeren Sinne, sondern meist Versuche des kleinen Kindes, um die für es notwendige emotionale Resonanz zu bekommen, unerträgliche Ereignisse mithilfe der gegebenen Abwehrmechanismen zu bearbeiten und damit zu verdrängen. Ein Säugling bringt mithilfe der angeborenen auslösenden Mechanismen (AAM) verschiedenste Möglichkeiten mit, die Kommunikation mit seinen Eltern schon von Geburt an mit zu steuern. Dazu gehören der Greifreflex, der Reflex zu saugen, wenn der Mund nur genügend fest an die Brust der Mutter kommt, der Reflex zu lächeln, um ebensolche Lächelreaktionen bei den Bezugspersonen hervorzurufen, die Fähigkeit, verschiedene Laute dergestalt auszuprobieren, dass bei den dann bestimmten Lauten die Eltern so reagieren, dass sie das Nötige tun, z. B. stillen, wickeln oder das Kind herumtragen. Diese angeborenen Mechanismen ermöglichen es, dass ein Kind bei einigermaßen günstigen Umständen die Kommunikation mit seinen Eltern oder den wesentlichen Bezugspersonen so gestaltet und erlernt, dass die nötigsten Bedürfnisse befriedigt werden. Da es bei dieser Bedürfnisbefriedigung natürlich immer gewisse Einschränkungen gibt, es sollen ja nicht immer alle Bedürfnisse sofort befriedigt werden, sonst würde das Kind nicht wachsen, entsteht schon im ersten Lebensjahr, in der Psychoanalyse orale Phase[112] genannt, die Fähigkeit, ein gewisses Radar zu entwickeln, wie man sich in die Bedürfnisse der Eltern und deren Reaktionsfähigkeiten gewissermaßen einfädeln[113] kann, um diese dazu zu bewegen, eben die Bedürfnisse dann doch noch in irgendeiner Weise zu erfüllen. Gibt es hier Einschränkungen seitens der Eltern, z. B. große Probleme in der Beziehung, andere persönliche Probleme, die es nicht gestatten, sich weit-

---

112 Siehe Laplanche, Pontialis (1972)

113 Einfädeln ist ein Begriff von A. Lorenzer (1973, 1974), der damit gut zum Ausdruck bringt einerseits die Fähigkeit des Kindes, sich seinen gegebenen Eltern anzupassen, andererseits die Fähigkeit der Eltern, ihr Leben so zu gestalten, dass nun das Kind darin Platz hat.

gehend auf das Kind einzulassen, so wird das Radar des Kindes bei gegebener Anlage sich in besonderer Weise entwickeln, was später ab der Pubertät und im Erwachsenen-Sein als große Fähigkeit zur Einfühlung erscheint. Allerdings ist diese Einfühlungsfähigkeit keine freiwillige. Wenn sie erworben wurde unter den Bedingungen unzureichender Resonanz, dann werden solche Personen ihr Einfühlungsvermögen immer anwenden, gleichgültig, ob die Beziehungsperson, um die es dann auch später geht, diese Einfühlung haben möchte oder nicht. Das Sich-einfühlen-Müssen entsteht in der oralen Phase bei ungenügender Resonanz, während das Sich-einfühlen-Können mit angeborenen Resonanzfähigkeiten arbeitet und nur eingesetzt wird, wenn es angefragt oder hilfreich beim Verständnis schwieriger Situationen ist.

In der analen Phase, das ist die Phase, in der langsam Muskelbeherrschung gelernt wird, u. a. auch die Sphinkter-Muskulatur, man kann also aufgrund bestimmter körperlicher Reifungsprozesse langsam den Harndrang etwas beherrschen, ebenso den Druck in Richtung Stuhlgang, sodass man, wie man sagt, »sauber« wird. Man könnte diese Phase auch Expansionsphase nennen, aber die Freud'sche Psychoanalyse bestand immer darauf, die Dinge möglichst körperlich zu benennen, da alles ein leiblicher Vorgang ist. Wenn ich mich an Meyer-Abich[114] anlehne, so ist vom leiblichen Mitsein zu sprechen. In der analen Phase entstehen also Leistungsfähigkeit, Muskelbeherrschung und die Fähigkeit, sich willkürlich zu bewegen, also zuerst zu krabbeln, dann zu stehen, dann laufen zu können, zu sprechen und schließlich sportliche Betätigungen zu absolvieren. Wenn in der oralen Phase der Abwehrmechanismus der Wendung der Aggression gegen die eigene Person entsteht, weil die Aggression gegenüber den wesentlichen Beziehungspersonen zu noch mehr Liebesverlust führte, als auszuhalten war, so entwickelt man in der analen Phase den Abwehrmechanismus der Reaktionsbildung[115] und des Ungeschehen-Machens[116]. Aggressionen werden in übertriebene Fürsorge verwandelt, entstandene Schäden krampf- und zwanghaft versucht wegzumachen, z. B. muss man mehrfach nachsehen, ob Heizplatten abgedreht, Türen abgesperrt, Hände ausreichend gewaschen sind. Das Kind erfährt aus der Reaktion der

114 Meyer-Abich (1997) widmete sich u. a. in diesem Buch sowohl der Natur- als auch Kulturzugehörigkeit des Menschen.
115 Siehe Kap. 4.2.5
116 Siehe Kap. 4.2.6

Liebesobjekte, böse oder schlecht gewesen zu sein oder solche Absichten gehabt zu haben und möchte das wiedergutmachen. Es entwickelt da schon so etwas wie Vorläufer des Über-Ichs, in dem man Frühidentifikationen mit den Eltern vornimmt, ebenso bestimmte Haltungen der Eltern verinnerlicht, psychoanalytisch gesprochen, introjiziert. Ungünstige Impulse werden ausgestoßen, projiziert auf andere, von denen man sich ab diesem Zeitpunkt dann bedroht fühlen könnte. Der Beginn solcher Vorgänge ist etwa im 8. Monat anzusiedeln, wo das Kind zwischen den sattsam bekannten Bezugspersonen und Fremden unterscheiden kann. Auf diese Fremden werden dann alle unerträglichen aggressiven Impulse projiziert, die den ersten Bezugspersonen wegen deren unzureichenden Resonanz galten. Das Kind entwickelt Angst vor diesen »bösen« Fremden, fremdelt[117]. Frühe Erfahrungen mit der Umwelt, d. h. auch außerhalb der Familie, z. B. mit Hausmeistern, Straßenbahnpersonal oder anderen Personen, die auch für die Mutter oder den Vater bestimmte Verhaltensveränderungen erzwingen, gehen ebenfalls in das frühe Feld von Introjektion und Projektion ein[118].

Manchmal wird in Entwicklungspsychologien die Bedeutung der Erfahrung mit Dingen und deren eigenen Gesetzmäßigkeiten übersehen. Der Unterschied zwischen lebendigen Dingen, die man z. B. herbeirufen kann, und toten beunruhigt das Kind. Einen Ball, einen Schnuller usw. kann man nicht von ferne bewegen. Das Erlernen der Handhabung solcher Dinge ist frühe Welterforschung durch eigene immer koordiniertere Handlungen. In der Sozialisation über das Ding entwickeln sich Neugierde, Interesse und verbesserte Muskelbeherrschung. Die Dinge und deren Gesetze werden für das Kind spielerisch erforscht und erfahren. Zu den Dingen kommen schließlich auch Tiere und soziale Gesetzmäßigkeiten hinzu, die ebenso langsam erlernt werden. Zuerst erforscht ein Kind mit dem Mund, später mit den Händen, der Haut, den Beinen, den langsam sich schärfenden Sinnen und beginnendem Werkzeuggebrauch.

---

117 Diese 8-Monats-Angst oder das »Fremdeln« ist eine der Modalitäten, auf die die erwachsene Angst vor Fremden rekurriert.

118 Siehe Lorenzer (1974a), der an der Psychoanalyse, so wie sie meist gedacht wird, bemängelt, dass die sozialisatorische Kraft realer Lebensbedingungen oft zu wenig berücksichtigt wird. Hierzu auch Gfäller (1986), Bosse (1979, 1982, 1994) und Brown, Zinkin (1994).

In der ödipalen Phase entwickeln sich etwas mehr am Genitale orientierte sexuelle Bedürfnisse und Fantasien. Die Primaten-Vorfahren des Menschen wurden im Alter von 3 – 6 Jahren im wirklichen Sinne geschlechtsreif, sodass das von Freud beobachtete Begehren des Knaben nach seiner Mutter und das des Mädchens nach dem Vater sich vielleicht auch biologisch begründen lässt. Dabei bestehen leichte sexuelle Reaktionen schon sofort nach der Geburt. Diese werden aber von vielen Eltern kaum wahrgenommen. In der ödipalen Phase verstärken sich diese. Es ist nun die Aufgabe der Eltern, sich vom Kind dergestalt wohl ansprechen zu lassen, dabei gleichzeitig eine gute und sexuell intakte Elternbeziehung zu führen, sodass die Attacken des Kindes einerseits zwar Resonanz auslösen, andererseits aber auch scheitern, da die sexuellen Bedürfnisse der Eltern nicht über das Kind, sondern in der Beziehung gelebt werden. Alleinerziehende Väter oder Mütter sind da zwangsläufig überfordert, sie haben selten den Schutz einer glücklichen eigenen sexuellen Beziehung. Kann also das Kind nicht alle seine sexuellen Impulse gegenüber seinen Eltern ausleben, weil diese nicht genügend eingebunden sind in ihre eigene Beziehung, muss das Kind die eigenen Triebbedürfnisse unterdrücken, kann dabei aber aufgrund mangelnder Hirnentwicklung nicht spezifische Triebbedürfnisse auswählen, um diese zu unterdrücken, sondern unterdrückt alles, was mit Triebhaftigkeit zu tun haben könnte. Ansonsten würde es überschüttet werden von den Resonanzen auf Vater oder Mutter, deren eigene sexuelle Bedürfnisse unzureichend befriedigt sind. Da es heutzutage zumindest in westlichen Gesellschaften zu beobachten ist, dass das Modell der Kleinfamilie zunehmend an Relevanz verliert, ein anderes Modell aber noch nicht wirklich gesellschaftlich installiert ist, kann man davon ausgehen, dass es nur wenigen Kindern möglich ist, die eigene ödipale Konfliktlage gut zu bewältigen. In der Pubertät wiederholt sich der ödipale Prozess noch einmal, hier gibt es aber längst andere Bezugspersonen, die sich zur Annäherung, Idealisierung und damit auch Identifikation eignen. Sie können auch als Ersatzeltern fungieren, ein gewisses Gegengewicht bei Problemen mit den Eltern darstellen. In der Adoleszenz schließlich organisiert sich die Persönlichkeit in Richtung Erwachsen-Sein; unter der häufigen Bedingung, die ödipale Phase nicht wirklich durchlaufen zu haben, verstärken sich dann die per Regression gut nutzbaren anderen oralen (z.B. Radar, Einfühlung) und analen (z.B. Leistungsentfaltung) Fähigkeiten. Die Sexualität samt der Fähigkeit zu tiefen Beziehungen sind wahrscheinlich eingeschränkt, von Idealen und Ideologien beeinflusst. Davon muss man heutzutage ausgehen.

In westlichen Kulturen, die trotz weitgehender offensichtlicher Zerstörung der Kleinfamilie noch kein anderes Familienmodell entwickelt haben, besteht als Residualzustand noch die Idee und Forderung nach einer autonomen und von anderen unabhängigen Persönlichkeit. Indigene Kulturen kennen diese absolut von der Gruppe oder dem Kollektiv unabhängigen Persönlichkeiten in dieser Form nur wenig. Das Ich der Persönlichkeiten ist und bleibt immer eng verbunden mit dem Referenzkollektiv, das Über-Ich ist so etwas wie ein Clan-Gewissen[119], das Es beheimatet neben dem grundsätzlich Unbewussten ganz selbstverständlich die jeweiligen kulturellen Anforderungen und Wünsche. In der Anforderung westlicher Kulturen, ein autarkes oder zumindest autonomes Ich (das Steuerungsinstrument der Persönlichkeit hier, nicht das Ich als Körpergesamt) auszubilden, übersieht nur zu gerne, dass die Conditio humana nicht die eines Einzelwesens, sondern die eines Gruppenwesens ist. Und diese Gruppe, das Referenzkollektiv, war zu Anfang eine kleine Horde, später der Stamm, wiederum später beim Adel das Geschlecht, beim Nicht-Adel langsam die Großfamilie und erst zuletzt die Kleinfamilie. Sowohl das Gruppen-Ich als auch das sog. Clan-Gewissen wie das kollektive Es wird in der gegebenen westlichen Erziehung viel zu wenig geachtet, das inzwischen weitgehend zerstörte Modell der lebenslang stabilen Kleinfamilie gibt für die Persönlichkeitsentwicklung zu wenig Halt, um eine ausreichend stabile Persönlichkeitsentwicklung zu gewährleisten, unabhängig von den möglichen neurotischen Störungen, die in jeder Phase auftreten können. Ein Ausgleich durch stabile Gruppenbeziehungen ist nicht sichtbar, erscheint eher in ideologischen Gegengesellschaften wie den zunehmenden Sekten.

Die psychoanalytische Erfahrung seit Freud zeigt, dass nicht nur das Unbewusste allgemein eine weit größere Auswirkung auf bewusstes Verhalten hat, als man gerne möchte, sondern dass vor allem das dynamische Unbewusste, das Verdrängte, sei es vom Einzelnen oder seinem Kollektiv, der Gesellschaft, große Bedeutung für die Herangehensweise

---

119 So beschrieb es Parin (1978) in der Umsetzung ethnoanalytischer Forschungsergebnisse auf westliche Kulturen.

an Wirklichkeiten hat. Man könnte sogar sagen, dass die unbewussten Prozesse häufig Entscheidungen dergestalt beeinflussen, dass diese fast krampfhaft damit begründet werden müssen, sie seien aus der gesehenen Wirklichkeit abgeleitet. Tatsächlich aber war es das Unbewusste, das zu Handlungen oder Entscheidungen drängt. *So hatte einmal Freud einer Patientin, die er noch mit Hypnose behandelte, in der Hypnose gesagt, sie solle nach dem Wachwerden aus der Hypnose zum einen ihren Schirm aufspannen und zum anderen vergessen, dass er ihr diesen hypnotischen Befehl gegeben habe. Die Patientin wachte auf, spannte ihren Schirm auf mit der Begründung, von oben her tropfe es aus der Decke. Freud bat sie, doch einmal nachzusehen, woher es tropfe, sie sagte daraufhin, sie sehe zwar nichts, woher es tropfe, aber sie spüre auf ihrer Haut, dass es hier im Zimmer regne.*

Ein privates Beispiel:
Eine eher peinliche eigene Erfahrung stützte für mich die Erkenntnis, wie unbewusste Vorgänge dynamischer Art wirken. Es gab (ca. 1969) eine Demonstration gegen die Napalm-Bombardierung durch amerikanische Flugzeuge auf die Bevölkerung Vietnams. Ich beteiligte mich an der Organisation dieser Demonstration, stand schließlich in der ersten Reihe der Demonstranten, rechts und links untergehakt jeweils eine attraktive junge Frau. Wir näherten uns dem Sperrbezirk, ein Polizist trat vor und versuchte mit seinem Gummiknüppel auf die links von mir stehende Frau einzuschlagen. Ich wehrte ihn ab, schlug mit Fäusten und Beinen nach ihm und trieb ihn schließlich zurück. Von meinem Bewusstsein her war ich jemand, der die ihm ungerecht und völkermörderisch erscheinende Bombardierung der Zivilbevölkerung in Vietnam unterbinden wollte, zusätzlich jemand, der das Schlagen von Frauen nicht akzeptieren konnte. Die peinliche Analyse meiner Vorgehensweise erbrachte, dass ich schon lange vorher heftige und verdrängte aggressive Impulse hatte, die dringend danach verlangten, umgesetzt zu werden. Zugleich gab es ein narzisstisches Bedürfnis, gewissermaßen ein Held der Frauen sein zu wollen. Unbewusst meinte ich mit den Frauen auch meine Mutter, die ich als vom Vater schlecht behandelt sah, im Polizisten sah ich unbewusst einen Vater, der meine im ödipalen Sinne geliebte Mutter schlug. Es heißt dies nun nicht, dass man einen völkermordenden Krieg akzeptieren solle, oder keine Gegendemonstration machen dürfe, das innere Geschehen aber spielte sich zu großen

Teilen auf einer anderen Ebene ab. Das Unbewusste im dynamischen Sinne, wie oben beschrieben, forderte nach einer Abfuhr aggressiver und destruktiver Impulse, die aufgrund meines strengen Über-Ichs, das kulturell eingebunden war, nur dann möglich würde, wenn ich im Sinne des Clan-Gewissens und auch meinen persönlichen Über-Ichs etwas tat, was im Sinne der christlichen Erziehung als Notwehrreaktion anzusehen sein könnte. Das narzisstische Bedürfnis, von den mich begleitenden Frauen als Held angesehen zu werden, war mir in der Handlung ebenso wenig bewusst. Ich wollte natürlich unbewusst auch der Held meiner Mutter sein, die ich vor einem sie unglücklich machenden Vater schützte. Es war mir in der Handlung sowohl die triebhafte unbewusst dynamische wie die narzisstische Seite völlig unbewusst, ich rationalisierte[120] sie anhand der gegebenen Situation.

Auf der *Ebene der Öffentlichkeit* kann der Kampf gegen Völkermord und Frauen schlagende Männer als rechtens gesehen werden. Auf der *Übertragungsebene I* allerdings waren die Situationen gänzlich anders, wie oben beschrieben, auf der *zweiten Übertragungsebene* sah ich wohl im Polizisten aggressive Selbstanteile, die das der Mutter antaten oder antun wollten, was ich in meiner Verzweiflung und dem verdrängten Hass gegenüber meiner Mutter selbst tun wollte. Aus diesem Grunde waren meine Schläge gegenüber diesem Polizisten auch ziemlich ungenau, obwohl ich eigentlich geübt war in körperlichen Auseinandersetzungen. Ich durfte ja meine eigenen Triebbedürfnisse, die ich auf diesen Polizisten projiziert hatte, nicht gänzlich vernichten. Die Ungenauigkeit der Schläge hatte aber auch auf der Öffentlichkeitsebene den Vorteil, dass man mich nicht verdächtigen konnte, wirklich Böses tun zu wollen. Man kann in diesem Beispiel wie auch in dem mit dem Regenschirm gut sehen, wie die gesehene Realität determiniert ist durch Übertragungen, Projektionen und andere Dinge aus der verdrängten Kindheit, wie die Rationalisierung die gleichzeitige Sicht mehrerer Ebenen behindert.

Wenn ich bei der Untersuchung des Clan-Gewissens und dem davon abhängigen individuellen Über-Ich weitergehe, bewege ich mich

---

120 Rationalisieren heißt in Kurzform der Austausch von unbewussten (verdrängten) inneren Strebungen durch Handlungsmotive, die von außen her als berechtigt gelten können.

zunehmend in Richtung auf das, was man zumindest in der westlichen Kultur, in der ich aufgewachsen bin, als richtig, ethisch und moralisch ansieht. Viele Gesetze sprechen davon, was man nicht tun dürfe, man dürfe Kinder nicht misshandeln, Frauen nicht schlagen oder vergewaltigen, Gefangene nicht einfach töten, nicht foltern, man dürfe keine Munition im Krieg benutzen, die allein zum Töten gedacht ist, sondern nur zur Verteidigung des eigenen Lebens notwendig sei, die Gebote der Religionen sprechen ähnliche Dinge aus. Warum aber gibt es diese Verbote? Verbote sind doch nur dann sinnvoll, wenn es ein menschliches Bedürfnis gibt, das sich gegen diese Verbote sträubt. Wenn diese Verbote nicht nur gesetzlichen Charakter haben, sondern ins Innere des Menschen gelangen sollen, werden diese Verbote zu Tabus. In meinem Beispiel gab es zwei Tabus, nämlich das eine des militärischen Tötens von unbeteiligten Zivilpersonen und das andere des Schlagens von Frauen durch Männer. Aber auch das Gebot, nicht zu vergewaltigen, ist inzwischen ein männliches Tabu. Schon lange ist es für Frauen ein Tabu, Männer dafür zu bestrafen, dass sie ihnen sexuell nicht genügen. Frauen haben gefälligst nicht als Frauen zu reagieren, sondern als Mütter, die sofort »verstehen«, warum ein Mann ihren geschlechtlichen Bedürfnissen nicht entsprechen kann. Sie dürfen diesen Mann nicht töten, in ihrer sexuellen Wut ihn nicht verletzen. Sie müssen verstehen, obwohl sie eigentlich wissen könnten, dass die in der sexuellen Unbefriedigtheit entstehende Wut durchaus dazu dienen könnte, die sexuelle Potenz des Mannes wieder zu wecken, wenn sie sich ihm gegenüber nur genügend wütend zeigen und ihn vielleicht verletzen oder gar töten wollte. Es ist dies ein Tabu. Dazu hat man Frauen über Jahrhunderte gelehrt, sie seien das Objekt der Begierde des Mannes, sie seien keineswegs Subjekt, das eigene Begierden leben möchte. So kann sich mittels des Clan-Gewissens der Frau in dieser westlichen Kultur die Frustration über ungenügende Befriedigung nicht in kämpferischer Auseinandersetzung äußern, sondern in der Umwandlung von der Frau zur Mutter. Es ist fast ein Tabu, vor allem in der deutschen Gesellschaft, zugleich Frau, Geliebte des Mannes und gegenüber den Kindern Mutter sein zu können[121]. Frau wird auf Mutter

---

121 Rohde-Dachser (2001) untersuchte genau einerseits die von Freud vernachlässigte spezifische kulturelle Sozialisation der Frau, andererseits die von den Müttern und Vätern weitergegebenen Tabus für Frauen.

reduziert. Die Aufgabe des psycho- und gruppenanalytischen Prozesses ist es neben vielen anderen Dingen, solche Tabus aufzudecken, um deren Begründung in der kulturellen Sozialisation zu erforschen und gegebenenfalls zu löschen. Beiden Verfahren, sowohl der Psycho- wie auch der Gruppenanalyse, ist es dabei eigentümlich, das zu nutzen, was die heutige Gehirnforschung neuerdings bestätigt, nämlich die freie Assoziation, weil in unserem Gehirn assoziative Zusammenhänge die grundlegenden sind, die logischen Verknüpfungen im Sinne von Kausalitäten oder linearen Bedingungen sind mehr oder weniger obendrauf gesetzt, wie es die westliche Kultur zu fordern scheint.

Die genannten fünf Ebenen der Kommunikation sind ein Versuch, auf verschiedenen Ebenen die jeweils widersprüchlichen Hintergründe etwas auseinanderzudividieren. Für Freud war es offensichtlich geworden, dass jeglicher Entscheidung innerlich ein Ambivalenzkonflikt vorausgeht. Widersprüchlichkeiten in dieser Form zu akzeptieren, auch bei sich selbst, ist notwendiges Ergebnis der psycho- und gruppenanalytischen Forschung. So habe ich im obigen Beispiel einerseits den auf Frauen schlagenden Polizisten bekämpft, andererseits mich unbewusst in ihm gesehen als derjenige, der seine Mutter wegen ihrer Resonanzunfähigkeit prügeln möchte. Die Kompromissbildung dieser Ambivalenz war zielungenaues Schlagen. Zur Zielungenauigkeit trug neben den voran geschilderten Umständen bei, dass ich mich ja auch mit meinem Vater identifizieren wollte, wie dieser mit Frauen umging. Da ich, wie viele Männer der westlichen Kultur, wenig erleben konnte, wie er seine Integrität und Durchsetzungsfähigkeit einerseits nutzen und gleichzeitig die Liebe zu seiner Frau leben konnte, übertrug ich unbewusst auf den schlagen wollenden Polizisten sowohl den Vater, der meine Mutter aus meiner kindlichen Sicht unglücklich machte, als auch den Vater, mit dem ich mich identifizieren wollte. Das war ein heftiger Widerspruch, der dem entspricht, was die Psychoanalyse Ambivalenz nennt. Wenn man nun im Sinne dieser Ambivalenz das Verhalten von Frauen ansieht, die angesichts der Impotenz oder der mangelnden Potenz ihres Geliebten oder Ehemannes nicht ihre Wut leben, als Frau sich nicht anerkannt zu fühlen, sondern als Mutter die Schwäche ihres Kind-Mannes besorgt verstehen, besteht ebenso ein Ambivalenzkonflikt, der zwischen der wütenden Frau und der verstehenden Mutter. Man darf Freud oder die moderne Physik durchaus ernst nehmen, Widersprüchlichkeiten sind die Natur sowohl unseres Universums als auch des einzelnen Menschen. So, wie der zweite Thermodynamische Hauptsatz darauf beruht, dass alles langsam im Sinne der Zeit sich immer mehr differenziert, der Entropie folgt, gibt es dazu die Gegenbewegung des Lebens, das neue Gestalten formt, die schließlich in den allgemeinen Prozess der Entropie wieder einmünden. Die physikalische Auffassung der Entropie ist also eine, die darauf beruht, dass der zunehmenden Entropie immer wieder einmal das Gegenteil, ihr Widerspruch, auferlegt ist, zunehmende Gestalt, das Wachstum des Menschen angesichts seines Todes. Freud hatte dieser Widersprüchlichkeit den Namen Ambivalenz gegeben. Es darf somit nicht überraschen, dass diese Widersprüchlichkeit, die Ambivalenz, Grundlage menschlichen Verhaltens ist. Es ist sinnvoll, jegliche kommunikative Prozesse auf ihren ambivalenten, widersprüchlichen Charakter hin zu untersuchen.

Nun sind wir bei der Untersuchung des dynamisch Unbewussten und des Unbewussten, was ohnehin immer ohne jegliche Bewusstseinsfähigkeit existiert, einen kleinen Schritt weiter gekommen. Die Freud'sche Aufteilung zwischen Unbewusstem, Vorbewusstem und Bewusstem möge nun dazu dienen, sich dieses Vorbewusste einmal genauer anzusehen. Nach psycho- und gruppenanalytischer Erfahrung ist das Vorbewusste etwas, was man relativ leicht durch Analyse der Widerstände erreichen kann. Was sind aber nun diese Widerstände? Von der Auflösung der Tabus wurde schon gesprochen. Es gibt nun aber eine andere Seite, die zu beleuchten ist. Sowohl aggressiv/destruktive als auch libidinöse Impulse sind nach aller psycho- und gruppenanalytischen Erfahrung letztlich nicht wirklich zu bremsen. Man sieht dies in den Ausnahmesituationen der Kriege, wo aggressive Impulse sich darin äußern, nicht nur die Soldaten des Gegners, sondern die Zivilbevölkerung genauso zu liquidieren. Gemischte libidinös-aggressive Impulse äußern sich in Vergewaltigungen, Misshandlungen von Kindern, in narzisstischen Impulsen, z. B. abgeschlagene Köpfe von Gegnern als Beweisstück eigener Omnipotenz zu zeigen, oder Gefangene extrem zu demütigen, wie Filmberichte über die Behandlung irakischer Gefangener durch amerikanische Soldaten und Soldatinnen zeigen. Solches ist in allen Kriegen geschehen; man kann davon ausgehen, dass sowohl die libidinösen als auch die aggressiv/destruktiven Impulse, wenn sie einmal sich genügend Raum aufgrund äußerer Bedingungen geschaffen haben, dann auch ausgelebt werden. Die Angst, von solchen widerwärtigen Impulsen überrollt zu werden, ist nicht unrealistisch. Die Idee der

Psycho- und Gruppenanalyse, sich solche Impulse bewusst zu machen, wie tabuisiert sie auch immer seien, widerstrebt dem Einzelnen dergestalt, dass er ja irgendwo weiß, eine letztliche Einschränkung solcher Impulse schafft auch ein noch so strenges Über-Ich oder Clan-Gewissen nicht. Es gilt also, Situationen zu verhindern, in denen diese als widerwärtig angesehenen Impulse aktiviert werden. Man müsse die Institution des Krieges abschaffen, das wäre zumindest ein erster Weg[122]. Eine zusätzliche Möglichkeit wäre, eine Kultur dergestalt zu entwickeln, in der einerseits für die friedfertigen Bedürfnisse des Menschen genügend Platz geschaffen wird, andererseits aber auch für die aggressiv/destruktiven und libidinösen Bedürfnisse, sich so zu entfalten, dass sie einer Gesellschaft oder Kultur nutzbar gemacht werden könnten, sublimiert werden, wie Freud sagte. Das Vorbewusste, von dem wir gerade sprechen, ist ein Bereich, in dem sowohl die widersprüchlichen Es-Triebe, wie auch das Realitätsprinzip des Ichs, gestärkt durch Identifikation mit dem Referenzkollektiv, Anhaltspunkte dafür geben, in welchen Widersprüchlichkeiten man sich gerade bewegt. Zwar hat das Bewusstsein nur wenig Zugriff auf das Vorbewusste, ist diesem aber nicht so weit entfernt, dass es nicht durch Analyse der Widerstände, warum man das Vorbewusste nicht akzeptieren kann, dieses langsam erhellen könnte. Die Widerstände sind oft begründet in den Tabus. Die andere Begründung ist, wie oben schon gesagt, das Wissen über die letztliche Unbeherrschbarkeit primärer Triebe wie Selbsterhaltung, Aggression-Destruktion, Libido und letztlich dem Weg des Alterns und Sterbens. Für jegliches zwischenmenschliche Gespräch ist es sinnvoll, das bewusst Gedachte und Gewünschte, Geforderte zu hinterfragen nach dem, was an vorbewussten und schließlich den unbewussten, den dynamisch unbewussten, also verdrängten, Gedanken dahinter steht. In der konkreten Psycho- oder Gruppenanalyse kann man diese Prozesse in genauer Weise verfolgen, in den allgemeinen Gesprächssituationen spielen diese untergründig eine Rolle, meist, ohne dass man sich ihrer bewusst wird. Um ihnen aber auch in bewusster Weise nahe kommen zu können, kann man das Handwerkszeug von Gruppen- und

---

122 C. F. von Weizsäckers Werk (1971 bis 1997) wiederholte diese Aufforderung beständig, gerade auch, weil er wusste von den destruktiven menschlichen Möglichkeiten und Kräften, wo er wie Freud (1930a [1929], 1933b [1932]) hoffte, dass es menschlicher Vernunft im Sinne eines Bewusstseinswandels einmal gelingen könnte, die Institution des Krieges abzuschaffen.

Psychoanalyse nutzen, indem man die vorbewussten Inhalte jeglichen Gesprächs über die Analyse der Widerstände, warum man solches zuerst einmal nicht erkennen kann, angeht. Wie man in der Psycho- und Gruppenanalyse zuerst einmal untersucht, welche Widerstände gegen die Erkenntnis vorbewussten Materials vorliegen, kann man davon ausgehen, dass nach der Aufdeckung des Vorbewussten schließlich auch dynamisch unbewusste Vorgänge zuerst ins Vorbewusste und schließlich ins Bewusstsein kommen können.

Dazu ist es aber zuerst einmal nötig, die eigene Beteiligung an den Kommunikationsprozessen samt der eigenen Resonanz genauer zu untersuchen, d. h. also die Prozesse von Übertragung und Gegenübertragung ins Auge zu fassen.

4.1　Übertragung und Gegenübertragung

Diese beiden Begriffe entstammen dem genuin psychoanalytischen Vokabular[123]. Freud sah sich in seinen Behandlungen damit konfrontiert, dass die Gefühlsäußerungen seiner Patienten ihm gegenüber oft nur wenig dem entsprachen, wie er sich tatsächlich verhalten hatte. Es schien so zu sein, als ob er mit Personen verwechselt würde, die im Leben der Patienten eine prägende Rolle spielten, die Patienten waren sich dessen aber nicht bewusst. Freud hielt dies zuerst für einen Widerstand gegen die Behandlung, erkannte aber bald, dass sich in den übertragenen Situationen und Personen wesentliche und bislang verdrängte Aspekte des kindlichen Erlebens darstellten. Ähnlich ging es ihm mit der Gegenübertragung, die er auch zuerst für einen Widerstand seitens des Therapeuten gegen die Behandlung ansah, später aber erkannte, dass Übertragung und Gegenübertragung zusammengehören wie Sender und Empfänger auf einer noch unbewussten Ebene, die es aufzuschlüsseln galt. Beim damaligen Stand der Wissenschaften kurz vor und kurz nach dem Ersten Weltkrieg wollte er sich diesen Anforderungen nach absoluter Objektivität und linearen kausalen Schlüssen beu-

---

123 Siehe z. B. die drei Wörterbücher der Psychoanalyse: Laplanche, Pontialis (1972), Mertens (2008), Nagera (1977) und das fast philosophische Werk von Neyraut (1976) zu Übertragung und Gegenübertragung. Gysling (1995) lieferte eine anschauliche Geschichte der Gegenübertragung im Zusammenhang mit der Untersuchung der persönlichen Hintergründe bei den Begriffsbildungen.

gen (wissenschaftlicher Positivismus). Somit blieb er in seinen theoretischen Ausführungen öfter etwas hinter dem zurück, was er in der praktischen Tätigkeit erlebte und in den Krankengeschichten untergründig mit beschrieb, nämlich der Erfahrung, dass sich im therapeutischen Gespräch sowohl der Analytiker als auch der Analysand ein eigenes neues Feld, eine neue Beziehung, aufbauten, in dem sowohl die vergangenen Szenarien als auch die aktuellen gestaltet und erfasst werden können. Nun habe ich den Begriff der Übertragung[124] schon auf den beiden Ebenen Übertragungsebene I und II beschrieben, sodass jetzt etwas mehr Raum für die Gegenübertragung bleibt, wobei diese Begrifflichkeit im tieferen Sinne nicht mehr der heutigen Zeit adäquat ist, da zum einen der analytische Prozess inzwischen mehr mit Übertragungsraum oder bewussten oder unbewussten Interaktionssequenzen[125], besser noch mit transpersonalem Beziehungsgeschehen beschrieben wird, und zum anderen, da Übertragungs- und Gegenübertragungsprozesse oder das auf vielen Ebenen sich abspielende Beziehungsgeschehen und die damit zusammenhängenden Szenarien von Situationen, die gänzlich dem Bewusstsein zugänglich sind, bis zu völlig unbewussten reichen. Es hat sich inzwischen bestätigt, was Freud nur vermuten konnte, dass der weit größere Teil von Interaktionssequenzen oder transpersonellen Beziehungsabläufen unbewusst von den Beteiligten gestaltet ist. Freud nahm an, dies seien etwa 75 %, heute kann man problemlos von noch mehr, vielleicht sogar 93 %, ausgehen. Diese 93 % entsprechen in etwa dem, was heutzutage Astrophysiker über unser Universum sagen, wir Menschen könnten nur etwa 3 % – 7 % unseres Universums erkennen, alles andere ist im Moment für uns un-

---

124 Gill (1982) lieferte in seinen beiden Bänden einen anschaulichen Überblick zur Übertragung, angefangen von der sog. »milden« positiven Übertragung, die so etwas ist wie das Vertrauen in die Fachkunde des Therapeuten (im Sinne dieses Buches auch des Leiters), bis zur sexualisierten Übertragung einerseits, dann von der »leichten« negativen bis zur starken negativen Übertragung samt den Übergängen von bewusster Wahrnehmung der Übertragungsmuster bis hin zu völlig unbewussten Formen – das im ersten Band mehr theoretisch, im zweiten Band mit vielen praktischen Beispielen.

125 Dieser Begriff von Lorenzer (1974) wäre richtig, wenn man dazu tatsächlich das »Zwischen« (= inter) assoziieren würde. Das wäre dann so etwas wie das Mitsein. Foulkes meinte, Interaktion lasse so etwas wie Sender und Empfänger mitklingen, schlug stattdessen Transaktion vor, um dem »Zwischen«, dem erwünschten Mitsein, mehr Raum zu geben.

erreichbar. Doch diese Analogie beweist nichts, vielmehr ist es so, dass es eine ausgezeichnete Leistung des Gehirns ist, alle möglichen Vorerfahrungen des eigenen Lebens gewissermaßen als Messinstrument für die Beurteilung der jetzt gerade gegebenen Situation einsetzen zu können. Wäre dieser Vorgang bewusst, wäre man dermaßen überflutet von allen möglichen Bildern und Erinnerungen, sodass für die Gegenwart überhaupt kein Platz mehr bliebe. Das Gehirn sondert diese über Verdrängung unbewusst gewordenen Erfahrungen aus, benutzt sie dennoch, um Gegenwärtiges in all seinen Nuancen erspüren und erfahren zu können. Man kann mit gewissem Recht behaupten, dass das Unbewusste eine dynamische Wirkung auf die Möglichkeit der Erfahrung im Jetzt hat. Ein vielleicht banales Beispiel dafür ist, wenn man langsam lernt, Fahrrad zu fahren. Man lernt dabei die feinsten Reaktionen des Gleichgewichtsorgans zu bewerten und zu nutzen; anfangs lernt man noch, dass dann, wenn das Gleichgewicht verloren geht, man gerade in diese Richtung steuern muss, in die man umzukippen droht, man lernt die physikalische Funktion der Trägheit beim langsamen und schnelleren Radfahren, man lernt, wenn man nach rechts fahren will, dass man zuerst nach links lenken muss, damit man in eine leichte rechte Schräglage kommt, um die Kurve nach rechts fahren zu können, usw. Beim Lernen macht man sich diese Zusammenhänge zuerst einmal etwas bewusst, später funktionieren sie automatisch ohne Nachdenken, damit man sich auf die Verkehrssituation einstellen kann. Unbewusste Reaktionsmechanismen sind weitaus schneller und treffsicherer als bewusste Überlegungen, weil dazu zu viel Material gleichzeitig verarbeitet werden müsste. Diese Möglichkeit des rasend schnellen Abtastens aller möglichen vielfältigsten Informationen seitens unserer Sinnesorgane, der Erinnerungen, gelernter und automatischer Abläufe ist eine Bedingung dafür, dass Menschen sich überhaupt so weit haben entwickeln können. Nun macht man sich dies aber nicht bewusst, der Alltag funktioniert ja auch so, zumindest in der Regel. Nun hatte Freud auch erkannt, dass dieses gewissermaßen gesunde Unbewusste im Laufe des Lebens aber auch mit Dingen und Ereignissen bestückt wird, die er das dynamisch Unbewusste nannte, nämlich Erfahrungen, die verdrängt werden mussten, weil sie zu schmerzhaft und zu unerträglich waren. Weiter erkannte er, dass gerade diese verdrängten Ereignisse im Beziehungsverhalten von Menschen eine störende Rolle bekommen. Die Verdrängungsschranke bleibt zwar mithilfe aller möglichen Widerstände und Abwehrmechanismen bestehen, man weiß bewusst nicht, was einen im Moment gerade steuert, diese verdrängten Ereignisse haben die Tendenz zur unbewussten Wiederholung. Damit sind sie nicht wirklich Erkenntnisinstrumente für die jetzige Situation, sie werden gewissermaßen der neuen Situation übergestülpt. Freud spricht von der Wiederkehr des Verdrängten und vom Wiederholungszwang, wo geradezu neue Situationen so aufgesucht werden, dass sich die unbewussten verdrängten Ereignisse in direkter Weise genauso schmerzhaft wiederholen wie früher. Vermeintlich aber so, als wäre das jetzt Wahrgenommene die ganze Realität, von der Wiederkehr des Verdrängten oder von der Wiederholung alter Szenen weiß man zuerst einmal nichts. Es scheint für alle Menschen zu gelten, dass somit einerseits das Unbewusste mit seiner blitzartigen Möglichkeit der Abtastung aller möglichen jetzigen und früheren Erfahrungen samt ihrer Auswertung eine grandiose Hilfe darstellt, mit dem Jetzt in allen seine Facetten gut zurechtzukommen, einen Abgleich zu machen zwischen dem Früher und dem Jetzt, um das Jetzt als solches dann genauer herauszuschälen, andererseits aber verblendet es, wenn das dynamisch Unbewusste, das Verdrängte die Wahrnehmung des Jetzt so verfälscht, dass wirkliche Neuerfahrung kaum mehr möglich ist. Da wohl die meisten Menschen im Laufe ihres Lebens irgendwelche äußerst schmerzhaften und ihrem Selbstgefühl unerträglichen Erfahrungen gemacht haben, diese deswegen auch verdrängt hatten, kann man an der Wahrnehmung immer zweifeln, inwieweit diese dem gewissermaßen gesunden Unbewussten zu entnehmen ist oder dem verdrängten, was in Richtung von Neurose und bei besonders schlimmer Ausprägung in Richtung Psychose geht. Von daher war es für Freud bald selbstverständlich, vom angehenden Analytiker zu verlangen, sich selbst einer ausführlichen Analyse zu unterziehen, um möglichst viel gerade dieser verdrängten transpersonalen Beziehungsmuster wieder zu erinnern und zu bearbeiten, sodass diese im Rahmen der therapeutischen Beziehung keine große Wirkung mehr entfalten können. Es führte dies zu immer längeren Analysen der noch lernenden Analytiker, bis schließlich auch Freud erkannte, dass es niemals möglich ist, alles und jedes Verdrängte schon vor Beginn der Analytikertätigkeit aufzudecken. Die Analyse des verdrängten Materials sei gewissermaßen eine Lebensaufgabe. Somit sind also auch Analytiker nur mehr oder weniger mit ihrem verdrängten Unbewussten schon in Berührung gekommen. Die Erfahrung zeigt, dass Freud recht hatte mit seiner Anforderung der sog. unendlichen Analyse, d.h. der Selbstreflexion auch mithilfe anderer in Supervision oder Intervision. Man mag ob solcher Aufgabe erschrecken und sich sagen, damit fange ich erst gar nicht an, es muss doch Handwerkszeug geben, in beruflichen Situationen außerhalb der analytischen Tätigkeit im Rahmen einer Therapie, also als Gesprächsleiter, als Mediator, Moderator, Abteilungs- und sonstiger Leiter, als Hochschullehrer usw., in jeglichem Beruf also, ein wenig so damit umzugehen, dass man möglichst wenig Schaden anrichtet. Man hat ja auch so bislang ganz gut überlebt, seine Beziehungsfähigkeit entwickelt, mit Untergebenen gearbeitet, ist mit Vorgesetzten ausgekommen, hat schwierigste Mediationsprozesse, ethnologische Forschungen usw. betrieben, und dies mit nicht schlechtem Erfolg. Ein erfahrener Wirtschaftsmediator sagte mir einmal in einem Gespräch, man habe deswegen den Begriff der Neutralität in der Mediation abgeschafft, da diese ohnehin aus jenen Gründen nicht zu erreichen ist, sondern man spricht von Allparteilichkeit[126], man versetze sich wechselnd in die jeweiligen Positionen der Konfliktparteien, um von da aus dann den Konflikt besser zu beleuchten. Wenn man aber merkt, dass man zu sehr zu der einen oder zur anderen Seite neige, möglicherweise von den Gesprächsteilnehmern darauf auch angesprochen wird, kann man sich korrigieren und somit die Allparteilichkeit neu wiederherstellen. Es ist dies ein gewisses Handwerkszeug, das darauf hinweist, dass die einfach unbewusste und dynamisch unbewusste Seite im Gespräch immer eine Rolle spiele, aber zu vernachlässigen sei, wenn man genügend darauf achte, die Standpunkte und Positionen der beteiligten Gesprächspartner wirklich ernst zu nehmen und, wo man dazu kaum mehr in der Lage sei, sich etwas zurückzuziehen und zu überlegen, wem man im Augenblick gerade nicht wirklich gerecht werde. Es ist dies eine Entlastung, tatsächlich muss man nicht wie vom psychoanalytischen Psychotherapeuten verlangen, auch das dynamisch Unbewusste bei sich selbst weitgehend erkannt zu haben, bevor man in irgendwelche Gespräche eintritt. Dennoch kann man aus Psycho- und Gruppenanalyse lernen, wie es etwas leichter ist, die eigene Befangenheit in Gesprächssituationen oder Auseinandersetzungen mit zu reflek-

---

126 Siehe auch Heintel (2006 und 2007), der vor allem in seinen Beispielen zeigt, wie eine solche Allparteilichkeit erreichbar ist. Mähler, Mähler (2001 und 2002) berichten von der besonders für Rechtsanwälte schwierigen Erreichbarkeit der Allparteilichkeit, da diese zuerst einmal als Anwälte Parteianwälte sind.

tieren. Allerdings glaube ich, dass solche Selbstreflexionen, allein auf sich selbst gestellt, extrem schwierig sind, wenn man nicht längere Zeit diese erlernt und in einer Supervisions- und später vielleicht in einer Intervisionsgruppe ohne Leiter immer wieder einmal übt.

Von recht selbstkritischen Richtern in einer Supervisionsgruppe konnte ich erfahren, dass bei der Ausgestaltung des Rechts durch den Richterspruch in der Regel eine gewisse Bandbreite da ist, innerhalb derer manches noch als legal gesehen werden kann, möglicherweise aber nicht legitim ist. Wo man sich da positioniere, hänge oft mit eigener Lebensgeschichte, die nicht unbedingt schon verarbeitet ist, zusammen.

4.1.1 Gegenübertragung im Gericht

Man konnte z. B. bei einem Oberlandesgericht eines Bundeslandes im Familienrecht unabhängig vom juristischen Material her deutliche Unterschiede bei der Beurteilung der Situation durch die drei Senate feststellen (es war eine nachträgliche Untersuchung über die Urteile, angeregt durch Richter und Anwälte, die bereit waren, sich und ihre Urteile prüfen zu lassen)[127]:

In einem von drei Senaten hatten häufiger die Frauen einige Vorteile, im nächsten die Männer. Im dritten kam es regelhaft zum Kompromiss zwischen den Höchstanforderungen der beiden Prozessbeteiligten. Die daran beteiligten Richter sahen dies, konnten aber keine wirkliche Erklärung dafür finden, denn bei Überprüfung der Gerichtsakten und der Protokolle der Verfahren waren keine wirklichen Fehler zu entdecken. Auch die Bewertungen der vorgelegten Daten waren im Rahmen der Legalität, leicht veränderte Bewertungen wären aber durchaus möglich gewesen. Das hatte die Richter irritiert. In der Supervision konnte man feststellen, wie doch einerseits die Wahrnehmung und andererseits die Beurteilung der vorgelegten Daten in engen Zusammenhängen mit lebensgeschichtlichen Erfahrungen standen, die zum Zeitpunkt der Gerichtsbeschlüsse unreflektiert blieben und keine Rolle spielen hätten sollen. Einige der Richter gingen dann sogar so weit, eigene Urteile mehr in der Richtung eigener verdrängter Lebenserfahrung und deren

---

127 Die Information darüber kam über eine sich in Psychotherapie befindliche, an der Untersuchung beteiligte Person.

Auswirkung zu sehen als aus Ausdruck korrekter »objektiver« Gerichtstätigkeit, konnten die zuerst unbewusste eigene Beteiligung schließlich vermehrt nutzen – im Sinne nun besserer Urteile.

4.1.2 Gegenübertragung bei Konferenzen (Strafvollzugskonferenz)

Vor vielen Jahren leitete ich gemeinsam mit einem erfahrenen Direktor (Strafvollzugsanstalt) und einem ebenso erfahrenen Gefängnispsychologen, beide damals in verschiedenen Ministerien leitend tätig, eine Fortbildung für Leiter von großen Strafvollzugsanstalten[128]. Der Hintergrund war, dass auf einigen Strafvollzugskonferenzen, auf denen über begleiteten oder unbegleiteten Freigang an Wochenenden oder an sonstigen Tagen, wenn ein besonderes Ereignis vorlag, anscheinend falsch entschieden wurde, es kam durch solche Freigänger sogar zu Mord und tödlichen Geiselnahmen. An dieser Vollzugskonferenz nahmen teil: der Direktor, sein oder seine Stellvertreter, der Gefängnispsychologe, der Gefängnispfarrer, der Sozialarbeiter und der Leiter des Vollzugsdienstes. Das Ministerium wollte mit unserer Hilfe diese Vollzugskonferenzen verbessern, damit solche Entgleisungen möglichst nicht mehr vorkommen. Ein Teil der Fortbildung bestand darin, anhand konkreter Aktenlage, wie auf solchen Konferenzen üblich, auf drei verschiedenen Konferenzen im Sinne von Rollenspielen unter Beobachtung Entscheidungen zu treffen. Die Teilnehmer wussten nicht, dass es sich um einen einzigen schon lange zurückliegenden Fall handelte, der unkenntlich gemacht war. Die anwesenden Direktoren meldeten sich für diese drei Rollenspiele, sie bekamen Rollenanweisungen, die Beobachter bekamen Papiere zur guten Protokollierung der Sitzung. Bei den Rollenspielanweisungen war es nicht nötig, die berufliche Rolle zu beschreiben, die war ja allen bekannt, vielmehr wurde ein Rollenspiel so gestaltet, dass eine sehr gute Arbeitsatmosphäre entstand, z. B. hieß es hier beim Direktor, er habe dank mehrerer Schulungen ein sehr professionelles Team, wo in der Regel im Interesse der Vollzugsanstalt und der Gefangenen gut zusammengearbeitet werde, es bestehe ein gemeinsames Ziel, möglichst viele rehabilitative Maßnahmen durchzuführen, aber letztlich doch nur

---

128 Unter einem anderen Gesichtspunkt wurde diese Fortbildungsmaßnahme veröffentlicht bei Gfäller (1994).

bei denjenigen, die sich sowohl im Gefängnis als auch außerhalb bei Freigängen immer kooperativ verhalten haben. Wenn nur geringfügige Gefahr gesehen wurde, dass ein Gefangener seinen Freigang nicht gut nutzte, z. B. zum Versuch, kriminelle Kontakte wieder aufzunehmen, statt für die Zeit nach Beendigung der Strafe Kontakte zu einem möglichen Arbeitgeber anzubahnen, dann ließ man ihn nicht oder nie allein gehen. Die Rollenanweisungen bei den anderen Teilnehmern der Gruppe 1 waren ähnlich gestaltet, man war zufrieden mit dem Direktor, der das Team gut leitet, der aufmerksam die Einwände der einzelnen Berufsgruppen wahrnimmt; sogar der Leiter des Vollzugsdienstes, der in vielen Vollzugsanstalten eher eine besonders harte Linie vertritt, konnte hier gut kooperieren, da seine Anliegen ernst genommen wurden. Das war das Rollenspiel einer idealen Konferenz, wie sie so wahrscheinlich nur selten zustande kommt.

In den anderen beiden Rollenspiel-Gruppen gab es in der einen Gruppe Koalitionen z. B. des Direktors mit dem Gefängnispfarrer gegen Psychologen und Sozialarbeiter, wo der Stellvertreter so etwas wie das Zünglein an der Waage darstellte, auszugleichen versuchte. In der dritten Gruppe waren die Rollenspielanweisungen so, dass es einen Laissez-faire-Leitungsstil des Direktors gab, die Hauptlast der Entscheidung wollte nicht er tragen, sondern er ließ es ganz offen, auch wie die juristische Beurteilung der Fälle abzulaufen habe, er wollte einen sog. modernen, freiheitlichen Leitungsstil. Nach außen hin arbeiteten, das war auch die Anweisung, alle auf der Konferenz zusammen, beteiligten sich. Wegen der untergründigen Spannungen aber wurde nicht offen gesprochen, bei dreien der Teilnehmer war auch die Information in der Anweisung, dass man überlege, sich über den miserablen Führungsstil des Leiters beim Ministerium zu beschweren. Das sind nur Ausschnitte der Rollenspielanweisungen, die aber genau zu dem Ergebnis führten, was da psychologisch angedeutet war, die eine Gruppe arbeitete äußerst produktiv und konzentriert, die andere etwas fahrig, der Leiter hatte immer wieder Probleme, zum Thema zurückzufinden, in der dritten Gruppe schien alles sehr glatt zu gehen, die Konferenz war schnell beendet. Das Ergebnis der ersten Gruppe war, den Gefangenen für ein Wochenende freizulassen mit der Auflage, sich zweimal am Tag telefonisch zu melden. Die zweite Gruppe erlaubte den Freigang nicht, man konnte zu keinem wirklich guten Ergebnis kommen. Die dritte Gruppe erlaubte den Freigang, allerdings in Begleitung des Sozialarbeiters und Gefängnispfarrers.

In der realen Situation, auf denen die Papiere beruhten, handelte es sich um einen mehrfach vorbestraften Gewalttäter. Im Gefängnis hatte er sich lange Zeit einerseits unauffällig und kooperativ verhalten, andererseits genaue Vorbereitungen getroffen, um bei einem begleiteten Freigang die Flucht ergreifen zu können. Eine Pistole lag in einem Versteck bereit. Mit einem Trick entledigte er sich seinen Begleitern, hielt an einer Kreuzung ein Auto an, nahm die Insassen als Geiseln. Bei der anschließenden Verfolgung war es zu einem Geiseldrama mit Toten gekommen.

Es wäre jetzt falsch, aus den Ergebnissen abzuleiten, eine rational geführte Vollzugskonferenz treffe grundsätzlich falsche Entscheidungen, eine emotional aufgeladene richtige und eine, die Laissez-faire-Gruppe mit Intrigen und Spannungen untereinander, gewissermaßen halbrichtige Entscheidungen. Ein Ziel, das war den Teilnehmern so zuerst nicht bekannt, der Fortbildung war auch festzustellen, dass es in Wirklichkeit – und schon gar nicht aus der reinen Akteneinsicht heraus – niemandem möglich ist, eindeutige und sich oft oder immer als richtig erweisende Vorhersagen über das Verhalten von Menschen zu machen. Aber es gibt doch auch Anhaltspunkte. In der rational arbeitenden Gruppe hatte der Leiter des Vollzugsdienstes zwar eingebracht, dass der zur Diskussion stehende Gefangene sich im Gefängnis eine gewisse Organisation geschaffen habe, aber das wurde positiv betrachtet als Organisationstalent, da diese Gruppe gut kooperierte und nie durch Schlägereien oder sonstige bösartige Dinge aufgefallen war. Man sah darin nicht die kriminelle Energie des Gefangenen, der auf lange Sicht klug plante. Man wollte sich die Hoffnung nicht nehmen lassen, Resozialisierungsmaßnahmen seien, wenn sie gut durchdacht sind, sinnvoll. Die unbewusste Seite dieser Gruppe war die Vermeidung der Wahrnehmung, wie oft schon Maßnahmen gescheitert waren, zusätzlich die Verdrängung eigener »böser« Absichten, damit eingeschlossen, es gäbe (projizierte) »wirklich böse« Sexualstraftäter und »eigentlich gute«, nur vom Weg abgekommene Gewalttäter.

In der emotional aufgeladenen Gruppe wegen der verschiedenen Koalitionen polterte der Rolleninhaber des Vollzugsdienstes schon auch mal los und sagte, es könne doch auch ein Anzeichen von Gefährlichkeit sein, wenn jemand so gut eine Gruppe organisieren könne. Diese Äußerung aber schien unterzugehen, hatte wohl aber doch Wirkung dahingehend, den Freigang nicht zu erlauben.

Im Chaos der letzten Gruppe beugten sich Direktor und Stellvertreter dem Urteil des Vollzugsdienstes. Das Aktenstudium war eher oberflächlich. Die Entscheidung, den Gefangenen in Begleitung einen Tag freizulassen, war von der Aktenlage her nicht gut begründet. Sie war eher ein Kompromiss zwischen Forderungen des Vollzugsdienstes, Rehabilitationsforderungen des Psychologen und Sozialarbeiters und menschlichem Einsatz des Pfarrers. Der Leiter hatte sich Liebkind machen wollen bei allen, dadurch aber ein so chaotisches Klima herbeigeführt, dass es letztlich der Führung mangelte und Überlegungen verständlich waren, sich über ihn bei einer übergeordneten Stelle zu beschweren.

Die fortzubildenden Direktoren waren dann sehr überrascht, als man sie auf die in den Akten durchaus vorhandenen Hinweise hinwies, die beobachtenden Protokollanten zeigten den Gesprächsverlauf auf, wo dieser abbrach, wo auch in der kollegial geführten Gruppe, der ersten, deutliche Identifikationsprozesse entweder mit dem Gefangenen oder möglichen Opfern stattfanden, wo also auch nicht nur rational gearbeitet wurde. Die kriminelle Energie des Gefangenen schien niemand in sich entdeckt zu haben, um über diese Identifikation neues Material in die Gruppe einzubringen. Mit den im Rollenspiel als Direktor fungierenden Personen wurde mithilfe eines »fish-pools«[129] ein Gespräch darüber geführt, welche Gefühle sie bei der Leitung ihrer jeweiligen Konferenz hatten und wie man diese Gefühle zur Interpretation der Situation nutzen könnte. Es waren ja alle anwesenden Direktoren erstklassige Juristen, die viele Prüfsteine passiert hatten, bis sie zu diesem hohen Amt aufsteigen konnten. Sie zu verdächtigen, besonders gefühlvoll oder irgendwelchen emotionalen Reaktionen besonders ausgeliefert zu sein, wäre ihnen wenig gerecht geworden. Dennoch zeigten das Rollenspiel und die jeweiligen Ergebnisse, dass anscheinend gruppendynamische und psychologische Faktoren bei der Konferenz eine deutlich größere Rolle spielten als eine nicht eindeutig klare Aktenlage, die man eindeutig juristisch hätte bewerten können. Es ging ja um mög-

---

129 Die Diskutanten sitzen in einem kleinen Kreis in der Mitte, ein Stuhl ist leer, auf den sich jemand aus dem Außenkreis der Zuhörer dazusetzen kann, um kurz an der Diskussion mitzuwirken.

liches zukünftiges Verhalten, das weder juristisch noch sonst sicher vorherzusehen ist. Dennoch gibt es versteckte Anhaltspunkte einerseits in den Papieren, andererseits aber auch durch die sog. Analyse der Gegenübertragung beim Leiter z. B. gerade dieser Vollzugskonferenzen. So stellte es sich beim Leiter des Rollenspiels 1 (des konstruktiven) heraus, dass er es vermied, sich selbst in den Gefangenen hineinzuversetzen, weil er meinte, dadurch an Objektivität zu verlieren. Als dieser Widerstand etwas aufgelockert wurde, berichtete er von seiner eigenen Jugend, wo er auch allerhand Dinge angestellt hatte, die gut geplant waren, weshalb ihn niemals jemand dabei erwischte. Mit seinem Druck, objektiv zu sein, hatte er diese Möglichkeit der Identifikation mit dem Gefangenen abgewehrt. Ansonsten, und dies geschah im Gespräch, konnte er plötzlich die Aussage des Vollzugsleiters über das organisierte Verhalten des Gefangenen ganz anders bewerten, nämlich in dem Sinne, dass dieser klug seinen Ausbruch plante, genauso, wie er es selbst auch getan hätte, wäre ihm die Identifikation möglich gewesen. Der Direktor im Rollenspiel 2, das mit den Fraktionen, hatte während der Leitung des Rollenspiels der Konferenz deutlich gespürt, dass da im Untergrund etwas lauere, was er nicht verstehe. Auf die Frage, ob ihm dazu etwas in seiner Lebensgeschichte einfiele, berichtete er, er komme aus einer Familie mit vielen Kindern und häufiger Abwesenheit der Eltern. Diese, beruflich sehr eingespannt, bauten zudem ein neues Haus. Die Kinder mussten sich untereinander irgendwie einigen, wobei es so etwas wie eine Koalition des Ältesten mit dem Drittältesten und dem Fünftältesten gegen die beiden Mädchen, nämlich die Zweitälteste und die Viertälteste, gab. Die Jungen trieben immer mehr wilde Spiele, die Mädchen zogen sich eher zurück, wurden dann von den Jungen geärgert. Es hatte also schon da Koalitionen gegeben, mit denen umzugehen die Eltern Schwierigkeiten hatten. Er hatte also unbewusst die Koalitionen seiner Mitarbeiter wahrgenommen, da er sich aber auf den Fall konzentrieren wollte, kam ihm seine eigene Lebensgeschichte nicht in den Sinn, schon gar nicht, um sie zur Diagnose der vielleicht jetzt möglichen Situation zu nutzen. Dabei waren zumindest zwei der Koalitionen im Rollenspiel untergründig ähnlich gestaltet wie bei ihm zu Hause, die einen wollten hart und männlich vorgehen, die anderen im Sinne von weichem Umgang, Einfühlung und eher emotional zurückgezogen. Da die Abwehr aufkommender assoziativer Verknüpfungen auch Kraft kostet, war er ähnlich wie seine Eltern nur wenig dazu in der

Lage, diese Koalitionen a) zu entdecken und b) mit ihnen umzugehen. Obwohl diese Gruppe gewissermaßen richtig entschieden hatte, dem Gefangenen nicht freizugeben, erschien ihm diese Entscheidung nachträglich wie zufällig und weit mehr geprägt durch die Nicht-Nutzung seiner Gegenübertragung, d. h. seiner auftauchenden Assoziationen und deren Bewertung, als durch die juristische und fachliche Abklärung. Der Direktor des Rollenspiels 3, des chaotischen, war ohnehin sehr aufgeschlossen für psychologische Zusammenhänge, wollte keinesfalls autoritär eingreifen, wie er es in seiner Kindheit bei seinem Vater erlebt hatte, wollte seinen Mitarbeitern kreativen Gestaltungsfreiraum geben, das war die bewusste Absicht. Als nun er seine Lebensgeschichte berichtete, zeigte es sich auch für ihn überraschend, dass er in der Vermeidung der autoritären Haltung seines Vaters sich jedoch ziemlich oft gezwungen sah, als dringend notwendig erscheinende Entscheidungen ganz allein zu treffen, da seine Mitarbeiter sich zum einen ja nie wirklich gut einigen konnten, zum anderen aber auch nicht über die ausreichenden Informationen verfügten, um wirklich am Entscheidungsprozess teilzunehmen. Er konnte sehen, was ihm zuerst einmal recht schwerfiel, dass er in diesem Verhalten der Alleinentscheidungen letztlich dem Vater, den er ablehnte, allzu ähnlich, also mit ihm identifiziert war. Sein Laisser-faire-Leitungsstil war also auch ein unbewusster Abwehrversuch gegen die Identifikation mit dem extrem autoritären Vater. Niemals wollte er so sein wie dieser oder als solcher gesehen werden. Gerade das geschah aber, weil die Mitarbeiter immer wieder einmal zu wenig Informationen hatten und von daher nicht wirklich gut entscheiden konnten. So »musste« er die Entscheidungen selbst treffen, da Entscheidungen notwendig waren. Damit konnte er vor sich selbst verheimlichen, wie stark er doch ähnlich autoritäre Züge in sich trug wie sein Vater. Er kam schließlich zu der peinlichen Schlussfolgerung, dass die Vollzugskonferenz anscheinend weit mehr von psychologischen Dingen beeinflusst war, als er sich selbst zugestehen wollte. Man konnte schließlich mit den Teilnehmern erarbeiten, dass eine gegebene Gruppensituation wie diese Vollzugskonferenz, auch wenn sie durch Rollenspielanweisungen schon in gewisser Weise vorgeprägt ist, die jeweils passenden Erinnerungen lebensgeschichtlicher Art hervorrufen. Andere Situationen hätten andere Erinnerungen hervorgerufen, sodass man mit diesen Erinnerungen durchaus so umgehen kann, als seien sie ein kleiner Hinweis auf die jeweils gegebene

Situation. Man ist nicht nur auf seinen Verstand reduziert. Einige der an der Fortbildung beteiligten Direktoren schlossen sich zu Intervisions-, andere zu Supervisionsgruppen zusammen, die dann unabhängig von uns stattfanden. Trotz der Erkenntnis, dass stimmige Vorhersagen über das Verhalten von Menschen nicht wirklich möglich sind, kam es aus den beteiligten Justizvollzugsanstalten über mindestens ein Jahrzehnt nicht mehr zu spektakulären Geiselnahmen aufgrund eines erlaubten Freigangs. Aber dies könnte auch ein zufälliges Ergebnis sein, wird der kritische Leser einwenden.

Der Umgang mit der sog. Gegenübertragung will natürlich gelernt sein, sollte geübt werden, dazu bedarf es aus meiner Sicht regelmäßiger Supervision oder solchen Fortbildungsveranstaltungen. Dies umzusetzen dürfte noch gewisse Zeit andauern, aber eine gewisse Linie ist vorgegeben.

Die Nutzung der eigenen assoziativen, gefühlsmäßigen oder körperlichen Reaktionen im Verlauf von Gesprächen, bei Führungsaufgaben auf jeglicher Ebene bringt deutlichen Gewinn gerade auch für die nach Objektivität[130] strebenden Leitungspersonen. Dies gilt aber nicht nur für sich selbst, sondern auch für die ihnen Anvertrauten.

Ein erster Anhaltspunkt für einen Leiter könnte sein, sich zu fragen, welchen Führungsstil er habe, wie dieser begründet sei, um dies dann alles erst einmal vollständig zu hinterfragen im Hinblick auf die eigene Lebensgeschichte. Möglicherweise könnte der gewählte Führungsstil entweder der Abwehr z. B. des Führungsstils des Vaters oder der Mutter oder später der Lehrer usw. dienen. Der Führungsstil ist wahrscheinlich zutiefst von eigenen oft verdrängten Lebenserfahrungen geprägt, die nutzbar sind. Es heißt zunehmend, Widersprüchlichkeit und Unsicherheit zuzulassen, um mit dem Wissen, dass niemals alle unbewussten Tendenzen gänzlich erforschbar sind, dann sich auch zu erlauben, Fehler zu machen, die man in nachträglicher Analyse vielleicht wieder korrigieren kann. Aber Fehler machen gehört gewissermaßen zum Geschäft, ebenso das Sich-selbst-Hinterfragen. Üblicherweise geben Assoziationsketten, wenn man sie nur zuließe, schon gewisse Hilfen für die

---

130 Das Wort »Objektivität« ist »eigentlich« falsch, setzt es doch gerade die Trennung von Subjekt und Objekt voraus, für deren Aufhebung im Mitsein ich plädiere. Wahrscheinlich streben die nach »Objektivität« strebenden Menschen eher nach Individuierung, einem Sich-Selbst-Bewusst-Sein unter der Bedingung des Mitseins und der Anerkennung der Umstände, unter denen Leitung möglich ist.

Diagnose der jetzigen Situation. Diese zu nutzen ist ein Anfang davon, die Gegenübertragung, die weitgehend unbewusst ist, ein bisschen mehr zu berücksichtigen. So nebenbei zeigt dieses Beispiel auch etwas über die große Bedeutung der Persönlichkeit des Leiters für die Ausgestaltung der von ihm geleiteten Situation, sei es Gruppe oder auch eine Einzelsituation im Zweiergespräch. So, wie unbewusst der Leiter in seiner inneren Resonanz auf die jeweilige Situation reagiert und daran beteiligt ist, ist es umgekehrt auch für die Mitarbeiter, die sich selbst wiederum in Resonanz mit ihrem Leiter befinden, meist ohne jegliches Bewusstsein davon. So könnte man die Gruppensituation der Gruppe 3, auch wenn sie durch die Rollenanweisungen schon ein wenig vorgegeben war, so interpretieren: Die Gruppenmitglieder beschweren sich mit Recht über ihren Leiter an höherer Stelle, um ihn zu korrektem Leiterverhalten zu bewegen (Ebene Öffentlichkeit). Diese Beschwerde entspricht unbewusst genau dem, was der kleine Junge angesichts seines autoritären Vaters sich wünschte, dass es da eine höhere Position gäbe, die diesen Vater zur Räson bringe (Übertragungsebene 1). Man könnte jetzt an jeder Stelle der Gruppe, bei jeder einzelnen Person nachsehen, welche Fantasien und Gefühle, welche wachgerufenen Lebensgeschichten sich im Hintergrund abspielten, mit großer Sicherheit würde sich dabei herausstellen, wie sehr alle mit der untergründigen und verborgenen Resonanz neben dem bewussten Handeln und Sprechen verknüpft sind. Die Conditio humana scheint eben die eines Herdentiers zu sein, weshalb man die Resonanzen seines Mitseins gut nutzen kann, um bessere Arbeitsergebnisse zu erzielen, oder sie einfach wegdrängt, wie es in den meisten Fällen geschieht, sodass, wie in diesen Gruppen, die unbewusste Seite schließlich stärker wird als das, was man bewusst erreichen möchte.

4.1.3 Moderation einer Firmenübergabe, Arbeit mit der Gegenübertragung

In einem weiteren Beispiel möchte ich die Arbeit mit der Gegenübertragung in einem Moderationsprozess aufzeigen, bei dem es in einer Firma darum ging, die Verantwortung langsam vom Vater auf den Sohn zu übertragen. Der Vater war der Hauptaktionär dieser Firma, gleichzeitig, es war ja keine besonders große Firma, Vorstandsvorsitzender. Sein Plan war, langsam in den Aufsichtsrat zu wechseln und dem Sohn die Nachfolge zu ermöglichen. Die anderen Vorstandsmitglieder, bis auf einen, der vor einigen Jahren dazugekommen war, waren schon bei der Gründung der Firma mit dabei, sie hatten jahrzehntelang gut zusammengearbeitet. Dabei war die Firma immer größer geworden, die Vorstandsmitglieder begannen langsam zu altern, bis auf den einen neuen, man musste überall bei der inzwischen weit größeren Firma Nachfolgepositionen besetzen. Wie es so häufig ist, kann der »Alte« seinen Vorstandsvorsitz nicht so leicht abgeben, tendenziell macht ja niemand etwas so gut wie er oder seine mit ihm groß gewordenen Kollegen. Man hatte vor dem Versuch einer Beratung von außen schon innerhalb der Firma mehrfach überlegt, wie ein guter Übergang von Alt auf Jung stattfinden könne, sei dann aber doch immer an den eigenen Widerständen, Ämter abzugeben und die Firma in jüngere Hände zu geben, gescheitert. Man wollte sowohl die Firma in ihrer gegenwärtigen Substanz und Struktur aufrechterhalten, alles solle beim Alten bleiben, gleichzeitig aber wollte man das Gegenteil, die Jungen sollten endlich ran und sich beweisen können. Ich berichte aus einer der vielen Moderationssitzungen, die ich als Organisationsberater (OB) leitete: In vorangegangenen Sitzungen hatte man sich ausführlich mit den Widerständen, die innerlich noch da waren gegen die Neubesetzung der Positionen, vor allem der Position des Vorstandsvorsitzenden, beschäftigt. Eine der rationalen Begründungen war, dass die Altersvorsorge und das weitere Einkommen der Ausscheidenden vom weiteren positiven wirtschaftlichen Verlauf der Firma abhingen. Man hatte die damit verbundenen Ambivalenzen in früheren Gruppengesprächen angesprochen und erkannt, es handele sich wirklich um einen schwer auflösbaren Widerspruch. Letztlich aber ginge es nicht anders, man müsse die Jungen darauf vorbereiten, die Firma in eigene Hände nehmen zu können, auch so, dass sie ihren Führungsaufgaben auch wirklich gerecht werden. Die wirtschaftliche Situation der Firma sei stabil, die neuen Produkte kämen gut am Markt an, sodass auch ein gewisses Polster bestehe. An der nun zu erwähnenden Sitzung nahmen neben den Vorständen, ich nenne hier namentlich Herrn A als Vorstandsvorsitzenden, Herrn B als den Sohn und Herrn C als das neu hinzugekommene Vorstandsmitglied. Die Beschlüsse der letzten Sitzungen waren verabschiedet und für gut befunden worden, sodass man zur Frage der Nachfrage beim Vorstandsvorsitzenden kommen konnte. Deswegen war erstmals auch Herr B anwesend. Herr C, Entwicklungsvorstand, eröffnete das Gespräch mit der Bemerkung, dass er gewisse Bedenken habe, wenn eine so entwicklungsorientierte Firma wie diese von jemand geleitet werden solle, dessen berufliche Erfahrung in der Firma hauptsächlich im Vertrieb stattgefunden habe. Herr B kontert mit der Aussage, er habe schließlich Maschinenbau und Informatik studiert, seine Aufgabe im Vertrieb sei es gewesen, die Kunden und deren Bedürfnisse kennenzulernen, um aufgrund deren Interessenlage Neuentwicklungen anzuregen, die erforderlich seien. Außerdem habe er sich in den letzten Monaten viel mit der Entwicklung beschäftigt, sich da fortgebildet und kenne die neuen Produkte gut. Seine Sorge sei vielmehr, dass sein bislang gutes Verhältnis zum Vater vielleicht darunter leide, wenn er als Vorsitzender die Führung doch etwas anders als sein Vater gestalten wolle. Dieser antwortete mit der Frage, was dies denn sei. Herr B antwortete damit, er möchte gerne einen moderneren Führungsstil in der Firma verwirklichen, möchte, dass alle auf dem gleichen Informationsstand sind, sodass viel mehr gemeinsam getragene Entscheidungen erarbeitet werden, als es bisher der Fall war. Der Vater habe oft sehr allein entschieden, das wolle er vermeiden. Außerdem habe er schon als Kind und Jugendlicher oft darunter gelitten, dass der Vater fast nur für die Firma da war, zu Hause und für die Kinder zu wenig Zeit hatte. Er hätte gerne viel mehr mit seinem Vater zu tun gehabt. Seine Kinder sollten ihn als Vater, so wie es jetzt auch sei, behalten können, auch wenn es natürlich selbstverständlich sei, dass bei gewissen Belastungssituationen die Firma einfach mehr Zeit beanspruche. Seine Frau sei einverstanden, von daher glaube er, Familienleben und die Firma gut miteinander vereinbaren zu können. Das möchte er auch bei den anderen Vorstandsmitgliedern und überhaupt in der Firma insgesamt so halten. Herr A wollte sich daraufhin etwas rechtfertigen, der OB unterbrach ihn aber und sagte, es gehe jetzt doch um die Zukunft und nicht die Aufarbeitung der Vergangenheit. Nun äußerten auch andere Vorstandsmitglieder ihre Überlegungen zur Besetzung des Vorsitzenden, was schließlich zur Einigung dahingehend führte, dass die Firma von Herrn B in etwa einem Jahr übernommen werden solle, Herr C solle dann sein Stellvertreter werden. In weiteren Sitzungen mit dem OB sollten bis dahin für die anderen älteren Vorstände Nachfolger gefunden werden.

Absichtlich ließ ich zuerst einmal aus, wie die Auswertung der inneren Gefühlslage, der Assoziationen, d.h. die Analyse der Gegenübertragung seitens des OB, stattfand. Der OB war mit gemischten Gefühlen zu dieser Sitzung gekommen, er befürchtete nämlich, dass die bisherigen Beschlüsse vielleicht durch die Ängstlichkeit des Vorsitzenden, Herrn A, bezüglich der Sicherheit des wirtschaftlichen Weiterkommens der Firma gekippt worden wären. Er kannte ja inzwischen dessen Führungsstil, der zwar seine Vorstandskollegen einbezog und befragte, dann aber zu seiner Entscheidung Informationen verwendete, die die anderen nicht kannten, sodass er wohl innerlich in einem gewissen Konflikt war, einerseits kollegial mit den anderen umzugehen, andererseits autoritative Steuerung haben zu wollen. Er schien wenig wirkliches Vertrauen in die Entscheidungsfähigkeit seiner Vorstandsmitglieder zu haben. Und das trotz der langen guten Zusammenarbeit – auch mit dem jüngeren Entwicklungschef. Diese Beobachtung schien auf einer realistischen Einschätzung der Situation zu beruhen. Die Assoziationskette beim OB aber ergab, dass ihm die Vater-Sohn-Auseinandersetzung natürlich überhaupt nicht unbekannt war, wo er innerlich pendelte zwischen Identifikation mit dem Vater (A) und der mit dem Sohn (B), was widersprüchliche Wahrnehmungen bewirkte. Er hatte unter einem ziemlich autoritär entscheidenden Vater gelitten, der nach außen hin versucht hatte, demokratisch zu wirken, aber ähnlich wie Herr A wesentliche Informationen gewissermaßen aus Versehen nicht weitergab, um dann auf der Grundlage dieser autoritative Entscheidungen zu treffen. Somit neigte der OB dazu, das Verhalten von A mit den zurückgehaltenen Informationen als bewusste Absicht zu sehen, nicht aber als Ausdruck eines inneren Konflikts, der Herrn A selbst in der Form gar nicht bewusst war. Bei der Identifikation mit Herrn A wiederum erinnerte der OB, wie er selbst im Sinne einer Gegenidentifikation mit dem Vater mit seinen Kindern viel zu oft so umging, dass er ihnen lange Erklärungen machte, warum sie dies oder jenes nicht tun sollten, oder jenes schon, wo die Kinder regelmäßig verstört reagierten und scheinbar nicht begriffen, worauf er hinauswollte. Schließlich musste er dann doch Entscheidungen treffen, z. B. welche Sportart für den Sohn die geeignete sei, welche Schule usw. Er erinnerte, wie peinlich es ihm war, im Laufe seiner analytischen Ausbildung zu erfahren, dass Kinder bis zum Alter von 8–9 Jahren gar nicht in der Lage seien, solche Argumentationsketten zu verarbeiten, dass die Kinder nur innerlich hören »blah, blah, blah, ich mache anscheinend alles falsch«. Er hatte also mit den Erklärungen, in denen er die Kinder zu gleichberechtigten

Partnern machen wollte, diese überfordert und in ihnen Schuldgefühle geweckt. Er hätte viel öfters klare Positionen beziehen müssen, damit sich die Kinder an ihm orientieren können. Im Rahmen dieses Prozesses der Selbsterkenntnis durch die Lehranalyse sah er dann auch, dass in ihm selbst der Widerspruch steckte, einerseits den Kindern bewusst möglichst viel Freiheit zu gewähren, andererseits, ähnlich wie der Vater, gegenidentifiziert mit ihm, unbewusst autoritäre Entscheidungen treffen zu wollen. Diese Seite bei sich selbst zu erkennen, war schmerzlich, sie wirkte sich aber im Gruppengespräch genau an der Stelle aus, als er Herrn A abrupt unterbrach mit der Meinung, es ginge um die Zukunft und nicht um die Vergangenheit. Das war einerseits schon richtig, andererseits aber viel mehr von der unbewussten Erfahrung getragen, die ihm zu diesem Zeitpunkt ihm nicht gegenwärtig war; er war zu sehr mit Herrn B, dem Sohn, identifiziert. Das Verhalten von Herrn C, dem Entwicklungsvorstand, weckte andere Assoziationsketten:

Als Kind und Jugendlicher hatte der OB in seiner Neugier gelegentlich Entdeckungen gemacht, die er anfangs freudestrahlend seinem Vater zeigen wollte. So hatte er einmal im Alter von etwa 10 Jahren ein tragbares Tablett aus Holz angefertigt, er hatte dafür dunkles Holz genommen, das in der Werkstatt seines Großvaters aufzufinden war. Das Holz war extrem hart und konnte deshalb sehr dünn verwendet werden, mit kleinen Dreieckskonstruktionen machte er es dann noch stabiler. Der Vater fragte ihn, was denn das für ein Holz sei, das er da verwendet habe. Er wisse es nicht; schließlich gingen sie in die Werkstatt und suchten das dazu passende Holz, fanden es unter der Beschriftung Mahagoni, also damals extrem wertvolles Holz, das eigentlich als feine Zwischenschicht bei der Skiproduktion zu verwenden gewesen wäre. Der kleine Sohn bekam mehrere Ohrfeigen, weil er dieses wertvolle Holz verwendet hatte, keinerlei Anerkennung aber für seine Konstruktion, dass dieses Tablett nicht nur gut auf vier Beinen stehen konnte, sondern auch oben einen Träger hatte, der genau in der Mitte war, sodass das Tablett gut ausbalanciert war. Der Sohn weinte. Weitere Assoziationen gingen in die Richtung, auch andere Dinge gemacht zu haben, dafür aber selten auch nur irgendeine Anerkennung bekommen zu haben, bis auf ein einziges Mal in der Schule, wo es ihm gelungen war, die Bedeutung eines etruskischen Wortes zu entziffern. In seiner Lehranalyse hatte er verstehen gelernt, dass diese seine Versuche, etwas Tolles zu basteln oder zu erfinden, in engem Zusammenhang stand mit tiefer Rivalität mit seinem Vater, der oft nur an Wochenenden da war und da gewissermaßen die Einheit zwischen Mutter und Sohn, die man als ödipale Einheit verstehen kann, wie die Psychoanalyse sagt, nur störte. Natürlich waren diese Basteleien oder Erfindungen auch Ausdruck seiner Begabung nicht nur intellektuell, sondern auch auf handwerklichem Gebiet, wo er gerade, wenn er nachgedacht hätte, im handwerklichen Bereich seinem Vater dergestalt wehtat, als dieser von seinem Vater wiederum im Handwerklichen überhaupt nicht anerkannt war. Das wusste er eigentlich.

Mit dieser Assoziationskette[131] konnte nun viel besser verstanden werden, welchen inneren Bezug er zu Herrn C, dem Entwicklungsvorstand, hatte, er hatte ihn unbewusster Rivalität zum Vorstandsvorsitzenden bezichtigt. Der Verdacht dieser unbewussten Diagnose war, dass er selbst Vorstandsvorsitzender werden wollte, um die Firma, hier unbewusst wohl die Mutter, zu gewinnen. Somit hatte er unbewusst in Herrn C insofern einen Doppelgänger entdeckt, als dieser tolle Erfindungen machte, andererseits aber auch, dass diese so nebenbei auch der Rivalität dienten. In der realen Firma war es tatsächlich so, dass diese Ambivalenz, einerseits vom Vater, Herrn A, gelobt zu werden für die hervorragenden Erfindungen, andererseits ihn auch ersetzen zu wollen, was dadurch zum Ausdruck kam, dass die neuentwickelten Produkte so ganz langsam in eine hochtechnologische Richtung geführt wurden, die in ihrer Gesamtheit Herrn A nicht mehr möglich war nachzuvollziehen. Herr A hatte sich somit unbewusst wohl noch mehr von Herrn C bedroht gefühlt als von seinem Sohn. Und das mit Recht. So hatte sich Herr C in früheren Sitzungen schon einmal darüber beklagt, dass seine Erfindungen und Entwicklungen zu wenig in ihrer wirklichen Tragweite erkannt werden würden, was beim OB in diesen Sitzungen auf Unverständnis stieß, weil er doch sah, wie diese Dinge die wirtschaftlichen Prozesse der Firma förderten, was durchaus allgemein anerkannt war. So hatte der OB am Anfang der Sitzung, als Herr

---

131 Es ist eine meiner Grundlagen im Umgang mit der sog. Gegenübertragung, alle Assoziationen, seien sie noch so sehr mit der eigenen Kindheit und möglicherweise eigenen Problemen verflochten, zuerst einmal als assoziative Resonanz auf das gerade in einer Gruppe Geschehende zu nehmen, um dieses dann umzuformulieren und zu prüfen, inwieweit sich dieses Material dazu eigne, den geschehenden Prozess vielleicht besser zu verstehen. Die anderen Ebenen sind hier etwas im Hintergrund.

C zu sprechen begann, um Herrn B etwas zurechtzuweisen, ein inneres Gefühl der Zerrissenheit. Einerseits folgte er ihm in seiner Beurteilung, spürte andererseits einen gewissen Widerstand gegen Herrn C, was dazu führte, dass er am Anfang das Gespräch einfach laufen ließ. Auch in den anderen Vorstandsmitgliedern und deren Äußerungen konnte der OB, wenn er seine Assoziationen zuließ, wiederum einiges aus seiner Lebensgeschichte entdecken, nämlich vor allem die Gefahr, übersehen zu werden. Die Assoziationen diesbezüglich waren bezogen auf die ersten Jahre in der Schule, wo er fast der Kleinste der Klasse war, er war wohl ein Jahr zu früh eingeschult worden. Er wollte gerne so groß und stark sein wie die anderen, konnte dies aber nur dadurch kompensieren, dass er besonders schnell lief, Haken schlug und die Großen ärgerte. Die Analyse dieser Assoziationen bewirkte, dass der OB dann gelegentlich mit größerem Interesse darauf achtete, welche Äußerungen diejenigen Vorstandsmitglieder machten, die gar nicht erst in Erwägung gezogen wurden, die Firma zu leiten, was äußerlich und realistisch damit begründet war, dass sie ähnlich alt waren wie Herr A, unbewusst aber doch damit etwas zu tun hatte, nicht gesehen zu werden. Dies führte dazu, diesen anderen leicht zu übersehenden Vorstandsmitgliedern vermehrt Aufmerksamkeit zu schenken, diese auch zu ermutigen, ihre Meinung zu äußern, es also nicht zuzulassen, dass diese sich gewissermaßen aufs Altenteil zurückzogen. Wenn nun das Gespräch das Ergebnis hatte, dass Herr C vorgesehen wurde für den stellvertretenden Vorstandsvorsitz, so dürfte dies auch etwas damit zu tun haben, dass zwar einerseits die Aktienmehrheit und die Geschichte der Firma es schon als richtig erscheinen ließen, dass Herr B, der Sohn, den Vorstandsvorsitz übernehme. Dieses bedeute aber nicht die Abwertung von Herrn C, sondern gewichte seine Leitungskompetenz und vor allem die Kompetenz in der Entwicklung, die für die Firma lebensnotwendig war. In den Sitzungen hatte es Überlegungen gegeben, die Firma aufzuteilen in eine Firma, die nur Entwicklung betreibt, eine andere Firma, die nur den Vertrieb macht, usw., also so etwas wie eine Holding zu gründen, damit man sich gegenseitig nicht in die Quere komme, ohne wirklich zu wissen, was dieses In-die-Quere-Kommen eigentlich heißen solle. Man hatte damit unbewusst alle untergründigen Konflikte und Widersprüche versucht organisatorisch aufzulösen, ohne zu berücksichtigen, dass Widersprüche einfach immer bestehen. Widersprüche und Ambivalenzen machen schließlich das aus, was man das Lebendige nennen kann, Widerspruchs- und Ambivalenzfreiheit dürfte es wohl erst nach dem Tod geben[132].

Mit diesem Beispiel hoffe ich, etwas genauer gezeigt zu haben, wie der Vorgang der Analyse der Gegenübertragung, d.h. das Zulassen aller Assoziationen, das Zulassen der verschiedenartigsten Identifikationsmöglichkeiten, das Zulassen von Widersprüchlichkeiten und Ambivalenzen und deren Übersetzung auf gegebene Gruppensituationen, die geleitet werden müssen, Früchte tragen kann, die anders nicht zu gewinnen wären. Keinesfalls macht diese Analyse der unbewussten Prozesse die Leitungsarbeit schwieriger, gerade im Gegenteil vereinfacht sie sich dadurch, weil die eigene Involviertheit in die Prozesse genutzt wird und nicht dafür Energie verwendet wird, die eigenen Resonanzen zu unterdrücken. Außerdem weiß man, dass sich das Unterdrückte umso stärker irgendwann einmal meldet und dann noch unbeherrschbarer wird.

4.1.4 Vorausgehende Gegenübertragung bei Leitungsaufgaben

Dem Begriff der Gegenübertragung, auch wenn er noch dem alten Freud'schen Vokabular entstammt, als wäre es ein wirkliches Gegen, nicht aber ein Dabeisein oder, besser gesagt, Mitsein mit den anderen, die man gerade anleitet, habe ich deswegen so besonderes Gewicht gegeben, weil jegliche Leitungsaufgabe nicht daran vorübergehen darf, dass man als Leiter eines Prozesses großen Einfluss nicht nur auf der bewussten, sondern vor allem auf der unbewussten Ebene auf die Gestaltung der Situation, die man leitet, hat. Man könnte auch gut sagen, die Gegenübertragung gehe der Übertragung voraus, eben weil sie so großes Gewicht hat, weil schon die Anordnung der Stühle, der Raum, das Setting der Gruppe zuerst einmal vom Leiter bestimmt wird, der sich aber schon da nicht bewusst ist, dass er unbewusst die mögliche Gruppensituation vorwegnimmt, also seine Resonanzen schon vorausgedacht sind. Wenn man also sagt, die Gegenübertragung ginge der Übertragung voraus, so stimmt dies streng genommen nicht. Schon in

---

132 Hier beziehe ich mich u.a. auf Adorno (1979), seinen »Jargon der Eigentlichkeit«, wo er meint, das »Eigentliche« sei der Tod, das »Uneigentliche«, also das Widersprüchliche, das Leben.

der Einrichtung des Raumes, des Ortes, der Zeit, der Tagesordnung usw. ist man in Resonanz mit dem Kommenden, hat sich längst in Resonanz mit der kommenden Situation begeben. So möge man als Leiter, das empfehle ich hiermit, schon vor Beginn einer Sitzung seine Resonanzfähigkeit hinterfragen und daraus die nötigen Schlüsse ziehen, um der kommenden Situation in guter Weise gerecht zu werden.

In Supervisionen mit Leitern verschiedenster Berufe konnte ich mit ihnen feststellen, wie sehr die vorangegangene Resonanz und damit auch Gegenübertragung, wenn ich dieses alte Wort weiter benutze, die künftige Sitzungssituation prägt, und umso mehr prägt, je weniger man bei sich selbst als Leiter reflektiert.

4.2 Abwehrmechanismen

Schon für Freud bestand die Frage, wie die vielfältigsten äußeren Ereignisse, an denen man teilhat, so verarbeitet werden, dass nicht alle den Einzelnen gewissermaßen überschwemmen, sondern so etwas wie Konzentration auf Wesentliches möglich wird. Aus Träumen aber kann man entnehmen, dass doch viel mehr innerlich abgespeichert wird als das, was man meint, wahrgenommen zu haben, z. B. in den Träumen, in denen man meint, gänzlich Unbekanntes zu sehen. Von der anderen Seite her, vom Inneren her, muss auch eine gewisse Abschirmung und Auswahl eintreten, damit man ebenso von Dauer nicht überschwemmt wird; die Triebe verlangen wahrscheinlich nach sofortiger Triebabfuhr, das muss in einer gewissen Weise mit der Umwelt in lebbarer Weise kompatibel gemacht werden. Die Triebe tauchen da als solche überhaupt nicht im Bewusstsein auf, man hat es mit Abkömmlingen zu tun, wie Freud sagte, mit Gefühlen, Affekten und diffusen Situationen von innerem Druck. Die Erziehung tut das Ihrige dazu, dass einerseits die innere Repräsentanz der äußeren Wirklichkeit über Wahrnehmungsvorgänge stattfindet, die kulturell, familiär und von Beziehungspersonen, die einem wichtig sind, mit geprägt werden. Ebenso sorgt die Erziehung durch Aufrichtung innerer Mechanismen dafür, dass das von innen her drängende Triebgeschehen so umgewandelt wird, dass es der eigenen Lebenssituation einigermaßen gerecht wird. Diese Umwandlungsprozesse wurden nun mit dem Namen Abwehrmechanismen bezeichnet, da immer Bestimmtes abgewehrt, anderes durchgelassen und umgeformt wird. Es gibt z. B. viele Witze darüber, wie Männer und Frauen unterschiedlich wahrnehmen, wenn sie in einen Raum eintreten, in dem gerade so etwas wie eine Party, Gesellschaft, stattfindet. Männer suchen meist nach Orientierungspunkten, wie Bekannte, bekannte Konstellationen, Freunde, sie suchen sich Bezugspunkte, mit denen man sich in Verbindung setzen kann. Frauen überblicken meist blitzartig das Beziehungsgeschehen in der Situation, wer gerade mit wem in welcher Verbindung steht, sie erfassen das Klima etwas schneller, die Raumgestaltung und haben etwas wie den Blick auf das Ganze[133]. Als Hintergründe werden biologische Faktoren genannt, Männer würden noch irgendwie auf der Jagd sein, sie suchen die Situation ab nach dem Wild, d.h. nach einzelnen Dingen. Frauen, als Sammlerinnen, müssen die Gesamtsituation überblicken, aus der sich ableiten ließe, was wo und wie gerade wächst. Ich will mich mit diesem Thema nicht besonders beschäftigen, aber es ist schon daran zu sehen, dass Wahrnehmungen immer auch Interpretationen sind, in denen Wesentliches vom Unwesentlichen unterschieden wird, diese Unterscheidung ist wahrscheinlich geprägt durch die Sozialisation, betrifft Männer wie Frauen gleichermaßen, aber doch in zu reflektierender Unterschiedlichkeit. Das innere Abbild des gesamten Gesehenen oder sinnlich Wahrgenommenen muss innerlich mit bestimmten Kennzeichnungen versehen werden, was relevant, was weniger relevant und was gar nicht relevant ist. So kommt es zustande, dass unterschiedliche Menschen zuerst einmal gänzlich unterschiedliche Dinge wahrnehmen, bis sie sich kommunikativ darauf einigen, was für die jetzige Situation relevant an der Wahrnehmung ist. Schon diese Unterscheidungen finden zuerst einmal nicht bewusst statt, in neuen Situationen kommt es zu einem unbewussten Vergleich zwischen alten, bekannten Transaktionssequenzen und den jetzt neuen, man sieht wahrscheinlich zuerst einmal das, was man als bekanntes Muster kennt und über die neue Situation stülpt, bis man sich des Neuen langsam wirklich gewahr werden kann. Es ist ein Zeichen von psychischen Erkrankungen, wenn alles

---

133 Siehe hier den fast als Hymne auf die Frau zu bezeichnenden Aufsatz von Viktor von Weizsäcker (1936 ff.): »Das Antilogische«, mit dem Weizsäcker aufzeigt, dass das »tertium non datur«, das ausgeschlossene Dritte, nämlich falsch und wahr zugleich sein zu können, für Frauen wegen ihrer wohl größeren Nähe zur Natur (Geburt, Sterben) leichter möglich ist. Männer sind in Gefahr, im »Entweder-oder« stecken zu bleiben.

Wahrgenommene in gleicher Weise innerlich abgespeichert wird ohne besondere Auswahl oder umgekehrt, wenn die Auswahl so eng ist, dass kaum mehr etwas von der Wirklichkeit dabei erscheint[134]. Die Prozesse dazu sind von der Wahrnehmungspsychologie ausführlich untersucht worden.

Der Begriff der Abwehrmechanismen meint die Arbeit an der labilen Balance zwischen der bewusst und unbewusst wahrgenommenen Außenwelt, Trieben und Verboten (Über-Ich) der Innenwelt – und wie das mehr oder weniger starke Ich als Steuerungselement damit umgeht. Weder die Innenwelt samt steuerndem Ich, wie es Freud sah, noch die Außenwelt, die Welt überhaupt, wie sie durch die moderne Physik beschrieben wird, ist widerspruchsfrei. Freud sprach von Ambivalenz bis hin zur Ambitendenz, die letztlich lähmt. Es seien immer gegensätzliche Impulse vorhanden, meist kommt nur eine Seite davon ins Bewusstsein. Es ist die jahrzehntelange Erfahrung sowohl aus Psycho- wie auch Gruppenanalyse, dass diese Widersprüchlichkeit, die innere Konflikthaftigkeit, zu einem der wesentlichen Wesenszüge des Menschen gehört[135]. Meist sind es nicht nur duale Widersprüche, sondern vielfache. So will eine Führungskraft z. B. vom Chef geachtet und gemocht werden, gleichzeitig von den Mitarbeitern, ist wütend auf den Chef wegen zu viel übertragener Arbeit, ist wütend auf die Mitarbeiter, weil sie nicht alles erfüllen, was er möchte, dann stehen noch die Bedürfnisse der Familie im Widerspruch zu denen der Firma usw.

Wenn hier die Abwehrmechanismen untersucht werden, sind mehrere Grundlagen vorausgesetzt: a) die Widersprüchlichkeit, Ambivalenz, b) das Unbewusste im Menschen kennt keine lineare Zeit, sondern nur zeitlich geschichtete Transaktionssequenzen. Letzteres ist eine wesentliche Grundlage für Psychotherapie, da man deswegen Früheres nachträglich neu angehen kann. c) Verknüpfungsvorgänge im Gehirn sind seltenst linear und kausal, sondern gewissermaßen assoziativ, sie bestehen nebeneinander. d) Das Gehirn arbeitet nach Gestaltprinzipien, Zufälliges, nebeneinander Bestehendes wird oft nur scheinbar

---

134 Die unterschiedliche Gewichtung dessen, was man wahrnimmt, hängt mit Vorerfahrungen zusammen, auch mit der unterschiedlichen Gewichtung (psychoanalytisch: libidinöse Besetzung) der verwendeten Sinnesorgane.

135 Es bräuchte gar nicht die neue Erfahrung der Psycho- und Gruppenanalyse, viele der großen Philosophen des Abendlandes haben entweder von Dialektik oder eben den Widersprüchen gesprochen, siehe Russell (1950).

sinnvoll verknüpft, Wirklichkeit wird im Sinne von Figur und Hintergrund wahrgenommen, die Figur erscheint, der Hintergrund weniger. Das bestätigten schon früheste Hirnforschungen[136]. Nun zu den einzelnen Abwehrmechanismen[137]:

4.2.1 Wendung der Aggression gegen die eigene Person

Schon im ersten Lebensjahr lernt ein Säugling, dass nicht alle Impulse so einfach ausgelebt werden dürfen, vor allem solche nicht, die von der Außenwelt als Aggression gesehen werden. Diese nämlich werden oft mit Rückzug, Liebesentzug oder sogar direkten Strafen geahndet. Entwickelt ein Säugling Wut auf seine Umwelt, weil seine Bedürfnisbefriedigung zu lange hinausgezögert wurde, kommt es deswegen zu Liebesverlust oder Rückzug seiner Umwelt, muss die Wut irgendwie anders abreagiert werden; eine Möglichkeit dazu ist, sie in motorische Aktivität (Strampeln, Kopf auf ein Kissen oder gar an die Wand schlagen) umzusetzen. Schafft dieses Verhalten weiterhin keine ausreichende Befriedigung, wie meist, so entwickelt sich langsam resignativer Rückzug bis zu Dämmerzuständen. Spätere Analyse solcher Vorgänge ergibt, dass hier die Aggression, die ursprünglich nach außen gerichtet war, schließlich nach innen gerichtet wird und so die resignative Stimmung auslöste. Bei allzu lang anhaltender Frustration ist es nach bisherigen Beobachtungen sogar möglich, dass dann auch lebenswichtige Funktionen im Sinne dieser Aggressionsumkehr eingeschränkt werden. Das Kind ist dann scheinbar vollständig ruhig. Bei genügend Vitalität wird der Säugling immer wieder einmal aufbegehren, neue Aggression auf die Außenwelt richten, schließlich diese wieder umkehren. Wenn aus Säuglingen Kinder und später Jugendliche geworden sind, entdeckt man diesen Mechanismus in der Beschreibung einer Depression. Auch hier kommt es zu kraftloser Lethargie in der Folge dieser Aggressionsumkehr. Ein weiterer hier dazugehöriger Abwehrmechanismus ist die Introjektion, wo es fast jedem Säugling möglich ist, aus geringfügigen

---

136 Siehe z. B. Goldstein (1939)

137 Es handelt sich hier um eine mir für diesen Text sinnvoll erscheinende Auswahl. Für weitere Vertiefung siehe Freud, A. (1964), Laplanche, J., Pontialis, J. B. (1972), Nagera, H. (1977), König, K. (1996) und Mertens, W. (2008).

Veränderungen der Haltung der Bezugspersonen zu erschließen, er solle in irgendeiner Weise anders sein, als er ist. Um auf andere Weise die Nähe zu seinen Bezugspersonen zu erhalten, introjiziert der Säugling schon früh so etwas wie Über-Ich-Vorläufer, nimmt quasi die Haltung und die Erwartungen seiner Umgebung in sich selbst auf, um eine Orientierung zu haben, wie er sich verhalten müsse, damit die nötige Nähe und Resonanz erhalten bliebe, es droht sonst unerträglicher Liebesverlust.

4.2.2 Projektion

Der Abwehrmechanismus der Projektion ist schon in den allgemeinen Sprachgebrauch eingegangen, sodass er hier nur kurz abgehandelt werden muss. Es handelt sich dabei darum, dass das Ich des Individuums oder auch einer ganzen Gruppe[138] nicht in der Lage ist, bestimmte Trieb- oder Selbstanteile bei sich zu integrieren, da die Integration als zu schmerzhaft oder dem Selbstgefühl zu unerträglich erscheint. Schon im Alltag lässt sich dies erspüren, wenn z. B. ein Sprecher in überzeugter Tonlage zu einer anderen Person sagt, er sei jetzt aber sehr aggressiv. Wird auf dieser Deutung bestanden, dürfte es nicht lange dauern, bis der so Beschriebene tatsächlich langsam aggressiv in der Abwehr dieser Deutung wird. Diese Aggression bestätigt dann wieder die ursprüngliche Deutung. Dem Deutenden ist seine eigene Aggression nicht bewusst, er projiziert sie auf den anderen. Projektionen haben somit auch interaktive Wirkungen, da in ihnen mitschwingt, dass das Projizierte, sei es wie vorher die Aggression oder auch etwas anderes, wie schlechter Charakter oder Lügner usw., meist die Auswirkung bei dem solchermaßen Bezeichneten hat, sich gegen eine solche Unterstellung wehren zu müssen. Der Mechanismus hat seinen guten Sinn in der frühen Kindheit, wo das Kind davon abhängig ist, dass es in irgendeiner Weise von seiner Umwelt bezeichnet und entsprechend behandelt wird, es habe Hunger, es habe Durst, die Windeln sind voll usw., wo es sich in solchen Projektionen, die da auch Ausdruck von Einfühlung sein können, wiederzufinden vermag. Denn es folgt die entsprechende Hand-

---

138 Wenn ich von »Gruppe« spreche, kann »Gruppe« immer übersetzt werden auf Team, Firma, Organisation, Institution, Kollektiv, Gesellschaft, Volk, Staat, Staatengemeinschaften.

lung[139], das Kind wird gestillt, es wird neu gewickelt, sodass das Kind, wenn es sich richtig behandelt fühlt, die Projektion als Introjektion bei sich aufnehmen kann. Wird aber z. B. bei einem hungrigen und deshalb schreienden Kind gesagt, es sei eines, das sich wieder einmal in den Mittelpunkt stellen wolle, wobei das Sich-in-den-Mittelpunkt-Stellen als böse oder schlecht gesehen wird, kann sich das Kind bei oftmaliger solcher Interpretation oder Projektion nicht allzu lange wehren. Es nimmt in sein sich entwickelndes Über-Ich die Schlechtigkeitsvermutung auf, verkoppelt diese z. B. mit dem Hungerreiz, was zwar nicht lange gutgeht, denn der Hungerreiz wird sich wieder melden, aber doch schon zu einer ersten charakterlichen Formung beiträgt.

Projektionen sind ein häufig verwendetes Mittel in der Politik, mithilfe derer man den jeweiligen Gegner schlecht machen möchte. Wenn der frühere amerikanische Präsident vom »Reich des Bösen« oder von der »Inkarnation des Bösen« sprach, wollte er sich, sein Land, sein Militär als »gut« bezeichnen, um dadurch psychologische Vorbedingungen für den Krieg, der schließlich stattfand, festzulegen. Die Mörder und die Aggressoren sind die anderen, nicht man selbst. Auch Minderheiten in den eigenen Ländern eignen sich gut für Projektionen, in denen diesen schlechte Eigenschaften unterstellt werden und wurden, um sie sanktionieren zu können. Der Begriff der Vorurteile hat meist viel mit Projektion zu tun, wo man in marginalisierten, also gesellschaftlich schwachen, Gruppen vieles von dem deponieren kann, was man bei sich selbst nicht aushält. Der Widerspruch im Kampf gegen solche Gruppen ist, dass man sie auch braucht, deshalb sie nicht zerstören darf, damit man mit ihnen nicht unbewusste Selbst- und Triebanteile verliert.

Beispiel Fremdenfeindlichkeit

Ich nehme das Beispiel der Fremdenfeindlichkeit in Deutschland, aber auch all den Ländern, die über mehrere Jahrhunderte unter Fremden litten, die ihr Land okkupierten. Das Gebiet Deutschlands war über viele Jahrhunderte hinweg ein strategisch wichtiger Platz, dessen Beherrschung sowohl ökonomische als auch strategische Vorteile hatte.

---

139 Daraus entsteht Erfahrung, deren Gewicht bei der Entwicklung gar nicht groß genug eingeschätzt werden kann. Was kann ich im Rundgang durch die Wissenschaften erfahren, was dabei lernen, war eine der zentralen Fragen C. F. von Weizsäckers (siehe 1992), der von seiner als einer »Philosophie des Rundgangs« spricht.

So fielen immer wieder fremde Truppen in dieses Gebiet ein, marodierten, brachten über die Bevölkerung größtes Elend. Menschen reagieren auf erlittenes Unheil häufig mit Scham, da das eigene Selbstgefühl dadurch in Mitleidenschaft gezogen wird. So entstehen dann Geschichtsbücher, in denen nachvollziehbares wirkliches Elend der unterjochten Bevölkerung nur rudimentär und in abstrakter Weise erscheint, vielmehr aber die Darstellung der Schlachten, der Generäle, der Fürsten, wer wann, wo und wie gewonnen habe. Das wirkliche Elend der Bevölkerung wird selten tradiert, das Selbstgefühl verlangt, dass in den Erzählungen an die nachfolgenden Generationen wiederum ihr heroischer Widerstand mehr als das tatsächlich erlittene Leid erscheint. Bis zur Gründung Deutschlands 1871 hatten die jeweiligen Landesfürsten immer auch Soldaten von weither, Söldner, also Fremde, die gerade dadurch weit besser geeignet waren, die eigene Bevölkerung zu unterdrücken oder auszubeuten, wie solche aus dem eigenen Land. Solches blieb sogar nach der Gründung der Bundesrepublik Deutschland erhalten, wenn man im Süden des Landes z. B. Zöllner aus dem Norden und im Norden des Landes Zöllner aus dem Süden einsetzte. Fremde waren demnach in Deutschland nur in seltensten Fällen Freunde, meist eher Feinde, die den jeweiligen Fürsten halfen, die eigene Bevölkerung zu beherrschen. Wie soll da das Hohelied einer Gastfreundschaft gepflegt werden, wenn man über Jahrhunderte eben gerade nicht die Fremden als Gäste bewirtete, sondern diese sich als Willige im Sinne eines verlängerten Arms der Herrscher erwiesen? Dazu kamen noch über Jahrhunderte dauernde Überfälle fremder Truppen auf dieses Gebiet. Wegen der Scham über das Erlittene wurden nur selten die tatsächlichen Ereignisse weiter tradiert, d. h. in Erzählungen und Schulbüchern eingearbeitet. Der aufgeklärte demokratische deutsche Mensch kann dabei das Ideal der Gastfreundschaft nur pflegen, wenn es andererseits Gruppen in der Gesellschaft gibt, die die unterdrückte und aufgestaute Wut auf die Fremden ausleben. Verstärkt wird dieser Vorgang durch das Nichterzählen stattgefundener Ereignisse, sodass man sich als aufgeklärter Bürger mit Abscheu von denen abwenden kann, die die unterdrückte Fremdenfeindlichkeit in einer solchen Weise ausüben, dass der aufgeklärte Mensch sich nur mit Abscheu davon abwenden kann. Wie gesagt, eignen sich marginalisierte Gruppen der Gesellschaft, deren Lebensentwurf kaum Zukunftschancen hat, in besonderer Weise für die Projektion der ansonsten unterdrückten Fremdenfeindlichkeit. In diese Gruppen kann das Unterdrückte mühelos projiziert werden.

4.2.2.1 Projektion und »Mobbing«

In Betrieben bei den heutzutage immer flacher werdenden Hierarchien verstärkt sich unbewusst ein gewisses Rangordnungsverhalten, das nun anstelle der geringeren formalen Hierarchie eine informelle Hierarchie errichten möchte. Ein Ausdruck davon ist das Mobbing, das man in seiner jetzigen massiven Ausprägung durchaus im Zusammenhang mit den geringeren formalen Hierarchien sehen kann[140]. In dieser informellen Hierarchie schließen sich einige Mitarbeiter einer Abteilung oder eines Bereichs zusammen, beschuldigen dann ein dafür sich eignendes Mitglied der Gruppe, sich auf die eine oder andere Weise inadäquat und störend zu verhalten. In diese sich eignende Person werden nun alle negativen Eigenschaften hineinprojiziert, die die Mehrheit der Gruppe von sich selbst abweist. Auch hier gilt das gruppenanalytische Axiom, dass sich jedes Individuum an der Schnittstelle zwischen individueller und gruppaler Dynamik befindet.

> So wurde ich einmal mit einem Fall konfrontiert, in dem eine Firma, die sich, wie man so sagt, hierarchisch verschlankte, wo durch das Nicht-Nachbesetzen einiger aus Altersgründen ausgeschiedener Mitarbeiter verstärkter Arbeitsdruck entstand, sodass ein Mitarbeiter zuerst einmal häufigere Infektionserkrankungen hatte, deswegen ausfiel, wodurch dessen Arbeit auf die ohnehin überlasteten anderen übertragen wurde. Der immer wieder erkrankende Mitarbeiter wurde von den anderen beschuldigt, mithilfe seiner Erkrankungen Arbeitsverweigerung zu betreiben, um die anderen mit noch mehr Arbeit zu belasten. Wie es bei Menschen so üblich ist, schaut man bei solchen Konflikten nur wenig auf die Fehler der Gesamtorganisation, man versucht die Fehler solchermaßen zu konkretisieren, dass diese ausschließlich bei dem einen oder anderen nun bald zu mobbenden Gruppenmitglied gefunden werden. Dieses gemobbte Arbeitsgruppenmitglied wandte sich schließlich

---

140 Kühl (2007), ein erfahrener Organisationsberater und Soziologe, stellt es als inzwischen erwiesen dar, dass zunehmendes Mobbing proportional zu abnehmenden Hierarchien ist. Auch er sieht im Mobbing den Vorgang der Lokalisierung oder Personalisierung.

schutzsuchend an den Betriebsrat und den sog. Mobbingbeauftragten. Von seiner persönlichen Lebensgeschichte her eignete er sich für die Projektionen der anderen gerade deswegen, weil er schon in seiner Kindheit vielfach erfahren hatte, dass seine Leistungen nicht anerkannt, sondern eher verurteilt wurden. Obwohl seine Lehrer in der Schule seine intellektuelle Kapazität sahen, musste er wegen seiner Eltern seine Schullaufbahn beenden, eine Lehre beginnen, die er auch abschloss, mit durchschnittlichen Noten, da er weit unterfordert war. Er hatte sich dann über betriebliche und außerbetriebliche Fortbildungen und Weiterbildungen so weit qualifiziert, um in seiner Arbeitsgruppe eine wichtige Funktion auszufüllen. Innerlich aber war er immer bedroht vom ihm selbst wenig bewussten Urteil seines Vaters, zu nichts zu taugen, da sein Vater vor allem handwerkliche Fähigkeiten schätzte, nicht aber die intellektuellen. Als er nun in seiner Firma die Infektionskrankheiten erlitt im Zusammenhang mit der Verschärfung der Arbeitssituation, waren diejenigen, die ihn verdächtigten, nicht wirklich etwas leisten zu wollen, gewissermaßen unbewusste Sprachrohre seines Vaters, sodass er zuerst einmal nichts dagegensetzen konnte. Er wollte ja anerkannt sein. Er hatte einen Persönlichkeitszug entwickelt, wo er nach außen hin so tat, als wäre alle im aufgetragene Arbeit ihm leicht, sodass seine Mitarbeiter seine plötzlich vermehrten Erkrankungen nicht in den für alle erschwerten Arbeitszusammenhang bringen konnten, vielmehr ihn der Arbeitsverweigerung verdächtigten. Damit hatte er das gleiche Szenario wie bei seinem Vater. Die Projektion auf ihn als Arbeitsverweigerer hatte bei den anderen den Hintergrund, selbst angesichts des enorm zunehmenden Arbeitsdrucks sich gegen die Organisation der Firma oder zumindest einen in der Hierarchie stehenden Verantwortlichen wenden zu müssen. Das aber war angesichts des Fehlens eines solchen Verantwortlichen und der Angst, selbst eventuell einen Arbeitsplatz zu verlieren, als Widerstand nicht möglich. Deshalb unterdrückte man den Widerstand, verdrängte ihn, um ihn schließlich auf jenen zu projizieren. Es kam auf Veranlassung des Betriebsrats und des Mobbingbeauftragten zu mehreren Gesprächen sowohl mit dem Betroffenen als auch seinen Mitarbeitern und dem zuständigen Projektleiter. Die Voraussetzung dafür war eine ausführliche Organisationsanalyse, die ebenso mit allen an diesem Prozess Beteiligten erarbeitet wurde. Nun konnte angesichts der schwierigen Geschäftslage der Firma organisatorisch zuerst einmal wenig getan werden. Es gelang aber doch ein erster wesentlicher Schritt dadurch, dass den anderen Mitarbeitern deutlich wurde, wie sehr sie sich selbst von ihrer Firma im Stich gelassen fühlten, wie wenig wirkliche Ansprechpartner dafür da waren, sodass die Projektion der Arbeitsverweigerung auf den gemobbten Mitarbeiter nachließ und dieser langsam wieder zu einem geachteten Arbeitsgruppenmitglied wurde. Er bekam sogar eine etwas hervorstehende Position als Gruppenleiter, in der er sich bald gut bewährte. Man hatte also trotz des Prinzips der flachen Hierarchien nun doch wieder eine hierarchische Position geschaffen, in und mit der es sich wieder besser arbeiten ließ. Die Projektionen waren nicht mehr notwendig. Es war allerdings für den Fall zu erwarten, wenn sich »oben« in der Hierarchie wenig änderte, dass dann in dieser oder einer anderen Abteilung sich Ähnliches wiederholen könnte. Das persönliche Leiden daran, sich wie schon beim Vater nicht anerkannt zu fühlen, bearbeitete jener gemobbte Mitarbeiter schließlich in einer eigenen Psychotherapie, die er schon während des Beratungsprozesses aufnahm.

4.2.3 Affektisolierung, Reduktion des Affekts auf seinen Betrag

Diese beiden Mechanismen sind das Gegenteil voneinander. Bei der Affektisolierung erinnert man lebensgeschichtliche Erfahrung, die in mehr oder weniger großer Weise traumatisch[141] waren, so, dass zwar die einzelnen Ereignisse erinnerbar sind, nicht aber der dazugehörige Affekt, die Angst, die Körperreaktionen usw. Vermutlich erhält man auf diese Art und Weise zwar die Erinnerung an diese Ereignisse wach, durch die Verdrängung des begleitenden Affekts aber kann die Erinnerung so erfolgen, dass man durch diese nicht in allzu großer Weise bewegt wird. Man stellt sich dabei auch gar nicht die Frage, welche Affekte man vielleicht gehabt habe, man kann die Ereignisse so schildern, als ob man gar nicht wirklich dabei gewesen wäre, so wirkt es auf die Zuhörer. Der Sinn dabei ist, dass die Affekte wohl als so dramatisch im Inneren schlummern, dass deren Durchbruch zumindest unerträglich, wenn nicht gar als verrückt oder zumindest krank machend, wegen der

---

[141] In den letzten 15 – 20 Jahren wurden Auswirkungen traumatischer Erlebnisse, die anscheinend neuronal anders als bei Neurosen codiert werden, genauer untersucht. Siehe hierzu Mertens (2008), S. 220 f., der einen guten Überblick über den derzeitigen Stand der Forschung gibt.

damit verbundenen Schmerz- und Angstzustände, erlebt werden. Andererseits können dann diese Affekte plötzlich in reiner Form durchbrechen, ohne Erinnerung an die dazugehörigen Szenen und Erlebnisse. Das ist die Reduktion des Affekts auf seinen Betrag. Man hat einen plötzlichen Angstanfall, plötzliche Wut, plötzliche Liebesgefühle oder sonstige Gefühle, ohne dass ein Grund dafür anzugeben wäre, womit diese in dieser Stärke zu tun haben. Man scheint dabei unbewusst zu glauben, dass der Durchbruch sowohl der Szenen samt den dazugehörigen Affekten nicht auszuhalten sei. Plötzliche Angstanfälle sind aber nicht immer Ausdruck des beschriebenen Vorgangs von Reduktion des Affekts auf seinen Betrag, sondern häufig auch Abreaktionen aller möglichen Affekte, die, da sie gewissermaßen namenlos sind, als Angst erlebt werden. Angst ist wohl die erste Abfuhr von Affekten, wenn der Affekt nicht zielgerichtet auf ein Objekt oder gegen sich selbst gerichtet werden kann. Es kann also durchaus Affektabfuhr ohne jeglichen direkt erinnerbaren Inhalt sein, was dann die plötzlich auftretenden Angstanfälle doch gelegentlich wieder in den Bereich des Mechanismus von Reduktion des Affekts auf seinen Betrag rückt.

4.2.4 Identifikation

Identifikatorische Vorgänge sind komplex, sie beginnen oft zuerst mit der oben erwähnten Introjektion, wo elterliche Normen und Haltungen verinnerlicht werden, dann mit Nachahmung im Versuch, gewisse Dinge in ähnlicher Weise zu bewältigen wie die Bezugspersonen, schließlich wird Identifikation zu einem Aussteuerungsmechanismus, in dem man sich mehr oder weniger ganz mit einer Person identifiziert, wie z. B. in der Jugend mit einem Schauspieler oder einem Pop-Idol, wo man diese Person nicht nur nachahmt, sondern versucht, ganz so zu sein wie diese. Schließlich hat Identifikation auch den abwehrenden Charakter, wenn man, anstelle das Gegenüber z. B. in einem zwischenmenschlichen Konflikt zu bleiben, sich stattdessen mit der anderen oder den anderen identifiziert, um diese besser verstehen zu können, in Wirklichkeit aber, um dadurch dem Konflikt aus dem Weg zu gehen[142].

---

142 So sagt z. B. ein Mann, der die intensiven Liebesgefühle einer Frau ihm gegenüber abwehrt, er verstehe schon ihre jetzige Enttäuschung, das sei sicherlich ganz schlimm für sie, aber sie müsse ihn auch verstehen, wenn er ihr Gefühl nicht erwidern könne. Bei schwachen Affekten ist das vielleicht möglich, bei starken kaum. Da wird das

Identifikation ist allerdings auch ein Mechanismus, in dem es möglich wird, durch Identifikation mit anderen deren Vorgehensweise oder Verhalten so zu verstehen, dass man mit diesen dann besser umgehen kann, ohne die eigene Position zu verlassen. Sie kann eingesetzt werden, dann ist es aber ein bewusster Mechanismus. Die unbewusste Identifikation ist in der Regel ein Abwehrvorgang[143], mit dem man, sich selbst schwach fühlend, sich aus der Gefahrenzone bringt, indem man die Position des anderen einnimmt.

Ein hervorstechender Bereich der Identifikation ist der Begriff der »*Identifikation mit dem Aggressor*«. Anna Freud (1964) hatte auf ihn hingewiesen und ihn erstmals ausführlich beschrieben. Es ist dies zuerst einmal ein normaler Mechanismus, mit dem ein Kind, dem Grenzen gesetzt werden, durch Identifikation nachvollziehen kann, dass diese Grenzen gesetzt werden, nicht aber schon auch, warum. Es hält sich dann an diese Grenzen. Es hat dadurch unbewusst die Position seiner Bezugspersonen übernommen, sie introjiziert. Als Abwehr funktioniert dieser Mechanismus, wenn eine Bedrohungssituation so stark wird, dass man um sich und seine körperliche und sonstige Integrität fürchten muss, wie z. B. bei schweren Traumatisierungen. Die Umidentifikation in die Richtung desjenigen, der einen peinigt, schlägt oder sonst misshandelt, hat dann die Wirkung, von der verzweifelten Rolle des Ausgeliefert-Seins in die Rolle des Aggressors, des Handelnden zu kommen und sich unbewusst mit diesem zu verbünden. Dieser Mechanismus scheint dem Menschen zutiefst eingeprägt zu sein. Paläoanthropologen[144] gehen davon aus, dass in frühen Zeiten, als die einzelnen Menschenhorden noch größter Gefahr seitens der Natur ausgesetzt waren und sie im Kampf mit der Natur Frauen und Kinder oder auch Männer verloren hatten, sie dann einen anderen Stamm überfielen, diesem die Frauen und Kinder wegnahmen. Konnten sich diese nicht schnell umidentifizieren, dürften sie wohl getötet worden sein. So haben vermutlich nur diejenigen überlebt, die schnell genug in der Lage waren, den Mechanismus der Identifikation mit dem Aggressor aufzubauen. Heute kann man diesen Mechanismus, der bei Geiselnahmen dann »Stockholm-Syndrom« genannt wird, gut feststellen. Es dau-

---

»Verstehen-Müssen« zur Zwangsidentifikation, die Schmerz und Konflikte vermeiden soll.

143 Mit der Identifikation als Abwehr beschäftigten sich ausführlich Britton et al. (1998).

144 Wie z. B. Bilz, R. (1971)

ert selten mehr als 10 – 12 Stunden lebensbedrohlicher Geiselhaft, bis sich dieser Mechanismus meldet und sich die Geiseln plötzlich mehr mit den Geiselnehmern identifizieren als mit den möglichen Befreiern. Die psychische Hilfe dabei ist, wie schon Anna Freud sagte, dass man damit imaginär aus der Position des passiven Opfers, des Ausgelieferten, in die eines aktiv Handelnden, natürlich wiederum nur imaginär, kommt. Das ist dann leichter zu ertragen. Sehr peinlich ist der Mechanismus, wenn man z. B. nie so wie der »schlimme« Vater werden wollte und dann doch in Handlungen gegenüber eigenen Kindern, der eigenen Frau oder auch Mitarbeitern entdecken muss, dass sich genau das, was man nie tun wollte, längst eingeschlichen hat. Schon Paulus meinte in einem seiner Briefe warnend: Du tust nicht das Gute, das Du tun willst, Du tust das Schlechte, das Du nicht tun willst. Das leitet aber schon über zum nächsten Mechanismus.

4.2.5 Reaktionsbildung

Während die bisher genannten Mechanismen, bis auf die »Identifikation mit dem Aggressor«, dem ersten und dem Anfang des zweiten Lebensjahr zuzuordnen sind, wo sie in ihren Strukturen ausgebildet werden, beginnt die Reaktionsbildung im Rahmen des zweiten und dritten Lebensjahres, in engem Zusammenhang mit der Sauberkeitserziehung und der sich entwickelnden Fähigkeit der selbstständigen Fortbewegung und der besseren Beherrschung der Muskulatur, einschließlich der Schließmuskulatur. Als Kind bekommt man da leicht die Vorstellung, wenn man nun dies alles schon bewältigen könne, kann man alles andere Mögliche tun. Man weiß ja noch nicht genau, auf welche Art und Weise man den Muskel oder diejenigen Muskelapparate in Bewegung setzte, für das Kind erscheint dies wie automatisch, obwohl gewaltige Leistungen des Gehirns und des Trainings im Umgang mit zuerst reflektorischen Phänomenen zu erarbeiten sind. Aus Kinderanalysen weiß man, dass hier leicht so etwas wie omnipotente Vorstellungen bis zur Beherrschung der ganzen Welt[145] entstehen können. Man kann auch

---

145 In Träumen sind es z. B. Überschwemmungen, die alles wegfegen, oder Erdrutsche, die alles begraben, die von der kindlichen Fantasie über die eigene Mächtigkeit des Urins oder der Fäces kundtun. Kinderbücher, in denen ein kleiner Held die Welt vom Bösen befreit, greifen diese Omnipotenzfantasien auf.

sich selbst sichtbar etwas tun. Da man aber auch viel Falsches tun kann, was man durch die Reaktionen der Bezugspersonen erfährt, müssen diese dann als böse angenommenen Reaktionen, die zudem Schuldgefühle wecken, unterbunden werden. Das geschieht am besten dadurch, dass man in besonders »guter« Weise dem folgt, was Bezugspersonen und das eigene innere Gleichgewicht erforderlich machen. Die Reaktionsbildung ist also eine unbewusste Umarbeitung aggressiver und destruktiver Impulse[146] in solch scheinbar liebevollen Art. Da das Unbewusste sich nie zum Verschwinden bringen lässt, erfordert dies, dass die gegenteiligen Handlungen in der Reaktionsbildung in ganz besonders starker Weise ausgeführt werden, sodass dem unbeteiligten Beobachter das durchaus als auffällig erscheint. So können sich z. B. ältere Kinder in ganz besonders liebevoller Weise um die Nachgeborenen kümmern, diese herumtragen, sie wie ein eigenes Kind behandeln, tun dies aber manchmal so auffällig, dass man der Vermutung kaum widerstehen kann, eine gegenteilige innere Tendenz werde dadurch bekämpft. Diese ist wahrscheinlich der Neid auf das jüngere Geschwister, der Wunsch, allein im Mittelpunkt der Aufmerksamkeit der Eltern zu stehen, deswegen das jüngere Geschwister am liebsten weghaben zu wollen. Da dies aber als unanständig gesehen wird, wird es ins Gegenteil, in besondere Fürsorge, verwandelt. Die aggressiven Tendenzen, die unbewusst lauern, lassen sich beim Kind gelegentlich dadurch hinterfragen, indem man es fantasieren lässt, was dem jüngeren Geschwister vielleicht alles passieren könnte, wenn man nicht so intensiv auf es achtgäbe. Der Mechanismus der Reaktionsbildung ist weit verbreitet und vielfach im Alltagsleben erkennbar. So gibt es Mütter, die in sich selbst die Verpflichtung tragen, auf ihr Kind niemals böse sein zu dürfen, dies niemals wegwünschen zu dürfen, um Eigenes zu erledigen. Es besteht die Pflicht, das Kind immer lieb zu haben. Nun ist der Mensch aber ambivalent, und diese unangenehmen Wünsche bestehen durchaus gleichzeitig neben den durchaus auch bestehenden freundlich zugewandten Bedürfnissen. Eine Erziehung, in der auf die grundlegende Ambivalenz des Menschen nicht Rücksicht genommen wird, vielmehr der Zwang ausgeübt, nur die gute Seite der Ambivalenz zulassen zu dürfen, führt zwangsläufig zum Mechanismus der Reaktionsbildung.

---

146 Auch in Träumen können wechselseitig »gute« oder »böse« Impulse füreinander stehen.

Beispiel: Aggressives Stillen

In den 70er-Jahren des letzten Jahrhunderts war es modern geworden, dass Mütter ihre Kinder sehr lange stillen. Man war der Auffassung, stillen sei einfach gesund, wogegen zuerst einmal nichts einzuwenden wäre. In der Universitäts-Kinderklinik, in der ich arbeitete, litten damals Kinder an Asthma und anderen allergischen, vor allem Hauterkrankungen. Fast in jedem Fall konnte man damals feststellen, dass da überfürsorgliche Mütter und auch Väter am Werk waren. Man nannte sie damals »überprotektive« Mütter, die nicht nur das Kind zu jeder beliebigen Zeit, wenn es sich mehr oder weniger lautstark meldete, stillten, ob es nun wirklich Hunger oder Durst hatte oder nicht, sondern ihnen auch sonst ständig Gutes zukommen lassen wollten. Das Stillverhalten fühlte sich für Außenstehende fast übergriffig an. In all diesen Fällen waren aus ursprünglich lebenslustigen und sexuell aktiven Frauen mit der Geburt des Kindes Mütter geworden, die sich entweder selbst oder durch den jeweiligen Mann auf ihre Mutterrolle reduzieren ließen. Sie waren von der Frau zur Mutter geworden, konnten nichts anderes mehr. Die Männer machten aus den Müttern nicht wieder geliebte Frauen, sondern rivalisierten fast wie ein weiteres Kind um die Aufmerksamkeit der Mutter. Natürlich löste das Reduziertwerden auf die bloße Mutterschaft bei den Frauen heftige Aggressionen aus, wie man in psychoanalytischen Behandlungen solcher Frauen erfahren konnte; aber diese Aggressionen durften natürlich nicht gegen das Kind gewendet werden, sondern die Kinder wurden verstärkt in die Aufgabe und Position gedrängt, durch ihr glückseliges Empfangen mütterlicher Fürsorge nachzuweisen, dass es sich wirklich um eine gute Mutter und nicht um eine aggressive, böse, evtl. »sogar« sexuell aktive Frau handele. Gute Mütter lieben nämlich ihr Kind immer und jederzeit. Damit ging oft einher, dass die dann verdrängten sexuellen Bedürfnisse der Frauen ebenfalls umgewandelt wurden in libidinöse Bedürfnisse gegenüber dem Kind. Dadurch kam zur ohnehin schon biologisch bestehenden mütterlichen Reaktionsbereitschaft der tiefe Wunsch noch hinzu, vom Kind geliebt zu werden, als Ersatz für die Liebe des Mannes. Mit der Aufgabe, durch positive Resonanzen der Mutter ihre gute Mütterlichkeit zu beweisen, waren die Kinder vollständig überfordert. Die Mütter waren, symbolisch gesprochen, in das Kind eingedrungen, es durfte keinerlei Abwehrreaktionen zeigen. Dieses Überschwemmtwerden mit solchen das Kind völlig überfordernden Gefühlen und Aufgaben forderte nach einer Reaktion. Das Kind durfte sich ja nicht gegen die übertriebene Zuneigung und übertriebene Fürsorglichkeit wehren, da es sonst seiner Beweisführung, die Mutter sei gut, nicht genügt hätte. Neben sich entwickelnden Schuldgefühlen reagierte der Körper mit Abwehrmaßnahmen. Asthma und Neurodermitis waren da eine gute Möglichkeit, wenn eine gewisse Anlagebereitschaft dazu vorhanden war. Andere Anlagen brachten wieder andere Abwehrerkrankungen zustande. Wie immer bei Abwehrmechanismen erscheint auch in der Reaktionsbildung das Abgewehrte, nämlich die Aggression, in der Übergrifflichkeit der fürsorglichen Verhaltensweisen. Eine andere Abwehr des Kindes kann darin bestehen, wie schon oben beschrieben, in der Identifikation mit diesen Mechanismen. Es entwickelt also selbst Reaktionsbildungen. Reaktionsbildungen sind natürlich nicht nur neurotische Mechanismen, sondern auch in gewisser Weise dann gesund, wenn die Triebimpulse, denen ein Kind ausgeliefert ist, zu stark werden, z. B. ein latenter Todeswunsch gegenüber einem neugeborenen jüngeren Geschwister. Es ist da ganz sinnvoll, dass die direkten Triebabkömmlinge sich in dieser Form nicht äußern, sondern umgewandelt werden. Eine Abhilfe wäre, wenn die Bezugsperson (hier Mutter) in sich selbst einerseits übliche Ambivalenzen erkennen und damit auch beim Kind erlauben könnte, andererseits gemeinsam mit dem Partner oder Ehemann erreichen könnte, die ihr wichtige Liebe da zu leben. Dann müsste sie das Kind nicht dafür benutzen. Alleinerziehende Mütter oder Väter dürften hier überfordert sein, sollten dies aber auch anerkennen.

Im Verkehrsalltag sind Reaktionsbildungen dann zu beobachten, wenn ein Autofahrer wütend vor sich hin schimpft, was er alles mit seinem vor ihm fahrenden und ihn vielleicht ausbremsenden Fahrer machen möchte, wenn er ihn erwische. Treffen sich beide kurz danach z. B. zufällig in einer Kneipe, werden sie plötzlich sehr freundlich miteinander umgehen, wenn der Mechanismus gut klappt. Die Gefährlichkeit des Verkehrs samt den da möglichen Geschwindigkeiten dürften den einzelnen Fahrer leicht überfordern und untergründige Angstaffekte des unangenehmen Ausgeliefertseins samt entgegengesetzten aggressiven Affekten wecken, auch wenn man sich das nicht eingesteht. Leicht lässt sich beobachten, oft auch bei sich selbst, welch intensive Triebabkömmlinge da rumoren und nach Abfuhr drängen, man hat ja einen Panzer, das Auto um sich herum, und kann beliebig fantasieren, was man mit diesem Panzer dem anderen zufügen könne. Leider ginge das auch umgekehrt, und der Panzer ist nur aus Blech.

4.2.6 Ungeschehen machen

Dieser Mechanismus gehört in die gleiche Entwicklungszeit wie der vorangegangene der Reaktionsbildung, hat etwas mit der hier angenommenen Omnipotenz zu tun. Man hat irgendetwas getan, was der inzwischen begonnenen Über-Ich[147]-Entwicklung als schlecht erscheint, oder vonseiten der Bezugspersonen; man möchte sofort dieses Schlechte wieder ungeschehen machen. Das Ungeschehen-Machen kann sich äußern in Aussagen wie »ich war es ja gar nicht« (Verneinung) oder in verzweifelten Bemühungen, das schon Geschehene wieder unsichtbar zu machen. Im Hintergrund lauern immer Schuldgefühle, meist wegen des Verbots der lebendigen Ambivalenz, Schuldgefühle wegen der anderen genauso lebendigen Seite der Ambivalenz, der sog. »schlechten« Seite. In besonderer Ausprägung findet man diesen Mechanismus bei Menschen, die zur Zwanghaftigkeit neigen, wo z. B. *ein Patient Freuds mit einer schweren Zwangsneurose berichtete, er habe auf dem Weg in die Stadt auf dem Bürgersteig eine Bananenschale gefunden, auf der seiner Fantasie nach alle möglichen Menschen, vor allem alte und gebrechliche, hätten ausrutschen können. Diese Fantasie, was diesen Menschen alles geschehen hätte können, entsprang natürlich unbewusst seinen aggressiven Tendenzen, die ihm aber nicht gewahr werden durften. Also hob er die Bananenschale auf und brachte sie in den nächsten Müllbehälter. Als er wieder zur gleichen Stelle kam, übermannte ihn der Schreck, es könnte jemand gesehen haben, dass er die Bananenschale weggenommen habe, er also als derjenige identifiziert werden könnte, der die Bananenschale zuerst hingelegt habe. Um diese vermeintliche Anschuldigung, die wiederum mit seinen unbewussten Schuldgefühlen zu tun hatte, zu widerlegen, holte er die Bananenschale wieder und*

---

147 Ich verwende den Begriff des Über-Ichs im Sinne Freuds, als innerer Niederschlag (Introjektion) der Ver- und Gebote der Eltern, die man nicht nur aus deren Aussagen, viel mehr noch aus deren Haltungen und Verhalten ablesen konnte, zugleich als eine der drei psychischen »Instanzen«: Es, Ich und Über-Ich. Es ist dies eine metaphorische Ausdrucksweise, wie bei Freud üblich, um so etwas wie ein Modell zu haben, mit dem man Erklärungen formulieren kann. Freud differenzierte dieses Modell im Laufe seines Lebens beständig.

legte sie an den vorherigen Platz. Nun war er aber tatsächlich derjenige geworden, der die Bananenschale hingelegt hatte. Er geriet in größere Verzweiflung, hob die Bananenschale wieder auf und legte sie an den Straßenrand. Hier hätte nun wieder ein Radfahrer ausrutschen können, was er auch nicht wollte, also geriet er in größere Verzweiflung und wusste nun gar nicht mehr, wohin er die Bananenschale legen könnte. In seiner Verzweiflung warf er sie dann einfach weit weg hin zur anderen Straßenseite, sodass er sie nun nicht mehr sah, wo sie lag, da die Fahrzeuge sie verdeckten, sie war zum Verschwinden gebracht. Er musste in seiner Verzweiflung noch lange hin und her gehen, um zu prüfen, ob nicht doch noch wegen der Schale ein Unfall geschähe. Er hatte alles ungeschehen machen wollen, was er meinte, was man ihm hätte unterstellen können. Es ist dies ein krasses Beispiel, das aus einer Psychotherapie stammt, aber das Ungeschehen-Machen ist ja nicht nur krankhaft, sondern auch ein Bedürfnis, Schäden wiedergutzumachen. Der Mechanismus kann sich allerdings verselbstständigen, je mehr die aggressive Seite der Ambivalenz schon in der frühen Kindheit unterdrückt hat werden müssen.

4.2.7 Verkehrung ins Gegenteil

Die Verkehrung ins Gegenteil steht dem Mechanismus der Reaktionsbildung und dem des Ungeschehen-Machens nahe, bräuchte von daher als Abwehrmechanismus so nicht ausführlich beschrieben werden. Da dieser Mechanismus aber häufig in Träumen auftritt, kann er zur Interpretation von Träumen gut genutzt werden.

> So träumte eine Patientin einmal nach einer heftigen Auseinandersetzung mit ihrem Chef, eine ihr unbekannte Frau habe ihren Chef geküsst.

Im Gespräch erinnerte sie deutlich die Wut auf ihren Chef und verstand überhaupt nicht, weshalb er dann in der Nacht geküsst hätte werden sollen. Der Traum hatte die Situation in sein Gegenteil verkehrt, die Frau war natürlich sie selbst und sie wollte ihren Chef heftigst schlagen, verkehrte dies aber ins Gegenteil, sodass die unbekannte Frau ihn küssen musste.

Ein elfjähriger Junge, dessen Vater einen Tiefbaubetrieb hatte, fuhr im Traum mit einer Planierraupe herum und schüttete einen großen Erdwall auf. Hinter diesem arbeitete der Vater, was der Junge zuerst im Traum nicht wusste. Dann aber, als er auf den großen Erdwall kletterte, sah er, wie sein Vater schon ziemlich von der Erde verschüttet war und sich mühselig daraus befreite. Er bekam Angst und wachte auf.

Das Gespräch mit dem Jungen ergab, dass der Vater ihm vor einigen Tagen versprochen hatte, wenn er den Berg von Arbeit, der jetzt auf ihn warte, erledigt habe, würde er mit dem Sohn einen Besuch im Tierpark machen, was sich der Sohn schon lange wünschte. Das Aufrichten des Erdwalls war also gerade das Gegenteil von dem, was er wollte. Er wollte den Berg Arbeit mithelfen abzutragen, damit er möglichst schnell mit dem Vater in den Tierpark komme. Es ist also gut möglich, Träume zuerst einmal danach zu untersuchen, was das Gegenteil des Traums ausdrücken würde, um zu einer möglichen Interpretation zu kommen. Hier sei nebenbei gesagt, dass Träume alle die genannten und noch andere Abwehrmechanismen verwenden, um Dinge, mit denen man sich sehr beschäftigt, im Traum so umzuwandeln, dass ihre tatsächlichen Inhalte zuerst einmal nicht erkennbar sind. Ansonsten würde der Schläfer aufwachen, aus dem Schlafbewusstsein ins Tagesbewusstsein zurückkehren. Freud hatte früh erkannt, dass der Traum auch Hüter des Schlafs gerade durch die Umwandlung gegebener Gedanken, Gefühle sei. Zum Zweck der Interpretation müsse der Traum gelesen werden wie eine chiffrierte Nachricht, die erst dechiffriert werden müsse nach den Mechanismen der Abwehr.

4.2.8 Intellektualisierung, Rationalisierung

Diese beiden, die wie die anderen Abwehrmechanismen sowohl bei der Analyse von Träumen hilfreich sind als auch sonst zur Abwehr unerwünschter Triebäußerungen dienen, dürften wohl im Alter zwischen 4 und 6 Jahren, also im Bereich der ödipalen Konflikte, entwickelt werden. Intellektualisierung meint, ähnlich wie Rationalisierung, dass ein dem Selbstgefühl oder auch der inneren Instanz des Über-Ichs unangenehmer oder abzulehnender Affekt, um ihn nicht als solchen erkennen zu müssen, dergestalt abgewehrt wird, dass man für ihn ausführliche Erklärungen im Sinne von Notwendigkeiten oder rationalen Begründungen mit viel Anstrengung erklärt und ihn damit für richtig erklären kann. So kann man heftigen Schuldgefühlen begegnen, die wegen der unbewussten inneren Strenge ansonsten aufträten.

Ein Beispiel möge dies belegen:

Ein junger Mann erzählt, er sei von seiner Freundin verlassen worden, sie hätten sich aber in gutem Einvernehmen getrennt, er habe sich danach wie frei gefühlt. Dabei habe er nicht verstanden, weshalb die Freundin weggegangen sei, er habe sie immer ordentlich behandelt, habe sie an seinem Leben teilnehmen lassen, habe viel mit ihr unternommen. Sie aber hätte gemeint, sie hätte ihn nie wirklich gespürt und das sei ihr langsam zu wenig geworden, bei all seiner sonstigen Liebenswürdigkeit. Nun gut, Frauen kann man halt einfach nicht wirklich verstehen, man müsse das so hinnehmen. Nun habe er eine neue Freundin. Diese sei eine prächtige Frau, er könne mit ihr viel und schöne Sexualität leben, er müsse ihr allerdings etwas Zügel anlegen, weil sie dazu tendiere, mit anderen Männern zu flirten, was er nicht möchte. Es gehöre sich einfach nicht, in seiner Gegenwart mit anderen Männern eng umschlungen zu tanzen, so zu flirten, wie sie es tue. Er habe an sich keinerlei Probleme damit, weil er auch gelegentlich mit anderen Frauen flirte, das sei doch ganz normal. Andererseits aber wehre sie sich gegen seine Meinung, sie solle das Flirten doch mehr unterlassen, weil er es nicht möchte. Als der Psychoanalyse kritisch gegenüberstehender junger Mann erklärte er, dass, wenn man der Psychoanalyse Glauben schenken würde, er eigentlich Verlassenheitsprobleme haben müsste, da sowohl seine Mutter als Konzertpianistin wie sein Vater als Dirigent viel in der Weltgeschichte unterwegs waren, ihn, als ihr einziges Kind, schon bald nach der Geburt bei befreundeten Ehepaaren abgaben, die ähnlich junge Kinder hatten. Soweit er sich erinnere, habe er sich bei diesen Familien nie unwohl gefühlt, mit den anderen Kindern gerne gespielt. Er habe keine Verlassenheitsängste, obwohl die Psychoanalyse dies behaupte, wenn es bei ihm schon im ersten Lebensjahr und bis zur Pubertät wechselnde Familien und damit wechselnde Beziehungsobjekte gegeben habe. Auch die Berichte seiner Eltern über seine frühe Kindheit sagten nichts über solche Ängste aus. Er sei immer ein fröhlicher und anderen zugewandter Junge gewesen. Dabei wird er etwas nachdenklich und begründet dies damit, dass auch seine jetzige Freundin wie die frühere oft plötzlich ganz traurig werde, sage, sie spüre ihn nicht. Das könne er einfach nicht verstehen, weil er doch so viel für sie tue. Er habe klare Vorstellungen, wie man sich Frauen gegenüber verhalten solle, an diese halte er sich, man müsste doch glücklich mit ihm sein, da ja auch die Sexualität so gut klappe, auch wenn er schon manchmal etwas irritiert darüber sei, dass sowohl seine erste als auch die jetzige Freundin viel mehr und länger Sex haben wollten, als er es eben könne. Könnte es sein, sagt er, dass ich doch etwas Reserven gegenüber dem vollständigen Einlassen habe, fragt er. Er kenne ja die psychoanalytische Theorie etwas, vielleicht müssten erst gar nicht Verlassenheitsängste auftreten, wenn er sich, was er bei sich aber nicht bemerken kann, nicht vollständig einlassen könne. Er trinkt sein Bier, das Gespräch fand in einer Gaststätte statt, geht mit fröhlichem Hallo, sagt, bis später. Er müsse jetzt noch eine Kneipentour machen, andere Freunde warteten da noch auf ihn.

Nun kann man als Psychoanalytiker dem durchaus zustimmen, was der junge Mann am Ende andeutete und in seiner Handlung szenisch inszenierte, nämlich, er habe wohl untergründige Ängste beim Sich-Einlassen. Er möchte nicht spüren, welche große oder sogar größte Gefahr da auf ihn lauere, er musste so tun, als ob das alles ein lustiges Gespräch wäre, musste dann aber, als er dem wirklichen Konflikt zu nahe kam, abrupt den Raum verlassen. Und er hatte dafür eine gute rationale Erklärung. Der Berichterstatter, der den jungen Mann gut kennt, erzählt in seiner Therapie, dass dieser junge Mann häufig seit dem Verlassenwerden durch die erste Freundin und noch stärker seit der angedeuteten Krise mit der zweiten an extremer Müdigkeit leide, die mit heftigen Albträumen in Verbindung stünden, wo er aufwache, lange nicht mehr einschlafen könne, morgens wie gelähmt auch nicht aufstehen könne. Also hatte er schon deutliche Symptome, die denen des Berichterstatters ähnelten, der allerdings seit seiner Ehekrise an heftigen Depressionen litt. Der als Beispiel genommene junge Mann hatte sich wahrscheinlich tatsächlich weder in seine Beziehungen zu Frauen noch zum Berichterstatter einlassen können; um sich damit nicht auseinandersetzen zu müssen, rationalisierte und intellektualisierte er.

In christlichen Gesellschaften ist es üblich, den Begriff der Notwehr in rationalisierender Weise dann zu verwenden, wenn man sich häufig in gefährliche Gegenden oder in solche Situationen begibt, in denen die Notwehr es gebietet, aggressiv zu reagieren. Es sind nicht nur die

Kreuzzüge der Christenheit, sondern im Alltagsleben oft Missverständnisse oder gegebene widersprüchliche Verhältnisse, die es ermöglichen, Aggressionen in heftigster und teilweise auch tödlicher Art auszuleben, da man gute intellektuelle Gründe und rationalisierbare Situationen vorfinden kann; psychoanalytische Behandlungen zeigen sogar, dass solche Situationen manchmal manipulativ herbeigeschafft werden, um dann in Notwehr reagieren zu können, um also die vorhandene Aggressionsbereitschaft wegen gegebener Ideologie oder gegebener Notwehrsituation ausleben zu dürfen. Auch schwere Kränkungen des Selbstgefühls führen zu aggressiven Entladungen, die regelmäßig damit begründet werden, dass entweder andere Menschen sich in der oder jener Weise kränkend verhielten, dass man einfach nicht anders konnte, als mit ihnen aggressiv umzugehen, oder auch Dinge, wie z. B. Nägel, die man in die Wand schlagen möchte, die dann abbrechen, so viel Wut auslösen würden, dass man mit dem Hammer auf die Wand eindresche. Die rationalisierende oder intellektualisierende Erklärung dafür ist häufig, dass es ganz klar ist, in solchen Situationen nicht anders reagieren zu können. Beim nicht funktionierenden Nagel drückt sich ein narzisstischer Konflikt in der Weise aus, dass mit hoher Wahrscheinlichkeit ein überhöhtes Ich-Ideal vorhanden ist, welches innerlich fordert, alle Situationen gut meistern zu können; genügt man diesem nicht ausreichend, bricht Aggression aus, entweder gegen sich selbst oder gegen die Dinge, die nicht so funktionieren, wie sie sollten. Sie sind das auf diese Dinge erweiterte Selbst, das da nicht richtig funktioniert. Anschließende Selbstvorwürfe, weil man z. B. Löcher in die Wand geschlagen habe, bestätigen nur noch die wohl unbewusste Tatsache, die Wand wie das eigene nicht funktionierende Selbst behandelt zu haben, nun war dieses angeschlagen. So richtet sich jetzt die gleiche Aggression im Sinne von Selbstvorwürfen gegen den als ungenügend angesehenen Heimwerker. Den inneren narzisstischen Konflikt mit seinem Selbst-Ideal oder Ich-Ideal, das absolute Perfektion oder absolutes Können fordert, kann man meist nicht erkennen. Er bleibt unbewusst, äußert sich aber in der Handlung. Die Rationalisierung geschieht dadurch, dass die Wand oder die Geräte nicht in Ordnung waren, trotz großer Bemühung die Arbeit nicht möglich war. Es lag nicht an mir, sondern an den Dingen oder den anderen.

4.2.9 Identifikation mit dem Aggressor

Diesen Mechanismus entdeckte Anna Freud (1964). Er wurde schon unter 4.2.4 abgehandelt. Da er so weit verbreitet ist, verdient er nochmalige Betrachtung. Er ist einerseits ein gesunder Mechanismus, wie letztlich alle Abwehrmechanismen, indem es über ihn möglich wird, sich mit den Werten und Normvorstellungen der Eltern und der sie umgebenden Kultur und Gesellschaft zu identifizieren. Hier ist der Aggressor eine eher zugewandte Person oder Kultur und Gesellschaft, die die für das Wachstum eines Kindes nötigen Grenzen setzt, gegen die man nun leicht aufbegehrt, weil man vielleicht noch nicht schon so viel wachsen möchte, sich aber gut unterordnen und damit identifizieren kann, weil man spürt, damit wieder ein Stückchen stärker und sicherer geworden zu sein. Übersteigt aber die erlittene Aggression das Ausmaß des Aushaltbaren, zeigt sich dieser Mechanismus als einer, der sich langsam so in die Persönlichkeit der der Aggression ausgelieferten Person einprägt, dass er selbst, um aus der Position des Ausgeliefert-Seins herauszukommen und um die Position des Starken, des Handelnden, einnehmen zu können, selbst mit den gleichen Aggressionen dann auf andere losgeht. Allerdings müssen diese dann wieder, wenn sie dem Selbstgefühl oder der eigenen inneren Moral widersprechen, rationalisiert oder in andere Mechanismen umgewandelt werden. Ein Beispiel aus der Supervision eines Leitungsteams einer Klinik möge diesen Vorgang etwas beleuchten:

> Es handelte sich um eine Klinikleitung, die sich dem Supervisor zeigte als eine, die äußerst freundschaftlich und wenig hierarchisch miteinander umging, die Entscheidungen eher kollektiv traf, wo der ärztliche Direktor der Klinik gemeinsam mit Pflegedienstleitung und Verwaltungsdirektion darauf bedacht waren, ein fast liebevolles Verhältnis mit allen Angestellten zu haben. Dennoch waren in der Klinik heftige Aggressionen ausgebrochen, auch innerhalb verschiedener Stationen, sodass man sich zu fragen begann, um gruppendynamische Zusammenhänge wissend, ob da nicht die Klinikleitung bzw. das Leitungsteam Fehler machte, die über unbewusste institutionelle Prozesse sich dann an verschiedenen Stellen als Aggressionen, Mobbing und die anderen heftigen Situationen äußern würden. Aus diesem Grunde hatten sie einen Supervisor beauftragt, der ihnen als Kenner von Organisationen

bekannt war. Der Supervisor, ich nenne ihn ab jetzt S., hatte schon bei der ersten Sitzung ein recht beklemmendes Gefühl die gesamte Sitzung hindurch, sich eingeengt, kontrolliert und in seinen Reaktionen geradezu überwacht gefühlt. Äußere Gründe dafür waren nicht zu sehen. Es lag die Vermutung nahe, in diesem Team werde etwas Wichtiges vermieden. In der Analyse der Gegenübertragung überlegte S., ob seine Beklemmung nicht vielleicht Ausdruck dafür sei, dass er Vorurteile gegenüber einer so freundschaftlich geleiteten Klinik habe, Vorurteile dergestalt, hierarchische Organisationen wie Kliniken könnten die in den Strukturen eingeschmolzenen hierarchischen und damit auch aggressiven Bedingungen nicht einfach durch freundschaftliches Verhalten überspielen. Auch dafür gab es zuerst einmal keine Anhaltspunkte. Also überlegte er weiter, während die Supervisionssitzung im gewohnten Klima ablief, die Beklemmung blieb. War vielleicht die Beklemmung begründet in einer Übertragung unangenehmster Situationen mit Ärzten aus seiner Lebensgeschichte, wofür es einige Anhaltspunkte gab? Während er über diese Anhaltspunkte weiter nachdachte, erinnerte er sich an Situationen, wo ihm bei heftiger Gegenwehr ärztlicherseits Einläufe verpasst wurden. Während dieser Assoziation erzählte eine hübsche junge Ärztin, sie sei glücklich verheiratet und könne es einfach nicht mehr aushalten, wenn ihr Chef, dessen Stellvertreterin sie war, sie häufig umarmte, ihr sagte, wenn sie nicht schon verheiratet wäre, würde er sie gerne ins Bett zerren, sie solle vielleicht doch seinem Drängen nachgeben. Habe sie ihn da wütend zurückgewiesen, sei sie auf eisiges Schweigen gestoßen, schließlich habe es die Antwort gegeben, wir seien doch alle Freunde und dürften uns doch unsere Gefühle zeigen. Der ärztliche Direktor hatte damit eindeutig die Grenzen seiner Stellvertreterin überschritten, das hatte nichts mehr mit Freundlichkeit und Offenheit zu tun, sondern rückte in die Nähe von Missbrauch von Abhängigen. Die Verwaltungsdirektorin, ebenfalls eine recht attraktive Frau, versuchte die Ärztin zu beruhigen, man gehe doch schließlich auch jede Woche einmal gemeinsam in eine Sauna, trockne sich gegenseitig ab, sie solle nicht so gehemmt sein. Bald war erkennbar, dass der nach außen hin liebevoll erscheinende Umgang miteinander nicht durch langsames persönliches Näherkommen in natürlicher Weise entstanden war, sondern normativ gesetzt war, und zwar vor allem durch den ärztlichen Direktor. Es zeigte sich, dass die auf die Anschuldigungen der jungen Ärztin folgende Kälte und die späteren Rationalisierungen des Direktors und der Verwaltungsleiterin eine ganz feine, aber durchaus auch aggressive Art waren, diese Normen durchzusetzen, was im Übrigen in weiteren Gesprächen sich durchzog bis auf die einzelnen Stationen. Man wollte wohl schon immer dagegen aufbegehren, aber wer kann sich in einer solchen Organisation schon aggressiv zur Wehr setzen gegenüber einem meist ausschließlich liebevoll reagierenden, verständnisvollen Chef? Er hatte mit seinen Normen etwas angesprochen, was wohl vielen Mitarbeitern und Mitarbeiterinnen auch irgendwie am Herzen lag, nämlich einen freundlichen Umgang wie in einer liebevollen Familie zu pflegen.

Das entsprach nun gar nicht der tatsächlichen Hierarchie und den doch abrupten Reaktionen seitens der Leitung, wenn man sie der autoritären Normdurchsetzung und der Verschleierung wahrer Machtverhältnisse verdächtigte. Der nicht oder nur wenig vorhandene Platz zur Austragung hierarchisch und strukturell bedingter Konflikte musste wohl zwangsläufig dazu führen, dass sich innerhalb der einzelnen Teams auf den Stationen bis hoch zur Klinikdirektion überall Aggressionen anstauten, die innerhalb der einzelnen Teams, verteilt über die gesamte Klinik, untereinander mit gegebenen Rationalisierungsmöglichkeiten ausgetragen wurden. Der ärztliche Direktor, der irgendwie doch einsichtsfähig war, beantragte eine Einzelberatung beim Supervisor, die ihm mit Einverständnis der gesamten Klinikleitung auch gewährt wurde. In dieser Sitzung schüttete nun dieser ärztliche Direktor sein Herz dem Supervisor dergestalt aus, dass er es einfach nicht ertragen könne, sich so behandelt zu fühlen, wie er seine Eltern ihm gegenüber erlebt hatte. Er hatte sich schon als Kind geschworen, niemals so zu werden. Weiter erzählte er, dass seine Mutter ihn regelrecht vollgestopft habe mit Süßigkeiten, bis er schon als kleines Kind häufig erbrach, wie sein Vater, der Arzt war, ihn zwang, alle möglichen Untersuchungen über sich ergehen zu lassen, wobei der Vater nicht davor zurückscheute, ihn auch rektal zu untersuchen, was ihm größte Schmerzen bereitet habe. Er habe sich immer völlig ausgeliefert gefühlt gegenüber seinen Eltern, hatte in ihrer übertriebenen Fürsorge vor allem Aggressionen erlebt, die nicht einmal vor seiner körperlichen Integrität haltmachten. Er sah sich also damit konfrontiert, in ähnlicher Weise wie seine Eltern erlebt zu werden, obwohl er geradezu das Gegenteil angestrebt hatte. Es war der Mechanismus der Identifikation mit dem Aggressor, der bei ihm gerade deswegen so stark ausgeprägt war, weil er solch extreme Aggressionen seitens seiner Eltern ausgesetzt war, die er dadurch umwandelte, indem er unbewusst von der ausgelieferten Position des unterlegenen Kindes in die Position der misshandelnden Eltern wechselte. Diesen Prozess hatte er schließlich wieder vollständig abgewehrt und sich mit seinen Idealvorstellungen von Eltern versucht neu zu identifizieren, was ihm wohl nur wenig gelungen war bzw. nur zeitweise. Dass seine Stellvertreterin ihn auch noch sexuell übergriffig erlebte, war für ihn ein Schock, der ihn wohl aufrüttelte, ein solches Einzelgespräch mit dem Supervisor zu suchen. Es war diese Klinik keine psychosomatische Klinik, keine Klinik für Suchtkranke oder für andere psychiatrische Kranke, wo es schon gelegentlich zu beachten war, dass hier verleugnete Hierarchien zu Aggressionsausbrüchen in verschiedenen Klinikbereichen führten, sondern ein Allgemeinkrankenhaus. Dieses Beispiel sollte weniger die Organisationsprozesse aufzeigen, in denen die Folgen der Verleugnung der realen Hierarchie, von der Klinikleitung angefangen bis zu den Stationen, auftraten, vielmehr den genannten Mechanismus, der beim ärztlichen Direktor wohl in ausgeprägter Form vorhanden war.

4.2.10 Unbewusste Schuldgefühle

Manche Menschen pflegen, neben den schon genannten Mechanismen, einen fast oder ganz übertriebenen freundlichen Umgang, der im Zusammenhang mit unbewussten Schuldgefühlen steht. Man kann bei ihnen übermäßig langes Vermeiden von Konfliktsituationen beobachten, manchmal die Neigung zu äußerster Perfektion im Umgang mit Dingen und Menschen, so, als dürfte tatsächlich nichts durch ihre eigene Hand oder durch ihre eigenen Taten geschehen. Als Gesprächspartner fühlt man sich kontrolliert, eingeengt, zur Dankbarkeit verpflichtet und immer etwas unwohl; verdächtigt man sie dieser Absicht, erntet man schnell heftige Aggression. Sie tun alles, um gerade nicht beschuldigt werden zu können, überhaupt Aggressionen oder besondere Liebesbedürfnisse zu haben. Bei einigen Patienten und Patientinnen, die wegen Schwierigkeiten am Arbeitsplatz zur Beratung kamen, stellte sich heraus, dass sie einfach zu langsam und zu genau waren, nebenbei noch andere Symptomatiken wie z. B. Bluthochdruck entwickelt hatten. Jegliche Aufklärung bezüglich innerer Zusammenhänge erlebten sie nicht im Sinne von neugierig machenden Zusammenhängen, sondern als Beschuldigung, wiesen die Aufklärung empört zurück. Unbewusste Schuldgefühle werden im Bewusstsein nicht als von innen heraus kommend erlebt, sondern als Anschuldigung von außen. So lassen sich Frauen »beschuldigen«, erotische Anziehungskraft zu haben, sie erleben dies nicht als Kompliment. Männer lassen sich von solchen Frauen gerne »beschuldigen«, nur »das Eine« zu wollen, fühlen sich gekränkt, können darin nicht das Kompliment sehen, ihr Begehren sei schöne Resonanz auf erotisierende Weiblichkeit und damit verbundene Bereitschaft zur Liebe. Je mehr jemand sich auf diese seltsame Weise beschuldigt fühlt, desto mehr kann man davon ausgehen, dass die von außen kommende Beschuldigung auf innere unbewusste Schuldgefühle trifft. So muss die vermeintliche Beschuldigung mit Vehemenz zurückgewiesen werden. Bei schweren unbewussten Schuldgefühlen finden diese innere Bestätigung und lösen dann Traurigkeit, Niedergeschlagenheit bis hin zur Depression aus, da man sich völlig unverstanden und aus der Gemeinschaft zu Unrecht ausgestoßen fühlt. Die Entstehung unbewusster Schuldgefühle beginnt schon im ersten Lebensjahr, wo diese Ausdruck sind der Aggressionsumkehr von Aggressionen gegenüber Eltern, die für dieses Kind nicht die ausreichende bzw. geeignete Resonanzfähigkeit haben. Sie können aber auch entstehen bei sehr liebevollen Eltern, wo das Kind in natürlicher Weise auch Aggressionen hat, in seiner Neugierde auch Dinge zerstört oder etwas kaputt macht, wo das Kind erlebt, ganz anders zu sein als die liebevollen Eltern. Es müsse wohl ein schlimmes oder schlechtes Kind sein, das sich schuldig gemacht habe mit seinen bösen Handlungen. Da Kinder, was wohl biologisch bedingt und psychoanalytisch nachgewiesen ist, sich in starker Weise dafür verantwortlich fühlen, dass es den Eltern gut gehe, dass sie beieinander bleiben, um die nötige Versorgung des Kindes aufrechterhalten zu können, entwickeln sich unbewusste Schuldgefühle gerne bei Konflikten zwischen Eltern, aber auch bei Erkrankungen dieser, wenn die Erkrankungen für das jeweilige Verständnis des Kindes zu lange andauern. Die Verantwortung für das Wohl und Wehe der Eltern erscheint schon im Märchen von Hänsel und Gretel[148], wo die Eltern nicht mehr in der Lage sind, die Kinder zu ernähren, damit auch sich selbst nicht mehr, wenn die Kinder da bleiben. Die Kinder gehen in den

---

148 Es wird die textkritische Ausgabe von Röllere (1982) verwendet.

Wald, um den Eltern das Überleben zu ermöglichen, kehren erst dann zurück, die verschiedenen Prüfungen hier kann man sicher auslassen, wenn die Eltern wieder in der Lage sind, sich selbst und schließlich auch die Kinder ausreichend zu ernähren. Sie nehmen das tödliche Wagnis des Verschwindens in den dunklen Gefilden des Waldes[149] auf sich und kehren im Sinne einer Wiedergeburt wieder zurück.

Ein Einwand gegen das Vorhandensein unbewusster Schuldgefühle ist gelegentlich, man könne gar nicht leben, ohne sich in irgendeiner Weise schuldig zu machen, z. B. an den Tieren, die man schlachten müsse, oder an der Natur, die man benutze, oder an Menschen, die man brauche, um selbst in guter Weise überleben zu können. Es ist dies sogar ein guter Einwand, denn er zeigt, wie mit der sog. Normalität der Schuld das Bewusstwerden unbewusster Schuldgefühle verhindert oder kompensiert werden soll.

Die christliche Religion ist nicht ganz unbeteiligt an der Entwicklung einer Kultur, die die Aussteuerung von Affekten gerne über das Schuldgefühl macht. Man könnte sagen, die Religion übernimmt da nur einfach das, was ohnehin beim Kind angelegt ist. Aus dieser Sicht könnte Religion sogar eine gewisse Entlastung bieten nicht nur dadurch, dass man sich dann als Schuldige oder Schuldiger in einer Gemeinschaft von Schuldigen fühlen könne, was entlastet, sondern auch dadurch, dass sich die lebensgeschichtlich erworbenen Schuldgefühle gut rationalisieren lassen über die von der Religion nahegelegten. Wenn allerdings allein schon der Gedanke an oder die Vorstellung einer Sünde sündhaft und damit schuldig machend ist, so bezieht sich die Religion auf ein Entwicklungsalter von zwei bis vier Jahren, wo aufgrund des Nichtwissens darüber, welche Macht Gedanken haben, es beim Kind leicht dazu kommt, so etwas wie eine Allmacht der Gedanken anzunehmen. Nur in diesem Alter wäre also der Gedanke an eine verbrecherische Tat schon das Gleiche wie das Verbrechen selbst, wie das 10. Gebot lautet: »Du sollst z. B. nicht begehren deines Nächsten Weib.« Man darf also nicht einmal begehren, legt man eine solche Zeile streng aus. Eine andere Auslegung wäre in diesem Fall, dass die Religion wiederum psychologisches Wissen aufgenommen habe, nämlich insofern, dass vom Begehren zum Handeln in diesem frühen Alter kein weiter Schritt ist. In jedem Fall aber eignet sich eine solche auf Schuld-

---

149 Dunkler Wald ist sowohl Symbol des Todes als auch des Unbewussten.

gefühlen basierende Religion im Sinne der Internalisierung (Verinner-
lichung) der damit verbundenen Kultur gut zur Disziplinierung, was
mit bewusster Ethik wenig zu tun hat.

4.2.11 Verschiebung

Dieser Mechanismus ist gut im Traum zu beobachten, wo er in folgen-
der Weise, wie ich an einem kleinen Beispiel zeigen möchte, wirkt: Der
Träumer hatte am Tag zuvor eine heftige Auseinandersetzung mit seinem Chef, der ihm vorwarf, gewisse Dinge nicht getan zu haben, obwohl er dazu beauftragt gewesen sei. Aus der Sicht des Träumers war
der Auftrag an die gesamte Arbeitsgruppe gerichtet. Diese spezifische
Aufgabe betreute ein Kollege, der bei der Arbeitsteilung innerhalb der
Arbeitsgruppe sich immer mit solchen Aufgaben beschäftigte und dafür gut spezialisiert war. Dieser hatte die Aufgabe aber ausnahmsweise
nicht übernommen, der Träumer fühlte sich zu Unrecht kritisiert, kam
aber beim Chef nicht durch. In der Nacht träumte er nun Folgendes:

> Er war in einem Schwimmbad mit Freunden und Freundinnen, sie ver-
> gnügten sich. Dann kam ein Kontrolleur wie in einer U-Bahn oder in
> der Eisenbahn, verlangte die Eintrittskarten, eine seiner Freundinnen
> konnte die Eintrittskarte nicht finden, bis einer der Freunde ihr seine
> heimlich zusteckte. Der Kontrolleur akzeptierte diese Karte, der Traum
> sprang weiter, und der Träumer sah, wie an einer U-Bahn-Haltestelle
> mehrere junge Leute auf einen Uniformierten einschlugen, woraufhin
> er aufwachte.

Bei den Überlegungen zum Traum ergab sich, dass der Träumer in der
Auseinandersetzung mit dem Chef gerne die Solidarität seiner Kollegen und Kolleginnen gehabt hätte, vor allem, dass derjenige, der eigentlich für die angeforderte Arbeit zuständig gewesen war, diese gemacht
hätte, was sich im Traum dadurch ausdrückte, dass ein Freund der
Frau die Eintrittskarte zusteckte. Die bestehende Wut auf den Chef, von
dem er sich so ungerecht behandelt fühlte, äußerte sich durch die Jugendlichen, die den uniformierten Mann, den Chef, mit Schlägen atta-
ckierten. Das war dann so nahe am Bewusstsein, dass er aufwachte. Im
Traum wurde also mehrfach verschoben, der Wunsch nach Solidarität
in der Arbeit auf die Freunde im Schwimmbad, der Ort wurde verscho-

ben vom Arbeitsplatz zum Schwimmbad, später vom Arbeitsplatz zur U-Bahn-Haltestelle. Der Chef wurde verschoben zuerst in den Eintrittskarten-Kontrolleur, dann in den uniformierten Mann. Sein eigener Affekt der Wut wurde verschoben auf die Jugendlichen an der U-Bahn. Dass er da nichts an der U-Bahn tun oder eingreifen konnte, ist eine Verschiebung seiner Lähmung am Arbeitsplatz, sich nicht gegen den Chef wehren zu können. Man kann bei der Analyse von Träumen somit einmal probieren, ob die auftauchenden Affekte, die auftauchenden Personen nicht strukturelle Ähnlichkeiten mit den Ereignissen am Tag vorher, dem sog. Tagesrest, haben. Es gibt natürlich auch andere Herangehensweisen.

Nun ist der Mechanismus der Verschiebung nicht nur ein individueller in Träumen, sondern wegen der inneren und äußeren Verflochtenheit von Gruppenmitgliedern oder Mitgliedern einer Organisation auch ein Mechanismus, mit dem bestimmte Prozesse, die an der einen Stelle nicht ausreichend durchgearbeitet werden, an einer anderen Stelle in der Organisation, Gruppe oder Institution auftauchen können. Doch dazu mehr bei 4.3.3, der Verschiebung in Gruppen und Organisationen. Verschiebung ist, wenn man noch einmal zum Beispiel zurückkehrt, vielleicht auch der Prozess, bei dem an der realen Arbeitsstätte der Chef so unter Druck geraten ist, dass seine Abteilung bestimmte Dinge zu erledigen habe, dass er den Druck einfach an den Nächstbesten weitergab, ihn dahin verschob. Dieser Nächstbeste war dann der Träumer. In Organisationen wandern Affekte in leichter Weise von oben nach unten, man gibt den Druck einfach weiter, wesentlich schwieriger zu erkennen ist die umgekehrte Richtung, die ebenfalls vorkommt. Verschiebung dient der Entlastung von unangenehmen Affekten oder auch eigenen unangenehmen Persönlichkeitsanteilen. Man kann diese unangenehmen Anteile oft gut bei anderen beobachten, nicht wissend, dass es sich da auch um eigene Anteile handelt, und dann den anderen, auf den das verschoben wurde, für seine Verhaltensweisen abzulehnen, ihn vielleicht sogar zu bekämpfen. In langjährigen Ehen können sich gar Fähigkeiten verschieben, sodass z. B. der eine Partner immer sicherer Auto fahren kann, die Partnerin wird immer unsicherer, und umgekehrt; der eine kann sich gut orientieren, der andere schlecht, und umgekehrt. Man könnte fast sagen, Verschiebung dient der Ausformung von Arbeitsteilung in der Ehe, in Familien und Gruppen. Da der Mechanismus aber unbewusst läuft, entfaltet er Dynamiken, die in dieser Form meist nicht gewollt sind. So gelingt es z. B. frustrierten Frauen unbewusst, ihre eigenen inzwischen verdrängten sexuellen Bedürfnisse auf den Partner zu verschieben, der diese dann ausleben möchte und auf vollständige Abwehr stößt, und umgekehrt, wenn die frustrierten Bedürfnisse vom Partner auf die Partnerin verschoben sind. Dann beginnen meistens Streitigkeiten, die deswegen so heftig werden, weil sie wegen des unbewussten Vorgangs nicht berücksichtigen können, dass sich bei der Klärung, wer welche Impulse nun wirklich hat, keine wirkliche Klarheit erzielen lässt, da ja beide über diese Verschiebung miteinander irgendwie verschmolzen sind, die Kämpfe deswegen dann auch sehr heftig werden. Wenn also etwas von der einen auf die andere Person verschoben wird, ist Trennung und Untersuchung der jeweils eigenen Dinge kaum möglich, da der unbewusste Prozess schon von der Definition her nicht beobachtbar ist. Man kann ihn nur daran erkennen, dass die Kämpfe wegen kleiner Dinge dann besonders heftig und verletzend werden, was der Sache an sich nicht angemessen ist. Da ist die Vermutung naheliegend, es handele sich um verschobene Affekte oder auch verschobene Persönlichkeitsanteile, die an der Stelle, wo sie auftauchen, einerseits isoliert werden sollen, andererseits aber nicht verloren gehen dürfen für denjenigen, der verschoben hat, sonst würde er ja einen Teil seines Selbst verlieren. Eine echte Trennung von jemandem, auf den Persönlichkeitsanteile verschoben sind, ist fast nicht möglich. In Firmen finden da dann langwierige Arbeitsgerichtsprozesse statt, oft nach ebenso langwierigen Versuchen, einen solchen Mitarbeiter zu so etwas wie einen Sündenbock zu machen, ihn zu »mobben«. Wenn aber auf ganze Abteilungen verschoben wird, folgt oft wenig sinnvolle Umorganisation.

Ein Beispiel aus einer Auto-Produktionsfirma:
Eine relativ hoch angesiedelte Führungskraft in der Entwicklung mit etwa 600 Mitarbeitern, in Abteilungen untergliedert, bekam im Rahmen von Umstrukturierungsprozessen die Aufgabe, die Mitarbeiter im Verlaufe von zwei Jahren auf die Hälfte zu reduzieren bzw. zu entlassen. Er, der mit 14 Jahren zur Lehre in die Firma gekommen war, sich langsam, aber stetig hochgearbeitet hatte, inzwischen 56 Jahre alt, war an vielen Neukonstruktionen erfolgreich mitbeteiligt. Er blieb mit seinen Mitarbeitern trotz seiner inzwischen hohen Stellung in teilweise sogar freundschaftlichem Kontakt. Er wollte die Personalreduzierung in Ver-

antwortung für diese seine Mitarbeiter nicht durchführen, da sie ihm auch für die Firma als unsinnig vorkam. Er wandte sich an einen firmenunabhängigen Berater. Da er seinen Widerstand schon öffentlich gemacht hatte, der Betriebsrat eingeschalten war, enthob ihn seine Firma seines bisherigen Postens und gab ihm einen neuen Auftrag – bei gleicher Bezahlung – und mit etwa 40 Mitarbeitern. Der jetzige Auftrag war, einen neuen Sportwagen zu konstruieren, der von der Technik her modern, vom Aussehen her an einen alten, erfolgreichen und sehr schönen Sportwagen erinnern sollte. Er sah dies mit Recht als einen Versuch, ihn vollständig abzuschieben, ihn mürbe zu machen, damit er von sich aus kündige. Denn, um einen solchen Wagen wirklich gut zu konstruieren und den modernen Fertigungsmethoden anzupassen, hätte er weit mehr Mitarbeiter benötigt. Das aber wollte man ihm nicht genehmigen. Zudem waren seine jetzigen Mitarbeiter ebenfalls in etwa seinem Alter, also nicht mehr so belastungsfähig. Nach einer gewissen Krise, in der er beinahe schwer depressiv erkrankte, die damit zusammenhing, seine früheren Mitarbeiter nun nicht mehr schützen zu können, was er als sein eigenes Versagen ansah, wurde er mithilfe der Beratung wieder tatkräftiger und mutiger. Er ließ eine Marktanalyse machen und erkannte da, dass das neue Projekt, wenn es wirklich so gut (von der Technik her) und so schön werden sollte, ein Käufersegment finden würde, das finanziell gut ausgestattet wäre und zugleich Interesse an einem modernen »Oldtimer« hätte. Dieses Auto wurde trotz weiterer Schwierigkeiten seitens des Vorstands gebaut und hatte größten Erfolg, der über seine Berentung hinaus erhalten blieb.

Was war da im Hintergrund geschehen? Die Autofirma war auf zwei Säulen aufgebaut, zum einen auf der Säule langjähriger und erprobter Mitarbeiter, zum anderen auf der Säule direkt von der Universität kommender hervorragender Ingenieure. Man dachte, das würde sich gegenseitig ergänzen und befruchten, Konflikte einbezogen. Nun hatte die Firma aber eine Absatzkrise. Mithilfe einer international tätigen Beratungsfirma wollte man wieder neuen Erfolg erreichen. Diese Firma schlug nun vor, die Struktur zu ändern und weitestgehend auf die erste Säule, die langjährigen und erprobten Mitarbeiter, zu verzichten, die andere Säule zu verstärken, um moderner zu werden und zugleich Teile der Entwicklung, die nicht andauernd innerhalb der Firma gebraucht würden, nach außen zu verlagern. Man hatte dabei vollständig »übersehen«, dass eine solche Maßnahme die Identität der Firma erheblich zu ihrem Schaden veränderte. Man setzte den Vorschlag um, bis man Jahre später merkte, dass die Produktqualität darunter stark litt, sodass die Verkaufszahlen wiederum zurückgingen und man wieder auf die zwei Säulen zurückgreifen wollte, wobei es nun aber an den erfahrenen »Alten« mangelte. Die Diagnose zuvor war anscheinend, dass diese »Alten« am Rückgang des Verkaufs »schuld«, nicht modern genug waren. Es war also nicht der Vorstand oder der Aufsichtsrat, der der geforderten Modernität nicht genügte, falsche Modellpolitik betrieben hatte, das Problem wurde auf die »Alten« verschoben. Dass solche »Alte« dann plötzlich einen sehr profitablen neuen Sportwagen entwickeln konnten, wohl auch unterstützt durch die andere von außen kommende Beratung (heute Coaching), war doch überraschend. Die Einsicht in die für diese Firma inadäquate Beratung durch die internationale Firma führte letzten Endes auch zu Wechseln im Vorstand und der Kündigung des Beratungsvertrags. Welche Kosten die falsche Umorganisierung brachte, ist kaum abzusehen. Es dürften viele Millionen (damals Deutsche Mark) gewesen sein, Hunderte von Arbeitsplätzen und wertvolle Mitarbeiter waren verloren gegangen, die nun der Firma nicht mehr zur Verfügung standen.

4.2.12 Somatisierung

Dieser Mechanismus ist zuerst einmal schon von einer Schwierigkeit belastet, die sofort spürbar wird, wenn man sein Gegenteil nimmt, die Psychisierung, mit welchem im Alltagsgebrauch gemeint ist, dass körperliche Funktionsstörungen nicht als körperliche Dysfunktionen anerkannt oder erkannt werden, um ihnen eine sog. psychische Ursache zuzuschreiben, ohne dann noch den Körper genau zu untersuchen. Gerade der Mechanismus der Psychisierung kommt in vielen Krankenhäusern, aber auch bei einigen Fachärzten zum Ausdruck, wenn die Untersuchungen an einem bestimmten Teil des Körpers kein offensichtliches krankhaftes Ergebnis zeitigten. Die Axiomatik dabei ist die strikte Trennung von Psyche und Körper, die in dieser Form, nämlich, dass das eine die Ursache des anderen sei, ein Denkschema ist, dem man heute (nach Freud und Viktor von Weizsäcker, siehe angegebene Literatur) vernünftigerweise kaum mehr zustimmen kann. Dennoch gibt es Prozesse, die in ungenauer Weise mit Somatisierungsvorgängen beschrieben werden können. Es handelt sich dann, wenn man die Analogie zur Physik nehmen kann, wohl wissend, Analogien beweisen nichts, eine Unbestimmtheitsrelation (W. Heisenberg), wo also Phänomene nur entweder als körperliche oder als psychische im Sinne der Attribute des Ganzen (Spinoza) erscheinen. In der Psychoanalyse hat man wesentlich zwei Theorien zur Verfügung, um Somatisierungsprozesse zu beschreiben. Die eine Theorie stammt von A. Mitscherlich (1972)[150]. Er spricht von zweifacher Verdrängung: Wenn eine psychische Ausgangssituation, z. B. ein Konflikt mit einem Chef, nicht sinnvoll angehbar ist, kann sie zu neurotischen Verarbeitungsmustern dergestalt führen, dass der Chef z. B. wie ein strenger Vater erlebt wird, gegenüber dem man als Kind nichts machen kann. Das ist eine gewisse Regression aus der Alltags- in die Kindheitssituation. Man behandelt dann den Chef, als ob er der Vater wäre. Es hat ein Übertragungsprozess stattgefunden. Der reale Prozess ist damit zuerst einmal mit neurotischer Antwort belegt worden. Das ist der erste Verdrängungsschritt. Gelingt die Auseinandersetzung dann auf dieser Ebene wiederum nicht, was hochwahrscheinlich ist, wird aus der neurotischen Verarbeitung im zweiten Verdrängungsschritt eine körperliche. Dafür eignet sich gut ein Organ, das sich gut zur Symbolisierung eignet und/oder ohnehin schon in irgendeiner Weise vorgeschädigt ist, man kann z. B. Magenschmerzen, Schwindel oder auch Schmerzen in den Gelenken, Bluthochdruck bekommen. Oft spricht man dabei auch von Stress, der sich körperlich zeigt, wenn er nicht auf anderen Ebenen bearbeitbar erscheint. Die zweite Somatisierungstheorie wurde von mehreren Autoren beschrieben, die sich die Frage stellten, welche Organe sich in besonderer Weise eignen, um auf diese hin äußere Konfliktsituationen abladen zu können. Dabei konnte man herausfinden, dass verschiedenartigste funktionelle Störungen (z. B. ansonsten unerklärliche Schweißausbrüche, Herzrasen ohne krankhafte Befunde, Verspannungen, Belastungsreaktionen usw.) relativ leicht zu bearbeiten sind, wenn die zugrunde liegende Situation erfasst und aufzulösen ist. Die im engeren Sinne psychosomatischen Erkrankungen gehen mit körperlichen Veränderungen einher, sodass der Körper sich nun autonom und un-

---

150 Siehe hier Psyche 63 vom Februar 2009, welches Heft seinem 100. Geburtstag gewidmet ist und neben der Darstellung seines Einsatzes für eine politisch verantwortliche Medizin auch seine Überlegungen zur Einheit psychischer und somatischer Prozesse berichtet werden (Bohleber 2009).

abhängig von den auslösenden Konflikten zu verhalten beginnt. Auch bei solchen Somatisierungsprozessen werden nicht nur schon von vornherein irgendwie geschädigte oder schwache Organe verwendet, sondern auch solche, die symbolischen Charakter haben. Die Umgangssprache hat dafür viele Ausdrücke, wie z. B., das schlägt auf den Magen, das Herzeleid, man habe vor lauter Liebe Herzklopfen, manchmal auch vor lauter Angst, der Angstschweiß usw. Man hat im Laufe einer Sprachentwicklung und Kultur einzelnen Organen bestimmte Gefühlszustände zugeordnet. Wenn z. B. jemand sagt, etwas mache ihn ganz allergisch, beschreibt er einen Vorgang, dass eine äußere Situation von ihm innerlich so aufgenommen wurde, dass er nun an seiner inneren Gegenwehr leide, das Äußere wurde zu einem Inneren, wie auch manche Allergieforscher es beschreiben, die meinen, dass man nicht unbedingt gegen das allergisch ist, wogegen man allergisch zu sein scheint, sondern gegen die innere Abwehrreaktion, die gegen das von außen z. B. Eindringende, die Nasenschleimhäute irritierende Staubkörnchen oder die Pollen gerichtet ist. Es könnten durchaus die Antikörper sein, die der Körper entwickelt, um mit der eindringenden Substanz fertig zu werden, gegen die dann die allergische Reaktion auftritt.

Die zweite Theorie ist – über Freud und Groddeck (1979 [1923]) – die von Viktor von Weizsäcker (1986 ff.), dass alle Erkrankungen gleichzeitig psychisch und körperlich sind, das Mitsein der Organe, des ganzen Menschen in der Natur mit seiner Umwelt und Gesellschaft (Meyer-Abich 2010) betreffen. Der Mensch »hat« keine Krankheit wie ein klapperndes Schutzblech am Fahrrad[151], er »ist« krank. Krank-Sein ist neben nötigen, als Erkrankung erscheinenden Umorganisationsprozessen und Unfallfolgen stets im Zusammenhang mit der Lebensgeschichte und deren Verarbeitung zu sehen. Von daher ist das Wort »Somatisierung« eher etwas, was darauf hindeutet, als wäre Soma, der Leib, der Körper, ansonsten nicht beteiligt. Nun hat sich der Begriff aber eingebürgert und sollte dann nur noch für Prozesse genommen werden, die dem entsprechen, was Mitscherlich[152] mit seiner zweifachen Verdrängung meinte. Und diese gibt es natürlich auch. Andererseits zeigen Reaktionen auf Unfälle oder auch Umorganisationserkrankungen bei Infekten, dass der Mensch immer als Ganzer reagiert, das heißt hier,

---

151 Meyer-Abich (1997), S. 13
152 In ähnlicher Weise Schur (1973)

dass nachträglich sehr schnell, eigentlich gleichzeitig, Versuche bestehen, reflektiv Zusammenhänge zwischen Unfall, Infektion und bestehenden Konflikten oder Lebenssituationen herzustellen, um der Ganzheit wieder gerecht zu werden.

Somatisierungsprozesse finden nach diesen Theorien in der Regel statt, wenn Menschen an Lebens- oder Arbeitsverhältnissen erkranken, auf die sie keinen Einfluss haben oder zumindest meinen, keinen Einfluss nehmen zu können. Vor allem das Fach der sozialen Medizin[153] beschäftigte sich mit solchen ungünstigen Einflüssen von Arbeitssituationen auf somato-psychische Prozesse, wobei da auch gemeint ist nicht nur die Somatisierung, sondern auch der direkte Einfluss krank machender Faktoren, z.B. das beständige vor dem Computersitzen und folgende Augenerkrankungen, früher Gifte und Dämpfe, aber das ist wohl weitgehend bekannt. Die Somatisierungen, das wirkliche Krankwerden von Menschen, weil sie sich unzureichend gegen ungünstige Bedingungen zur Wehr setzen können, haben in Betrieben, aber auch Behörden, Schulen, in allen Arbeitsverhältnissen eine große Bedeutung finanzieller Art, da die dadurch bedingten Krankheitsausfälle enorme volkswirtschaftliche Kosten nach sich ziehen.

4.2.13 Wiederholungszwang, Destruktion

S. Freud hatte schon relativ früh entdeckt, dass Wiederholungen verdrängter Ereignisse, also Reinszenierungen, eine gewichtige Rolle bei der Aufrechterhaltung psychischer Gesundheit zukomme. Es ist hierbei so etwas wie Hoffnung im Spiel, das Verdrängte so zum Leben zu erwecken, dass es nun in der jetzigen Situation auflösbar werden könnte. Man könnte sagen, man machte schlechte Erfahrungen und gleicht diese durch genügend gute Erfahrungen wieder aus. Wenn nun aber die Erfahrungen selbst verdrängt wurden, weil sie zu schmerzlich waren, musste Freud bald feststellen, findet eine Wiederholung in einer Art und Weise statt, dass tatsächlich keine Auflösung mehr erfolgt, die Wiederholung wiederholt sich wie unter einem Zwang. Aus Gerichtsgutachten lässt sich häufig folgende Schlussfolgerung ablesen: Der oder die Täter/in habe eine extrem schlimme Kindheit gehabt, in der er oder sie oft fast krankenhausreif geschlagen wurde, so sei er/sie nur ver-

---

153 Siehe hierzu auch Schmahl et al. (1997) und Meyer-Abich (2009)

mindert zurechnungsfähig, wenn er/sie mit diesem Ballast in eine Kon-
fliktsituation komme, die alte Verhaltensmuster wieder auslösen. So sei
er/sie für die Tat, z. B. eine wildeste Schlägerei, juristisch nicht so zu beurteilen, als wäre keine solche Kindheit geschehen. Er/Sie habe also
nicht voll verantwortlich handeln können. Mangels Kenntnis der genauen psychoanalytischen Theorie dazu wird Wiederholung mit dem
Wiederholungszwang gleichgesetzt. Mit einer milderen Strafe und folgenden Resozialisierungsmaßnahmen erhofft man sich, dass es tatsächlich nur eine Wiederholung, nicht aber ein Wiederholungszwang war,
wieder, ohne den Unterschied genau zu kennen. Freud hatte gesehen,
dass Menschen, die unter einem Wiederholungszwang leiden, in der
Therapie zu einem Verhalten neigen, das er als »negative therapeutische
Reaktion« beschrieb, es komme kurz nach jeder Verbesserung der Gesamtsituation zu einer abrupten Verschlechterung, die häufig dann die
gesamte Therapie infrage stelle[154]. Man hatte in der Therapie die Wiederholung dem Bewusstsein über die übliche Analyse der Widerstände
zugänglich gemacht, die das Erinnern verhinderten, somit kam es zur
Besserung. Zuerst meinte Freud, wenn es dann wieder zur Verschlechterung kam, dass dies Ausdruck der erneuten Verdrängung des Wiederholten sei, musste aber schließlich feststellen, dass diese Begründung nicht ausreiche. Er musste absolut destruktiv wirkende Kräfte im
Menschen annehmen, die die Wiederholung des Verdrängten dazu
nutzten, um darin eben diese Destruktion unterzubringen, weshalb
Wiederholung nicht dem Muster folgen konnte, dass die Wiederholung
zugleich auch schon der Beginn der Auflösung der wiederholten Szene
war. Freud war sehr genau in seinen Beobachtungen, ich kann diese aus
eigener Erfahrung mit vielen Patienten bestätigen. Tatsächlich versteckt
sich hinter Wiederholungen oft eine destruktive Kraft, die als solche
gar nicht bewusstseinsfähig ist, sondern nur erschlossen werden kann.
Therapeutisch ist es in solchen Situationen notwendig, gemeinsam mit
dem Patienten nach Belegen zu suchen, wie Wiederholungen für Dest-

---

154 Aus leidiger Erfahrung in der Supervision junger KollegInnen kam es bei solchen
    Besserungen, Ausheilungen von schwereren depressiv erkrankten Menschen in der
    Therapie sogar zu suizidalen Handlungen, die in zwei Fällen sogar geglückt sind. In
    der Psychiatrie hat man dafür das Wort »Entlastungsdepression«, womit gemeint ist
    die Erfahrung, dass Verbesserungen allgemeiner Art manchmal erhebliche Ver-
    schlechterungen nach sich ziehen – meist kennt man da den Wiederholungszwang
    Freuds nicht.

ruktion in verschiedener und häufig auftretender Weise genutzt werden. Gegen die Erkenntnis, dass solch destruktive Prozesse relativ unabhängig von Lebenserfahrungen wirken, Lebenserfahrungen nur zur Abfuhr benutzen, besteht viel Widerstand, da eine solche Erkenntnis zumindest unangenehm ist. Für den Wiederholungszwang nutzbare Wiederholungen sind vielfältig im Alltagsleben und im Beruf zu beobachten. So provozieren Mitarbeiter ihre Chefs immer wieder in der gleichen Weise, sodass diesen schließlich nichts mehr übrig bleibt, als doch nach geeigneten Sanktionsmechanismen zu greifen. Auch vielfältige und noch so gut gemeinte Gespräche mit solchen Mitarbeitern scheinen absolut nichts zu bringen, man stößt da zwar zuerst einmal auf Verständnis, aber die nächste Wiederholung lauert schon.

Zum Verständnis der Annahme der untergründig wirkenden Destruktion ist es nicht abwegig, den zweiten thermodynamischen Hauptsatz, in dem Zeit gleich zunehmender Entropie ist, hier mit zu verwenden. Freud hatte wegen der destruktiven Seite des Wiederholungszwangs die Vermutung, es wirkten neben den Trieben in Richtung Leben sog. Todestriebe hin zum Altern und Sterben. Der genannte physikalische Hauptsatz besteht u. a. darin, dass es Gegenbewegungen gibt, zunehmende Gestalten, so z. B. das Leben, das sich schließlich wieder in den allgemeinen Prozess der Entropie (Zerfall) einfügt. Die Lebenstriebe überwiegen eine gewisse Zeit im Leben, langsam aber verstärken sich die Todestriebe. Somit bleibt die Erkenntnis, der Mensch versucht unangenehme Szenen seines Lebens zuerst zu verdrängen, wiederholt sie dann in verschiedenen Situationen, bis über die Wiederholung so etwas wie eine Heilung entsteht, ist aber gleichzeitig einem Prozess ausgeliefert, in dem die Wiederholung nicht zur Heilung, sondern geradezu im Gegenteil zu erschwerter Erkrankung führt. Es gibt komplizierte therapeutische Techniken der Psychoanalyse, die dem entgegenwirken; im Alltagsleben aber muss man davon ausgehen, dass Menschen diesen Widerspruch in sich tragen. Entgegenwirken könnten sie genügender eigener Reflexionsfähigkeit, die manchmal tatsächlich zur Unterstützung einer Therapie benötigt wird. Wiederholungen und Wiederholungszwang treten nicht nur bei einzelnen Menschen auf, sondern auch bei ganzen Gruppen, Gesellschaften, Staaten, die Lernfähigkeit scheint da deutlich begrenzt zu sein. Auch hier gilt, Wiederholung ist sinnvoll und notwendig, um alte Traumatisierungen langsam aufzulösen, sei es im Ritual oder in anderen gesellschaftlich koordinierten

Verhaltensweisen, der Wiederholungszwang kann aber auch hier einschlagen und damit Traumatisierungen gerade im Gegenteil nicht auflösen sondern verstärken, was manche geschickte demagogische Politiker gut nutzen, vielleicht intuitiv davon wissend.

4.2.14 Regression

Die verhält sich ja wie ein kleines Mädchen, hört man manchmal, wenn eine Frau beschrieben wird, die sich anscheinend nicht altersgemäß zu verhalten scheint. Oder ein Mann rivalisiert mit seinem jüngsten Kind, vielleicht sogar mit den anderen gemeinsamen Kindern um die Zuneigung seiner Frau. Er rivalisiert, als wäre er selbst ein weiteres Kind, anstatt auf seine Frau zuzugehen. Diese Regressionen des Alltags bleiben meist unbewusst.

> In einem Betrieb für Hochtechnologieprodukte hatte sich in der Abteilung für Sicherheitsprüfungen ein etwa 40-jähriger Mann über Fort- und Weiterbildungen und hervorragende Leistungen zum stellvertretenden Abteilungsleiter hochgearbeitet und sollte auf einer in einigen Monaten stattfindenden Tagung, auf der auch Vorstandsmitglieder seiner Firma teilnehmen, das Sicherheitskonzept seiner Abteilung öffentlich darstellen. Er bekam Angst, das nicht leisten zu können, und suchte einen externen Berater auf. Die Aufgabe war, seine Präsentation in guter Weise durchführen zu können. In den Vorgesprächen gestand er, noch nie vor größerem Kreis gesprochen zu haben, innerhalb der Abteilung könne er manchmal auch nicht gut sprechen, verhaspele sich, verliere die Orientierung, könne dann nicht einmal den vorbereiteten Text richtig lesen. Er habe das Reden fast immer seinem Vorgesetzten überlassen, der jetzt aber unabkömmlich sei; er müsse ihn ersetzen. Er erklärte seine Schwierigkeiten damit, dass er schon in der Schule die Diagnose »Lese- und Rechtschreibschwäche« erhalten habe und deshalb nie vorlesen oder später etwas vortragen musste. Der Berater hatte als Psychotherapeut schon viele Kinder mit dieser Diagnose in Behandlung gehabt. Dabei hatte sich bei allen herausgestellt, dass die Schwierigkeiten nur wenig mit dem zu lesenden oder zu schreibenden Text zu tun hatten, sondern vielmehr mit ungelösten Familiendynamiken, wo bestimmte Dinge, die hoch konfliktreich waren, weder angesprochen, schließlich gar nicht gedacht werden durften. Wenn die Eltern die Therapie nicht abbrachen,

dauerte es nicht lange, bis die Schwierigkeiten des Lesens und Schreibens auch mit etwas Übung verschwunden waren. Die Vorgespräche mit dem Klienten ließen schließlich Ähnliches vermuten, was durch das Coaching auch bestätigt wurde: Auch damals bei der Diagnose habe es größte familiäre Konflikte gegeben, er hatte zu Hause größte Ängste vor den Streitigkeiten seiner Eltern, schließlich in der Schule vor den Lehrern. Es hatte sich in ihm viel Wut aufgestaut, die er runtergeschluckt habe – aus Angst vor der Mutter, die ihn beständig bedrohte damit, dass sie ihn nicht mehr möge, ihn wegsperren würde. Ebensolche Angst hatte er vor dem Vater, der zu Wutausbrüchen neigte und ihn mit Schlägen und ebensolchen Wegsperren bedrohte. Er hatte nie darüber reden können. Jetzt wende sich seine Frau von ihm ab, habe anscheinend einen Geliebten. Anstatt hier zu kämpfen, schlucke er, wie damals, die Wut hinunter und versuche, seine Frau zu verstehen. Der Klient war also angesichts der beruflichen und familiären Anforderungen, die er meinte, nicht erfüllen zu können, innerlich in kindliche Szenarien gerutscht, regrediert, in denen die Angst vorherrschte. Die Beratung konnte keine Therapie ersetzen; zu dieser wurde er aufgefordert, was er auch annahm. Er erkannte jedenfalls die Bedingtheit der jetzigen Ängste durch die Verdrängung der kindlichen Situation, konnte mithilfe von Therapie und Beratung wieder vermehrt in der Gegenwart sein. Das Ergebnis von Therapie und Beratung war bald, dass er seine Präsentation zwar nicht besonders gut, mit Ängsten, aber dann doch ausreichend absolvierte. Nach tieferer Aufarbeitung seiner Kindheitsgeschichte konnte er endlich wieder Bücher lesen, machte kaum mehr Rechtschreibfehler und klärte die Probleme mit seiner Frau. Und: Seine Präsentationen wurden so gut und authentisch, dass er weitere Erfolge hatte und mit der Stärkung durch diese nun gerne Präsentationen machte. Die Regression war wieder aufgelöst worden.

Regressionen sind somit Versuche, unbewusst gewordene Transaktionssequenzen früherer Zeit dafür zu verwenden, gegenwärtigen Aufgaben oder Schwierigkeiten, wenn sie als unlösbar angesehen werden, auszuweichen. Regression könnte so ein Alltagsphänomen sein, mit dessen Hilfe man gänzlich neue und unbekannte Situationen zuerst einmal unbewusst innerlich vergleicht mit alten und bekannten, auf diese alte Weise auch reagiert, um dann, wenn man das Alte im Neuen erkennt, schließlich mit vermehrten Kräften das Anstehende angehen kann. Die Kräftevermehrung entsteht deshalb, weil keine Kräfte zur Abwehr des Verdrängten mehr verbraucht werden. Es dürften im Sinne der Regression ganz oft unbewusst Vergleiche mit früheren Szenarien verschiedenster Art stattfinden, was das Unbewusste in extremer Geschwindigkeit leistet. In der analytischen Psychotherapie benutzt man diese Bereitschaft zur Regression, da man hier die verborgenen Szenarien gut aufdecken kann, um verhinderte progressive Kräfte zu mobilisieren.

Ein kleines Beispiel aus einer durchaus guten Ehe:
Beide wissen um ihre Geschichte und deren Verarbeitung. Wenn der Mann meint, die Frau würde wieder einmal in eine Vaterübertragung ihm gegenüber regressiv rutschen, spricht er, wie er weiß, dass ihr Vater im Konflikt häufig sprach: Ich schlafe heute im Campingauto, das vor dem Haus steht. Umgekehrt, wenn die Frau meint, er würde in ihr wieder einmal die Mutter sehen, sagt sie Worte, von denen sie weiß, dass seine Mutter dies sagte, wenn sie sehr ärgerlich war: Ich bekomme gleich Migräne und du bist schuld daran. Beide haben genügend Humor, um dann zu lachen – und die Regressionsbereitschaften sind wieder gelöst. Nun können beide sich den wohl bestehenden Konflikten zuwenden.

Es ist schlicht eine Tatsache, dass in jeglichen Beziehungen durch Regression Wiederholungen stattfinden, die zuerst unbewusst sind und mithilfe des Partners oder der Partnerin, der oder die solche Wiederholungen spürt, aufgedeckt werden könnten, um wieder in die Gegenwart zu kommen. Schwierig wird es nur, wenn die Beteiligten sich gerade mal gleichzeitig in der Regression befinden. Dann braucht es Übung und reflektierte Erfahrung, um der Gegenwart wieder gerecht werden zu können.

4.2.15 Progression

Dein Kind ist aber altklug, sagt ein Gast zu seinem Gastgeber, nachdem er entdeckte, dass das Kind anscheinend versucht, sich wie ein Erwachsener zu verhalten. Wird also Progression eingesetzt, um der gegebenen Situation dadurch zu entfliehen, dass man sich so verhält, als ob man schon viel älter und viel weiser wäre, als man ist, handelt es sich um einen Abwehrvorgang. Dieser kann verschiedene Gründe haben, die in Verallgemeinerung damit zusammenhängen, dass die Gegenwart in irgendeiner Weise äußerst unangenehm erscheint, sodass man über Identifikation mit den reif und weise erscheinenden Personen deren Verhalten nachahmt und dadurch die gegebene Situation erträglicher macht. Progression ist aber nicht nur ein neurotischer Abwehrmechanismus, sondern auch ein Mechanismus, der wesentlich dabei beteiligt ist, mit gewissem Mut Neuland zu betreten, was vorher in dieser Weise nicht möglich war. In der Arbeitswelt gelingt es geschickten Vorgesetzten häufig, diesen Mut zum Betreten von Neuland bei den Mitarbeitern dadurch zu wecken, dass man ihre bisherigen Leistungen bestätigt und die Vermutung daran knüpft, bisher geschehene Leistungen wiesen darauf hin, dass das zu betretende Neuland vom geschätzten Mitarbeiter durchaus als erreichbar scheint. Arbeiten die Mitarbeiter im Sinne von Dienst nach Vorschrift, werden sie keine neuen Aufgaben wirklich gut bewältigen können. Arbeiten sie tendenziell regressiv, befinden sie sich schon im Konflikt mit dem Vorgesetzten, vermissen dessen Bestätigung oder Anerkennung. Progressive Entwicklungssprünge sind, wie schon in der Kindheit, durch erfahrbare Grenzen bewirkt, die zumindest den Anschein haben, als könnten sie in irgendeiner Weise auch einmal bewältigt werden.

So erzählte mir ein erfahrener Leiter einer Strafvollzugsanstalt, dass es für die Gefangenen unbedingt eine Fantasie geben müsse: Wenn sie sich nur genügend anstrengen würden, könnten sie vielleicht einen Fluchtweg ausspähen. Wird in einer Vollzugsanstalt alles dafür getan, dass jeglicher Gedanke an Flucht absolut unmöglich erscheint, droht sich geballte Aggression innerhalb der Vollzugsanstalt zu entladen, häufig kommt es dann zu lebensbedrohlichen Aufständen oder Geiselnahmen.

Das geschah, als ein im Strafvollzug unerfahrener Staatssekretär verlangte, ein Gefängnis absolut sicher zu machen, dann auch noch Nato-Stacheldraht um die Mauern zu ziehen, sodass jeglicher Gedanke an Fluchtmöglichkeit erstickt wurde. Binnen einer Woche nach Errichtung all dieser Sicherheitsmaßnahmen kam es zu einer mörderischen Geiselnahme innerhalb des Gefängnisses mit 6 Toten. Der Leiter des Gefängnisses hatte sich strikt dagegen gewehrt, solche extremen Sicherheitsmaßnahmen zu ergreifen, weil er von dieser Gesetzmäßigkeit wusste. Er konnte aber nichts machen, weil in der Hierarchie der Staatssekretär zu bestimmen hatte. Und dieser schob die Verantwortung dem Leiter des Gefängnisses zu.

Man kann aus diesem Beispiel folgern, das bestätigen auch Therapien: Wenn es Menschen aufgrund äußerer Bedingungen absolut unmöglich gemacht wird, sich weiterzuentwickeln, weitere Lebensmöglichkeiten und Freiheiten sich zu erobern, wandelt sich mit gesunder Aggression gemischte Progression um in destruktive Aggression. Diese richtet sich dann regressiv und ungebremst entweder gegen die eigene Person (Depression, Krankheit, Resignation) oder die Institution und deren Vertreter, in der solche extremen Einschränkungen erdacht und vollzogen werden. Die Progression sorgt trotz aller Grenzen, wenn diese als nur irgendwie überwindbar erscheinen, für weitere Entwicklungsprozesse. Gar keine Grenzen sind vor allem in der Kindheit progressions- und entwicklungshemmend.

4.2.16 Verdrängung

Das Wort Verdrängung wird in der psycho- und gruppenanalytischen Literatur in zweifacher Weise gebraucht, einmal als Ausdruck jeglicher Abwehr und jeglicher Abwehrmechanismen, andererseits auch als ein spezifischer Mechanismus, der besagt, dass der Erinnerung an für das Selbstgefühl unerträgliche, peinliche oder schmerzauslösende Ereignisse ein Riegel vorgeschoben wird, man weiß nichts mehr davon. In psychoanalytischen Prozessen konnte man feststellen, dass auch die einem selbst als glaubwürdig erscheinende Erinnerung nicht nur einfach Erinnerung ist. Sie soll etwas bestätigen, was in der gegenwärtigen gesamten Lebenssituation einen am meisten gerade zu prägen scheint. So entstehen in Therapie Erinnerungen z. B. an eine gute, hilfreiche und liebevolle Mutter, im Sinne der Gleichgültigkeit des Unbewussten gegenüber negativen und positiven Vorzeichen auch Erinnerungen an eine ebenso negative Mutter, wenn man sich gerade in einer Phase einer guten, zumindest intensiven und Ambivalenz zulassenden Therapiebeziehung befindet. Es ist dabei ziemlich gleichgültig, ob die scheinbar erinnerten Ereignisse wirklich stattgefunden haben oder nicht. Der Hauptzweck der Erinnerung ist die Bestätigung der unbewussten Einschätzung der gegenwärtigen Situation, nebenbei eine Stütze der Identitätsentwicklung. Natürlich sind wohl die meisten Erinnerungen auch einigermaßen wirklich und real, darauf verlassen kann man sich aber nie. So lassen sich in Therapien häufig folgende Prozesse beobachten: Man könne sich aus seiner Kindheit an nichts erinnern, jedenfalls sei die Kindheit so gewesen, dass man sich da richtig wohlgefühlt habe. Wenn dann in der unbewussten Übertragung im therapeutischen Prozess Konflikte z. B. mit dem Vater auftauchen, entstehen Erinnerungen, in denen der Vater plötzlich gar nicht mehr so nett, sondern sogar in unangenehmer Weise den Patienten behandelt hat. Das wird aufgearbeitet, nicht lange dauert es, dann entstehen Erinnerungen an eine Mutter, von der man sich auf diese oder jene Weise extrem gut, extrem schlecht, aber immer so behandelt fühlte, dass man sich selbst in ihrer Behandlung nicht wirklich wiedererkennen konnte. Therapeuten werden hier oft verführt dazu, den Erinnerungen einfach zu glauben und die Patienten dann wegen ihrer geschilderten Kindheitssituationen zu bedauern. Sie übersehen dabei gelegentlich, dass diese Erinnerungen nicht nur als Erinnerungen gedacht sind, sondern als Beleg für die jetzt gerade bestehende Beziehung zum Therapeuten, die aber als solche noch nicht ausgedrückt werden kann, vor allem dann nicht, wenn der Therapeut es vergisst, dass es immer die Gleichzeitigkeit zwischen dem Geschehenen und dem Jetzt gibt wegen der teilweise[155] nicht vorhandenen Zeit im Unbewussten des Menschen. Es scheint manchmal so, als ob mit den Erinnerungen der Patienten gut von der Gegenwart der analytischen Situation abgelenkt werden könne. Es ist zwar etwas sehr verdichtet, wenn ein Therapeut auf die Aussage seines Patienten, sein Vater habe ihn geschlagen, so reagiert, dass er sagt, ah, Sie haben Sorge, von mir verletzt zu werden. Tatsächlich aber, das zeigen Forschungen über Kommunikationsprozesse, gibt es immer eine analoge und eine digitale Kommunikation. In der analogen wird das beschrieben, was beschrieben wird, in der digitalen wird das gesprochene Ereignis bezogen auf die jetzige Situation und Beziehung. Im Alltag ist solches leicht zu erkennen, wenn z. B. ein Vorgesetzter im Mitarbeitergespräch erzählt, sein Vorgesetzter habe ihn immer gelobt, ihn aus Konfliktscheu nie auf Schwierigkeiten und Konflikte hingewiesen. Sofort ist dem Mit-

---

155 Freud sagte mit gewissem Recht, das Unbewusste kenne keine Zeit, weshalb man in gewisser Weise in der Therapieerfahrung nachträglich Früheres korrigieren könne. Andererseits glaube ich vielfach beobachtet zu haben, dass die, wie ich sage, Matrizen früherer Transaktionserfahrungen doch zeitlich geschichtet sind, zumindest für den teilnehmenden Beobachter, den Analytiker.

arbeiter unklar, was jetzt der Vorgesetzte meint: Heißt das, auch er sei konfliktscheu und das Lob gelte nichts – oder heißt es, dass er ihn deshalb nicht lobe und ihm alle möglichen Schwierigkeiten sage, dass er im Gegensatz zu seinem Vorgesetzten eben nicht lobe, sondern die Konflikte hervorhebe? Analog gesehen ist es einfach ein Bericht über eine vergangene Situation. Doch das Digitale wiegt schwerer: Die Erzählung könnte neben den entstandenen offenen Fragen auch ein Angebot einer verstärkten persönlichen Beziehung sein. Wie auch immer der Mitarbeiter eine solche Aussage digital übersetzt, er bleibt auf Fantasien angewiesen. Vielleicht hilft ihm der Kontext ein wenig, das Mitarbeitergespräch und die bisherigen Verhaltensweisen seines Chefs. Verdrängt wird hierbei die aktuelle Situation, es wird über die Vergangenheit gesprochen, in der dieses oder jenes geschehen ist, was auf der Ebene der digitalen Kommunikation eine Aussage über die gerade bestehende und mögliche Beziehungsform ist. Verdrängung ist somit ein Mechanismus, der nicht nur in der Kindheit es ermöglicht, unangenehme und schwierige Situationen zu vergessen, sondern auch einer, der aus der Gegenwart Vergangenheit macht – und umgekehrt.

Wenn ein Lebensstil, ich verwende hier das Wort A. Adlers[156], so gestaltet ist, dass man sich in seinem Leben immer als Opfer fühlte, dürften alle Ereignisse der Lebensgeschichte, die mit diesem Modell nicht übereinstimmen, verdrängt bleiben. Ist der Lebensstil ein anderer, z. B. der eines Menschen, der die Erfahrung gemacht zu haben glaubt, durch Mut immer alle Schwierigkeiten bewältigt zu haben, so wird dieser alle Szenarien, in denen er überhaupt nichts bewirken konnte, wo der Mut nichts nutzte, verdrängen und davon nichts mehr wissen.

Verdrängung ist aber auch ein absolut gesunder und notwendiger Mechanismus, da es keinem Menschen möglich ist, außer er ist psychotisch, gleichzeitig alle Dinge in gleicher Form und Weise wahrzuneh-

---

156 Alfred Adler war mit seinem Büchlein über die gesundheitlichen Folgen des Schneidergewerbes einer der Begründer der Sozialmedizin. Dann las er von Freud, seiner Traumdeutung und der Erkenntnis kindlicher Sexualität. Er schloss sich der Gruppe um Freud an, wurde bald wichtig mit seinem Begriff der Organminderwertigkeit, womit er erklären konnte, dass ein vorgeschädigtes Organ bei Unteilbarkeit des Individuums kompensatorische Leistungen des ganzen Menschen hervorbringe, ein frühes Argument für das Mitsein der Organe. Später trennte er sich wieder von Freud und begründete, weiterhin Freud noch achtend, die »Individualpsychologie«, um durch diesen Begriff In-Dividuum (= Ungeteiltes) das Ganze des Menschen zu erhalten (siehe Gfäller 2002).

men und ins Gedächtnis einzuspeichern, die gerade geschehen. Nach Ergebnissen der Wahrnehmungspsychologie scheinen wir selten mehr als zwölf Dinge gleichzeitig als wichtig erachten zu können. Verdrängung hat also auch etwas mit Konzentrationsfähigkeit zu tun. Wenn man sich auf dieses oder jenes konzentriert, ist es notwendig, all das, was vielleicht ablenken könnte, vom Bewusstsein wegzuhalten, also zu verdrängen. In Träumen erscheinen diese verdrängten Ereignisse oder Räume oder auch Situationen, die verdrängt wurden zum Zweck der Ermöglichung genügender Konzentration, so, als würde man im Traum völlig unbekannte Räume, völlig unbekannte Gegenden usw. besuchen. Nach meiner Erfahrung ist es bei genauester Untersuchung immer möglich, diese Räume, Erfahrungen und Gegenden doch als solche zu bestimmen, die schon einmal erlebt wurden; es waren dann oft Überlagerungen zweier oder dreier Szenarien. Das Gehirn speichert die Dinge, auch wenn man sie im Sinne der Konzentration von sich schiebt und schließlich nichts mehr von ihnen weiß, sie verdrängt hat.

So war es in einer Therapie möglich, heftige Angstattacken seines Patienten, wenn dieser sich Brücken näherte, aufzulösen. Dieser Patient erinnerte nach vielen Widerständen, dass er mit etwa 5 Jahren einmal mit der Mutter auf einer Brücke stand. Da sah er unten im Tal einen schweren Autounfall, einen Frontalzusammenstoß. Er hatte damals heftige, bis zu Todeswünschen gehende Aggressionen auf seinen Vater, der aus seiner Sicht seine Mutter immer schlecht behandelt hatte. Der Vater war beruflich oft zu entfernten Baustellen gefahren, hatte zu Hause von Unfällen erzählt, denen er nur mit Mühe entkommen war. Der Patient verknüpfte den gesehenen Unfall mit seinen aggressiven Fantasien und konnte sich in diesem Augenblick gut vorstellen, es geschähe seinem Vater ein ähnliches Unglück. Zutiefst erschrocken über diese Verknüpfung und die scheinbare Realisierung seiner Todeswünsche verdrängte er das ganze Geschehen samt seinen Gefühlen, hatte aber bald heftigste Höhenangst auf Brücken. Schließlich verwandelte (Verschiebung) sich diese Höhenangst in die panische Angst vor Brücken. Nun war aber sein Arbeitsgebiet der Straßenbau. Da gab es unvermeidlich Brücken. Das zwang ihn zur Therapie. Die schrittweise Aufhebung der Verdrängung samt damit verbundener Auseinandersetzung mit den »bösen« Wünschen, die sich jetzt in der Sorge um den Therapeuten (Übertragung) äußerten, führten zu seiner Gesundung.

Hinter vielen Verdrängungen, wenn sie aus schuldgefühlshaften oder sonst dem Ich nicht zumutbaren Situationen bestanden, stehen als Matrizen[157] zu benennende Transaktionsmuster. Das gilt auch für Träume, wenn da Unbekanntes, hinter dem Bekanntes lauert, dargestellt wird. Es ist notwendig für die Konzentration auf Wesentliches, Unwesentliches zu verdrängen. Da dieses Verdrängte im Gehirn abgespeichert wird, kann es Einfluss auf das Alltagsleben nehmen; dies umso mehr, wenn die Verdrängungsabsicht war, äußerst Unangenehmes nicht mehr erleben zu wollen. Wie schon gesagt, ist die Verdrängung, wie alle anderen Abwehrmechanismen, einerseits notwendig für die Entwicklung, andererseits ein Mechanismus, der Wahrnehmungsvorgänge in oft ungünstiger Weise beeinflusst, wo also das Verdrängte in verschleierter Form wiederkehrt.

4.2.17 Verleugnung, Verneinung

Der Mechanismus der Verleugnung ist etwas enger gefasst als der der Verdrängung, das, was man verleugnet, hat schon einen genaueren Inhalt. Im Allgemeinen führt die gerade gegebene Lebenseinstellung oder der Lebensstil dazu, Erinnerungsketten zu entwickeln, in denen Bestätigung für das Jetzt gefunden wird. Alle anderen Ereignisse, die dem vielleicht widersprechen würden, werden, wie unter dem Punkt Verdrängung beschrieben, verdrängt, aber manchmal eben nicht verdrängt, sondern geleugnet. In der Verleugnung ist man dem verdrängten Ereignis etwas näher, man weiß dann zumindest das, was mit Sicherheit nicht geschehen ist. Freud beschrieb einmal den Gegensinn der Urworte (Freud 1910e), indem er erhellte, dass frühere Bezeichnungen für heilig das Gleiche bedeuteten wie das Gegenteil, unheilig, teuflisch, wie im Lateinischen sacer, dass also das Gegenteil in alten

---

157 Die Wörter Matrix oder Matrizen verwende ich im Sinne von S. H. Foulkes (1975 [1978], der damit so etwas wie den »Mutterboden« oder die »Gebärmutter« als Hintergrund für Dynamiken in menschlichen Gruppen meinte. Etwas weitergehend sah ich, dass solche Matrizen (jetzt auch im Sinne von Druckmatrizen) im Unbewussten als erste Verstehensmöglichkeit für gegebene neue Situationen bestehen, um von da aus das wirklich Neue langsam herausarbeiten zu können. Diese Matrix ist in der Wissenschaft die Frage, mit der man an ein Problem herangeht. Die Antworten und Ergebnisse sind dann meist recht klar, aber durch die Fragestellung schon eingeschränkt. Welche Fragen aber sind angemessen, das ist die Frage der Ethik der Wissenschaften.

Sprachen häufig enthalten war. Es brauchte immer den Kontext, um diese Worte so zu verstehen, wie sie gemeint waren. Freud hatte die grundsätzliche Ambivalenz des Menschen gesehen: Liebe und Hass liegen eng beieinander. Wenn ein Vorgesetzter seinem Mitarbeiter ohne besonderen Grund sagt, er brauche *nicht* meinen, dass er von ihm wenig halte, bringt er die Geringschätzung erst ins Spiel. Sagt ein Vorstand der einen Firma zu einem einer anderen, er brauche *keine* Konkurrenz zu fürchten, teilt er implizit mit, er habe die Möglichkeit einer Konkurrenz längst abgewogen, verleugnet damit diese Überlegungen. Die Formulierung »ich will Sie *nicht* belästigen mit …« deutet die verleugnete Absicht der Belästigung an. Es ist zutiefst menschlich, auftauchende Impulse, mit denen man im Moment gerade nicht umgehen kann, zumindest in ihrer Verneinung (Freud 1925h) oder Verleugnung zu benennen. Mit der Mitteilung, was man gerade *nicht* denkt oder meint, was ohnehin ein Widerspruch ist, signalisiert man untergründig, dass man das Verneinte aus verschiedenen Gründen doch denkt oder meint und dies verleugnen möchte[158]. Man kann davon ausgehen, dass das, was jemand nicht will, wenn er ehrlich ist, es auch tatsächlich nicht will, wohl aber daran denkt, es doch zu tun, wenn dieses Tun den eigenen inneren und äußeren Kontrollinstanzen möglich wäre. Es lohnt also, bei jeglichem Gespräch genau hinzuhören, was die Gesprächspartner nicht beabsichtigen. Den Schluss daraus zu folgern, dass sie gerade dies tun wollen, wäre falsch, da zwischen dem verleugneten oder verneinten Wunsch und dem Bewusstsein der Widerstand steht, der es verhindert, dass solche Gedanken und Wünsche direkt erlebbar werden – ohne die Analyse der Widerstände. Für die Persönlichkeit des Gesprächspartners ist damit aber schon ausgesagt, solches wäre durchaus möglich, wenn es nicht gewichtige Gründe gäbe, das in dieser Weise nicht zu wollen oder zu tun. Es ist innerlich dabei die Ambivalenz am Werk, von der nur eine Seite an die Öffentlichkeit treten darf, die andere Seite wird verleugnet. In der Erziehung der Kinder machen Eltern oft den Fehler, das Kind zu fragen, was es »eigentlich« wolle,

---

158 Dines (1996) untersuchte zum Zweck der Beratung in Fragen der Geldanlage das Verhältnis des Menschen zum Geld und stellte da manche Tabus und Ängste gegenüber Eigenentscheidungen fest, die mit dem zu tun haben, »was alle machen«, was »niemand machen sollte« – ohne wirkliche Prüfung der Wirklichkeit, die auch dadurch geschehen könnte, darauf genau hinzuhören, was angeblich nicht beabsichtigt ist, auch bei sich selbst.

denn eigentlich will das Kind vieles, sogar Gegensätzliches. Wenn es Eltern gelingt, dieses viele und dieses Gegensätzliche beim Kind zu erlauben und mit ihm gemeinsam darauf hinzusteuern, wofür man sich nun entscheiden könne, also das Gegenteil und das Gegensätzliche mit zu akzeptieren, so wird damit einer der wesentlichen Grundsteine für gesunde Entwicklung gelegt, da Widersprüchlichkeit und Ambivalenz wohl dem Menschen eigentümlich sind, nach Freud konnte dies kaum mehr jemand widerlegen. Adorno[159] sprach hier vom »Jargon des Eigentlichen«, womit er meinte, eigentlich, d. h. abseits jeglicher Widersprüche, sei nur der Tod, der Mensch sei im Wesen uneigentlich, nämlich widersprüchlich. Wenn Widersprüchlichkeit aus inneren oder äußeren Gründen nicht akzeptiert wird, man also auf das »Eigentliche« reduziert wird, entfaltet das Gegenteil dynamische Wirkung, da es als verboten gilt. Das Leben ist wahrscheinlich wirklich uneigentlich, widersprüchlich und bezieht gerade daraus seine Freude, wenn dies akzeptiert wird, dann erst nämlich ist eine wirkliche Entscheidung für das eine oder das andere möglich. Es besteht immer die Gefahr bei Reduktion auf eine Seite, dass sich die andere Seite heimlich durchsetzt.

In der Diplomatie wird oft sehr genau mit diesem Mechanismus gearbeitet, wenn z. B. Nordkorea behauptet, seine unterirdischen Atombombenversuche und die Starts der Kurz- oder Mittelstreckenraketen seien keinesfalls als Bedrohung Japans oder Südkoreas gedacht, sondern nur zur Stärkung der eigenen Verteidigungsmöglichkeiten, so wird durch die Benennung des Nicht-Ziels unabhängig von der Einschätzung durch Japan, die USA oder Südkorea die Sorge geweckt, letztlich doch Angriffsziel dieser Raketen oder Atombomben zu sein. Das dabei überhaupt Nicht-Genannte ist, dass Nordkorea sowohl Raketen- als auch Atomwaffentechnologie z. B. nach Iran exportiert und mit der Technologie dieses Landes seinerseits gut verbunden ist. Natürlich wissen das die Regierungen von Nord- und Südkorea, Iran, Japan, USA, Israel und wohl viele andere, sie benennen es aber gar nicht, wohl wissend, dass mit der Benennung dieses auf die internationale Bühne käme und zum Verhandlungsgegenstand würde. Klugerweise gibt auch Nordkorea dazu keine Stellungnahme ab.

Da Verleugnung und Verneinung dem so nahe ist, was verleugnet und verneint ist, kann es in der Analyse von Träumen von gutem Nut-

---

159 Siehe Adorno (1979)

zen sein, sich zu fragen, was dieser Traum mit Sicherheit nicht bedeute, um dann darauf zu kommen, was er vielleicht doch bedeute.

> So sagte z. B. ein junger Träumer, er habe von einer attraktiven jungen Frau geträumt, an die er sich heranwagen wollte, er habe sich aber nicht getraut. Er fürchtete nämlich, zurückgewiesen zu werden. Auf die Frage, ob ihm einfiele, wer diese junge Frau sein könnte, antwortete er: »Meine Mutter ist es sicher nicht, die ist ja viel älter.«

Ganz klar ist es für den Zuhörer, dass er mit der Verneinung ausdrückt, es sei tatsächlich seine Mutter (wegen deren Jugendlichkeit die Mutter der frühen Kindheit) gewesen. Vermutlich hatte der Träumer am Tag zuvor tatsächlich eine interessante Frau gesehen, die ihn in irgendeiner Weise an seine, was aus der Lebensgeschichte bekannt war, immer wieder einmal abweisende Mutter erinnerte, weshalb er erst gar nicht den Versuch machte, diese Frau anzusprechen.

Verleugnung und Verneinung sind weit verbreitet und spielen im Alltag eine nicht zu unterschätzende Rolle.

4.2.18 Spaltung

Jegliche Selbstreflexion nutzt diesen Mechanismus, indem man sich, bildlich gesprochen, aufspaltet in den zu Beobachtenden und den Beobachter. Die analytische Psychotherapie spricht von therapeutischer Ich-Spaltung, womit das Gleiche gemeint ist, aber in den Rahmen einer Therapie gestellt wird. Der Begriff wurde über einige Jahre diskutiert, ob er nicht auch dazu dienen könne, Prozesse in einer Psychose zu beschreiben oder in Grenzbereichen zwischen Neurose und Psychose, wo vielleicht so etwas wie zwei Welten nebeneinander existieren, einmal die Welt, die auch von anderen beobachtbar ist, dann die nach außen verlagerte innere Welt, in der man sich in einer psychotischen Reaktion verfolgt fühlt, ohne dass es für andere sichtbare äußere Gründe gibt wie bei einem an Paranoia[160] erkrankten Menschen, der diese aus

---

160 Verfolgungswahn, der wohl auch damit zusammenhängt, dass das eigene Mitsein in extremer Weise – ohne die auch hier notwendige leichte Verdrängung – wahrgenommen wird und sich schon durch »böse« Gedanken anderer bedroht fühlt, wobei es gleichgültig ist, ob solche Gedanken bei den anderen tatsächlich vorhanden oder nur auf sie projiziert sind. Erikson (1971, 1974, 1977) untersuchte verschiedene Entwick-

der Sicht anderer eingebildete Welt als die wirkliche erlebt, während die sonst wahrzunehmende teilweise bis weitgehend verschwindet. Dann ist gewissermaßen die eine Welt verschwunden und durch eine andere ersetzt, abgespalten. Von daher war man gelegentlich der Auffassung, Spaltung wäre ein in der äußerst frühen Kindheit, wohl den ersten Lebenswochen, entstehender Mechanismus, wo man korrekterweise nicht davon sprechen sollte, dass der Mechanismus erst entsteht, da anzunehmen ist, dass in diesen ersten Lebenswochen ohnehin keine klare Trennung zwischen innen und außen entwickelt ist, sondern man müsste vielmehr sagen, Spaltung ist erst dann eine solche, wenn es unmöglich ist, die Einheit zu erhalten, es gäbe also zwei oder mehr Welten nebeneinander[161]. Da es, wie man schon beim Begriff der Übertragung sehen konnte, notwendig ist für die Fähigkeit, Wirkliches zu erkennen, dass man dazu vorangegangene Erfahrungen verwendet, also innere Prozesse, wäre eine leichte Ununterscheidbarkeit von Wirklichkeit und das in sie Hineingesehene unter dem Blickwinkel des Begriffes Spaltung ein nur wenig verständnisfördernder Vorgang. Somit ist es wohl richtig, diesen Begriff hier zu erwähnen, einer längeren Ausführung bedarf er nicht.

4.3   Gruppenabwehrmechanismen, -fantasien

Die bisher genannten Mechanismen bezogen sich mehr auf eine einzelne Person[162] in ihrer Kommunikation mit anderen und ihren inneren Prozessen. Bei den Mechanismen in der Gruppe, in Institutionen, Organisationen, Firmen usw. können die für Einzelne geltenden Mechanismen beobachtet werden; da eine Gruppe aber auch eigene Gesetzmäßigkeiten hat, in die die einzelnen Individuen hineinverwoben sind, ist die Betrachtung dieser spezifischen Vorgänge sinnvoll und er-

---

lungsphasen der Kindheit und Jugend unter dem Gesichtspunkt der Identitätsbildung dazu in verschiedenen Kulturen. Leichtes Auftauchen paranoider Gedankengänge sieht er als kurzfristige Anpassungsvorgänge bei Unsicherheiten bei Entwicklungssprüngen.

161 Vor einigen Jahren kursierte hierzu der Begriff der »multiplen Persönlichkeit«, Menschen mit vollständig wechselnden Identitäten und Lebensweisen. Solches dürfte aber weit weniger vorkommen, als es damals angenommen wurde.

162 personare (per-sonare), lat., steht für Durch-Scheinen oder Durch-Klingen.

forderlich. Schließlich bewegen sich Menschen fast immer in Gruppen oder Gruppenzusammenhängen in mehr oder weniger hierarchisierter oder institutionalisierter Form, sodass aus meiner Sicht Führungsverantwortung eine einigermaßen gute Kenntnis solcher Mechanismen voraussetzt. Wenn nun von Gruppe gesprochen wird, ist auch aus der geschichtlichen Herleitung des Begriffs zuerst einmal an eine Gruppe von etwas zu denken (Gfäller 1996). Hier steht eine Gruppe von Bäumen, dort eine Gruppe von Menschen, dort eine mathematische Gruppe, auch in der Physik spricht man von Gruppen. Ab wann ist eine Gruppe eine Gruppe, könnte eine gute Frage sein. Wenn man aber nun davon ausgeht, dass die Conditio humana des Menschen seine Gruppenbezüge im Horizont der Natur sind[163], stellt sich die Frage intensiver, ab wann und wo und wie vor allem ist der Mensch in der Gruppe, ein Gruppenwesen (Meyer-Abich 2008). In jedem Fall aber scheint es so zu sein, dass eine Gruppe auch von dem getragen wird, was man als gemeinsame Gruppenfantasie bezeichnen könnte, die eine Grundlage des Verständnisses für eine Gruppe ist. Die Gruppenfantasie teilt sich in eine, die bewusst ist, man könnte dazu sagen auch manifest, wie im Traum, und eine unbewusste Gruppenfantasie, die latent darunter liegt. Die latenten, zuerst einmal unbewussten Gruppenmechanismen verdienen besondere Aufmerksamkeit, da sie die Arbeitsfähigkeit einer Gruppe beeinträchtigen können.

4.3.1 Lokalisierung, Personalisierung

Auch wenn Lokalisierung als Begriff in verschiedenen Wissenschaften verwendet wird, wie z. B. Ortsbestimmung in der Navigation, die Feststellung eines Ortes, eines Transports in der Logistik, in der Physik die Konzentration einer Amplitude, einer Welle, einen bestimmten Ort usw., hatte Foulkes mit diesem Begriff Folgendes gemeint: Gruppen tendieren dazu, einen Konflikt, einen Widerspruch, bestimmte bewegende Dinge, die als unangenehm, unerträglich, unerreichbar angesehen werden, einem bestimmten, geeigneten Ort der Gruppe zuzuordnen und da abzuladen (Lokalisierung). Teams und Organisationen

---

163 Siehe Heigl-Evers, Gfäller (1993), wo für die Gruppentherapie als eine Psychotherapie »sui generis« plädiert wurde – im Rahmen eines Gutachtens zum Psychotherapeutengesetz für die Bundesregierung.

verwenden dazu gerne eine Person oder eine Gruppe von Personen (z. B. eine Abteilung), deswegen spricht man von Personalisierung. Der unbewusste Sinn des Ganzen ist, die eigene Involviertheit, Betroffenheit und Problematik auf diesen Ort oder auf diese Person abzuladen und dort festzulegen und zu bearbeiten. Abgewehrt wird also die eigene Verflochtenheit mit den dort verorteten Dingen. Das kann gewisse Zeit Erleichterung verschaffen. Für die Lokalisierung oder Personalisierung eignen sich Personen, deren lebensgeschichtlich erworbenen oder gerade jetzt bestehenden Konflikte, Gefühle und Verhaltensweisen mit den an sie lokalisierten, damit auch delegierten Positionen, Dingen oder Widersprüchen usw. übereinstimmen. In Gruppen ist die einzelne Position, Person wie eine Schnittstelle zwischen individueller Entwicklung und deren Folgen und der Entwicklung der Gruppe und deren gegenwärtiger Situation. Man könnte in beiden Richtungen forschen, sowohl in Richtung auf individuelle Geschichte (Eignung) als auch auf die gerade von der Gruppe abgewehrten und dorthin lokalisierten Probleme. Es sind aber eben nicht nur Probleme, sondern auch die Dinge, die Neid erregen, die lokalisiert werden können. Es handelt sich um einen unbewussten Kommunikationsprozess, an dem alle in mehr oder weniger starker Weise beteiligt sind, die zu einer solchen Gruppe gehören. Eine Gruppe ist in diesem Sinne auch ein Betrieb, eine Abteilung, das geht bis zu Großgruppen, wie den Staat oder die Gesellschaft. Ein Kennzeichen einer Lokalisierung ist, wie bei der Personalisierung, dass alle Beteiligten, oft auch eingeschlossen die Leitung, sich intensivst mit der an dieser Stelle oder bei dieser Person auftretenden Situation beschäftigen, sie unbedingt dort auch lösen wollen, was meist scheitert.

In Gruppenpsychotherapien, wenn ich einmal mit einem therapeutischen Beispiel beginne, machen in dieser Methode wenig ausgebildete Therapeuten häufig den Fehler, den Patienten, der gerade von einer äußerst schwierigen Situation berichtet, besonders ins Auge zu fassen und anhand dessen Lebensgeschichte Zusammenhänge mit dieser und dem jetzigen Konflikt festzustellen. Aus der Sicht der Gruppenanalyse ist dies ein Fehler, wenn nicht zuerst überprüft wird, welche anderen Gruppenteilnehmer, die sich ebenso darum bemühen, bei diesem Patienten seine Schwierigkeiten zu lösen, nicht mitberücksichtigen, ob nicht ein gerade bestehender Konflikt der Gruppe an diesem Ort oder an dieser Person des berichtenden Patienten festgemacht wird, um sich selbst von ebensolchen Konflikten zu entlasten oder einen bestehenden Konflikt in der Gruppe nur dort zu sehen. Wenn ein solcher Lokalisierungsprozess abläuft, alle daran mitwirken, dass der eine zu besprechende Einzelne überladen wird mit den auf ihn lokalisierten Schwierigkeiten, besteht die Gefahr, wenn es zu einer scheinbaren Auflösung bei diesem kommt, dass dies oft eine Unterwerfungsreaktion ist, die tatsächlich keinen anhaltenden Erfolg, sondern eher eine Verschlechterung bringt. In der Familientherapie hatte ich es als Prinzip aus England übernommen, das erkrankte Familienmitglied, dessentwegen die Familientherapie stattfindet, gar nicht zu den Sitzungen hinzuzunehmen mit der vielleicht etwas seltsamen Begründung, dieses sei ja schon krank, es müsse nicht auch noch behandelt werden. In Familien kann man mit ziemlicher Sicherheit davon ausgehen, dass das erkrankte Familienmitglied vor allem dann, wenn es ein Kind ist, so etwas wie ein Index-Patient ist, also eines, durch dessen Behandlung ein insgesamt in der Familie bestehender Konflikt auf diesen hin lokalisiert würde, sodass die ungesunde Gesamtsituation der Familie nur scheinbar dadurch bereinigt wird, dass das Kind als Mittelpunkt einer Behandlung diente. Die Gruppenanalyse sieht jegliche Auffälligkeit an irgendeiner Stelle, irgendeiner Person, einer Gruppe, einer Familie usw. immer auch als Ausdruck eines sich in Spannung befindlichen Netzwerkes, welche selbst der Betrachtung bedarf, und dies, möglichst bevor man sich der individuellen Lebensgeschichte des Einzelnen zuwendet. In einem schon erwähnten Beispiel, dem Mobbing in einer Firma, wurde ein Mitglied einer Abteilung gemobbt, dessen Verhalten Ausdruck eines Konflikts in der Abteilung war. Man konzentrierte sich auf den auffällig agierenden Menschen, mobbte ihn in der Hoffnung, damit das Problem aus dem Weg zu schaffen. Man sucht gerne einen Sündenbock, doch auf diesen Mechanismus möchte ich später eingehen. Lokalisierung und Personalisierung verlangen, damit sie stattfinden können, das Einverständnis der Leitung, die auf diesem Wege auch entlastet ist, da das Problem an ebendieser Stelle offensichtlich zu sein scheint.

Es ist damit eine wichtige Aufgabe der Leitung, gleich welcher Gruppe, gleich welcher Größe, immer auch Firmen, Institutionen und Organisationen mitgedacht, Lokalisierungs- und Personalisierungsprozesse nicht zuzulassen, durch gemeinsame Suche mit den Beteiligten zu eruieren, um welchen Konflikt es sich handeln könnte, der das gesamte

Netzwerk der Gruppe betrifft. Vom zeitlichen Ablauf her kann man davon ausgehen, dass der zu lokalisierende Konflikt zuerst untergründig in der Gruppe in unerkannter Weise nach einem Ventil oder einer Ausdrucksmöglichkeit sorgt. Schließlich findet sich eine Person oder eine Abteilung usw., die sich so auffällig verhält, dass man sich durch die Bearbeitung des Konflikts an dieser auffälligen Stelle, dieser auffälligen Person geradezu magisch angezogen fühlt, da es die genannte kurzfristige Entlastung bezüglich der eigenen Involviertheit bringt.

Konflikt-Lokalisierung in einer Behörde:
So hatte man in einer Behörde einerseits zur Beschleunigung der Vorgänge und andererseits, um Personal einzusparen, umstrukturiert. Die bisherigen Kommunikationsregeln der alten Struktur waren damit aufgehoben, einige Abteilungen wurden abgeschafft, andere Abteilungen neu geschaffen. Man hatte sich ausgedacht, dass über die neuen Strukturen alles ein bisschen leichter und schneller gehen könne, zugleich spare man Personal ein. Es gab eine neue, zentrale Abteilung für die Regelung der Gesamtfinanzen dieser Behörde. In der alten Struktur hatte jede einzelne Abteilung Buchhaltung und damit genauen Überblick über diese Abteilung. In der neuen zentralisierten Struktur waren statt der bisherigen beschäftigten Mitarbeiter für diese Verwaltungsaufgabe nun etwa 10 % weniger Mitarbeiter beschäftigt. Es entwickelte sich langsam so etwas wie ein feindseliges, missmutiges Klima in der neuen Abteilung, manche beschuldigten sich gegenseitig, nicht genug zu arbeiten, zu viel Freizeiten zu nehmen, sich nicht genügend zu engagieren. Man hatte auch Konflikte mit dem Vorgesetzten, dem unterstellt wurde, die Arbeit nicht richtig zu koordinieren, sodass unsinnige Fehlarbeiten an der Tagesordnung waren, die bei der ohnehin knappen Zeit und der geringen Personaldecke zur Überlastung fast aller führte. Bald erkrankten einige Mitarbeiter dieser Abteilung, was die Belastung der anderen noch erhöhte. Langsam begann der Lokalisierungsprozess in der Form, dass der Leiter dieser Abteilung sowohl von seinen Mitarbeitern als auch von oben vermehrt unter Druck gesetzt wurde. Von oben wurde angeordnet, er müsse seine Mitarbeiter strenger führen, man sagte dazu »enger«. Von seinen Mitarbeitern erhielt er vermehrt Vorwürfe, Einzelne zu bevorzugen, andere mit Arbeit zu überhäufen und wieder andere völlig im Stich zu lassen. Der Leiter, selbst ein etwas unsicherer, auf Karriere bedachter Mann, reagierte seinerseits mit Vorwürfen zuerst

allgemeiner Art, bis zwei inzwischen immer wieder einmal erkrankte Mitarbeiter sich aufrafften und sagten, sie verweigerten nun einfach jegliche zusätzliche Arbeit, das sei nicht zuzumuten. Diese beiden machten nun ihrerseits, als der Leiter sie etwas entlasten wollte, zunehmend gröbere Fehler, begannen aber umso mehr aufzubegehren. Sie wandten sich an den Personalrat um Hilfe, bis es zu einem Eklat kam, wo die beiden, vermeintlich vom Personalrat unterstützt, wütend auf den Leiter losgingen. Sie wurden abgemahnt. Daraufhin beruhigte sich das Klima in der Abteilung etwas, die beiden erkrankten wieder, aber auch andere. Schließlich erkrankte der Leiter selbst. Konflikte flammten erneut auf, neue Mitarbeiter erkrankten, es begannen sich Berge von Arbeit zu häufen. Als der Leiter wieder zurückkam, wurde er von seinen Vorgesetzten zur Rede gestellt, was er zu machen gedenke, um die Situation, die inzwischen unerträglich geworden war, zu bereinigen. Von einem seiner Vorgesetzten, der mit den gesamten Umstrukturierungsmaßnahmen der Behörde nicht wirklich zufrieden war und selbst andere Vorstellungen hatte, aber übergangen worden war, wurde angeregt, sich von außen eine Beratung zu holen.

Man kann bei diesem Bericht gut sehen, wie ein struktureller Konflikt der Firma, hier der Behörde, der damit zusammenhing, zwei Probleme gleichzeitig lösen zu wollen, nämlich die Firma zu verschlanken, d.h. Arbeitsplätze abzubauen, und über Zentralisierung höhere Effektivität zu erreichen, was aber anscheinend nicht wirklich gut durchdacht war, zu Lokalisierungsprozessen verschiedenster Art führen musste. Natürlich waren gleichzeitig die beteiligten auffälligen Personen, nämlich der Leiter und die zwei schließlich Protestierenden, gut geeignet aufgrund ihrer eigenen Lebensgeschichte, sich als Objekte der Lokalisierung wiederzufinden. Die erste Beratungsfirma konzentrierte sich fälschlicherweise in Richtung von Schulung und Beratung des Leiters und der zwei auffällig gewordenen Mitarbeiter, was keinerlei Ergebnis brachte, wie man annehmen muss, wenn man von Prozessen von Lokalisierung und Personalisierung weiß.

Die zweite Beratungsfirma ging gänzlich anders vor, verlangte schon nach dem Erstgespräch mit dem Vorgesetzten des Leiters nach einer Untersuchung über die Notwendigkeiten und Hintergründe der Umstrukturierungsmaßnahmen. Dies wurde von oberer Stelle nicht gewährt, man wollte da nicht schon wieder zu weiteren Umorganisationsmaßnahmen verleitet werden, die jetzt bestehende Situation sollte sich erst einmal bewähren. Man solle etwas tun, um die Abteilung wieder in Gang zu bekommen. Es sind dies oft vorzufindende Gegebenheiten, sodass die Organisationsberater sich damit erst einmal abfanden und dennoch selbst eine Analyse der Organisation vornahmen, woraus hervorging, dass die Umstrukturierung wirklich ungeschickt war zumindest in diesem Bereich. Sie war aber Realität, von der man ausgehen müsse. Dabei hatte die Organisationsanalyse gezeigt, dass die Behörde selbst insgesamt bei verminderter Personaldecke mit deutlich mehr Aufgaben belastet war durch Beschlüsse der Regierung, sodass schon von daher die erste Druckwelle anzunehmen war, die von den Leitern der Behörde nach unten weitergegeben wurde. Die Eingaben des obersten Leiters der Behörde gegenüber der Regierung, die Behörde doch mit mehr Personal auszustatten angesichts der erweiterten Aufgaben, als sie auch noch zu Ausgaben-Einsparungen beim Personal zu zwingen, verliefen bei der unter Handlungszwang stehenden Regierung ohne Ergebnis. Man musste einfach sparen und noch mehr Aufgaben erledigen. Die Gespräche mit dem Abteilungsleiter ergaben, dass er sich mühevoll diese Stelle erarbeitet habe, er habe nebenberufliche Ausbildungsgänge gemacht, habe sich immer weiterqualifiziert, bis er an dieser Position angelangt war. Er hatte es ohne Studium in diese Position geschafft, die sonst nur mit Absolventen von Hochschulen besetzt wurde. Anstatt stolz zu sein, dass er über seinen Weg eine so hohe Position erreicht hatte, trug er in sich Zweifel, ausreichend qualifiziert zu sein. Das machte ihn zum geeigneten Lokalisierungs- und Personalisierungsobjekt sowohl seitens seiner Vorgesetzten als auch seitens seiner Mitarbeiter. Die Gespräche mit den Mitarbeitern ergaben, dass sich alle in der neuen Abteilung noch nicht wirklich eingefunden hatten, überlastet waren von vielfältigsten Aufgaben, deren Zusammenhänge wie auch deren Rangordnung von Wichtigkeit sie nicht sehen konnten. Die bisherigen Kommunikationskanäle mit anderen Mitarbeitern der früheren Struktur waren zerstört, weil diese ihrerseits sich an gänzlich anderen Aufgaben abarbeiteten. Die meisten waren ehrgeizig genug, um der neuen Aufgabe gerecht werden zu wollen, schafften es aber wegen der undurchsichtigen Führung und Aufgabenverteilung durch den Leiter nicht. Neue Kommunikationskanäle waren noch nicht etabliert, eine neue informelle Struktur, die notwendig ist, um formelle Strukturen abzustützen, war noch nicht entstanden. Wenn ich hier von notwendigen informellen Strukturen spreche, widerlegt dies das Argument nicht, dass sich bei lange bestehenden Strukturen die informellen manchmal so mächtig entwickeln, dass sie die formellen geradezu überlagern und dysfunktional machen können. Die Gespräche mit den beiden scheinbar durch den Personalrat gestützten auffälligen und protestierenden Mitarbeitern ergaben aus der Sicht der Organisationsanalyse, dass diese gewissermaßen der letzte Punkt des Widerstands der gesamten Behörde gegen die fast unzumutbare neue Aufgabenstellung bei Personalreduzierung waren. Auch sie eigneten sich zur Lokalisierung und Personalisierung, da sie von ihrer eigenen Berufsplanung her ohnehin nicht gerne in einer solchen Behörde arbeiteten, sich hier viel zu eingeschränkt fühlten. Der familiengeschichtliche Hintergrund wurde nicht beleuchtet, dennoch zeigte es sich, dass die gruppenanalytische Hypothese sich bestätigt, Auffälligkeiten an einem Ort oder an einer Person sind gewissermaßen Ausdruck der Schnittstelle individueller Geschichte und Organisationsproblematik, man könnte auch sagen, der unbewussten Dynamik der Gruppe. Es war, obwohl kaum strukturelle Veränderung durch die Beratung erreicht wurde, für die gesamte Abteilung erleichternd, über die Probleme fast unlösbarer Aufgabenmengen und die Konflikte der Behörde insgesamt angehört worden zu sein. Man konnte nun überlegen, eine gewisse Hierarchie der zu bearbeitenden Dinge einzurichten, um Wichtiges zuerst und Unwichtiges später abzuarbeiten, auch wenn sich dadurch die Türme der zu bearbeitenden Dinge weiter häuften[164]. Der Krankenstand verminderte sich, auch der Leiter fühlte sich entlastet. Der Druck von außen blieb gleich, aber man konnte nun, ohne zu lokalisieren oder zu personalisieren, gemeinsam besser damit umgehen.

Diese Prozesse von Personalisierung und Lokalisierung finden in großem Ausmaß innerhalb und zwischen kleinen bis zu größten Gruppen statt, gesellschaftliche und politische Prozesse eingeschlossen[165]. Auch internationale Konflikte der Staatengemeinschaft, der größten Gruppe überhaupt, könnten gelegentlich in solcher Weise ablaufen. Es

---

164 Siehe hier Heintel (2007), wo ausführlich analysiert wird, wie es durch Entschleunigung zu mehr Ruhe und letztlich verbesserter Arbeitsleistung kommen kann. Heintel ist »praktischer Philosoph«, er sieht die Aufgabe der Philosophie in ihrer praktischen Anwendung in Industrie, Gesellschaft und Politik in ähnlicher Weise, wie ich hier die Aufgabe der Psycho- und Gruppenanalyse sehe.

165 Siehe auch Kühl (2007)

lassen sich durchaus Staaten finden, die sich zur Lokalisierung unbequemer Eigenanteile eignen.

4.3.2 Kondensator-Phänomen

Da gute Theorien über den Menschen sich nur dann als gut und richtig erweisen, wenn sie dem möglichst nahe kommen, was in beobachtbarer Weise wirklich ist – wobei Beobachtung allein nicht ausreicht, es muss auch Schlussfolgerungen geben darüber, was hinter dem Sichtbaren steht –, sind auch die Theorien gezwungen, die Widersprüchlichkeit[166] im Menschen anzuerkennen. Somit ist das jetzt zu beschreibende Kondensator-Phänomen ein möglicher Widerspruch zum vorher Besprochenen, der Lokalisation und der Personalisierung, nämlich insofern, als das Kondensator-Phänomen zumindest von außen her erst einmal so aussieht, als würde das den beiden genannten vorherigen Mechanismen entsprechen. Ein Gruppenleiter spricht und bezieht sich hier auf ein einzelnes Gruppenmitglied, untersucht individualgeschichtliche Bedeutungen dessen Handelns und Redens, aber gerade anders als bei Personalisierung oder Lokalisierung so, dass dieser Einzelne oder dieser Ort, wenn man an eine Institution oder an einen Betrieb denkt, in gewisser Weise stellvertretend für andere untersucht wird. Im Kopf des Leiters existiert die Hypothese, dass sich durch die Betrachtung der einzelnen Situation diese wie ein Kondensator auf die gesamte Gruppe auswirken könnte. Ein solches Gespräch oder eine solche Transaktion dient nicht der Abwehr, sondern man erarbeitet mithilfe der Untersuchung dieser einen Person oder dieses einen Ortes Zusammenhänge, die den Gesamtprozess der Gruppe beleuchten, die an anderen Orten so nicht abgehandelt werden könnten. Die ganze Gruppe kondensiert sich an dieser einen Stelle, wäre die Vermutung, nicht ohne vorher zu prüfen, inwieweit doch Abwehrmechanismen hierbei mitwirken. Es ist also nicht in jedem Fall falsch, besonders auf einen Einzelnen oder einen einzelnen Ort im Betrieb oder einer Institution zu schauen. Möglicherweise zeigt dieser einzelne Ort die gesamte Konfliktlage in guter Weise auch für die anderen nachvollziehbar auf. Hat ein Gruppenleiter die Gefahr von Abwehrmechanismen im

---

166 Psycho- und Gruppenanalytiker sagen dazu: Ambivalenz bis zur lähmenden Ambitendenz.

Auge, ist es möglich, sich eines »Kondensators« zu bedienen. In therapeutischen Gruppen lässt sich gut spüren, dass das korrekt angewandte Kondensator-Phänomen dazu beiträgt, dass der beispielhaft genommene Patient selbst mit viel größerem Interesse an der Aufklärung seiner Situation mitarbeitet, als hätte ein Lokalisierungsprozess stattgefunden, wo ein Patient sich eher bedrängt und bedroht fühlt. Ein Beispiel aus der Beratung einer Firma:

> Die Firma erkannte, dass seine Produktionsanlagen und die Art, wie produziert wird, nämlich fast durchgehend am Fließband, zu weit geringeren Stückzahlen führte pro eingesetzter Arbeitskraft, als es bei einer hochmodernen Konkurrenzfirma der Fall war. Man hatte weit höhere Produktionskosten als jene. Bald würde sich das in den Verkaufszahlen niederschlagen. Man bat eine externe Beratungsfirma um Untersuchung der Möglichkeiten. Im Sinne des Kondensator-Phänomens wurde die Produktion des am meisten verkauften Produkts genau untersucht. Dabei stellte es sich heraus, dass beim bisherigen Betriebsablauf an einigen Stellen deutliche Überforderungssituationen entstanden, an anderen Leerläufe. Man musste dann warten, bis das Produkt ankam, um daran weiterzuarbeiten. An der Organisation der vielfältigen Nebenlinien der Produktion, wo vonseiten der Zulieferer einzubauende Produkte ankamen, schien es nicht zu liegen. Das klappte vorzüglich. So wurde der Produktionsablauf ausführlich mit den einzelnen Arbeitern, deren Vorgesetzten und der Gesamtleitung der Produktion dieses Produkts durchgegangen. Man überlegte zuerst, ob personelle Umbesetzungen die Leerläufe und auch die Überforderungen beheben könnten. Bald sah man, dass durch Umsetzung guter Vorschläge seitens der Mitarbeiter, die zuerst einmal enorme Kosten verursachen würden, vom Fließband in der jetzigen Form abgegangen werden müsste, um einzelne Arbeitsgruppen zu bilden. Ganze Produktionseinheiten müssten neu gestaltet werden. Die Berater schlugen Gruppenarbeit vor. Das war im Sinne der Mitarbeiter. Die Firmenleitung scheute zuerst die Umstellungskosten, bis man ihr klarmachen konnte, man könne es doch einmal an einem ausgewählten Produkt ausprobieren. Vorsichtshalber wählte man ein Produkt, das nicht in so hohen Verkaufszahlen produziert wurde, wodurch die Umstellung geringere Kosten verursachen würde. Man wollte testen, ob sich die neue Form der Produktion rentiere, wollte zugleich die neue Methode an dieser Stelle verfeinern und

dem Produkt adäquat machen. Die Firma stellte nach dem Erfolg dieses einen Produkts schließlich die gesamte Produktion in diesem Sinne um. Es zeigte sich nämlich, dass das gewählte Produkt kaum mehr Qualitätsmängel aufwies, schneller produziert wurde als bisher, sogar schneller als bei der Konkurrenzfirma. Das gab den Ausschlag für die Gesamtumstellung.

Wem dieses Beispiel zu altmodisch klingen mag, kann ich darauf hinweisen, dass dieser Einsatz externer Beratung in den frühen 70er-Jahren des letzten Jahrhunderts stattfand. Inzwischen ist Gruppenarbeit in vielen Firmen umgesetzt. Wie man an diesem Beispiel erkennen kann, handelte es sich nicht um die Konfliktverlagerung der gesamten Firma auf die Produktion, wie beim Prozess von Lokalisierung oder Personalisierung, sondern mithilfe der genauen Untersuchung im Sinne einer Einzelfallstudie und der dortigen Veränderung war ein Beispiel gegeben, wie Veränderungen insgesamt möglich wären. Die Berater hatten zudem vor Beginn ihrer Arbeit untersucht, ob es evtl. größere Konflikte in der Firmenhierarchie bis hin zum Vorstand oder Aufsichtsrat gäbe, die im Sinne eines Abwehrmechanismus an der Stelle der Produktion Wirksamkeit zeigten. Das konnte ausgeschlossen werden, die Nutzung des Kondensator-Phänomens war wohl richtig, wie das Ergebnis zeigte. Immer blieb die gesamte Organisation im Auge der Berater.

4.3.3 Verschiebung

So, wie in Träumen Affekte, Persönlichkeitsanteile und ganze Szenen von der im Wachbewusstsein bekannten Situation im Traumbewusstsein auf andere und andere Bereiche verschoben werden können, so ist es auch möglich, in Gruppen (Organisationen) von einer Person auf die andere, innerhalb der Gesamtgruppe auf Einzelne, Untergruppen oder auf andere Gruppen zu verschieben. Besonders leicht und gerne werden konflikthafte Situationen, konflikthafte Affekte, wenn sie scheinbar an den Orten, an denen sie existieren, nicht gelöst werden können, auf andere Orte hin verschoben. Geeignete Personen, Abteilungen usw. greifen diese dann unwissentlich auf, versuchen sie an dieser anderen Stelle zu lösen, obwohl sie diese Konflikte zuerst einmal gar nicht haben. Es geht nach dem Motto, irgendetwas wird man schon finden, das sich dazu eignet, solche Spannungen, als solche tauchen sie dann nämlich auf, auch wirklich zu haben. Nötigenfalls stellt man sie dann selbst her, was aufgrund der Eignung des Verschobenen für diejenigen, die die Verschiebung aufnehmen, möglich wird. Gruppenteilnehmer sind eben immer an der Schnittstelle zwischen eigener Entwicklung und der gerade bestehenden Dynamik der Gruppe. In deutlicher Weise zeigte sich ein solcher Verschiebungsmechanismus bei der Supervision zweier Gruppenleiter einer psychiatrischen Klinik, die mit schwer depressiven Patienten eine Gruppe leiteten. Das galt als Experiment in der Klinik. Die Klinikleitung hatte nur widerwillig dem Versuch einer analytisch-tiefenpsychologisch orientierten Gruppentherapie mit depressiven Patienten zugestimmt. Andererseits war die Klinik verpflichtet, Weiterbildungsmöglichkeiten[167] für ärztliche Psychotherapie anzubieten. So hatten die beiden Ärzte die Möglichkeit, eine solche Gruppe unter Supervision aufzubauen und zu führen. Unbewusst konnte man den Widerspruch zwischen innerer Ablehnung der neuen Methode und Zwang zum Angebot dadurch lösen, dass man schwer depressive Patienten für eine solche Gruppe auswählte, wo man eigentlich sicher war, dass das nicht wirklich eine Hilfe für diese Patienten darstelle. Sie sollten doch eher die nötigen Medikamente nehmen.

Nun waren auch die beiden Ärzte zuerst einmal nicht so ganz überzeugt davon, dass Psychotherapie wirklich helfen könne, sie waren anders ausgebildet, hatten aber in ihrer Weiterbildung von Psycho- und Gruppenanalyse gehört und sich für diese begeistert, sodass sie es doch einmal versuchen wollten. Ein weiterer Widerspruch. Man bildete die Gruppe, teilte den Patienten beim ersten Gruppengespräch mit, dass sie weiterhin ihre Medikamente nehmen dürften. Man hoffe, mithilfe dieser Gruppentherapie mehr Lebensqualität zu ermöglichen. Die beiden Gruppenleiter begaben sich schon bei der Planung der Gruppe in Supervision, um die nötige Hilfe zu erhalten. In einer der späteren Supervisionssitzungen berichteten die Therapeuten, die Gruppe verfalle immer mehr in Schweigen, es würde immer mehr Angst geäußert, die Therapie würde zu viel Inneres aufwirbeln, man müsse wohl wieder mehr Medikamente geben, das wolle man aber nicht. Es handelte sich bei den ausgewählten Patienten nicht nur um schwer depressive, son-

---

167 Die damit verbundene Facharztweiterbildung führt zum Arzt für Psychiatrie *und* Psychotherapie.

dern auch um solche, deren Intelligenzgrad recht hoch war, Personen aus dem Management, LeiterInnen von Einrichtungen, AbteilungsleiterInnen, also durchwegs Personen in Führungspositionen. Die Gruppe war ambulant an der Klinik, die Teilnehmer waren normal berufstätig, hatten aber immer wieder einmal Ausfälle wegen neuen Schüben ihrer depressiven Erkrankung. Die Gruppe fand einmal pro Woche statt. Schon ab etwa der 10. Woche gab es kaum mehr Krankheitstage in dieser Gruppe. Diese gingen schließlich bis auf null zurück, mit Ausnahme natürlich möglicher Infekte, die, durchschnittlich gesehen, in geringerem Umfang auftraten als bei der Normalbevölkerung. Die Gruppenleiter sahen dies als großen Erfolg ihrer Arbeit an, konnten aber dennoch in der oben erwähnten Sitzungsperiode, in der die Teilnehmer immer weniger sprachen und sich auch gegen die Therapie wehrten, mit der Gruppe nur wenig anfangen, fielen selbst in Zweifel, ob sie die Gruppe überhaupt leiten könnten und ob das Projekt sinnvoll sei, obwohl es sich da schon andeutete, dass die Fehlzeiten wegen Krankheit zurückzugehen begannen.

Was war der Grund für das Schweigen und die Widerstände? Der Supervisor hatte die Supervision dieser beiden Gruppenleiter übernommen, obwohl er wusste, dass eine Gruppe mit nur einer einzigen Diagnose, vor allem eine, in der nur Personen mit schweren Depressionen waren, fast unmöglich ist, weshalb solches in einer ambulanten Praxis nur in seltensten Fällen gemacht wird. Er hatte Bedenken überhaupt gegenüber homogenen Gruppen, sei es die Homogenität der Diagnosen, die des Alters, die der Geschwisterreihe, die der sozialen Kompetenz usw., wusste aber, dass es für manche Patienten eine gewisse Zeit lang durchaus sinnvoll sein könne, in homogenen Gruppen eine Therapie zu beginnen, weil sie sich vielleicht gesellschaftlich zu sehr ausgeschlossen fühlten, wie z. B. Homosexuelle. Es gab Frauen- und Männergruppen, aber diese Homogenität habe vielleicht eher Sinn in Selbsthilfegruppen, die Menschen mit bestimmten Erkrankungen machen, aber nicht im Bereich analytischer oder tiefenpsychologisch orientierter Gruppen, wo man gerade durch die Heterogenität einer Gruppe die nötige Vielfalt menschlichen Lebens abbilden könne. Nun akzeptierte er diese Gruppe aus zwei Gründen doch. Der eine Grund war, diese Klinik darin zu unterstützen, dass psycho- und gruppenanalytische Arbeit überhaupt ein wenig Fuß fassen könne, der andere, um den zu supervidierenden Ärzten deutlich machen zu können, dass eine solche Gruppe niemals zur Ausheilung ausreichen könne, sondern nur zu so etwas wie einer leichten Besserung. Vielleicht entsteht die Motivation dafür, nach dieser Gruppe weitere Therapie entweder einzeln oder in Gruppen aufzusuchen, wobei dann die Gruppen heterogen sein sollten. Mit diesem eingeschränkten Behandlungsziel war es auch dem Supervisor möglich, verantwortlich Supervision zu machen. Der Konflikt im Supervisor war damit bereinigt. Nochmals die Frage, warum wird in einer o. g. Gruppensequenz so viel geschwiegen und so viel Widerstand geleistet? Die Patienten, die zuvor längere Zeit stationär behandelt wurden, hatten über diesen Weg erfahren, welche Vorbehalte insgesamt an der Klinik bis hinauf zum ärztlichen Direktor gegenüber analytischer Psychotherapie bestanden. Sie hatten schließlich Vertrauen zu ihren Ärzten, hatten also in sich selbst den Widerspruch, den einen Ärzten, die sie bisher behandelten, zu vertrauen oder den nun neuen, die sie jetzt in der Gruppe behandeln und dann auch noch ambulant, wenn auch in der Ambulanz der Klinik. Der Ansatz war zudem gegensätzlich, in der Gruppe wurden Konflikte aufgedeckt, mit den Medikamenten und in der stationären Behandlung eher zugedeckt. Die Patienten wussten, warum zugedeckt werden sollte in der stationären Behandlung, weil man eben fürchtete, durch Aufdeckung noch stärkere Depressionen oder andere Erkrankungen auszulösen. Die Patienten waren also geeignet dafür, den Konflikt der Klinik mit der notwendig gewordenen Psychotherapie und der damit verbundenen Weiterbildung in sich selbst zu tragen. Damit war der Klinikkonflikt in die Patientengruppe verschoben, auch in die Zweifel der Therapeuten, den Anforderungen nicht genügen zu können, vielleicht sogar etwas falsch zu machen. Da diese für die Klinik außergewöhnliche Gruppe natürlich auch Aufsehen und Interesse weckte, damit verbundene Ängste und Befürchtungen, war man gerade wegen der Zusammensetzung der Gruppe mit Personen, die im öffentlichen Leben durchaus etwas sagen konnten, die man deswegen ausgewählt hatte, weil sie ebensolche Fähigkeiten zur Reflexion besaßen, in Furcht um die Reputation der Klinik, wenn das Projekt schiefging. Der Widerspruch und die Ängste der Klinik waren tatsächlich gänzlich auf diese Gruppe verschoben. In der Supervision (in der ambulanten Praxis des Supervisors) musste man dazu diese Zusammenhänge ausführlich erörtern, die Gruppe fand ja in den Räumen der Klinik statt, die Ärzte waren Angestellte der Klinik, sodass dem Verschiebungsprozess erst einmal kein Gegengewicht entgegengehalten werden konnte, bis man langsam nachvollzog, dass es solche Verschiebungsprozesse tatsächlich gäbe. Als den beiden Ärzten dies zunehmend klar wurde, waren sie wieder sicherer in ihrer Leitungsfunktion geworden. Das führte seitens ihrer Patienten dazu, dass diese nun mehr den neuen Ärzten vertrauten, ihre Medikamente zwar einnahmen, aber deutlich vermindert. Ein weiterer Erfolg war eine deutliche Linderung ihrer Erkrankungen. Die Gruppe sprach wieder. Nun waren es bald die Ärzte, die die Gruppe zu bremsen versuchten, wenn sie allzu tiefe und frühe Erinnerungen brachte, da man das dafür nötige gruppenanalytische Setting, nämlich eine heterogene Gruppe, nicht hatte, sodass es in dieser homogenen Gruppe immer die Gefahr gab, dass alle gleichzeitig in Verhaltensweisen sich bewegten, die erneut krankheitsauslösend oder krankheitsverstärkend wirken könnten. Es gab nicht das Gegengewicht anderer Patienten. Die Gruppenleiter waren also viel mehr gefordert als üblicherweise erfahrene Therapeuten mit heterogenen Gruppen. Aber auch dies konnte eingeordnet werden in den Verschiebungsmechanismus der Klinik, hier ein hoch ambivalentes Setting zu haben, das einerseits nachweisen sollte, dass psychotherapeutische Behandlung von Menschen, die an schweren Depressionen erkrankt sind, gar nicht gehen könne, andererseits aber, dass gerade diese Behandlung für solche Patienten besonders gut sei, womit die Klinik ihr Renommee hätte steigern können. Durch die Kenntnis der Verschiebungsvorgänge wurden diese in einigen Bereichen unschädlich gemacht, sodass der Konflikt langsam wieder bei der Klinikleitung war, was dazu führte, dass die Klinikleitung nun ihrerseits Kontakt mit dem Supervisor aufnahm. Es sollte sich kein institutionelles Gegengewicht entwickeln, deshalb sollte er zu einem Gespräch mit der Klinikleitung in die Klinik kommen. Der weitere Vorgang ist hier für die beispielhafte Erörterung einer Verschiebung innerhalb einer Organisation nicht nur wichtig, es kann nur gesagt werden, dass diese Gruppe über Jahre hinweg in guter Weise funktionierte, eben als Möglichkeit der Besserung der Symptomatik als auch der Verminderung der Fehlzeiten in der Arbeit und zur Motivationsförderung für eine weitere Therapie außerhalb der Klinik. Ohne Supervision und Kenntnis mit Umgangsmöglichkeiten mit dem Prozess der Verschiebung wäre die Gruppe frühzeitig abgebrochen worden.

4.3.4 Okkupation

Das Wort ist aus dem Englischen (occupation) übernommen, ein besseres deutsches Wort mit ebensolchem Gewicht fand ich nicht. Eine Arbeitsgruppe sollte vom Ziel der Arbeit okkupiert sein, eine therapeutische Gruppe vom Ziel, möglichst viele unbewusste Vorgänge zu entschlüsseln. Das wäre eine gesunde Okkupation. O. ist ein Abwehrmechanismus, wenn das Ziel einer Gruppe von unbewussten anderen Zielen unterlaufen wird, von diesen okkupiert ist. Therapeutische Gruppen neigen in diesem Sinne dazu, Problembesprechungsgruppen zu werden, statt freie Assoziation zu pflegen. Arbeitsgruppen sind oft okkupiert von Rivalitäten, gegenseitigem Neid, Konflikten mit den Chefs, der Firma oder anderen Arbeitsgruppen und privatem Geklüngele. Es geht hier also nicht um das bewusste Ziel, sondern um den im Gruppenunbewussten arbeitenden Mechanismus. Für den Leiter einer Gruppe, vor allem in Arbeitsgruppen, ist es sinnvoll, den jeweiligen Abwehrcharakter der Okkupation in seiner Arbeitsgruppe zu beobachten und zu eruieren, wie er diesen aufdecken kann, damit die Arbeit wieder besser vorangehen kann. Wenn z. B. Spannungen zwischen Mitarbeitern bestehen, die diese aus irgendwelchen Gründen nicht aushalten können, kann es gut sein, dass sich die ganze Gruppe von diesen Spannungen behindert und etwas gelähmt fühlt, bis die Spannungen, die sich zur Okkupation entwickelten, einigermaßen mithilfe der Interventionen des Leiters aufgelöst wurden. Nun kann es auch leicht sein, dass ungünstige Arbeitsverhältnisse, widersprüchliche Anforderungen oder Widersprüche im Betrieb überhaupt auf gerade diese Arbeitsgruppe verschoben sind, sodass die Gruppe von sich aus dazu passende Spannungen aufbaut, sich damit in ihrer Arbeitsfähigkeit behindert, was die Verschiebung gut möglich macht. Zwei kleine Beispiele mögen die Okkupation aufzeigen:

> In mehreren Abteilungen begann nach einem Umbau ein Kampf um das »beste« Zimmer, gleichzeitig entwickelte sich so etwas wie rivalisierendes Verhalten, bezogen auf gute Kleidung, gute Schuhe, allgemein auf das Aussehen. Untereinander rivalisierten die Abteilungen samt ihren Chefs um besonders gutes Ansehen in der Firma. Das Gewicht hatte sich von verlässlicher, guter Arbeit verschoben auf Außendarstellung. Es war sicherlich kein Zufall, dass die Firmenleitung einige Zeit zuvor be-

schlossen hatte – wegen sinkender Aktienkurse –, das Gewicht von bisheriger langfristiger Planung sowohl bei den Produkten als auch bei der Personalentwicklung zu verlagern in Richtung Ansehen auf den Aktienmärkten. Dabei wurden drastische Einsparungen beim Personal angekündigt, ebenso eine Verlagerung der Produktion ins angeblich billigere Ausland. Statt nun sich in den Abteilungen mehr darauf zu konzentrieren, bessere Arbeit zu machen (erschien ohnehin als evtl. sinnlos wegen der angedrohten Maßnahmen), wurde zur Okkupation: bessere Außendarstellung.

In einer anderen Firma, die von ihrer Gründungsgeschichte her ein Familienunternehmen war, sich immer noch wie eine große Familie verstand, obwohl längst andere Mechanismen wirkten, wo Heiraten und andere gesellige Veranstaltungen, Umzüge, betriebliche Sozialarbeit usw. immer noch von der Firma unterstützt wurden, kam es zur völligen Umorientierung: Familie war out, ebenso persönliche Beziehungen der Mitarbeiter. Man setzte eine »moderne«, der »Globalisierung angemessene« Firma gegen den Widerstand des bald kündigenden Personalvorstands mit Gewalt durch. Hier führte die Okkupation mit dem, was man als »modern« verstand, zu erhöhtem Stress samt vermehrten Erkrankungen bei den Mitarbeitern – das sichernde Netz guter persönlicher Beziehungen in der Firma ging verloren. Alles war nun aufgebaut auf Rivalität, Konkurrenz und Missgunst, fast paranoide Zustände herrschten. Dass bislang recht profitable Bereiche der Firma unproduktiv wurden, rote Zahlen erwirtschafteten und schließlich »outgesourct« werden mussten, interessierte zuerst einmal kaum. Das ursprüngliche Firmenziel, eine gute Kombination zwischen hervorragenden Produkten, außergewöhnlichem wirtschaftlichen Erfolg und guter Personalentwicklung samt Zusammenhalt in der Firma zu erhalten, war gewaltsam reduziert worden auf den Erfolg. Dass die Firma dabei viele ihrer besten Mitarbeiter verlor, war nur einer der vielen entstandenen Kostenfaktoren, auch der wirtschaftliche Erfolg ließ bald auf sich warten. Es dauerte lange, bis man wieder vermehrt auf die Mitarbeiter setzte. Die Okkupation war hier die absolut übertriebene Umgewichtung bei Verleugnung der Notwendigkeit, die Firma langsam gemeinsam mit den Mitarbeitern von einer ohnehin nur noch ideologischen »Familie« in einen der Marktsituation angemessenen Betrieb umzuwandeln. Mithilfe externer Beratung geschah Letzteres dann doch – und die Firma expandierte mit wieder neu motivierten Mitarbeitern.

Man kann Okkupation relativ gut daran erkennen, dass die Konzentration auf die Arbeit nachlässt, was nicht unbedingt an dem einen oder anderen Fehler machenden Mitarbeiter liegt, sondern möglicherweise an überstarker Okkupation oder auch der Beschäftigung mit gänzlich anderen Dingen, die nicht ausgesprochen sind und dadurch dynamisch in der Gruppe wirken.

4.3.5   Untergruppenbildung

Zum Zweck der Arbeitsteilung empfiehlt es sich gelegentlich, aus einer größeren mehrere kleine Gruppen zu machen, damit die verschiedenen Aufgaben in optimierter Weise erledigt werden können. Die Aufgabe gleichmäßig über die gesamte Gruppe zu verteilen, erscheint als falsch, weil dadurch die vorhandene spezifische Fähigkeit einzelner Mitarbeiter angesichts der großen Aufgabe nicht genügend Platz hat. Ein Abwehrmechanismus ist die Untergruppenbildung, wenn eine größere Gruppe meint, die vorhandene Situation oder Aufgabe ließe sich hier nicht mehr lösen, es bilden sich Untergruppen, die dann aber entgegen ihrer bewussten Absicht die Probleme gar nicht lösen oder sie sogar noch verschärfen. Man kann das daran erkennen, dass die Kommunikation zwischen den Untergruppen kaum mehr stattfindet, außer in spannungsgeladenen Auseinandersetzungen und gegenseitigen Vorwürfen. Dann war die Untergruppenbildung keine Hilfe, sondern das Gegenteil, die Situation verschlechtert sich. Dieser Mechanismus hat auch mit der Größe einer Gruppe zu tun. In der therapeutischen Praxis hat sich eine Gruppengröße von neun Teilnehmern plus Leiter sehr bewährt. Wenn es in einer solchen Situation zu einer Untergruppe kommt, handelt es sich immer um ein scheinbar unlösbares, bislang nicht berichtetes Problem, wo sich möglicherweise das Problem in seinen Widersprüchen aufspaltet in die Untergruppen. Untergruppenbildung in diesem Sinne ist vom Leiter aufzudecken, um die Arbeitsfähigkeit der gesamten Gruppe wiederherzustellen. In therapeutischen Gruppen gehört es aber schon zum Klima einer Gruppe, dass Gruppenmitglieder, die Untergruppenbildungen bemerken, von sich aus darauf hinweisen und mithelfen, den vermeintlich unlösbaren Konflikt aufzudecken. In Arbeitsgruppen kann es solche Phänomene ebenso geben, meist aber sind Untergruppen geplant zum Zweck besserer Arbeitsleistungen, was allerdings voraussetzt, dass gelegentliche und informative Berichterstattung der einzelnen Gruppen untereinander und mit dem Leiter erfolgen. In Firmen unterteilt man eine Abteilung in zwei oder drei Untergruppen, denen dann wiederum ein Gruppenleiter koordinierend vorsteht. Die Firma selbst ist auch in Untergruppen gegliedert, es gibt den Vertrieb, die Produktion, die Entwicklung usw., all dies, um die für alle gemeinsam viel zu große Aufgabe in spezialisierter Weise in den einzelnen Untergruppen zu bewältigen. Für den Kommunikationsfluss zwischen diesen Untergruppen und den jeweiligen Leitern bis hinauf zur Direktion oder den Vorstand ist unbedingt zu sorgen, damit die Untergruppen sich nicht verselbstständigen und damit langsam dem Abwehrmechanismus einer Untergruppenbildung verfallen, Widerstände gegenseitig aufbauen. Es braucht ein beständiges Abwägen, liegt hier ein Abwehrmechanismus vor oder eine konzentrierte spezialisierte Beschäftigung mit verschiedenen Teilen der zu bearbeitenden Aufgabe. Beides sollte ein Leiter im Auge behalten. Ein Beispiel:

Im Bereich der Entwicklung einer Firma begannen Auseinandersetzungen zur Frage, wann ein Verhalten eines Mannes ein sexueller Übergriff sei. Diese Auseinandersetzungen breiteten sich auf andere Bereiche der Firma unter Einbeziehung des Betriebsrats, in dem nun auch gestritten wurde, aus. Schließlich bildete sich um die Frauenbeauftragte der Firma eine resolute Frauengruppe, die nun endlich alle bisherigen sexuellen Übergriffe ahnden wollte. Nun begannen die Männer sich gegenseitig solcher Übergriffe zu verdächtigen. Die Firmenleitung beauftragte eine externe Beratung, nachdem hier der Konflikt, wie und ab wann eine Berührung, eine Aussage usw. ein Übergriff sei, anwuchs. Es waren zur Untergruppenbildung Männer und Frauen gekommen, die Arbeit wurde vernachlässigt. Innerhalb der Gruppe der Männer bildeten sich zwei weitere Untergruppen: Die eine verteidigte die Frauen, die andere war der Meinung, Sexualität sei menschlich, könne bei enger Zusammenarbeit nicht einfach verdrängt werden – und die Frauen sollten sich nicht so verrückt aufführen. Die Analyse der Situation ergab, dass es einerseits tatsächlich einige ziemlich verletzende Übergriffe gegeben hatte, was viel zu lange tabuisiert wurde und dringend der Aufklärung und Ahndung bedurfte, andererseits waren die Untergruppen (Frauen und die zwei Männergruppen) auch Ausdruck dafür, dass viele Neuentwicklungen im Vorstand einfach ignoriert wurden, weil dieser vom Vertrieb dominiert wurde. Aus diesem Grund begannen die Konflikte im

Bereich Entwicklung. Mit der Beratung konnten die beiden Hintergründe aufgedeckt und schließlich durch Umgewichtung im Vorstand und offener Diskussion samt Ahndung geschehener Übergriffe weitgehend gelöst werden. Die Untergruppen verschwanden wieder. Man sah das an der Kleidung der Frauen, die wieder Freude an sexueller Attraktion zeigten, sich dadurch nicht mehr gefährdet fühlten.

4.3.6 Sündenbock – sonstige Rollenfestlegungen

Gruppen legen oft zum Zweck der Arbeitsteilung bestimmte Rollen für die einzelnen MitarbeiterInnen fest. Es beginnt beim Chef, den Assistenten, Sachbearbeitern, Projektleitern usw., was durchaus eine sinnvolle Angelegenheit ist. Die Rollen bewirken Sicherheit, Rollenidentität. Evtl. persönlich bestehende Schwierigkeiten können durch das Hineinschlüpfen in die Rolle teilweise aufgefangen werden. Die Rollen sind in sinnvoller Weise mit meist definierten Aufgabenstellungen verbunden, sie werden oft räumlich symbolisiert, sodass man auch als Fremder leicht ersehen kann, wer welche Position innehat. Damit gibt es eine Hierarchie der Rollen, die sich gelegentlich auch in gewisser Uniformiertheit zeigen soll, so gibt es bei einer international arbeitenden Beratungsfirma recht klare Definitionen über die Art der Kleidung je nach Rolle, die Farbe, das Material und Machart der Accessoires, wie z.B. der Aktentaschen. Große Autos dürfen nur von hohen Vorgesetzten gefahren werden usw. Im England der 70er-Jahre war es weitverbreitet, dass untere Angestellte eine ganz besonders formelle Kleidung tragen mussten, je höher die Rolle und Position, desto lockerer durfte man sich kleiden. So sagte man mir damals bei einem meiner Vorträge, ich sei noch nicht so berühmt, dass ich den Vortrag schon im Anzug halten dürfe, ich müsse im Smoking auftreten. All dies mag seinen Sinn haben, dient also gewisser Orientierung, bedingt aber auch unbewusste Prozesse, die zumindest im Sinne der genannten Ebenen ablaufen. Darauf will ich nun nicht weiter eingehen, sondern mehr auf den Abwehrcharakter von Rollen und Rollenfestlegungen[168] in Gruppen. Eine allgemein oft benutzte Redewendung bezüglich solcher Rollen ist der Begriff des Sündenbocks. Im Alltagsgebrauch wird als Sündenbock

---

168 Grinberg et al. haben sich um die Erforschung der Rollen in Gruppen verdient gemacht (1960).

meist eine solche Person verstanden, die sich durch ihr Verhalten eignet, an ihr vielfältige Muster, Fehler, Verhaltensauffälligkeiten zu entdecken, sodass man das Gefühl hat, würde man diese Person aus der Gruppe entfernen, wären alle von einer Belastung befreit. In diesem Bild fehlt aber etwas, was nach dem Dafürhalten in der Gruppenanalyse mit entscheidend, manchmal sogar hauptsächlich entscheidend ist: die Position des Leiters. In der jüdischen Mythologie wurde dann ein sog. Sündenbock gefunden, wenn das Volk heftige Kritik am König, also am Leiter, hatte, diesen aber aus verschiedenen Gründen nicht absetzen konnte. Man brauchte ihn entweder noch, oder er hatte so viel Macht, dass Aufbegehren sinnlos war. Im guten Einverständnis mit dem Leiter oder König, um diesen zu entlasten, wurde nun alle Schuld und alle Wut auf den sog. Sündenbock geladen und dieser vertrieben. Der König konnte weiter regieren. Wenn also in einer Gruppe ein Sündenbock entsteht, ist es dringende Aufgabe des Leiters herauszufinden, welche Kritik vermieden wird, ihm gegenüber zu äußern, um es nicht zu so etwas wie einem gemeinsamen Abwehrbündnis[169] mit der Gruppe kommen zu lassen, einen Sündenbock zur scheinbaren Entlastung auszuschließen. Man konnte diese Form des Sündenbocks unter Einschluss des Leiters und der Kritik der Gruppe in vielfältigen Beobachtungen von Gruppenprozessen finden[170]. In therapeutischen Gruppen, wo auf möglichst freie Assoziation und freien Gedankenaustausch großer Wert gelegt wird, was es allerdings in vorsichtiger Weise in Firmen als »Brainstorming« gibt, wenn man sich einfach einmal zu einem Thema alles, was einem einfällt, durch den Kopf gehen lässt und es auch ausspricht, wirken Rollenfestlegungen wie Verhärtungen einer Gruppenstruktur. Sündenböcke sollten in jedem Fall vermieden wer-

---

169 Ein Begriff, den Bosse (1982) prägte, um das innere Zusammenwirken von Leiter und Gruppe im Sinne einer Abwehr zu beschreiben. Er konnte ein solches Abwehrbündnis auch in der ethno-gruppenanalytischen Feldforschung feststellen, wenn sowohl die Gruppenmitglieder wie die Leiter die unbewusste Angst vor den »Kolonisatoren«, diese Übertragung auf die Gruppenleiter, gemeinsam abwehrten, woraus die Gefahr sich entwickelte, dass einzelne Mitglieder der erforschten Gruppe nicht mehr kommen wollten oder konnten (Bosse 1994). Auch der Psychoanalytiker und Organisationsberater Obholzer (2000), der viel mit Arbeitsgruppen zu tun hatte, sieht den engen Zusammenhang zwischen Gruppe und Leiter samt unbewusster Hintergründe. Im Begriff des Mitseins ist dies eine Selbstverständlichkeit – die dennoch in individualisierter Gesellschaft manchmal fehlt.

170 Siehe Slater (1978), Grinberg, Langer, Rodrigué (1960)

den, bzw. das Auftreten von Sündenböcken sollte immer im Zusammenhang mit dem Leiter gesehen werden, und es ist zu prüfen, was nach Ansicht der Gruppe falsch gemacht wurde. In Organisationen steht der Leiter oft stellvertretend für die über ihm bestehende Hierarchie, deren Ansichten er vertreten muss. Aber auch in diesem Fall ist es sinnvoll, die mögliche Kritik zu untersuchen, denn es könnte ja darin durchaus ein richtiger Kern stecken, der für die bessere Gestaltung der Arbeitssituation nutzbar gemacht werden könnte. Im Folgenden werde ich nur die hier wichtigsten Rollenfestlegungen beschreiben:

4.3.6.1 Radar

Säuglinge haben angeborenerweise eine gewisse Fähigkeit, das Verhalten der Bezugspersonen zu analysieren, wenn Störungen in der für sie nötigen Resonanz auftreten. So bekommen Säuglinge relativ schnell heraus, welche Art des Schreiens, Strampelns oder sonstigen Verhaltens bestimmte antwortende Verhaltensweisen der Bezugspersonen bewirken. Treten da Störungen auf, versuchen es Säuglinge mit anderen Methoden, alles geschieht meist etwas automatisch, aber doch mit der Wirkung, dass Säuglinge es sich merken können, welche eigenen Verhaltensweisen welche der Bezugspersonen auslösen. Da Bezugspersonen, okkupiert von anderen Dingen, nicht immer in ausreichender Resonanz zum Säugling sein können, ist dieser gezwungen, immer neue Verhaltensweisen auszuprobieren, um die erspürten Unlustzustände mithilfe anderer aufzulösen. Das ist schon ein Teil der Reifung. Der Säugling lernt dabei auch Frustrationstoleranz, d.h., er lernt, auch ein wenig warten zu können, wenn er einigermaßen gewiss sein kann, dass sein Unlustzustand, wenn er nicht zu unangenehm ist, doch irgendwann Befriedigung erhält. Auch das gehört zur Reifung. So ist es nur natürlich, dass Eltern sich lieben, ihre Sexualität leben, sodass das Kind, wenn es sich meldet, manchmal erst einmal warten muss. Das Kind braucht zur Reifung eine Balance zwischen sofortiger Befriedigung und einer gewissen Zeitdauer, wo dann vielleicht eine noch schönere Befriedigung erfolgen kann, weil sich die Bezugsperson wieder voll auf das Kind konzentrieren kann. Wenn Eltern auf die starke gegenseitige erotische Anziehungskraft samt ihrer Sexualität beginnen zu verzichten und meinen, gute Eltern seien sie nur, wenn sie sich in absolut andauernder Resonanzfähigkeit zum Kind hin orientieren, drohen sie nicht nur ihre Eigenschaft als Liebespaar zu verlieren, sondern auch das Kind nicht den nötigen Reifungsprozessen zuzuführen. Ein Kind, das immer alles bekommt, braucht keine Reifung. Andererseits, wenn das Kind allzu sehr überfordert wird im Aushalten seines Unlustzustands, was man wohl nur emotional und instinktiv abschätzen kann, versinkt das Kind in resignative Zustände, nachdem es mit vielfältigen Versuchen, die nötige Resonanz zu bekommen, gescheitert war. Wird ein Kind aber unterfordert, weil die Eltern vergessen haben, dass sie auch ein Liebespaar sind, ist es bald überfordert, weil es zu viel Einfluss darauf hat, wie die Eltern sich als Eltern fühlen. An der Grenze zur Überforderung können Kinder dann das Radar benutzen, um über ausgeforschte und geeignete Maßnahmen Aufmerksamkeit zu erreichen. Das Radar wird umso stärker ausgeprägt, je näher man sich an die Grenze der absoluten Überforderung hinbewegt. Sind solche mit gutem Radar ausgerüstete Kinder später als Erwachsene in einer Gruppe, sind diese diejenigen, die besonders schnell und früh erspüren können, was von ihnen erwartet wird. Das wäre an sich noch nicht schlecht. Die Schattenseite des Radars ist allerdings, dass ein solcher Mensch viel mehr auf das hört, was von außen kommen könnte, viel weniger auf das, was von innen kommt. Eine solche Person ist damit in der Gefahr, sich selbst und seine Interessen langsam gar nicht mehr zu spüren, da alle Aufmerksamkeit auf das Innen der Bezugspersonen gerichtet ist. In Arbeitsgruppen erleichtert eine Person als Radar den Anleitungsprozess dadurch, dass man sich als Leiter gar nicht mehr sehr bemühen muss, um klare und deutliche Anweisungen zu geben, das Radar übersetzt alles ganz schnell und kann leicht so etwas wie eine Vermittlerfigur zwischen Leitung und Gruppe werden, was seinem eigenen Interesse oft wenig dient, außer vielleicht einer narzisstischen Zufuhr im Sinne einer Anerkennung seitens der Leitung, immer alles gut zu verstehen, im Gegensatz zu den anderen. Die anderen, deren Radar nicht so ausgeprägt ist, können sich zurückziehen und darauf warten, bis eine richtige Übersetzung kommt. Ein Radar kompensiert so sowohl Schwächen in der Kommunikation seitens der Leitung wie auch Unaufmerksamkeiten der Gruppe. Je mehr also das Radar gebraucht wird, desto mehr häufen sich Fehler sowohl seitens der Leitung als auch der Mitglieder der Gruppe. Somit ist eine Person, die sich als Radar wegen ihrer Lebensgeschichte gut eignet, in Gruppen auf längere Sicht hin ein deutlicher Störfaktor für kompetente und sinnvolle Arbeitsabläufe, verlangsamt diese geradezu. Dann kann sich eine Gruppe gut darauf einstimmen, sowieso nie das zu verstehen, was vom Leiter kommt, da sie ja das Radar hat, das schon alles irgendwie mal übersetzt. Wiederum ist die Rolle des Radars damit in Gefahr, zum gemeinsamen Abwehrbündnis von Gruppe und Leiter zu werden. Die Leitung braucht den Kommunikationsstil nicht zu verbessern, die Gruppe kann bei ihrer Unaufmerksamkeit bleiben. Eine Person, die als Radar fungiert, wird sich anstrengen, weniger auf eigenes Inneres und eigene Kompetenzen zu vertrauen, zunehmend den Blick auf das Innere anderer zu richten. Sie benötigt besondere Entlohnung durch Anerkennung, also narzisstische Zufuhr. Bleibt diese aus, neigen solche Personen zu plötzlichen Arbeitsausfällen und Krankheiten. Sie sind in ihrem Selbstgefühl leicht störbar. Es ist jedem Leiter einer Gruppe zu empfehlen, darauf zu achten, dass sich ein solches Radar nicht zu sehr ausbildet.

4.3.6.2 Opfer

Manche Menschen eignen sich aufgrund ihrer Lebensgeschichte als Radar, andere als Opfer. Man erkennt sie schon daran, dass sie alles tun, um nicht Opfer zu werden. Die individuelle Opferbereitschaft fungiert an der Schnittstelle zur Gruppendynamik dann so, dass diese Person sich stellvertretend für andere in diese Rolle hineinbegibt, was die anderen entlastet. Man kann sogar dessen Opferhaltung bekämpfen, heimlich profitiert man davon. Eine Opferrolle entsteht leicht, wenn allzu viele Aufgaben, die in guter Weise gar nicht mehr bewältigt werden können, in die Gruppe hineingebracht werden, wodurch sich eine Gruppe gerne teilt in Untergruppen, diejenigen, die in gewisser Weise heroisch das riesige Pensum versuchen zu bewältigen, andere, die in ihrer Opferrolle schmählich versagen. Opfer hatten ja immer den Sinn, die Götter zu beruhigen, ihnen Dienst zu leisten. Das beste Opfer ist die Selbstaufopferung. Da dies zu vermehrtem Krankenstand führt, ist von der Leitung her zu prüfen, inwieweit man die Belastung der Gruppe reduzieren könnte. Ist die Opferhaltung bei einzelnen Personen zu ausgeprägt, werden diese in oft beleidigender Weise andere anklagen, sie schlecht zu behandeln, obwohl außer ihnen selbst dies auch wegen der unbewussten psychischen Entlastung der anderen kaum jemand bemerkt oder nachvollziehen kann. Da tatsächlich durch Erkrankung oder Wegbleiben des Opfers die Situation sich nicht bessert, könnte bald ein neues Opfer gefunden werden, das sich dazu eignet. So steht auch diese Rolle an der Schnittstelle von individueller Geschichte, deren Verarbeitung und der gerade gegebenen Dynamik innerhalb einer Gruppe, Leitung eingeschlossen. Opfer verlangen übertriebene Dankbarkeit und Aufmerksamkeit, was wiederum einem Gruppenmechanismus, nämlich dem der Verschiebung, entspricht, da sich dadurch andere davon abgrenzen können und vor sich selbst gut dastehen. Sie machen halt einfach ihre Arbeit, können gar nicht verstehen, weshalb das Opfer sich so aufführt und sich so in den Mittelpunkt drängt. Verschoben wird dabei das eigene Bedürfnis nach Aufmerksamkeit, Zuwendung und dem Wunsch nach Gratifikation oder auch, einmal im Mittelpunkt zu stehen. Der Opferstatus beansprucht einen moralischen Wert, dem sich zu entziehen schwerfällt.

4.3.6.3 Held

Dieser kann alles an sich reißen, übernimmt scheinbar viel Verantwortung, steht schwierigste Situationen gut durch, bis er endgültig zusammenbricht. Auch Helden müssen von ihrer Lebensgeschichte her, wie alle Rollen, prädestiniert sein für diese Rolle. Sie dienen ebenfalls zur Entlastung der anderen, die sich dann zurückziehen können, da der Held schon alles durchkämpfen wird. Opfer und Held kommen oft gleichzeitig in einer Gruppe vor, bedingen sich manchmal gegenseitig. Manche Leiter eignen sich gut zum Helden, wenn sie sich völlig überfordern in ihrer Leitungsaufgabe, Verantwortung wenig abgeben, wenig delegieren und in gut meinender Weise die Gruppe von Einflüssen von außen vollständig abschirmen wollen. In milder Form nennt man den Helden dann auch nicht mehr Held, sondern er übernimmt die gegebenen Aufgaben, schützt, soweit es möglich ist, ist mit seinen Mitarbeitern gegenüber Angriffen von oben her solidarisch, allerdings, ohne sich selbst zu überfordern. Heldenhafte Leiter oder Vorgesetzte neigen zur völligen Überforderung und sind dadurch für schwere Krankheiten anfällig, d. h., sie fallen dann ganz aus. In dieser Sichtweise ist der Held ebenfalls ein Abwehrmechanismus einer Gruppe, Leitung eingeschlossen, da langfristig eine solche Gruppe beim Ausfall des Helden dann so viel weniger leisten kann, viel weniger, als hätte die gesamte Gruppe ohne Held einfach die nötige Arbeit getan, die Aufgaben gut verteilt und auf eigene Gesundheit geachtet. Helden sind aber unbewusst manchmal auch Delegierte einer Gruppe, die mithilfe des Heldens zeigen möchte, was für ein Versager oder Schwächling der Leiter ist. So wie jener, der Held, sollte dieser, der Vorgesetzte, sein. Man hatte schon vorher die Leitung für zu schwach erachtet, um sie sinnvoll zu kritisieren, dazu benutzt man die Figur des Helden, der Leiter merkt dies nicht. Schließlich ist die Arbeitsfähigkeit der Gruppe mit dem Ausfall des Heldens, wie oben, gefährdet. Er hat viel zu viele Aufgaben übernommen, diese müssen erst neu verteilt werden, was viel Zeit beansprucht. Wenn der Held eine Abwehrfigur gegen den Leiter oder weiter oben angesiedelte Vorgesetzte darstellt, wird bald ein neuer Held gefunden. So schön und praktisch Helden für einen Leiter sein mögen, seine Aufgabe ist es, diesen wieder zu entlasten und Aufgaben korrekt zu verteilen.

4.3.6.4 *Rationale/r, Irrationale/r*

Eine andere Form unbewusster Abwehr und Konfliktbearbeitung in einer Gruppe kann die Aufteilung in besonders rationale und besonders irrationale Mitarbeiter werden. Je mehr sich die einen in ihrer Rationalität entwickeln, desto mehr Irrationalität entsteht an anderer Stelle einer Gruppe. Das kann bis zu zwei sich bildenden Untergruppen führen, manchmal bleibt es aber bei zwei oder drei Personen in diesen Gegensätzen stecken. Man könnte sagen, die noch in vielen Köpfen steckende Trennung Descartes' (1637) zwischen »res extensa« und »res cogitans«, zwischen der ausgedehnten Materie und dem Geist, zwischen Leib und Seele, Soma und Psyche schaffe sich hier Raum. So lässt sich Folgendes gelegentlich in Gruppen beobachten: Einige beschäftigen sich äußerst konzentriert und mit vielfältigsten rationalen Überlegungen mit einem Thema, andere ziehen sich gelangweilt, überfordert zurück, werden müde, entwickeln plötzliche Körperbedürfnisse. Eine unerfahrene Leitung freut sich dann über das große Interesse der sich am konzentrierten Denkprozess Beteiligenden, lässt die anderen eher außer Acht, findet diese dumm, unpassend oder gar störend. Der Hintergrund ist in jedem Fall eine Überforderung der Gruppe, in der geeignete Personen mit der Überforderung so umgehen, als könnte man diese leicht bewältigen, die anderen übernehmen die Überforderung unbewusst und präsentieren in der einen oder anderen Weise Unlust und teilweise sogar Unfähigkeit. Entwickelt sich in einer Gruppe eine solche Aufteilung, ist die Leitung gefragt, danach zu suchen, was denn diese Gruppe so überfordere, was nicht unbedingt an tatsächlicher Leistungsüberforderung liegen mag, sondern manchmal damit zusammenhängt, dass die Gruppe insgesamt vielleicht eine Abneigung gegen den gegebenen Raum, gegen gegebene Lichtverhältnisse, gegen sonstige Unannehmlichkeiten hat, diese nicht beheben kann und in den Widerspruch zwischen Rationalität und Irrationalität in der Gruppe in lokalisierbarer Weise hinführt. Es ist nicht unklug, in Firmen sowohl das Arbeits- wie das Sozialklima gleichzeitig zu beachten, beide haben Gewicht – bilden sich aber entsprechende Untergruppen, liegen meist diesbezügliche Leitungsfehler vor.

4.3.7 Gruppe als Individuum

In der gruppenanalytischen Theorie und Praxis nach Foulkes, wie sie hier weitgehend zur Grundlage genommen wird, besteht die Vorstellung, eine Gruppe sei sowohl eine Ganzheit als auch zusammengesetzt aus Individuen, sodass das, was immer in der Gruppe geschieht, immer an der Schnittstelle individueller Entwicklung und der gerade gegebenen Dynamik der Gruppe zu sehen ist. Auch die Position der Gruppenleitung ist sowohl innerhalb der Gruppe als Mitglied mit der besonderen Aufgabe der Leitung als auch nach außen hin gerichtet, um der Gruppe gewissen Schutz zu geben. Die Gruppenleitung befindet sich an einer Grenze oder Schnittstelle, hier der Schnittstelle zwischen Gruppengeschehen und Außenwelt. Es ist dies wohl die wirklichkeitsgetreueste Theorie von Gruppen, wage ich zu behaupten. Dennoch kann es auch richtig sein, die Gruppe einmal als Ansammlung von Einzelwesen zu betrachten, damit ausschließlich deren einzelne Lebenssituation, als auch umgekehrt die Gruppe als ein einziges Individuum zu sehen. Unter diesem Gesichtspunkt kann man probehalber, vielleicht auch, um wiederum Abwehrmechanismen zu entdecken, die Gruppe z. B. wie einen einzigen Menschen betrachten oder als einzigen Körper oder einzigen Leib. Es sind dies Anschauungsformen, die gegebenem Gruppengeschehen eine adäquate Beschreibung ermöglichen, wenn man im Hinterkopf behält, dass Gruppen zwar vor allem ein Ganzes, aber auch zusammengesetzt aus Einzelnen sind. Gruppenmitglieder zugunsten eines Gruppenganzen, das jetzt wie ein einziges Individuum gesehen wird, zu vernachlässigen, ist eine der Möglichkeiten, wie alle anderen Abwehrmechanismen und Ebenen, Kommunikationsstörungen zu hinterfragen. Dazu gibt es verschiedene Ansätze:

4.3.7.1 Gruppen-Ich

Freud hatte in seiner mittleren Arbeitsperiode den Menschen versucht dadurch besser zu verstehen, dass er ihn, wohl wissend, dass er damit ein Ganzes zerstöre, aufteilte in sein Ich, die steuernde innere Instanz mitsamt dem Leib, der die Steuerung dann ausführt, dem Über-Ich, das innerlich aufgeladen ist mit zuerst übernommenen, später selbst erarbeiteten Verboten, Geboten, Moralvorstellungen, Schuldvorwürfen, das seine Energie aus dem sog. Es bezieht, das zum einen die angeborenen Triebe enthält, später Enthälter[171] aller möglichen verdrängten Lebenssituationen, Transaktionssequenzen samt den dazugehörigen Affekten wird. Freud stellte sich das so vor, dass gewisse Triebenergie des Es vom Über-Ich verwendet wird, um dem Selbstgefühl unerträgliche oder einfach verbotene andere Triebkräfte, die aus dem Es kommen, mit aller Gewalt zu unterdrücken, was dann über die hier angesprochenen Abwehrmechanismen geschieht. Da nun dem Ich weder genügend Energie aus dem Es zur Verfügung steht, die da herauswill, noch die Energie, die dafür verwendet wird, um erstere zu unterdrücken, entsteht für das Ich so etwas wie ein Schwächegefühl, es fehlt ihm an Energie. Ich möchte hier die genaue Theorie des Freud'schen sog. psychischen Apparates, den er immer auch körperlich sah, nicht weiter entwickeln, diese Theorie kann jedoch auch zum Verständnis einer Gruppe führen, wenn sich diese wie ein einziges Individuum benimmt. Freud (1921c) hatte diesen Versuch schon einmal unternommen bei der Untersuchung von Massenbewegungen, wo einzelne Mitglieder, meist die Führer, wie das Ich reagieren, dann gibt es bis zur Massenhysterie führende Triebanteile, die wiederum von anderen unterdrückt werden. Doch zu solchen Großgruppenprozessen später. Auch in kleineren Gruppen kann solche Aufteilung gesehen werden. Dabei handelt es sich um einen innergruppalen Abwehrmechanismus, da die jeweilige Zuschreibung der Funktionen bzw. die Übernahme solcher Funktionen immer auch bedeutet, dass nicht die wirklichen Fähigkeiten einer Gruppe im Zusammenspiel aller Kräfte zutage treten, sondern die Verhärtungen Prozesse zu verhindern drohen.

Die sich für das Gruppen-Ich eignenden Personen zeigen sich meist als gut orientiert, überlegt, sachdienlich, zielführend und ko-

---

171 »Enthälter« ist ein Begriff Zimmermanns (2007), mit dem er die Vielfalt der Möglichkeiten eines Raums bezeichnen will.

operativ. Sie sind auch leiblich gut anwesend, spürbar und entsprechen viel von dem, was man von solch kooperativen guten Gruppenmitgliedern erwarten kann. Je weniger es in der Gruppe zu Auseinandersetzungen zwischen der Fraktion des Gruppen-Über-Ichs und der anderen, des Gruppen-Es, kommt, desto arbeitsfähiger zeigen sich diejenigen, die das Ich darstellen. Aber auch die anderen bleiben relativ gut arbeitsfähig. Beim einzelnen Menschen hat das Ich die Aufgabe, die Einflüsse und Notwendigkeiten der Außenwelt mit den inneren Triebbedürfnissen und Verboten so auszugleichen, dass es handlungsfähig bleibt und Aufgaben gut bewältigt. Gelegentlich braucht das Ich dafür narzisstische Bestätigung, übersetzt heißt dies Anerkennung oder Bewunderung, da das Ich sich gerne aufteilt in ein Ideal-Ich, wie man sein sollte, und ein Real-Ich, das umso schwächer wird, je höher das Ideal-Ich angesiedelt ist. Die Energie bezieht das Ich aus dem Es oder von außen (Bestätigungen, Lob), und, wie gesagt, diese Energie wird umso weniger, je mehr die Fraktionen von Es, Ich und Über-Ich im Konflikt sich befinden. Sieht ein Vorgesetzter oder Leiter nicht den inneren Zusammenhang seiner Gruppe zwischen allen drei, hier Fraktionen genannten, Gruppenmitgliedern, kann er nie wirklich verstehen, weshalb die Leistungsfähigkeiten der scheinbar gut funktionierenden Personen so schwanken. Es sind diese seine liebsten Mitarbeiter gerade wegen des guten Funktionierens. Werden diese immer schwächer, kann er sie auch durch bestes Zureden nicht dazu bewegen, wieder aktiver und stärker zu werden, da ihre Stärke und Schwäche vom jeweiligen Konflikt der anderen direkt abhängig ist. Er müsste sich also um den anderen Konflikt kümmern, um seine Mitarbeiter zu stärken. Es ist dies natürlich auch eine gewisse Rollenfixierung, die zur Erstarrung einer Gruppe führen kann, da die jeweils anderen auch tatsächlich ganze Menschen sind, also über alle drei Funktionsweisen verfügen, durch Delegation (Projektion) einzelner Anteile an andere aber wesentliche Eigenschaften und Fähigkeiten verlieren.

Nun benannten Paul Parin et al. (1963) das »Gruppen-Ich« als Ergebnis ihrer ethnoanalytischen Forschungen, weil damit das Mitsein des »Ichs« in und mit der Gruppe (Kollektiv, Stamm) besser beschrieben wird. Es ist dies aber kein Widerspruch, da bei Parin ein gegebener gruppaler Prozess des Mitseins gesehen wird, hier aber mehr Gewicht auf den Abwehrcharakter der Aufteilung einer Gruppe in solche, die das »Ich« repräsentieren, andere, die das »Über-Ich« oder das »Es«[172] darstellen, gelegt wird.

4.3.7.2 Gruppen-Über-Ich

Stellt sich in einer Gruppe heraus, dass einige in besonderer Weise kontrollierend, andere beschuldigend agieren, Fehler nur bei den anderen suchen, strengste Moralvorschriften predigen, dürfte sich bei diesen das Gruppen-Über-Ich herausgebildet haben. Sie sind so konzentriert in der Überwachung anderer, wobei das besondere Augenmerk auf solchen liegt, die Triebhaftigkeit, Unvernünftigkeit, fehlende Frustrationstoleranz und andere »üble« Eigenschaften zu besitzen scheinen, lässt natürlich auch deren eigene Arbeitskraft deutlich nach, jedenfalls für die eigentliche Arbeit. Sie sind in der Regel selbstgefällig, oft überheblich, in jedem Fall aber genau kontrollierend. Natürlich ist auch die Leitung in besonderer Weise in Gefahr, Über-Ich-Positionen einzunehmen. In gesunden Gruppen wechseln sich diese Positionen ab, bei der einen Aufgabe sind es mehr die einen, bei anderer Aufgabe wieder andere, die in leichter Weise solche Funktionen einnehmen. Dann sind die Funktionen überall vorhanden, nur geringfügig verstärkt in der einen oder anderen Weise. Es ist für Leiter (Manager usw.) sinnvoll, jemanden zu haben, dessen Rat man aufsuchen kann bezüglich möglicher eigener Fehler, es stört den Arbeitsablauf aber gewaltig, wenn die Positionen dazu tendieren, extrem zu werden, sich zu verfestigen.

4.3.7.3 Gruppen-Es

Für diese Funktion eignen sich besonders Personen, die nur über wenig innere Steuerung verfügen, die ihrerseits meist wegen eines eigenen extrem strengen Über-Ichs, um diesem zu entkommen, zu wilden Ausbrüchen neigen, vielfältigste Störungen verursachen. Sie werden dann zu Trägern von Kräften, die ursprünglich allen zugehörten, nun aber in explosiver Form vor allem bei diesen lauern und ausbrechen. Dabei ist es gleichgültig, ob es sich um den libidinösen oder aggressiven Pol sich bewegende Kräfte handelt. Die das Libidinöse repräsentierenden Gruppenmitglieder können das Arbeitsklima heftig erotisieren, was auf der

---

172 Das »Es« von Freud steht in engem Zusammenhang mit dem »Es« von Groddeck (1979 [1923]), der das »Es« deutlich mehr mit leiblichen Prozessen in Verbindung brachte.

anderen Seite aggressive Gegenkräfte auslöst. Die Arbeitsfähigkeit aller wird gemindert. Wiederum nutzt es wenig, zu beschwichtigen, Vernunft zu predigen, es ist nur ein nach außen erscheinendes Phänomen einer Gruppendynamik, welches in Wechselwirkung mit den jeweils anderen beiden Funktionen, dem Über-Ich und dem Ich, steht. Da die Gruppe so als Ganzes agiert, ist es auch erforderlich, diese so zu behandeln und dafür zu sorgen, dass die dort überschüssigen Kräfte sich wieder auf alle anderen gleichmäßig, je nach ihren individuellen Möglichkeiten, verteilen. Die zur Auflösung solcher ungünstigen Gruppenkonstellationen nötige Aufgabe ist für die Leitung, nicht nur, wenn diese selbst involviert ist, mithilfe guter Gruppenkommunikation die Phänomene zu erhellen, zu benennen, gemeinsam mit den Gruppenmitgliedern ihren störenden Charakter herauszuarbeiten, sodass sich durch diese Öffnung die bestehende Konstellation wieder auflösen kann. Der Hintergrund für die Bildung einer solchen Gruppe, die sich in die drei Funktionen aufzuteilen beginnt, ist meist in allgemeiner Weise so etwas wie Stress, der aber als solcher zu unspezifisch ist, es ist da schon sinnvoll, genauer nachzusehen, was die Gruppe so plagt, dass sie sich in dieser Weise aufgliedert.

4.3.7.4 *Gruppen-Körper (Leib)*

Da Menschen von ihrer Grundstruktur her im leiblichen Mitsein sich befinden, im Mitsein mit anderen und anderem, wie z. B. Natur, Gesellschaft, Kollektiv, Staat, Natur, um nur einiges dieses anderen zu benennen, ist die Betrachtung einer Gruppe als Leib oder als beseelter Körper, wie unter 2.4 beschrieben, sinnvoll. Es ist dies nicht nur eine Metaphorik, sondern einerseits eine gut mögliche Betrachtungsweise einer Gruppe, die zu vernachlässigen vielfältige Probleme mit sich bringen kann, andererseits gegebener Wirklichkeit nahekommt. Als Abwehrmechanismus kann sich eine Gruppe aufteilen in so etwas wie den Kopf der Gruppe, den Verdauungsapparat, den Ausscheidungsbereich, die arbeitenden Hände usw. Es ist nicht selten, dass man, bewegen sich Gruppen auf diesem Abwehrmechanismus, bei den einzelnen Rollenträgern der Gruppe auch die entsprechenden organischen Veränderungen oder Erkrankungen erleben kann. Da manifestieren sich der Gruppenleib und seine Störungen an den einzelnen Orten, wiederum natürlich nur bei Personen oder Abteilungen, die sich dafür eignen. Wenn es durch gruppendynamische Prozesse dem sog. Kopf der

Gruppe nicht mehr möglich ist, auch eines der anderen Organe oder Wesenheiten des Leibs zu sein, verliert er viel von seinen Fähigkeiten. Das Gleiche gilt für alle anderen Funktionsträger. Ein Mensch ist eben nie nur der Kopf, er ist immer der ganze Körper oder Leib. Im Abwehrmechanismus tendieren solche Gruppen dazu, die einzelnen Funktionsweisen voneinander abzukoppeln und zu trennen, was ihre Arbeitsfähigkeit beschädigt. Sorgt die Leitung nicht für genügendes ganzheitliches leibliches Wohl der Gruppe, übersieht beginnende Trennungsprozesse, dürfte nicht nur die genannte Arbeitsfähigkeit der Gruppe nachlassen, sondern es entstehen der Funktion nach jeweils entsprechende Krankheiten, die zusätzlich belasten. Der Gruppenleiter ist für die leibliche Gesundheit der Gruppe mit zuständig; inzwischen wird jeder, der als LeiterIn oder Vorgesetzter diesen Text mit den unendlich vielen Aufgaben eines Leiters liest, schon beginnen zu stöhnen, das sei alles nicht zu bewältigen. Da das Gruppengeschehen insgesamt schwer verständlich ist, da es sich neben den bewussten um vielfältigste unbewusste Prozesse handelt, sind solche Gesichtspunkte, wie die letzten genannten und alle anderen, eine gewisse Hilfe, wenn Gruppen in der einen oder anderen Weise zu entgleiten oder zu entarten beginnen. Es ist mögliches Handwerkszeug, das nicht zu nennen unverantwortlich wäre. Da in Gruppen die Mitglieder unterschiedlich begabt, unterschiedliche Fähigkeiten haben, wäre es von Nutzen, gerade diese Unterschiedlichkeiten angesichts gegebener Aufgaben zu fördern, ohne sie zu fixieren. Der Leib der Gruppe lebt im Zusammenwirken der unterschiedlichen und sich ergänzenden Funktionen.

4.3.8 Dynamische Rangverteilung

Es ist Raoul Schindler (1969, 1971) zu verdanken, die Soziobiologie, d. h. das Rangordnungsverhalten in seiner Bedeutung für menschliche Gruppen, gesehen zu haben. Er wollte damit implizit und explizit, wie schon vor ihm Foulkes, ein Konzept entwickeln, wie gesellschaftliche und biologische Prozesse innerhalb der Gruppe wirken. Es ist auch diese Betrachtungsweise eine Möglichkeit, unklare Prozesse in Gruppen vielleicht etwas besser beschreiben und erfassen zu können, ein weiteres Handwerkszeug also. Gruppen tendieren dazu, Hierarchien zu entwickeln, seien es Hierarchien im Sinne von wirklichen, zugeschriebenen oder vertraglich geregelten abgestuften Macht- und Einflusspositionen, oder Hierarchien, die sich in natürlicher Weise in Gruppen entwickeln, Prestigehierarchien, die jedem Gruppenteilnehmer unterschiedliches Prestige zusprechen, und schließlich informelle Hierarchien, die oft notwendiger Begleiter formeller Hierarchien sind, um diese zu stützen oder bei starker Ausprägung empfindlich zu stören. Schindler hatte die Idee, statt von Rollen nun von Positionen zu sprechen, wodurch es möglich ist, dass wechselnde Personen diese jeweiligen Positionen einnehmen. Die Positionen sind Alpha (häufig der Star, Liebling, Führer der Gruppe), Beta (häufig ein äußerst sachkundiger Spezialist), Gamma (das sind die einfachen Mitglieder, das Publikum, diejenigen, die die Arbeit machen), Omega (diese Position ist oft so etwas wie Prügelknabe, schwarzes Schaf, manchmal aber auch der direkte Gegner von Alpha und letztlich ein Repräsentant oder mehrere Repräsentanten anderer Gruppen, der Führungshierarchie, in die die Gruppe eingebunden ist). Da Gruppen leicht Dinge, die von außen kommen, als gegnerisch oder feindselig erleben, bezeichnet Schindler Repräsentanten des von außen Kommenden innerhalb der Gruppe oder dieses Außen als Gegner (G.). G. als Gegner hat innerhalb der Gruppe noch eine andere Funktion, nämlich die Repräsentanz der Realität. Solche Gruppenmitglieder werden häufig darauf hinweisen, dass reale Bedingungen es möglich oder unmöglich machen, das, was man gerade machen möchte, zu verwirklichen. Sie sehen die Realität eher mehr als einschränkend denn als stützend. Die Aufgabe von Beta, dem Sachkundigen, ist es meist, in Abwägung von Außen- und Innenbedingungen optimale Ergebnisse zu erzielen. Dabei kümmert sich Beta wenig um die emotionalen Seiten sowohl des eigenen als auch des Handelns anderer, ist ausschließlich sachorientiert. Die emotionale Seite wird eher von den Mitgliedern in der Position Gamma vertreten, die, psychoanalytisch gesprochen, das Lustprinzip repräsentieren. Wenn eine Gruppe aus der Position Beta geführt wird, kann sie eine gewisse Zeit lang sehr effektiv und funktional arbeiten, bis die dabei unterdrückten emotionalen Anteile so viel Gewicht bekommen, dass es zu so etwas wie einem Umschwung in der Gruppe kommt, Gamma die Führung übernimmt, was dann nach außen hin als recht chaotische Gruppe erscheint, die schon auch noch arbeitet, aber weit mehr persönliche Kontakte, Feste und sonstige Anlässe für ihre Emotionalität und deren Ausgestaltung nimmt.

Wird eine Gruppe aus der Position Alpha geleitet, ist zu erwarten, dass sie hier ihr maximales Selbstgefühl erreicht. Alpha ist im Sinne eines soziologischen Gesetzes der geeignetste Leiter einer Gruppe, weil er derjenige ist, der die Normen der Gruppe am besten darstellen kann. Er symbolisiert Sachbezogenheit, konzentriertes Arbeiten, Abwägung der Dinge, die von außen kommen im Verhältnis zu den Dingen, die von innen her kommen, gut ausbalanciert, er berücksichtigt Minderheiten und fördert Wachstum und gemeinsame Freude an geleisteter Arbeit. Die Leitung aus der Position Alpha ist wahrscheinlich immer dann günstig, wenn sich die Gruppe in nicht allzu schwierigem Fahrwasser bewegt. Sind Entspannungsphasen oder auch heftige persönliche Auseinandersetzungen innerhalb der Gruppe im Gange, übernimmt wahrscheinlich Gamma die Führung, da sie ungesteuertes Triebleben repräsentiert, wozu sowohl Aggression als auch libidinöse Kräfte gehören. Übernehmen die Außenkräfte als G. (Gegner) die Führung in der Gruppe, ist der tatsächliche Gruppenleiter nicht mehr Leiter, sondern nur noch Begleitfigur für G. G. wird die Gruppe einerseits beständig dominieren mit allgemeingültigen Theorien, allgemeinen Sätzen, Normen, also mit Einschränkungen, da hier höchstens Beta in der Lage ist, kraft des Verstands aus allgemeinen Bedingungen Konkretes so umzuformulieren, dass die Gruppe wieder gut arbeitet. Die Omegafunktion ist in einer dialektischen Gegenbewegung zu Alpha, diese Position ist meistens eben gar kein Liebling, wirkt mehr oder weniger unsympathisch, ist also in einer grundsätzlich kritischen Position, die sich aber nicht nur gegen Alpha, sondern gegen alle anderen richtet, sodass die Position immer in der Sündenbock-Gefahr ist. Andererseits ist sie notwendig zum Ausgleich für allzu freudiges Drauflosmarschieren, was unter Führung von Gamma oder auch Alpha, bei Alpha etwas weniger, droht.

Die Rangordnungspositionen Alpha, Beta, Gamma, Omega und Gegner können in guter Weise der Reflexion eines Gruppenleiters dienen, um zu prüfen, an welcher Position er sich befindet, ob er diese Position wirklich haben möchte, da er nun weiß, welche Komplikationen sich dadurch ergeben könnten. Es ist gut, dieses dynamische Rangordnungsmodell dafür zu verwenden, um angesichts einer bestimmten Aufgabe, angesichts gegebener Umweltbedingungen und gegebener innerer Kräfteverhältnisse einer Gruppe die jeweils adäquate Position in der Leitung der Gruppe einzunehmen. So kann durchaus einmal eine Führung unter der Position Gamma wichtig und richtig sein, um angesichts einer absolut unlösbar erscheinenden Aufgabe, unbewusste

Resonanzen im Sinne eines Brainstormings, im Sinne also freier Assoziation, einzukreisen, um dann mit Führung aus der Position Beta sachgerecht die Aufgaben zu verteilen und, wenn die Gruppe dann arbeitet, in der Alpha-Funktion weiter zu arbeiten, da hier am wenigsten Komplikationen zu befürchten sind, wenn gleichzeitig Omega in seiner Kritikbereitschaft nicht unterdrückt wird. Die gute Widersprüchlichkeit auch dieses Gruppenmodells ist, dass alle Funktionen und Positionen einerseits für das Gruppengeschehen und ihre Arbeitsfähigkeit äußerst hilfreich sind, Reflexion vorausgesetzt, andererseits bei Erstarrung der Positionen, wenn Gruppenmitglieder nicht mehr in der Lage sind, auch eine andere Position bei anderer Aufgabenstellung zu übernehmen, zum absoluten Widerstand werden kann, sodass die Arbeitsfähigkeit enorm beeinträchtigt wird. Flexibilität aber kann nur erreicht werden bei Reflexion über das Geschehen und die jeweils nötigen und richtigen Positionen.

In den Gesprächen mit Raoul Schindler[173] konnte ich die Differenziertheit seines Modells erkennen. Es ist eines, das sich in guter Weise zur Reflexion von Arbeitsgruppen eignet, da es in großer Bandbreite menschliches Verhalten in Gruppen beschreiben kann. So kann in einer in solcher reflektierten Gruppe das Zusammenspiel von informeller und formeller Hierarchie und Institutionalisierung gesprochen werden, das Prestige ist unterschiedlich verteilt, das Modell entspricht aber auch sehr dem Naturell von R. Schindler, dem es tatsächlich möglich ist, alle diese verschiedenen Positionen in guter Weise einzunehmen, damit einerseits gut Verwirrung stiften, andererseits eine solche Gruppe auch optimieren kann.

4.3.9 Phasenentwicklung – Arbeitsgruppe

Wenn R. Schindler von Gruppen ausging, die in der Wirklichkeit häufig vorkommen, nämlich solchen mit gelegentlich wechselnden Teilnehmern und wechselnden Aufgaben, so untersuchte ein anderer Autor, nämlich W. R. Bion (1971), Gruppenprozesse in mehr oder weniger geschlossenen Gruppen, d. h. solchen, die über lange Zeit in gleicher Besetzung bleiben. Schindler war in seiner Konzeptualisierung der Gruppe ähnlich wie Foulkes und Heigl-Evers mit ihrem »Göttinger

---

173 Siehe auch Schindler, R. (1969, 1971)

Modell« (Lindner 2006) der Auffassung, ein Gruppenleiter sei immer zugleich Mitglied der Gruppe, wechsle zwischen verschiedenen Positionen, einmal mehr im Zentrum der Gruppe, einmal mehr ganz außerhalb, regelhaft aber an dem Ort, den Foulkes die Grenze der Gruppe nannte. Bion blieb ein mehr von außen kommender Beobachter des Gruppenprozesses, sah aber auch die so ausgelösten Übertragungsprozesse auf ihn. Es geschehen in geschlossenen Gruppen eher einheitliche Prozesse als in Gruppen, deren Teilnehmer wechseln. Da Arbeitsgruppen oder auch therapeutische Gruppen so arbeiten, dass sie, wie eine Projektgruppe, für eine bestimmte Aufgabe zusammengestellt werden, um sich danach wieder aufzulösen, ist das Modell von Bion mit seinen verschiedenen Phasen der Gruppenentwicklung analog bestimmten von Freud erkannten Phasenentwicklungen der Persönlichkeit ein weiteres Hilfsmittel, um Gruppenprozesse in ihrer Dynamik und auch in ihren Widerständen erkennen und darstellen zu können. Bion hatte sich, von der Psychoanalyse und einer psychosomatischen Klinik herkommend, gefragt, wie Gruppen unter Beobachtung bei möglichst wenig Eingriffen seitens der Leitung ihre Arbeit bewältigen. Er beobachtete, dass unbewusste Gruppendynamiken eine Gruppe in enormer Weise in ihrer Arbeit beeinträchtigen können; er beschrieb diese Dynamiken als unbewusste Gruppenfantasien, sog. »Grundannahmen«. Diese entstehen in allen Gruppen in mehr oder weniger starker Ausprägung. Dadurch erklärte sich, weshalb eine Gruppe sich mehr von solchen Grundannahmen als von ihren tatsächlichen Aufgaben leiten lässt. Durch Deutung und Verständnis solcher Abwehrprozesse kann eine Gruppe wieder zur reifen Arbeitsleistung zurückkehren. Er beobachtete drei unbewusste Grundannahmen, die die Arbeitsfähigkeit einer Gruppe deutlich behindern können und Freuds Phasen (oral, anal, ödipal) entsprechen:

4.3.9.1 Abhängigkeit

In den ersten Gesprächen einer Gruppe, wenn der Gruppenleiter seine Führungsaufgabe nicht wahrnimmt, was durchaus schon im Zusammenhang mit dieser Grundannahme stehen kann, tendiert eine Gruppe dahin, in starke Abhängigkeit vom Leiter zu geraten. Gruppenmitglieder scheinen plötzlich weniger Ahnung, weniger Selbstvertrauen, weniger Bereitschaft zu haben, auch nur irgendetwas von sich aus anzupacken. Ein Leiter, der intuitiv mit diesem Phänomen umgeht, ohne wirklich davon zu wissen, wird immer mehr und genauere Instruktionen geben, was häufig an der zunehmenden Lähmung einer Gruppe wenig ändert. Die Gruppe war in die unbewusste Fantasie (Grundannahme) von Abhängigkeit geraten, entsprechend der oralen Phase bei Freud, die ebenfalls einer weitgehend nonverbalen Zeit zugehört, in der wenig Verbalisierungsfähigkeit vorhanden ist; dahin war die Gruppe regrediert. Regression ist schon beschrieben unter 4.2.14, hier verlässt eine Gruppe scheinbar ohne größeren Grund die eigenen Positionen und Fähigkeiten, wegen derer sie gerade zusammengestellt wurde. Man wartet auf den Leiter. Ist ein Leiter hier anfällig für eigene Notwendigkeiten narzisstischer Bestätigung, d. h. Anerkennung, Lob und Bestätigung seiner großartigen Fähigkeiten, wird er sich immer mehr in eine gewisse Leere hineinreden, Resonanz kommt kaum zurück. Kennt er die Grundannahmen und weiß damit umzugehen, so wird er die Abhängigkeit von ihm nicht zurückweisen und mit der Gruppe versuchen herauszubekommen, wo scheinbar unlösbare Probleme lauern. In der therapeutischen Gruppenanalyse würde man in etwa sagen, dass die Gruppe verständlicherweise anfangs unsicher sei, wo es hingehe und welche Regeln hier gelten, obwohl darüber in den Vorgesprächen gesprochen wurde. In einer neu beginnenden Arbeitsgruppe allerdings erwartet sie klare Ziele, Aufgabenverteilung, definierte Verantwortungsbereiche und vom Leiter Führung und anerkennungswürdige Autorität. Die Grundannahme Abhängigkeit ist auch eine unbewusste Bereitschaft der Gruppe, bei »guter Nahrung« sich formen zu lassen. Manche Gruppenmitglieder genießen es hier, von einem erfahrenen Leiter beschützt zu werden, dass sie sich ausruhen und wohlfühlen können wie in Mutters oder Vaters Schoß. Die Gruppe ist gewissermaßen in der oralen Phase. Tritt diese Grundannahme allerdings bei schon länger laufender Gruppe auf, so ist sie eine Regression. Der zentrale Abwehrmechanismus dieser Phase ist a) die Wendung der Aggression gegen die eigene Person (siehe 4.2.1), die anderen sind b) Introjektion und c) Projektion (siehe 4.2.2). Somit müsste sich der Leiter wie folgt befragen: a): Da mich die Gruppe nicht absetzen kann, ist sie vielleicht wütend auf mich und kehrt das gegen sich. Warum aber wütend? Habe ich keine Autorität mehr, habe ich zu viel gefordert, war ich ungerecht? Dann zu b): Bin ich selbst zu schwach, zu resignativ geworden – und die Gruppe spiegelt mich, hat meine Haltung introjiziert? Und schließlich zu c): Habe ich in übertriebener Weise Verantwortung übernommen, habe ich die Ziele zu wenig kommuniziert, der Gruppe zu viel Arbeit abgenommen, damit die Gruppe entmutigt, sodass ich mich als Projektionsfeld für extreme und ungesunde Arbeitsauffassung eigne? Solche Fragen muss der Leiter bei sich selbst klären, bevor er mit der Gruppe untersucht, wovor diese zurückschreckt.

Wie Bion gehe ich davon aus, dass Transaktionssequenzen, wenn sie in emotional wichtigen lebensgeschichtlichen Zusammenhängen geschehen sind, sich im Laufe des späteren Lebens wie Matrizen oder Schallplatten oder ähnliche Speicher angesichts einer neuen Situation hervorholen lassen. Das ist manchmal richtig, manchmal vermeintlich, um gerade diese neue Situation auch emotional zu verstehen. Der Leiter sollte hier »optimal« reagieren, genau das richtige Gleichgewicht zwischen nötigen Anweisungen, Anforderungen, Arbeitsteilung und den emotionalen Bedürfnissen einer Gruppe nach Abhängigkeit in leichter, aber nicht zu starker Weise erhalten. Oft reicht bei beginnenden Gruppen nach gewisser Zeit schon der Hinweis, dass am Anfang einer Gruppe leicht so etwas wie das Phänomen von zu starker Abhängigkeit vom Leiter auftreten könne. Die Grundannahme (bei Bion[174]: »basic assumption«) der Abhängigkeit heißt, die Gruppe ist nicht genügend versorgt, fühlt sich unselbstständig, kann deshalb die Arbeit nicht bewältigen – und/oder: die anstehende Arbeit war zu viel, zu unklar, der Leiter war eher entmutigend als führend und aufbauend, die Arbeitssituation ungünstig; die Gruppe getraut sich nicht, den Leiter anzugreifen.

4.3.9.2 Kampf und Flucht

Konnte sich eine Gruppe im Rahmen verständnisvoller, klarer Führung und den nötigen Interpretationen über die Abhängigkeit langsam aus dieser depressiv getönten Grundannahme befreien und ist wieder in guter Arbeitsverfassung, kann eine Gruppe über längere Zeit problemlos, d.h. mit den üblichen, mit dem Arbeitsablauf zusammenhängenden Problemen, arbeiten. Psychoanalytisch gesprochen, erreicht die Gruppe die anale[175] Phase, in der gezielte Muskelkontraktionen[176], das

---

174 Siehe hierzu: Grinberg, Sor, Tabak de Bianchedi (1993), 17 – 36
175 Freud betonte mit solchen Begriffen wie oral, anal, dass psychische und körperliche Prozesse untrennbar, leibliche sind.
176 Z.B. Spinktherkontrolle (keine Windeln mehr nötig), Muskelkoordination, usw.

Gehen, das Sich-selbstständig-Bewegen, zunehmend erfolgreiches Spielen mit Dingen, möglich wird. Treten in dieser Phase einer Gruppe aus irgendwelchen Gründen größere Probleme auf, so entwickeln sich Streitigkeiten in der Gruppe, die heftiger werden, ein oder mehrere Gruppenmitglieder deuten an, in diesem Klima so nicht arbeiten zu können, drohen vielleicht sogar mit Kündigung. Die Grundannahme von Kampf und Flucht breitet sich aus. Hinter den zunehmenden aggressiven Auseinandersetzungen, die auch in lokalisierbarer Weise bei zwei sich dann ganz besonders bekämpfenden Mitgliedern innerlich abgeladen werden können, sinkt die Arbeitsfähigkeit erneut. In gesunder Weise wäre Kampf und Flucht so etwas, dass eine schwierige Aufgabe kämpferisch angepackt und eine zu schwere an andere Stellen zurückverwiesen wird, sodass über den Leiter eine bessere neue Formulierung der Aufgabe möglich wird. Das wäre die bewusste Ebene; die Grundannahme von Kampf und Flucht ist aber, wie jede der drei Grundannahmen, zuerst einmal unbewusst und lässt sich nur aus dem Verhalten der Mitarbeiter erschließen. Lässt sich der Leiter gewissermaßen einfangen und beteiligt sich selbst an diesem Mechanismus, sinkt die Arbeitsfähigkeit weiter, Krankheitsfälle treten auf, Streitigkeiten nehmen zu, bis sich vielleicht ein Sündenbock finden lässt, gemobbt wird oder die Abteilung bzw. die Arbeitsgruppe in langsamer Auflösung sich befindet. Im schlimmsten Fall regrediert dann die Gruppe auf das Abhängigkeitsniveau und tut gar nichts mehr, beschäftigt sich in unproduktiver Weise mit sich selbst. Ein guter Leiter würde Lokalisierungs- und Personalisierungsprozesse nicht zulassen, würde wissen, dass die Grundannahme von Kampf und Flucht regelmäßiger Bestandteil einer Gruppenentwicklung ist, sich dafür geeignete Personen auswählt. Er würde versuchen, gemeinsam mit der Gruppe das als so besonders schwierig angesehene Problem herauszufinden, um es im Sinne von Engagement, der milden Form von Kampf dann doch zu bewältigen. Die andere Möglichkeit ist, wie gesagt, die unbewältigbare Aufgabe neu zu strukturieren, evtl. mit Vorgesetzten zu besprechen und dann in solch milderer Form in die Gruppe hineinzugeben. Es scheint also kein Problem des Gruppenleiters zu sein, zumindest zuerst einmal nicht, wenn Kampf und Flucht auftreten. Es zeigt eigentlich, die Gruppe könnte bei guter Arbeitsfähigkeit sein, kann aber etwas besonders Schwieriges nicht lösen – oder die Gruppe ist in einer Regression aus der ödipalen Phase (Grundannahme Paarbildung). Der Sachverstand von Beta (wie oben bei Schindler) könnte hilfreich sein, oder auch Gamma, vielleicht ist die Arbeitssituation insgesamt dieser Gruppe zu unpersönlich und zu unlebendig geworden. Ein Leiter, der selbst in einer Beta-Funktion verharrt, allzu sehr nur Sachliches erwartet und darüber kontrollierend einwirkt, jemand, der in besonders leichter Weise aus dem Mechanismus von Kampf und Flucht Gewinn zieht, weil er sich mit den Kämpfenden identifizieren kann, ist nicht in der Lage, die Kräfte der Fliehenden wieder mit einzubeziehen. Gruppenregression auf die Grundannahme Kampf und Flucht verbraucht enorm viel Energie, die nicht genutzt wird, um realitätsgerechte Einschätzungen von Aufgaben und deren Bewältigungsmöglichkeit zu schaffen. Wenn ein Leiter aus Unkenntnis der überall vorhandenen Ambivalenz auch einer Gruppe oder aus Angst vor Konflikten die Gruppe dazu zwingt, Kampf und Flucht als Abwehrmechanismus (Grundannahme) zu entwickeln, wird er die Gruppe teilen in sich bekämpfende Untergruppen. Es streiten andere und verhalten sich aggressiv und auffällig, von seinen Fehlern ist er abgelenkt. Da es aber auch Leitern zugestanden werden muss, nicht nur eine eigene Persönlichkeit, sondern auch Schwankungen der eigenen Befindlichkeit zu haben – private Dinge hat er schließlich auch zu bewältigen –, wird es nicht immer leicht sein, schnell gegenüber einer zunehmenden Regression in Kampf und Flucht Position zu beziehen, die Fehler aufzudecken und für Veränderung zu sorgen. Es ist immer wichtig, wenn solche Phänomene auftreten, sich als Leiter zu reflektieren, inwieweit man selbst dazu beträgt oder beigetragen hat, da alle Mechanismen auch in Bezug zum Leiter stehen. Vor welcher Aufgabe oder welchen Konflikten fürchtet sich die Gruppe möglicherweise mit Recht, oder vielleicht sogar der Leiter, ist nicht nur in dieser Phase die wichtige Frage. Aus dem Blickwinkel Regression, psychoanalytisch gesprochen, lässt sich fragen, ob der Ödipalität der Gruppe (Rivalität, männliche und weibliche Identität, leichte Erotik, aushaltbare »Kastration«) viel zu wenig Raum gelassen wurde, sodass die Gruppe auf anale Muster regrediert ist.

4.3.9.3 *Pairing (Paarbildung, Messias, Teufel)*

War es gelungen, die Gruppe aus der Grundannahme Kampf und Flucht im Sinne eines Abwehrvorganges wieder herauszuführen, sodass die Gruppe einige Zeit wieder effektiv, konzentriert und ergebnisorientiert arbeitet, kann die nächste Grundannahme sich langsam untergründig aktivieren. Diesmal handelt es sich nicht um zu schwere Aufgaben oder ungünstige Aufgabenverteilung, unzureichende Berücksichtigung emotionaler Bedürfnisse oder solcher der persönlichen Entwicklung, sondern direkt um so etwas wie das Scheitern. Bion denkt hier wieder an die Erkenntnisse der psychoanalytischen Entwicklungspsychologie, in der die dritte Phase der Bearbeitung des sog. Ödipuskomplexes dient. In vereinfachter Form kann gesagt werden, dass der kleine Ödipus, auf Frauen übersetzt, die kleine Elektra, aufgrund der Reifung auch geschlechtlicher Art sich um Liebe und die Verführung der Mutter, beim Mädchen um die des Vaters, bemüht. Hier geht es um den Leiter, die Leiterin.

Innerhalb einer Gruppe entsteht der Prozess der Paarbildung dann, wenn Scheitern droht, nachdem die anderen Phasen gut durchlaufen sind. Das ödipale Scheitern hat zudem etwas mit dem zu tun, was in der Psychoanalyse recht hart Kastrationsangst genannt wird. Das Durchlaufen der Kastrationsangst ist aber für die Entwicklung wichtig, da man durch das Bestehen und Durchstehen solcher Ängste enorme Reifungsschritte machen kann. Die jetzt anscheinend völlig kaputt machenden Anforderungen, an denen man nur scheitern kann, nicht aber über sie hinweg Stärke erreicht, führen bei dieser Gruppenentwicklung dann zur unbewussten Fantasie, der Grundannahme, es möge sich doch ein Paar herausbilden in der Gruppe, das in ihrer gegenseitigen Liebe ein Kind erzeugt, das wie ein Messias dann die Gruppe vor diesen absolut überfordernden Aufgaben rettet.

Bion beobachtete das Pairing in Gruppen, in denen er sich nur als Beobachter, nicht aber auch als Gruppenmitglied sah. Da fand das Pairing zwischen Gruppenmitgliedern statt. Aus der Sicht der Gruppenanalyse ist schon dies ein Abwehrmechanismus, denn die Erfahrung zeigte, dass Pairing als Gruppenfantasie zuerst einmal die Verbindung eines Gruppenmitglieds mit dem Leiter war, wurde dies abgewehrt, entstand das Pairing zwischen Gruppenmitgliedern, wobei beide, das ergaben Analysen, danach, im jeweils anderen Gruppenmitglied, das sie zu lieben vermeinten, auch Anteile vom Leiter sahen, dieser also untergründig mit dabei war. Gruppenmitglieder verlieben sich, das ist die stärkere Form, die schwächere ist, sie suchen paarweise engen Kontakt zueinander. Nun kann es aber gut sein, dass bei dieser gewünschten Vereinigung nicht ein Messias, wie bei der Vereinigung mit einem Abkömmling Gottes, sondern auch ein Teufel entsteht wie bei der Vereinigung mit z. B. Mephisto oder ähnlichen Gestalten. In beiden Fällen soll das Ergebnis jedenfalls die Gruppe erretten vor der grausamen Kastrationsdrohung wegen absoluten Scheiterns. Weiter ist in diesen Vereinigungen heftiges inzestuöses Material unbewusster Art, in der geliebten Partnerin oder dem geliebten Partner ist ein mehr oder weniger großer Anteil der Mutter, des Vaters oder auch eines Geschwisters und von diesen entlehnten Personen vorhanden. Nun gibt es Geschwisterinzest in zumindest zwei alten Kulturen, im alten Ägypten und bei den Inkas. Das mag hilfreich sein, wenn man vor solch inzestuösen Gedanken allzu sehr zurückschreckt und meint, von diesen frei zu sein. Denn das Inzestverbot gibt es wohl nur deshalb, weil innere Kräfte es gerne überschreiten würden. Manche amerikanische Firmen verbieten Heiraten innerhalb einer Firma, was mir als etwas zu strenge Vermeidung einer Inzestgefahr erscheint. Es ist nun in jeder Liebesbeziehung immer auch ein Anteil früherer wesentlicher Bezugspersonen enthalten, die es langsam herauszuarbeiten gilt. In der Gruppe also ist Pairing zum einen zu verstehen als Ausdruck eines Versuchs einer intensiven Verbindung mit dem Leiter, zum Zweiten tritt – bei Ablehnung durch den Leiter oder bei Bestehen irgendwelcher solcher Verbote, z. B. durch Gruppenkontrolle – das Phänomen zwischen Gruppenmitgliedern auf. Die beiden Betroffenen werden versichern, dass ihre Gefühle echt seien. Es handelt sich um eine unbewusste Gruppenfantasie (eine Grundannahme), in der sie beauftragt sind, eben diesen Messias oder den Teufel zu gebären, der schließlich die Gruppe retten könnte. Ein Gruppenleiter oder eine Gruppenleiterin, der oder die in gewollter völliger Desexualisierung oder Deerotisierung eine Gruppe zu leiten versucht, dürfte es in einer solchen Phase in der Gruppe leicht beobachten, wie Paarbildungsprozesse innerhalb der Gruppe stattfinden, was ihm oder ihr ein Alarmzeichen sein sollte. Es geht schließlich darum, dass dieser Mechanismus einen Hinweis darauf gibt, dass es in der Gruppe die Fantasie des absoluten Scheiterns oder der Kastration gibt, die anders nicht überwunden werden könne. Schafft man in der Gruppe wieder ein Klima, in dem es durchaus bemerkbar sein darf, dass hier Männer und Frauen vorhanden sind, dass eine leichte Erotik den Arbeitsprozess geradezu beflügeln kann, dass es auch nicht verboten ist, sich eine enge Verbindung mit dem Leiter zu wünschen, so kann ein solcher Gruppenleiter beginnende Paarbildungsprozesse auffangen, sodass die Gruppe wieder zur vollen Arbeitsfähigkeit kommt. Wie immer bei diesen Mechanismen kann Paarbildung in Ansätzen ein sehr produktiver Prozess in einer Gruppe sein, ausgeprägt ist sie ein Abwehrmechanismus, ein regressiver Versuch der Gruppe, in dieser Grundannahme wieder Halt zu finden. Wenn man sich das scheinbar notwendige Scheitern genauer mit der Gruppe zusammen ansieht, ist die regelmäßige Folge, dass dann entsprechende Lösungen gefunden werden, die Neigung zu Paarbildung innerhalb der Gruppe hört langsam auf. Die beiden, manchmal sind es auch zwei oder drei Paare, wissen oft dann gar nicht mehr danach, was sie so zueinander hingezogen hatte, als Gruppenleiter kann man aber durchaus darauf hinweisen, dass Paarbildung ein jeglicher gruppeninhärenter möglicher Abwehrprozess ist. Damit sind die beiden auch wieder entlastet. Die Gruppe kann wieder zu ihrer üblichen guten Arbeitsleistung zurückkehren.

Jahrzehntelange Erfahrung als Gruppenleiter, als Supervisor oder Coach von Leitern legt nahe, dass der Umgang mit ödipaler Rivalität und dem Scheitern eine für Leiter von Gruppen jeglicher Größe wichtige Erfahrung sein sollte. Der gesunde Umgang wäre, nach einer gewissen Zeit von Trauer neue und noch stärkere Kräfte zu entwickeln. Psychoanalytisch gehört die sog. Kastrationsdrohung dazu. Praktisch bedeutet das, Situationen nicht zu vermeiden, in denen man jemandem ausgeliefert ist, dessen Urteil man in jedem Fall gerne – und mit gewisser Angst – anerkennen kann. Gruppenleiter, die die Erfahrung eigener Grenzen (Scheitern) nie, nur selten oder in Abwehr eigener Gefühle von Trauer und Verzweiflung, mit Entwertung des Urteilenden (Kastrator) gemacht haben, sind in der Regel auf längere Sicht wenig geeignete Leiter im Sinne der Personalführung.

Die Grundannahmen treten verstärkt auf, wenn man als Leiter seine eigene Beteiligung an den Prozessen verleugnet. Die Kenntnis und gut gelernter Umgang mit diesen Grundannahmen gehören m. E. zu den wesentlichen Anforderungen an Führungspersonen – damit können enorm viele und unsinnige Kosten eingespart werden.

4.3.10 Tabus[177] und Ritualisierungen

Fantasiert man sich eine möglichst optimale Gruppe, ohne irgendwelche Aufgaben, würden alle Gruppenmitglieder, Leitung eingeschlossen, völlig frei assoziieren, gäbe es ein großes Durcheinander, da alle gleichzeitig sprechen würden. Die Lehre vom Gruppenunbewussten besagt, dass etwas, was in einer Gruppe nicht besprochen wird, also nicht die Qualität von Realität und Öffentlichkeit bekommt, die Gefahr beinhaltet, dynamisch innerhalb und unbewusst in der Gruppe zu wirken. Nun gibt es solche Gruppen wahrscheinlich nicht, denn es dürfte gerade wegen der Existenz des Unbewussten immer sehr viel geben, das nicht angesprochen wird. Gruppen haben Aufgaben, in der Therapie ist es die Aufgabe, mithilfe des Gruppenprozesses verkrustete und verdrängte innere Konflikte anzugehen, unterbrochene Persönlichkeitsentwicklungen wieder aufzunehmen, erkrankte Menschen zu behandeln. In Arbeitsgruppen hat man andere Ziele, z. B. gewinnorientiert möglichst effektiv zu arbeiten, gute Arbeitsbedingungen zu schaffen. Dennoch sind es immer Gruppenprozesse mit den gegebenen Gesetzmäßigkeiten und Anschauungsmöglichkeiten, wie beschrieben.

Tabus und Ritualisierungen sind aus meiner Sicht zuerst einmal vereinfachte Transaktionsmuster, die Grundlagen für die Möglichkeit jeglicher Verständigung herstellen können. Im Kapitel 2.5 wurde diese Ebene als primordiale Ebene beschrieben, die in jeglicher Gruppe arbeitet. Gruppen entwickeln also ritualisierte Handlungsabläufe, die wie ein Stenogramm in kurzer Form vieles erläutern, was nicht erst lange ausgesprochen werden muss. So gehört es zum Ritual, dass in Betrieben Personen, die Leitungsaufgaben größerer Art erfüllen, ein eigenes Zimmer haben oder zumindest etwas abgegrenzt im Großraumbüro so sitzen, dass sie ihre Mitarbeiter einigermaßen überblicken können und selbst so etwas wie einen Rückzugsraum haben. Auch der Weg zum Vorgesetzten ist meist ritualisiert, manche Vorgesetzte brauchen es, dass mit ihnen zuerst ein Termin vereinbart werde, andere wiederum

---

177 Siehe hierzu auch: Järventausta, Schröder (1997), Rothe, Schröder (2005), Schröder (1995, 1997, 2003, 2006, 2008). Hartmut Schröder ist ausgewiesener Tabuforscher, der einerseits auf die Notwendigkeit hinweist, bestimmte, kulturell eingebundene Tabus auch als solche zu erhalten, um Verletzungen zu vermeiden, andererseits mit Wachsamkeit Tabus dahingehend zu untersuchen, inwieweit sie in ihrer Erstarrung nötige Kreativität und Zwischenmenschlichkeit behindern.

können selbst in ihrer Umgangsart, die wiederum so etwas wie einem Ritual entspricht, darstellen, inwieweit sie jetzt ansprechbar oder nicht ansprechbar sind. Die Sitzordnung bei Tisch, bei Besprechungen, bei größeren Anlässen oder gar Versammlungen ist in der Regel so, dass jede Teilnehmerin oder jeder Teilnehmer genau weiß, an welchem Platz man zu sein hat oder gerade eben nicht. Das Einhalten des sog. Dienstweges ist ein weiteres Ritual, von denen noch viele weiter leicht nennbar wären. Wenn Männer und Frauen zusammen arbeiten, gehört es zur Schicklichkeit, zwar einerseits etwas Erotik zum Zweck der erhöhten Freude an der Arbeit zuzulassen, andererseits zu starke Erotik am Arbeitsplatz zu unterbinden. So dürfte es häufig geschehen, dass die Assistentin des Leiters, meist eine junge Frau, die vielleicht zu kurze Röcke trägt, darauf hingewiesen wird, ihre Beine etwas mehr zu bedecken. Auch sollte der Schnitt der Hosen der Männer nicht gerade Aufforderungscharakter tragen. Freud hatte in seiner Schrift »Totem und Tabu«[178] so etwas wie ein Berührungstabu gegenüber dem König oder Herrscher festgestellt, Berührung dürfe nur vom Höhergestellten gegenüber dem Rangniedrigeren ausgehen, allerdings auch nicht in der Form, die als missbräuchlich ausgelegt werden könnte. Geht die Berührung vom niedriger Gestellten aus, fühlt sich der Höhergestellte in der Regel belästigt und eingeengt. Die Tabus und Rituale werden aufgelöst bei Betriebsausflügen, bei denen man nach genügend Alkoholgenuss so tun kann, als gäbe es diese ritualisierten und teilweise tabuisierten Begegnungsformen nicht. Eine kluge Leitung einer Firma oder Abteilung wird auch bei solchen Ausflügen nicht die Leitungsposition verlieren, wird das genannte Berührungstabu nicht auflösen. Die Leitung muss es eben aushalten, ein wenig mehr allein zu sein als die Untergebenen. Tabus und Ritualisierungen bringen zuerst einmal gewisse Erleichterungen im Arbeitsprozess, sie sind aber auch als Abwehrmechanismus einsetzbar. So kann es nützlich sein, Besprechungen nach dem immer gleichen Schema ablaufen zu lassen, wenn dies der Aufgabenstellung gut entspricht. Wenn solche Vorgänge allerdings nicht mehr adäquat die nötigen Arbeitsziele wiederspiegeln, erstarren, wird in Besprechungen solcher Art natürlich gewisse Sicherheit herrschen, was in welcher Reihenfolge und mit welchen Personen abgehandelt

---

178 Siehe Freud (1912–1913) und dazu auch Gfäller (1985), wo Freuds Text gruppenanalytisch betrachtet wurde.

wird, aber das Arbeitsziel wird dadurch keineswegs mehr optimal erreichbar sein. Ritualisierte Abläufe sind immer wieder einmal auf ihre Sinnhaftigkeit hin zu überprüfen, ob sie tatsächlich dem Ziel der Gruppe dienen. Manche Rituale schleichen sich einfach ein, ebenso manche Tabus, eine effektiv arbeitende Gruppe sollte sich aber solcher Prozesse gewahr werden, letztlich ist es die Aufgabe des Leiters, dieses Gewahrwerden zu ermöglichen.

4.3.11 Gruppen-Ich und Clan-Gewissen

Geht man, wie Argelander (1972), davon aus, dass eine ganze Gruppe wie ein Individuum behandelt werden könne, wie schon bei allen Punkten unter 4.3.7, so hat dies einen Hintergrund, der da noch nicht genügend reflektiert ist: Es muss Mechanismen geben, die zwischen den einzelnen Gruppenteilnehmern solche Wirkung entfalten, dass eine Gruppe zur Gruppe wird. Weiter gedacht, muss es eine grundsätzliche Möglichkeit geben, dass Menschen Gruppen bilden. Es scheint, als wäre Gruppenbildung, angefangen von der Familie bis hinauf zum Staat und einer möglichen internationalen Gemeinschaft, etwas dem Menschen Adäquates. Die Freud'sche Psychoanalyse war in einem bürgerlichen Milieu Wiens Ende des 19. und Anfang des 20. Jahrhunderts entstanden, wo man in der Regel zu der Auffassung neigte, es sei die Aufgabe eines menschlichen Individuums, sich so weit zu individualisieren, dass es in relativer Unabhängigkeit von Außeneinflüssen oder Einflüssen anderer Menschen leben könne. Angesichts zunehmender Massengesellschaft fürchtete man Entindividualisierung durch Vermassung und wollte dem mit der Ideologie des unabhängigen und autonomen Individuums entgegentreten. Freud hatte nun erkannt, dass das bewusst sein Leben gestaltende Individuum in enorm hohem Ausmaß von unbewussten Vorgängen beeinflusst ist, das geflügelte Wort war, nun ist man nicht einmal mehr Herr im eigenen Haus. Obwohl es damals schon soziologische Forschungen gab, die nachwiesen, dass der Mensch in seinen Grundlagen ein Gruppenwesen sei, wurde dies eher als Gefahr denn als Möglichkeit gesehen. Die Soziologie und deren Ergebnisse wurden in der Entwicklung der psychoanalytischen Wissenschaft wenig rezipiert, obwohl gerade die Soziologie sich intensivst mit psychoanalytischen Gedankengängen beschäftigte. Auch der Begriff der Ich-Identität war damals eher einer eines abgegrenzten Ichs als eines solchen, wie man heute sagen würde, eines reflektierenden Ichs, das seine Identität gerade über die Verschiedenheiten seines Seins in verschiedensten Lebenssituationen rekonstruktiv ermittelt. Das blieb dem Denken der Psychoanalyse zuerst ziemlich fern. Es brauchte dazu erst sog. Ethnoanalytiker, die versuchten, das Wissen der Psychoanalyse anhand der Untersuchung fremder Kulturen zu überprüfen. Zudem wurde die Psychoanalyse zunehmend auf die eine Anwendung der Krankenbehandlung reduziert, sodass der Blick auf die Gesellschaft etwas verloren ging, bis auf wenige Ausnahmen. Freud selbst hatte die Gesellschaft noch im Blick. Paul Parin (1983) wagte sich mit seiner Frau Parin-Matthèy und Fritz Morgenthaler im Anschluss an Devereux (1974, 1976) und Erikson (1971) an diese Aufgabe ethnopsychoanalytischer Forschung. Hier erkannten sie bei ihren Forschungen in Afrika bald, dass die innere Konstruktion des Menschen mit Ich, Es und Über-Ich, wie Freud sie sah, in dieser Form eines abgegrenzten Individuums nicht mehr aufrechtzuerhalten ist. In anderen Kulturen funktioniere dieses Ich fast nur als Gruppen-Ich. Seine Funktionsweise hängt vom engen Austausch und enger Verbindung mit dem ab, was die Soziologie Referenzkollektiv nennt, einer Gruppe von Menschen, denen man sich zugehörig wähnt oder auch ist. Ebenso muss das Über-Ich ergänzt werden durch den Begriff des Clan-Gewissens, den allgemeinen Regeln der umgebenden Gemeinschaft und Gesellschaft, deren Tabus, Rituale und Wertvorstellungen. Niemand kann heute mehr behaupten, dass er nur ganz individuell seine Wertvorstellungen ausbilde. Man ist immer beeinflusst von dem, was die gegebene Gesellschaft vorgibt. Die Begriffe Gruppen-Ich und Clan-Gewissen sagen auch aus, dass es in den Wechselwirkungsprozessen gruppaler Art zwischen den Menschen, im Mitsein, innere Bereitschaften gibt, die diesen Wechselwirkungen entsprechen. Philosophisch gesprochen ist das menschliche Sein ein inneres Mitsein, ein Mitsein mit anderen Menschen, in Kollektiven, Institutionen usw. bis hin zur Natur, mit der man sich wiederum im inneren und äußeren Mitsein bewegt. Ethnoanalytische Forschungen zeigen auch heute auf, wie viel mehr der einzelne Mensch nur in Verbindung mit anderen zu denken ist, als es die geläufige Ideologie des autonomen Selbst oder autonomen Ichs[179] gerne predigen würde. Alle genannten

---

179 Siehe hierzu die Überlegungen von Döbert, J. Habermas, Nummer-Winkler (1980²), die im Wesentlichen davon ausgehen, dass die Ich-Identität so etwas wie eine bestän-

Gruppeneigenschaften des Menschen samt Abwehrmechanismen gruppaler und individueller Art haben etwas mit den Wechselwirkungen, die nur im Zwischenraum zwischen den Beteiligten, im Mitsein, bestehen, zu tun. Wie sollte sonst eine unbewusste Gruppenfantasie entstehen, wie eine Grundannahme, wie das gemeinsame Teilen von Anschauungen über Hierarchien, Normen, Rituale usw., wenn es da nicht etwas gäbe, was vielleicht sogar stärker wirkt als das, was man sich selbst zugesteht, nämlich die Beziehung zwischen den Beteiligten. Die Psychoanalyse brauchte somit, da sie sich lange Zeit zu wenig mit transpersonellen Prozessen in Kollektiven, Gruppen oder Gesellschaften auseinandergesetzt hatte, die Gruppen- und Ethnoanalyse, um sich wieder diesem vernachlässigten Gebiet zu nähern. Ein Ergebnis im Alltag z. B. für Leitungsfunktionen ist es, die individuelle Bereitschaft, sich nur aufgrund von Einsichten schon ändern zu können oder zu wollen, nicht zu überschätzen, da gruppale Verhältnisse eher den Rahmen geben für die Möglichkeit zu solchen Entscheidungsprozessen als die individuelle Einsicht. Natürlich ist Einsicht, Kognition und der Verstand nicht zu unterschätzen, aber auch nicht zu überschätzen. In heutigen westlichen Gesellschaften besteht immer noch viel von der Ideologie des abgegrenzten, autonom sein sollenden Individuums, welches sich so bewegt, als ob es selbst nicht mitbewegt würde. Es ist diese Mitbewegung einerseits eine weitere Kränkung hinsichtlich der Omnipotenz des Menschen, so war man nicht einzigartig, da man in irgendeiner Weise evolutionär mit den Primaten zusammenhing, die Erde war nicht mehr Mittelpunkt der Welt, nicht einmal mehr unser Sonnensystem, und schließlich war man, wie Freud sagte, nicht einmal Herr im eigenen Haus, seinem Unbewussten also ausgeliefert; und nun kommen die Gruppenfachleute daher und sagen, man ist auch noch vermehrt von den Gruppen und Gesellschaften abhängig, mit und in denen man sich in Beziehung befindet. Andererseits ergeben sich daraus völlig neue Handlungsmöglichkeiten, denn, abgewehrt muss nicht mehr so viel werden, Energie wird frei. Wenn es also möglich ist, sich selbst seine Identität durch die Überprüfung seines Seins und Verhaltens in verschiedensten Lebenssituationen reflektiv sich zu erarbeiten,

---

dig zu machende Reflexion über das ist, wer und wie man in den unterschiedlichen Lebenssituationen war – und durch die Reflexion erst die Kohärenz des Ichs immer erneut herstellt.

sich also als beeinflusst, beeinflussend und Umwelteinflüsse in seinem Mitsein verarbeitend wahrzunehmen, braucht es nicht mehr die unrealistische Konzeption einer abgegrenzten autonomen Person, die viel Energie nimmt. Das alles heißt nicht, keine Verantwortung für individuelles Handeln zu haben, eher anders, durch das Akzeptieren seiner Verflochtenheit mit anderen und der Natur bekommt man geradezu neue und freiere Handlungsmöglichkeiten in Verantwortung.

In einer Kommission, die Missbräuche in Therapien untersuchte, war festzustellen, dass neben ganz wenigen, die einfach haltlos waren, die meisten des Missbrauchs Beschuldigten Personen waren, die als in fast extremer Weise korrekt, abgegrenzt galten, von denen man nie angenommen hätte, dass sie eines solchen missbräuchlichen Handelns fähig sein könnten. Es ist dies so ähnlich wie bei der Erotik am Arbeitsplatz. Gar keine Erotik tötet ab, zu viel Erotik verwirrt. Es gilt, die Balance zu finden.

> In der Analyse eines Mörders (Raubüberfall mit Todesfolge) bestätigte sich eine Überlegung Freuds[180]: Hier war keineswegs ein absolut haltloser Mensch am Werk gewesen, vielmehr einer, der in einer solch massiven Weise normiert, unterdrückt und mit dem dazugehörigen extrem strengen Über-Ich ausgestattet war, dass man sagen konnte, gerade dieses Einengende und Strenge suchte nach Befreiung, einerseits zur Bestätigung bestehender heftigster Schuldgefühle, andererseits Befreiung von all den dranghaften inneren Prozessen. Natürlich war dieser Mann trotzdem verantwortlich für das, was er tat. Das war die Bedingung der Möglichkeit einer analytischen Aufarbeitung.

Die Bezugnahme und die Erkenntnis, mit anderen, der Gesellschaft und der Natur in lebendiger Verbindung zu sein, gerade dadurch wie eine schwankende Birke immer wieder das Gleichgewicht zwischen Innerem und Äußerem zu erreichen, bringt mehr Lebensfreude, verleitet weniger zur Verhärtung. Es könnte gar keine Untersuchung von Menschen in Gruppen oder von Gruppen geben, gäbe es nicht dieses Zwischen, welches Wesentliches ausmacht. In der Psychoanalyse ermöglichte es die Ethnopsychoanalyse[181] in Verbindung mit Kultur- und

---

180 Siehe Freud (1916d)
181 Guten Überblick geben die beiden Bücher: Adler (1993) und Reichmayr, Wagner, Ouederrou, Pletzer (2003).

Gesellschaftskritik, wieder mehr im Kanon moderner Wissenschaften sich zu befinden. Allerdings droht das kritische Potenzial der Ethnoanalyse, da es ja auch die Psychoanalyse und ihre politische und gesellschaftliche Verantwortung (Richter 1996, Sandler 1994) samt einiger aus der medizinalisierten Psycho- und Gruppenanalyse kommender Annahmen hinterfragt, inzwischen wieder in Vergessenheit[182] zu geraten. Es war gerade das kultur- und gesellschaftskritische Potenzial[183] von Psycho- und Gruppenanalyse, weswegen sie undemokratischen Regierungen gefährlich und deswegen verboten wurde. Andererseits hatte und hat sie vielleicht noch daher hohes Ansehen in offenen Gesellschaften und Wissenschaften. So war es nicht zufällig, dass Freud vom »Institut für geistige Zusammenarbeit« in Paris 1932 als eine der herausragenden Persönlichkeiten seiner Zeit gebeten wurde, mit Einstein in einen Briefwechsel zu treten (Tögel 2009), um Möglichkeiten der Verhinderung eines weiteren Weltkriegs zu erörtern. Freud (1933b [1932]) antwortete und tauschte mit Einstein, der Freuds Werk hoch achtete und las, viele Briefe aus.

4.4 Großgruppenprozesse

Heute spezialisieren sich einige Berater und deren Unternehmen auf Großgruppenprozesse, um mit diesen Geschehnisse in Firmen oder Organisationen besser durchleuchten zu können. In größeren Firmen hat man es damit ohnehin z. B. bei Betriebsversammlungen zu tun. Es ist für Berater gut zu wissen, wie man mit solchen Prozessen umgehen kann, wie sie zu strukturieren sind, um die gegebenen Ziele zu erreichen. Da nun die Gruppenanalyse vielfältige Erfahrungen mit Großgruppen und deren Gesetzmäßigkeiten hat, möchte ich diese ausführlich darstellen. Man kann dann alle genannten Mechanismen auf die konkrete Arbeit mit Großgruppen übersetzen, auch wenn ich sogar

---

182 Jacoby (1985) sieht einen Zusammenhang zwischen zunehmendem Konformismus in westlichen Gesellschaften und der hier erneuten »Verdrängung der Psychoanalyse«.

183 Plänkers et al. (1996) untersuchen den Zusammenhang kritischer Philosophie mit der Psychoanalyse anhand der engen Zusammenarbeit von Psychoanalytikern und Gesellschaftswissenschaftlern in Frankfurt/Main in den Zeiten der Weimarer Republik – und, wie solches Denken gar langsam in den psychoanalytischen Diskurs zurückkehrt.

vom Staat als Großgruppe spreche. Man kann von einer Kleingruppe sprechen, wenn es sich um mehr als 2 und weniger als 13 Personen handelt, von einer mittelgroßen Gruppe bei einer Teilnehmerzahl bis etwa 50 Personen, von einer Großgruppe bei höherer Anzahl von Personen. Man hat dabei nämlich etwas unterschiedliche Dynamiken festgestellt[184]. Die unbewussten Fantasien von Gruppenmitgliedern z. B. sind bei Kleingruppen eher dem Familienmodell angelehnt, bei mittelgroßen Gruppen etwa dem einer Schule, bei Großgruppen gibt es ein Pendel zwischen Masse und Großveranstaltungen, die noch etwas strukturiert sind. Man kann aber auch die Gesellschaft als Ganzes als Großgruppe bezeichnen, einen Staat, wie es Volkan (2005) vorschlug. In der Regel bezeichnete man unstrukturierte Großgruppen als Massen, es gibt aber Untersuchungen gruppenanalytischer Art über Großgruppen von 100 – 200 Personen, deren einzige Strukturierung die war, dass alle in mehreren Kreisen um einen gemeinsamen Mittelpunkt herumsaßen, die eine festgelegte Zeitdauer und Leiter hatten. Das Gespräch sollte auf dem beruhen, was einer freien Assoziation nahekam. Es waren dies interessante Experimente in London und in München. Die Großgruppe in München kam dadurch zustande, dass man von minimal strukturierten Großgruppenprozessen erwartete, dass sich hier bei Patienten die Gesellschaft und deren Mechanismen besser abbilden könne als in der Zweiersituation der Einzeltherapie und der Kleingruppensituation. Da man der Meinung war, auch gesellschaftliche Prozesse hätten etwas mit Erkrankungen zu tun, war der Versuch von Großgruppen naheliegend. Zuerst befürchtete man in solch unstrukturierten Großgruppen, dass gerade wegen der Unübersichtlichkeit einer solchen Gruppe psychosenahe Prozesse entstehen und damit kranke Menschen noch kränker würden, bis man merkte, dass gerade solche, psychotisch zu nennende Prozesse, wenn sie im Rahmen einer Großgruppe durchlaufen werden, einzelne Teile der Großgruppe sogar mitreißen, schließlich zu deutlich stärkerer Stabilität der beteiligten Personen führten, viel mehr, als dies in Kleingruppen möglich gewesen wäre. Das war überraschend, obwohl diesbezügliche Erfahrungen aus

184 Eine erste größere Untersuchung über Großgruppen aus gruppenanalytischer Sicht berichtet Kreeger (1975), wo in London mit Patienten und freiwilligen Großgruppen (mit etwa 100 Teilnehmern) unter der Leitung von Gruppenanalytikern regelmäßige Sitzungen stattfanden. Das wurde später für einige Jahre nach München übertragen (siehe Gfäller 1982, Gfäller, Leutz 2006).

London vorlagen. Nun konnte man auf dieser Grundlage Großgruppen auch bei Ausbildungs-Workshops oder in Kliniken durchführen und diese Prozesse nutzen. Es ist aufschlussreich, wie Volkan es vorschlägt, auch Staaten und Gesellschaften unter Großgruppenaspekten zu untersuchen, um von da aus Prozesse von und in Firmen ableiten zu können.

Zuerst werde ich zur besseren Veranschaulichung den Untersuchungen folgen, die in minimal strukturierten analytischen Großgruppen, nicht nur mit Patienten, gemacht wurden, um die Mechanismen aufzeigen zu können, zum Staat komme ich später.

4.4.1 Dichotomisierung

Da minimal strukturierte Großgruppen unübersichtlich werden, ist es keineswegs sicher, ob ein Sprecher, der einen anderen ansprechen möchte, auch von diesem eine Antwort bekommt; diese kann von ganz anderer Stelle erfolgen, was wahrscheinlich und häufig ist. Es verstärken sich unbewusste und widersprüchliche Wechselwirkungsprozesse. Diese wirken sich häufig so aus, dass kaum mehr jemand wirklich gut formulierte Sätze bringen kann, sie werden grammatikalisch falsch, brechen an offenen Stellen ab, wo dann andere sich wieder anschließen, gänzlich anderes berichten, sodass schnell Wirrwarr entsteht. Um diesem zu begegnen, suchen die einzelnen Beteiligten unbewusst nach Modellen, die wieder Verständnismöglichkeiten eröffnen könnten. Ein sehr frühes Modell dafür sind sog. psychotische Prozesse der frühesten Kindheit, wahrscheinlich solche, die im ersten halben Jahr bestanden. In minimaler Form tauchen schizophrene, paranoide, also wirklich psychotische Gedankengänge auf. Diese können durch geeignete Leitung und im Schutz einer solch großen Gruppe produktiv verwandt werden, um die unbewussten Geschehnisse besser eruieren zu können, was zur Integration solcher psychotischen Prozesse führt. Einer der Mechanismen, um entstehende Ängste und Unsicherheiten aufzufangen, ist die Dichotomisierung: Man spricht dann verallgemeinert in Gegensatzpaaren, z. B. von ›den Frauen‹, ›den Männern‹, ›den Jungen‹, ›den Alten‹. Die Einzelnen werden wahrgenommen als Sprecher der jeweiligen Gruppierung. Alle anderen schon genannten Abwehrmechanismen der Kleingruppe und auch einzelner Personen finden natürlich hier auch statt. Von der triebhaften Seite drohen in Großgruppen sowohl die libidinösen Kräfte sich in ungebundener Form zu entwickeln, wie es bei geeigneter »Führung« in Sekten dazu kommen kann, Massenorgien zu veranstalten, andererseits entfaltet sich ungebundene Aggression in der Form von untergründigen Gewaltfantasien. Die strukturierende Ich-Steuerung der einzelnen Großgruppenmitglieder ist herabgesetzt. Es ist manchmal so, als würde so etwas wie eine Wolke von Gewalt in der Gruppe hin- und herwabern, die nur darauf wartet, sich wie ein Blitz irgendwo zu entladen. Solches macht Angst auch deswegen, weil es unbenannt, unkommuniziert, d. h. unbewusst in und mit der Gruppe stattfindet. Um den frei flottierenden Trieben zu entgehen, ist die Dichotomisierung zuerst einmal eine geeignete Orientierung, wobei bei länger dauernder Dichotomisierung zunehmende Aggressionsbereitschaft der widersprüchlichen und benannten Gruppen auftaucht. Dann beginnen z. B. die Frauen die Männer zu hassen, die Arbeiter die Angestellten und umgekehrt usw. Ein erfahrener Großgruppenleiter, meistens ist es nicht nur ein Leiter, sondern mehrere, können dieser Dichotomisierung dadurch begegnen, indem die möglichen Ängste einer Gruppe angesprochen werden – unter Zuhilfenahme bislang stattgefundener Aussagen. Man kann mit gutem Recht sagen, Dichotomisierungsprozesse, die sich in vielen Großgruppen beobachten lassen, sind Ausdruck von Ängsten vor Triebdurchbrüchen und solchen vor großen Gefahren von innen (Psychose) und von außen, z. B., dass die Großgruppe sich entdifferenziert zur Masse – oder umgekehrt zu einem imaginären, alles gleichschaltenden Wir. Beim letzteren Vorgang kann sich eine Großgruppe dergestalt dichotomisieren, dass sie sich als eine Wir-Großgruppe empfindet, die alle in ihr wirkenden gefährlichen Trieb- und Persönlichkeitsanteile projektiv abwehrt auf die anderen, eine andere Großgruppe, die gerade das Gegenteil von dem ist, was hier stattfindet, zumindest in der Fantasie. Gesellschaftliche Dichotomisierungen zwischen den Eingeborenen und den Fremden, zwischen den Weißen und den Schwarzen, zwischen Nicht-Juden und Juden usw. entsprechen diesem Abwehrmechanismus. Man hofft damit mehr Orientierung zu bekommen angesichts des befürchteten Durcheinanders, der Entfaltung von Gewalt oder Sexualität in der eigenen Gruppe samt möglicher Regression in psychotische Zustände[185], was alles Ängste auslösen kann.

---

185 Siehe Turquet (1975)

4.4.2 Untergruppenbildung

Während in der Dichotomisierung Widersprüchlichkeiten ausgedrückt werden, ist Untergruppenbildung ein Prozess mehr in Richtung von Erarbeitung, wo die gefährlich erscheinende Großgruppe aufgeteilt wird in verschiedene Untergruppierungen, die dichotomen Charakter haben können, aber nicht müssen. Die Untergruppen regredieren dann auf einen Zustand des Eins-Seins aller ihrer Mitglieder. Differenzierung und zunehmend aggressiv werdende Abgrenzungen finden gegenüber den anderen Untergruppen statt. Organisationen, Firmen, Institutionen und auch Gesellschaften samt dem Staat nutzen Untergruppenbildungen, da diese Gefahrenabwehr versprechen. Untergruppenbildung ist somit eine Möglichkeit, eine Großgruppe zu differenzieren, damit Ängste abzuschwächen, andererseits ein Abwehrmechanismus spezifischer Art, der bald daran zu erkennen ist, dass diese Untergruppen sich als nicht wirklich arbeitsfähig erweisen, sondern sich eher damit beschäftigen, wodurch sie sich von anderen Untergruppen unterscheiden. Dann hat man es eindeutig mit Abwehr zu tun.

4.4.3 Großgruppenregression, -progression

Auch bestens strukturierte Großgruppen, wie z. B. eine Armee, die an sich nach z. B. den Regeln der Genfer Konvention kämpft, entwickeln bei häufiger werdenden Niederlagen oder heftigen Schlägen seitens des Feindes regressive Mechanismen, die sich darin zeigen, dass es zu einer völligen Entbindung aggressiver und libidinöser Impulse kommt. Sie zeigen sich als pur libidinös oder pur aggressiv, es geschehen brutale Vergewaltigungen, Erniedrigungen, Morde und Schlächtereien durch sonst »ganz normale« Soldaten und Soldatinnen. Mangels Kommunikation mit den einzelnen Truppenteilen, die in solch schwierigen Situationen sind, ereignen sich diese Regressionen fast gesetzmäßig. In analytischen Großgruppen (nach dem Modell der Gruppenanalyse) wird einer solch rapiden Regression (durch möglichst offene Kommunikation) vorgebeugt bzw. sie nur insofern zugelassen, als sie ein notwendiges Durchgangsstadium für spätere bessere Progression ist. Einzufügen ist hier, dass die Psychoanalyse entdeckt hatte, dass im Laufe der Entwicklung libidinöse und aggressive Impulse miteinander legiert werden, sodass es möglich ist, z. B. einem Liebenden, aktiv auf das geliebte

Objekt zuzugehen, dass es aber auch möglich ist in einer Auseinandersetzung, die Aggression dadurch etwas zu binden, dass man im anderen auch einen Menschen erkennt, der seinerseits mit Impulsen zu kämpfen hat. In der Regression entsteht die Entbindung. Man kann dies sehen als Folge der Kulturentwicklung, in der unbewusst davon ausgegangen wird, dass sich destruktive mörderische Impulse nicht wirklich zähmen lassen, sondern kultureller und kollektiver Regelung bedürfen, sei es das Monopol des Staates auf Gewalt oder sonstiger Sanktionsmechanismen, die für gewisse Zeit die wohl bestehende Destruktionsbereitschaft unterbinden. Jede »vernünftige« Kulturentwicklung sollte davon ausgehen, dass die im Untergrund drängende Destruktionsbereitschaft nicht nur mit dem Verstand eingedämmt werden könne, sondern auch mit Sanktionen belegt werden müsse. So kann man sagen, die Institution des Krieges[186] müsse zuerst abgeschafft werden über die Vernunft der Nationen, um Kriege vermeiden zu helfen. Das dürfte eine Zukunftsaufgabe sein.

Die andere Seite der Regression ist die Progression. Großgruppen können bei geeigneter Führung progressive Entwicklungstendenzen ausbauen, die man an vermehrter Sozialität, an vermehrter Toleranz, freundlichem Umgang mit Fremden, Integrationsbereitschaft, friedlichem Austausch mit anderen Großgruppen erkennen kann. Dazu braucht es starke und besonnene[187] Führungspersonen bzw. in der analytischen Großgruppe unstrukturierter Art klare Autorität der Gruppenleitung samt ebenso klarem Setting. Nun kann aber auch Progression über das Ziel hinausschießen und damit Omnipotenzfantasien dieser Großgruppe erwecken, dem nun wiederum zu begegnen ist, um die Großgruppe auf dem Niveau zu halten, was ihr tatsächlich möglich ist zu tun und was ihr in ihrer Umwelt angemessen ist. Von der Triebseite her gesehen, ist dies eine zunehmende Verbindung, Legierung zwischen den aggressiven und libidinösen Tendenzen. Manische, omnipotent sich erscheinende Großgruppen sind in besonders großer Gefahr zur späteren Regression, sodass übertrieben beschleu-

---

186 Es ist dies das ceterum censeo von C. F. von Weizsäcker, das in fast allen seiner Schriften eine gewichtige Stelle einnimmt. Er glaubte nicht daran, dass der Mensch plötzlich nicht mehr kriegerisch sein würde, es braucht eine internationale Regelung über die Vernunft der Nationen, die auch H. Kissinger (1994) forderte.

187 Über die Notwendigkeit der Besonnenheit von Führern dachte schon Platon im Charmides-Dialog nach.

nigte Progression als gefahrbringende Abwehr gesehen werden kann[188]. Das ist die Gefahr nach innen; eine solche Großgruppe ist in diesen Zuständen auch eine große Gefahr für andere Großgruppen und nicht zuletzt für die Natur. Besonnenheit und Angemessenheit sind die Kategorien, von denen beschleunigte Progression und Regression sich wegbewegen. Mittels kluger Führung und geeigneter Persönlichkeit kann ein Gegengewicht gesetzt werden.

4.4.4 Konformismus, Entpersönlichung

Freud (1921) hatte in einer ersten Untersuchung über Massenphänomene festgestellt, dass in Großgruppen, wie dem Militär oder der Kirche, gerne regressive Momente dergestalt entstehen, dass es zu einer Identifikation mit dem Führer kommt, der dann gewissermaßen so etwas wie das Ich der Großgruppe darstellt. Gleichzeitig repräsentieren die Gruppenteilnehmer umso stärker, je weniger eine solche Großgruppe strukturiert oder organisiert ist, so etwas wie das Es, die Triebhaftigkeit, die nun vom Führer manipulativ gesteuert werden könnte. Das Über-Ich wird ebenso zum Führer hin delegiert, was wegen herabgesetzter innerer Steuerung zu den bekannten Massenphänomenen wie Massenhysterie, Massenpanik usw. führen kann. Verwunderlich ist eine solche Gruppenregression sehr vieler auch vernünftiger Menschen nur dann, wenn man davon ausgeht, der »normale Mensch« stünde nicht in beständiger Wechselwirkung mit anderen Menschen und der Situation, in der er sich befindet. Die dünne Schicht des Bewusstseins schützt vor der weitgehend unbewusst sich vollziehenden Formierung einer Gruppe besonders dann wenig, wenn man Energie dafür verwendet, sich sein Abgegrenzt-Sein von Gruppenprozessen vorzumachen.

Schon kleine Gruppen entwickeln so etwas wie einen Konformitätszwang. Dieser bedeutet, sich an die impliziten und expliziten Regeln

---

188 Die gefährliche Abwehr in Großgruppenprozessen sieht z. B. auch ein international tätiger Investment-Manager, J. Dines (1996), wenn er zur Beurteilung künftiger Wirtschaftsentwicklungen Großgruppen und deren Verhalten heranzieht, wobei er allerdings auf der kognitiven und eher phänomenologischen Ebene bleibt, unbewusste Hintergründe wenig oder nur in ihren Auswirkungen betrachtet. Nach Auskunft eines international agierenden Anlageberatungsbüros ist dies die einzige Untersuchung unter Einbeziehung von Großgruppen.

der Gruppe halten zu müssen, man kann sich dem nur ganz schwer entziehen. Die Hauptsanktion gegen abweichendes Verhalten in einer Gruppe ist der Ausschluss von der Gruppe, der vom Bewusstsein her vielleicht als gar nicht so schlimm betrachtet wird, unbewusst aber an Ängste gemahnt, die auf der primordialen Ebene eines Gruppengeschehens mit ihrem Rückgriff auf lange zurückliegende Prozesse durchaus auch so etwas wie den Tod bedeuten könnte.

Ein Beispiel aus einer Schule – Mathematikunterricht:

Ein Mathematiklehrer an einem Gymnasium wollte den Konformitätszwang in seiner Schulklasse überprüfen, indem er allen bis auf einen, nämlich seinem besten Schüler, die gleiche nicht sehr schwierige Mathematikaufgabe stellte. Die Aufgabe des Letzteren war von der Struktur her gleich, hatte aber eine andere Zahl. Nach einer gewissen Zeit, als die Schüler fertig waren, fragte der Lehrer nach den Ergebnissen, die meisten hatten das gleiche Ergebnis. Derjenige mit der etwas anderen Aufgabe hatte natürlich ein anderes. Nun ging der Lehrer von einem zum anderen, zeigte bei denen, die ein falsches Ergebnis rechneten, die Fehler auf, sodass schließlich alle bis auf den einen zum gleichen Ergebnis kamen. Dieser eine wurde zunehmend nervös, er verstand das Ganze nicht so recht, rechnete selbst mehrmals nach, kam wieder zu seinem Ergebnis, das von den anderen abwich. Schließlich fragte ihn der Lehrer, was er denn habe. Nach einigen Momenten des Überlegens entdeckte dieser nun seinen vermeintlichen Fehler, der es verhindert hatte, dass er das gleiche Ergebnis wie die anderen erzielte. Er war darüber sehr froh, denn er wusste nun wieder, dass er gut rechnen könne. Es dürfte nicht noch einmal vorkommen, dass er so falsch rechne. Er war in Selbstzweifel gekommen, bis ihn der Lehrer aufklärte.

Es war ein altes gruppendynamisches Spiel, das aufzeigen sollte, wie stark Konformitätszwänge wirken. Man darf durchaus davon ausgehen, dass der Druck zur Konformität samt Verringerung eigener Urteilsfähigkeit in direkter Korrelation zur Zunahme einer Gruppengröße und vermeintlichen oder echten Drucksituationen von außen stehen. Die Gruppensoziologie und Gruppendynamik erforscht solche Vorgänge seit Jahrzehnten.

Wenn nun in der Überschrift zusätzlich von Entpersönlichung gesprochen wird, so beruht dies darauf, dass in Großgruppenprozessen so etwas wie individuelle Identität mit samt den dazugehörigen inneren Strukturen deutliche Auflösungserscheinungen haben. Gerade hier ist sehr deutlich zu erfahren, wie fragil die inneren Strukturen sind, wie sehr sie von Prozessen, die von außen kommen, an denen man im Sinne der Wechselwirkungen beteiligt ist, die gesamte Persönlichkeit beeinflussen.

Bei minimal strukturierten analytischen Großgruppen (Kreeger 1975, Gfäller 1982) war man in der Lage, bald auch die inneren Prozesse etwas genauer formulieren zu können, die in Großgruppen stattfinden, die durch den Begriff der Entpersönlichung nur äußerlich beschrieben sind. In England sagte man da gelegentlich etwas salopp, man reagiere in einer solchen analytischen minimal-strukturierten Großgruppe mit seinem »psychotischen Kern«. Man hatte Großgruppen auch zum Zweck des Trainings für angehende Therapeuten angedacht und ausgeführt, wo man die Erfahrung machte, dass kurzfristige psychosenahe Reaktionsweisen und Gefühle und Zustände im Rahmen einer solchen Großgruppe durchlaufen werden können, ohne Schaden zu hinterlassen. Im Gegenteil, man kam sogar zu der Auffassung, dass dieses Durchlaufen solcher Prozesse sehr gut sei für spätere Therapeuten, damit sie ohne Gefahr eigener Erkrankung psychotische und psychosenahe Prozesse bei ihren Patienten behandeln und begleiten können. Das ist für jemanden, der gerne die Ideologie eines abgeschlossenen und autonomen Individuums pflegt, eine recht seltsame Erfahrung, dass gerade das Beteiligtsein, das Mitsein im chaotischen Großgruppenprozess neue Stärke dadurch verleiht, dass man sich nicht mehr mit viel Mühe den Prozessen verschließen muss, was unnötige Kraft fordert. Man konnte in diesen Großgruppenprozessen sehen, dass Teile der Persönlichkeit in starker Weise in Wechselwirkungen mit der Großgruppe sich befinden, dass die Abwehr dagegen eher krank machend ist. Das Beteiligtsein löst möglicherweise kurzfristig Ängste aus, andererseits setzt es viele Kräfte frei, nicht nur die, die vorher in der Abwehr gebunden waren, sondern auch solche, die man aus den Wechselwirkungen mit der Großgruppe geradezu schöpfen kann. So kann das Anfeuern von Sportlern, Szenenapplaus in der Oper, das gemeinsame Kampfgeschrei mit militärischen Angriffen Kräfte wachrufen, die vorher in dieser Weise nicht vorhanden waren. Diese Kraftübertragung kann sowohl im Positiven wie im Negativen erfolgen, wie jeder weiß, der einmal ausgebuht wurde. Die diesbezügliche Kraft einer Großgruppe kann von charismatischen Führungspersonen gut genutzt werden.

In den minimal strukturierten analytischen Großgruppen zeigte es sich, dass im Rahmen der Leitung solche Gruppen sich immer wieder einmal spontan Führungsgestalten herausbildeten, die die Großgruppe in die eine oder andere Richtung lenken wollten, was aber in der Regel dadurch misslang, dass man den dazugehörigen Prozess vonseiten der Leitung her interpretierte, nämlich als Abwehr der gesamten Gruppe gegenüber chaotischen Gefühlen, sodass solche Führer schnell wieder verschwanden oder so unzusammenhängend redeten, dass kaum mehr jemand auf sie hörte.

4.4.5 Neid[189]

Neidisch zu sein gilt in der Regel nicht gerade als Kennzeichen für wünschenswerte Persönlichkeitseigenschaften. Doch hat der Neid in Großgruppen eine nicht zu unterschätzende Bedeutung[190]. So ergaben Untersuchungen bei vielen indigenen Kulturen, dass der Neid eine sozial ausgleichende Funktion erfüllen könne[191]. Es ließ sich beobachten, dass solche, die im Laufe eines Jahres möglicherweise auch auf Kosten anderer zu gewissem Reichtum gelangt sind, diesen Reichtum dann auf großen Festen zumindest zu einem gewissen Teil wieder an die anderen verteilen. Sie machen dies nicht freiwillig, sie fürchten nämlich den Neid, der in solchen Kulturen durchaus tödliche Wirkung entfalten kann. Kulturen, in denen der Neid über kollektive Rituale reguliert wird, nutzen den Neid. Wer sich da dem Neid zu entziehen versucht, wird zumindest mit dem sozialen Tod, also mit dem Ausschluss, geächtet. Die Großgruppe verfügt da über besondere magische Kräfte, die krank machen können oder den Beneideten vielleicht sogar vernichten. Das in solchen indigenen Völkern vorhandene Gruppen-Ich samt dem

---

189 Jüngst wies Helga Wildberger über eine Analyse der »Metamorphosen« Ovids darauf hin, wie wichtig und zugleich gefährlich der Neid schon damals angesehen wurde, er wurde in der Frauengestalt Invidia personifiziert (Wildberger 2009).

190 Diese Behauptung ist Ergebnis von Supervisionsprozessen mit Ethnologen über viele Jahre.

191 Siehe z. B. Bosse (1979, 1994). Er berichtete im Rahmen unserer Zusammenarbeit von diesen, teilweise von ihm selbst durchgeführten, aber auch von anderen Untersuchungen.

Clan-Gewissen (siehe das entsprechende Kapitel) gestattet es nicht, sich den magischen Mechanismen des Neides zu entziehen.

> Bei einem Versuch, in den der Vortragende eingeweiht war, wurde zuvor ein größerer Teil der Zuhörerschaft im Rollenspiel so ausgerichtet, dass diese während des Vortrags der festen Meinung waren, es gehöre sich nicht, dass dieser Vortragende vortrage, er sei dazu nicht geeignet, vielmehr sei jemand anderes, vielleicht man selbst, viel besser dafür geeignet. Schon nach kurzer Zeit kam der Vortragende trotz seines Versuches, einen Text vorzulesen, ins Stottern, er konnte seinen Text nicht mehr richtig lesen, an einen freien Vortrag war gar nicht mehr zu denken. Es hatte niemand irgendetwas gesagt aus dem Publikum.

Dieses Beispiel zeigt, dass der Neid auch heute eine Rolle spielt, der – wie in indigenen Gesellschaften – darauf beruht, allzu beneidenswerte Zustände wieder zu kollektivieren.

> Die Rollenanweisung der Neider war so, dass sie nach einer gewissen Zeit wieder aufmerksam zuhörten, da die Auffassung untergelegt wurde im Rollenspiel, der Redner habe doch Wichtiges zu sagen, man müsse ihm zuhören. Ab diesem Zeitpunkt konnte der Redner wieder sprechen, sogar seinen Vortrag teilweise frei weiter führen.

Neid muss also nicht einmal geäußert werden, um Wirkung zu entfalten. Charismatische Führer können den Neid nutzen, um ihre wie auch immer berechtigten Ziele gegenüber anderen, die nun beneidenswert erscheinen, durchzusetzen. Die Rollenanweisung, den Redner für nicht geeignet zu halten, nahm die übliche innere Bearbeitung und Verdrängung des Neides vorweg, die Zuhörer waren sich des ihnen untergeschobenen Neides nicht bewusst, hatten nur die Formulierung, dass sie den Vortragenden für ungeeignet halten, was in der Rollenspielanweisung bewusst etwas schwammig begründet wurde, um dem üblichen Verarbeitungsmuster des als unanständig erlebten Neides zu folgen.

4.4.6 Großgruppenidentität, deren Symbole

Es scheint nur so, als ob das Folgende nur an Berater der Politik und Diplomatie oder an Politiker oder Diplomaten selbst gerichtet ist. Das ist keinesfalls so. Die genannten Prozesse, Identitäten und Symbole spielen auch bei Firmen eine deutliche Rolle, ebenso bei Verhandlungen zwischen Firmen. Da ist es gut, auf solche Vorgänge zu achten.

Volkan (1999, 2005) ist es zu verdanken, Staaten und Gesellschaften als Großgruppen untersuchen zu können. Er begleitete diplomatische Prozesse und konnte dabei feststellen, dass untergründige psychologische Prozesse eine große Rolle spielen. Das ist auch durch beste Handbücher für Diplomaten nicht zu verhindern. Unbewusste, d. h. unkommunizierbare oder nicht kommunizierte historische Ereignisse kommen da nicht vor. Großgruppen wie z. B. Großunternehmen, Gesellschaften, Nationen, Ethnien oder Staaten, Staatengemeinschaften brauchen so etwas wie eine Identität, aus der man gerechtfertigtes Handeln ableiten kann. Er nannte die Identitätsbildung bedingenden Gesichtspunkte die »sieben Fäden der Großgruppenidentität« (Volkan 2005, S. 38 ff.). In moderner gruppenanalytischer Sprache ausgedrückt, würde man eher nicht von »Fäden« sprechen, sondern von einem in Wechselwirkung stehenden Netzwerk, das in Abgrenzung zu anderen Großgruppenidentitäten und auch mit ihnen in Wechselwirkung stehend sich entwickelt. Die genannten Punkte sind:

1. Gemeinsame greifbare Reservoire für Bilder, die mit positiven Emotionen verbunden sind, meist Bilder von Ereignissen der Vergangenheit, die so etwas wie die Ursprungsgeschichte oder besser gesagt den Ursprungsmythos der Großgruppe darstellen. Solche gemeinsamen Reservoire sind z. B. in Deutschland die Kaiserkrönung Karls, in Bayern König Ludwig, in Tirol Andreas Hofer als Befreier Tirols, in Serbien das Amselfeld usw.

2. Gemeinsame »gute« Identifikationen, d. h. Zuschreibungen von guten Eigenschaften der zur Großgruppe gehörenden Mitglieder, z. B. der fleißige und ordentliche Deutsche.

3. Aufnahme der »schlechten« Eigenschaften anderer, als feindlich oder gegnerisch gesehener Großgruppenmitglieder, womit gemeint ist, dass die bewusste Abgrenzung einer Großgruppe von der anderen auch durch projektive Mechanismen geprägt ist, in denen das, was für die ausschließlich guten Eigenschaften der eigenen Großgruppe unzuträglich ist, bei anderen einerseits abgeladen, also auf sie hin projiziert, was aber als Projektionsbild doch innerlich in der

eigenen Großgruppe unerkannt erhalten bleibt. Die schwierige Aufgabe einer klugen Großgruppe ist es, die nach außen projizierten Eigenschaften, Haltungen, Verhaltensweisen immer wieder von Neuem der eigenen Identität neu einzuverleiben, d. h. diese zu integrieren. Bleibt es bei der bloßen Projektion, schränkt eine Großgruppe ihre Handlungsfähigkeit gegenüber den mit den Projektionen ausgestatteten anderen Großgruppen deswegen ein, weil man das Projizierte nicht wirklich vernichten darf, es ist schließlich Bestandteil des eigenen Selbst der Großgruppe. Durch die Re-Integration der bösen Anteile in die eigene Großgruppe verringert sich der Hass auf die anderen, die nun nicht mehr Träger des Projizierten sind, man erkennt in diesen das eigene Wesen in seiner Ganzheit wieder, bei allen gegebenen rationalen Unterschieden. Nur auf solche Weise kommt es zwischen Großgruppen statt zu Hass und Krieg zum nachvollziehbaren Kampf um die Durchsetzung jeweils eigener Interessen, also zu Kompromissen und friedlicher Klärung bestehender Konflikte[192].

4. Aufnahme der inneren Welt revolutionärer, transformierend wirkender oder integrativ wirkender Führungsgestalten, womit gemeint ist, dass Großgruppen gerade wegen ihrer Tendenz zu regressiven Prozessen, wie sie Freud schon beschrieben hat, in besonderer Weise an den Führern kleben, die gewissermaßen das handelnde Ich der Großgruppe repräsentieren.

5. Großgruppen brauchen zu ihrer Identität Ruhmestaten, die ausgewählt sind, mit denen sich zu identifizieren eine Möglichkeit erwächst, solche und ähnliche Ruhmestaten wiederum verwirklichen zu können. Dabei zeigt sich bei der Untersuchung der Geschichte, die solchen Ruhmestaten zugrunde liegen, sehr häufig, dass diese Ruhmestaten genau in dieser Weise gar nicht stattgefunden haben, sie haben eher mythologischen Gehalt, der umso höher gewichtet wird, je weniger er der historischen Wirklichkeit entspricht.

---

192 Ähnlich, wie es in jedem Menschen Ambivalenzen, aber auch innere Konflikte zwischen gegensätzlichen Triebregungen gibt, jedenfalls nach Aussage und Erfahrung der Psycho- und Gruppenanalyse, sind Konflikte zwischen Menschen, Menschengruppen, Großgruppen wohl unvermeidlich. Es gibt immer unterschiedliche Interessen. Das Menschenbild der Mediation geht ebenfalls von solchen Konflikten als gegeben aus, siehe Mähler, Mähler (1994, 2001, 2002).

6. Großgruppen wählen sich Traumas aus, oft ebenso mythologische, mit denen man so argumentieren kann, dass gerade der geschehenen Traumas jetzt endlich so etwas wie Vergeltung, Recht zur Strafe an anderen geschaffen wird.

7. Großgruppen wählen und bilden Symbole, die langsam eigene Autonomie erlangen, unabhängig von ihrer entstandenen Geschichte werden, die die Existenz und Kraft einer Großgruppe gut zu symbolisieren vermögen. Es sind dies nicht nur die Fahnen und die dort abgebildeten Symbole, manchmal auch andere Dinge, auf die noch einzugehen ist.

(Eine genaue Erläuterung der Punkte 1–7 kann auf der Homepage des Verlages: www.klett-cotta.de auf der Seite zum Buch als PDF-Datei heruntergeladen werden.)

4.4.7 Großgruppe als Gesellschaft

Die Idee Freuds, gesellschaftliche Prozesse wie die Kulturentwicklung psychoanalytisch zu untersuchen, Gleiches zu unternehmen in der Untersuchung von Massen, man würde heute genauer sagen, von Großgruppen, beruhte auf seinen Erfahrungen mit PatientInnen, mit denen er lernte, dass nicht nur Anlagen, individuelle Vorgeschichte und deren Verarbeitung, sondern auch kulturelle Prozesse, Symbole, Geschichte, Mythologien, gesellschaftliche und politische Ereignisse in das Bewusstsein eingehen und, wenn sie aus der Kommunikation ausgeschlossen, damit verdrängt sind, zusätzlich im Unbewussten eine ähnliche Rolle spielen wie das sonst Verdrängte, also dynamische Wirkung entfalten. Freud hatte nur die individuelle Psychoanalyse seiner damaligen Zeit als Möglichkeit. Heute aber verfügen wir über vielfältigste Kenntnisse von Gruppenprozessen, sodass es naheliegend ist, wie hier geschehen, gruppenanalytische Erfahrungen und Kenntnisse auf Großgruppen zu beziehen, Erfahrungen in analytischen (minimal strukturierten) Großgruppen liegen über Jahrzehnte vor. Eine der psychoanalytischen Grundkonzeptionen ist, da man Psychoanalyse als Erfahrungswissenschaft versteht, dass persönlichkeitsstrukturierende Erfahrungen und ihre Verarbeitung nicht ausreichend kognitiv verstanden werden können, sondern einer kontrollierten (psycho- oder gruppenanalytischen) Situation bedürfen, in der sie sich wiederholen können bei möglicher gleichzeitiger Reflexion und Distanz zum Wiederholen. Wenn sich in der Einzeltherapie vom Setting her Zweiersituationen gut wiederholen lassen, so in der Kleingruppe Situationen der Familie, vielleicht schon ein wenig auch des Kindergartens, der Schule, der Haus- oder Hofgemeinschaft, so dürften erwartungsgemäß in einer Großgruppe die Referenzkollektive, die Kirche, die Gesellschaft bis hin zum Staat reaktiviert werden. Wenn es vonseiten der Gesetzgebung bzw. der Richtlinien und Vereinbarungen zur Psychotherapie möglich wäre, würde man aus der Sicht der Gruppenanalyse, meiner Sichtweise, bei Patienten die entsprechende Behandlungssituation, z. B. auch eine Großgruppe, wählen. Doch diese freie Wahl besteht zurzeit in Deutschland nicht, zumindest findet sie in dieser Bandbreite keine Krankenkassenfinanzierung. Solche diagnostischen Überlegungen, ob Einzel-Beratung, Coaching, Gruppentraining (Teambuilding) oder gar Großgruppe, mehr oder weniger strukturiert, sinnvoll sein könnte, gelten in allen Anwendungsbereichen – somit in Betrieben, Institutionen, Konzernen, Politik. Ein Beispiel aus einem Betriebsrat:

Ein stellvertretender Betriebsratsvorsitzender eines Konzerns berichtet in einer Supervisionssitzung über zunehmende Konflikte mit einem Abteilungsleiter seiner Firma, es gingen immer mehr Beschwerden über ihn ein, er führe nicht richtig, verteile die Arbeit ungerecht, verhalte sich unberechenbar, manchmal plötzlich sehr autoritär, dann wieder kumpelhaft. Auf den ersten Blick sah es so aus, als ob tatsächlich der Abteilungsleiter der Kern des Problems sei, da er sich auch gegenüber dem Betriebsrat ruppig, zurückweisend und seiner Bitte um ein Gespräch zwar nachkommen wollte, die vereinbarten Termine aber immer und kurzfristig verschob. Die erste Frage bei einer solchen Situation ist, inwieweit man Personalisierungs- und Lokalisierungsprozesse ausschließen könne – durch so etwas wie ein freies Assoziieren der Mitglieder der Supervisionsgruppe (oder eine andere zu diesem Zweck einzuberufende Gruppe, die möglichst interdisziplinär zusammengesetzt ist). Dabei erfuhr man, dass die Firma, um sich für die üblicherweise steigernde Nachfrage im Frühjahr und Sommer gut auszurüsten, einen großen Lagerbestand produziert hatte, wegen Rückgangs der Auftragslage aufgrund allgemein schwieriger Wirtschaftsverhältnisse, die man vorher nicht wusste, ein völlig überdimensioniertes Lager hatte. Der oben genannte Abteilungsleiter war nun zuständig für den Vertrieb zu Großkunden, die ihrerseits inzwischen andauernd ihr Auftragsvolumen kürzten, ebenfalls in der Erwartung zunehmend schwieriger werdender Verkaufsmöglichkeiten. Seine Chefs aber wollten mindestens die Absatzzahlen des letzten Jahres und setzten ihn unter größten Druck. Er hatte somit keine Ausweichmöglichkeiten mehr, Druck von oben und keine Möglichkeit, den Verkauf mithilfe seiner in der Regel guten Mitarbeiter noch zu steigern. So war er in mehr oder weniger blinden Aktionismus hineingeraten, der sich in seinem unsteten und ungerechten Verhalten auswirkte. An dieser Stelle war nun klar, dass seine Position sich wohl gut eigne für Lokalisierung und Personalisierung, seine Persönlichkeit ebenso gut. Die Beratung der Firma musste aus dieser Sicht in zwei Richtungen angedacht werden: a) Klärung der Gesamtsituation der Firma in der gegebenen schwierigeren wirtschaftlichen Situation, vielleicht billigere Neuentwicklungen, vielleicht Werbung mit den spezifischen Qualitätsmerkmalen wie Langlebigkeit, wenig Energieverbrauch – jedenfalls Rücknahme des extremen Drucks auf den Abteilungsleiter, und b) Gespräche mit dem Abteilungsleiter, wie es ihm möglich werden könnte, seine Situation mit den Mitarbeitern so zu kommunizieren, dass die bislang entstandenen Konflikte wieder weitgehend rückgängig gemacht werden. Nun blieb aber der Abteilungsleiter recht stur bei seiner Position, alles richtig gemacht zu haben, was erneut hätte bewirken können, dass der Firmenkonflikt bei ihm zu lokalisieren gewesen wäre. Da es nun aber tatsächlich nicht hauptsächlich um einen Konflikt zwischen Abteilungsleiter und seinen Mitarbeitern ging, sondern darum, dass sich die ganze Firma noch nicht auf die neue Marktsituation eingestellt hatte, empfahl man der Firma eine Großgruppe im Sinne einer gut vorbereiteten Betriebsversammlung unter der Leitung eines externen Beraters. Die Firma musste sich angesichts der neuen Situation überall etwas ändern und sich neu positionieren, das geht nur über das Mit-Einverständnis der Mitarbeiter allgemein. In insgesamt 4 Großgruppensitzungen konnte die Gemeinsamkeit zwischen Leitung und Mitarbeitern der Firma gut hergestellt werden, man hatte nun viele neue Vorschläge, die die Produkte so veränderten, dass das Ziel, zumindest keine Umsatzverkleinerung, erreicht bzw. übererfüllt wurde. Der schwierige Abteilungsleiter konnte, aus dem Druck von oben entlassen, sich ein eigenes Coaching zur Verbesserung seiner Kommunikationsfähigkeiten organisieren – in der ihn entlastenden Situation der Großgruppe konnte er eigene Fehler im Umgang mit seinen Mitarbeitern erkennen und schließlich so benennen, dass seine Führungskompetenz auch nach außen hin sichtbar wuchs.

4.4.8 Der Staat als Großgruppe

Macht, Gewalt, Marginalisierung, Gewaltenteilung, Entmündigung, Bindung und Freiheit[193]

Schon unter 4.4.6, der Großgruppenidentität, wurde vorweggenommen, dass es möglich und berechtigt ist, ganze Gesellschaften und Staaten nach ihren Großgruppenmechanismen hin zu untersuchen. Staaten und Gesellschaften[194] sind hoch komplexe und hoch strukturierte Großgruppen, sodass man, um aus der Sicht der Gruppenanalyse hier etwas mehr zu verstehen, zurückgreifen kann auf alle die Mechanismen, die als Abwehrmechanismen dienen, da sie gleichzeitig auch Strukturierungsmechanismen sind. Es sind dies die Gesichtspunkte, die unter Punkt 2 – 4.3 genannt sind, ebenso Großgruppenprozesse von 4.4.1 – 4.4.7. Damit ist angedeutet, dass eine solche Betrachtungsweise eines Staates oder einer Gesellschaft, einer Ethnie, einer Nation, möglicherweise sogar eines Staatenbundes, sowohl innere Mechanismen aufzeigen kann, mit und in denen sich die Prozesse entwickeln, als auch Mechanismen, die der spezifischen Strukturiertheit der Großgruppen entsprechen. Enge Kooperation mit Politikwissenschaftlern ist da dienlich. Es dürfte empfehlenswert sein, wenn man von der Großgruppe Staat spricht, zumindest bei Platon[195] und seiner Politeia (πολιτεια) zu beginnen. In der Politikwissenschaft beginnt man für gewöhnlich früher, da die Schrift Platons schon eine kritische Zusammenfassung dessen beinhaltet, was vor ihm gedacht wurde. Es wäre auch möglich, in noch älteren Kulturen zu suchen, wie etwa der chinesischen, der ägyptischen, der sumerischen, der persischen usw. Der Codex von Hammurabi (Hammurapi) von ca. 1750 v. Chr. (Hengstl

---

193 Siehe hierzu auch Gfäller (2002a)

194 Wenn ich hier von Staaten, Gesellschaften spreche, geht dies wiederum nicht nur Politikberater an. Man möge die genannten Prozesse und Strukturen prüfen, inwieweit sie nicht genauso in Unternehmen oder kleineren Firmen vorkommen. Man kann oft an scheinbar weit entfernten Dingen eigenes gut gespiegelt finden.

195 Auch wenn ich Platon (1982) explizit nicht zitiere, ist er dennoch einer der Großen der Philosophie, dessen Denken im Hintergrund meiner Ausführungen wirkt. Platon hatte vieles vorausgedacht, was heute als scheinbar Neues erscheint.

1999, Elsen-Novák, Novák 2006, 131 – 156) gibt gutes Zeugnis für die damals in verschiedenen Kulturen gültigen Gesetze, die in den jeweiligen Staaten erlassen waren und durch staatliche Organe sanktioniert wurden. Es war immer schon so, dass Menschen nicht alles tun sollten, was sie tun könnten. Alle diese Staaten waren Sklavenhaltergesellschaften, die sog. freien Bürger unterlagen strengen bis strengsten Aufsichten, was sie je ihrem Stand nach zu tun hatten. Das Bruttosozialprodukt, wie man es heute nennen würde, erwirtschafteten weitgehend die Sklaven. Ihren Herren war es vorbehalten, Handel zu treiben und bei den Staatsgeschäften mitzuwirken. Die Sklaven hatten keinerlei Rechte, sich zusammenzuschließen. Sie waren Eigentum und Befehlsempfänger ihrer jeweiligen Herren. Ähnlich wie im alten Griechenland zur Zeit Platons waren der Großteil der Bewohner des Landes Sklaven. Dennoch hat es einen gewissen Sinn, den Begriff der Großgruppe auch auf diese damaligen griechischen Verhältnisse anzuwenden. Der Staat sollte gesund sein, d. h., es sollten die im Staat vorhandenen verschiedenen und im Konflikt stehenden Kräfte ein Gleichgewicht annehmen und bekommen, die ihren jeweiligen Aufgaben und ihrer jeweiligen Stellung entsprächen. Tyrannei lehnte man ebenso ab wie völlige Unstrukturiertheit, es sollte im Staat zu einer hierarchisch gegliederten Aufgabenverteilung kommen. Platon konnte in seiner Konstruktion des Staates die Sklaven außer Acht lassen, weil diese in vollständiger Abhängigkeit zu ihren Besitzern standen, seine Staatstheorie beginnt mit den Bürgern, die, das war als selbstverständlich vorausgesetzt, Sklaven hatten. Da als Staat organisierte Großgruppen, um so etwas wie eine Einheit darzustellen, einer Identität bedurften, die aus den o. g. (unter 4.4.6) sieben vernetzten Netzwerkteilen besteht, die auch eine gemeinsame Ökonomie hatten, im Fall Platons waren es Stadtstaaten wie z. B. Athen und Sparta, war die Anzahl der Beteiligten noch etwas überschaubar, wenn man von einem gesunden Staat sprach. Man definierte da die Gesundheit vom Individuum her, dem Gleichgewicht zwischen gegebenen inneren Kräften im Rahmen einer Vorstellung, was die Natur des Einzelnen sei. Es war Aufgabe des Staates, durch seine eigene Gesundheit und Ausgewogenheit eine gesunde Lebensführung der am Staat beteiligten Individuen zu ermöglichen, damit niemand deswegen in gesunder Weise krank werden müsse, weil der Staat als solcher erkrankt war. Der Staat war also in gewisser Weise nach dem Bild eines Körpers geformt, wo als Kopf die Weisen, die Philosophen, gedacht waren, denen dann diejenigen unterstellt waren, die für die Aufrechterhaltung der Ordnung und die Führung des Gemeinwesens zuständig waren, den übrigen Leib stellten die Bürger dar. Wesentliche Entscheidungen wurden entweder öffentlich getroffen oder zumindest öffentlich verkündet. Damit waren schon zwei der gruppenanalytischen Ebenen genannt, nämlich Öffentlichkeit und Körper. Man hatte aber auch daran schon gedacht, den Staat wie eine Familie zu sehen, d. h. die Übertragungsebene war mitgedacht. Die Arbeitsteilung im Staat verlief entsprechend der zweiten Übertragungsebene, da nicht alle für alle Aufgaben zuständig waren, sondern in recht genauer Strukturiertheit einzelne Aufgaben verschiedenen Gruppen der Gesellschaft übertragen waren. Zum Zweck der Identitätsbildung griff man auf das zurück, was man im Sinne der Gruppenanalyse die primordiale Ebene nennen würde, nämlich auf Gründungsmythologien, auf allgemeine Mythen und Geschichten, die aber auch differenziert werden könnten, noch nach den Gesichtspunkten, die oben von Volkan unter dem Begriff der Identität einer Großgruppe genannt wurden. Ebenso wie in der Gruppenanalyse wurde großer Wert auf den Faktor der Kommunikation gelegt, denn ohne Kommunikation zwischen den verschiedenen Trägern des Staates und denen, die ausführend tätig waren, konnte ein Staatsgebilde nicht wirklich existieren. Bei immer größer werdenden Staaten wird somit zwangsläufig die Macht derjenigen, die Kommunikationsmittel und -wege besitzen, größer[196]. Findet ungenügende Kommunikation statt, erkrankt der ganze Körper des Staates, das wusste schon Platon. Man mag jetzt einwenden, in einem Staat sind, wie in heutigen westlichen Demokratien, die Gewaltenteilung oder die Demokratie wie die Pressefreiheit viel wichtiger, so ist dazu zu sagen, dass dies schon richtig sei, aber an dem grundsätzlichen Aufbau zuerst einmal nicht viel ändert. Dennoch ist es notwendig, nun auf heute wirkende Mechanismen in der Großgruppe des Staates genauer einzugehen:

---

196 Siehe z. B. den in vielen Westernfilmen gezeigten Aufstieg der »Eisenbahnbarone« oder in deutschen Landen den Aufstieg der Fürsten von Thurn und Taxis, die das Postwesen und die dazugehörigen Postkutschen samt der dazugehörigen Infrastruktur revolutionierten. Auch die späteren Nationalsozialisten wussten schon früh um die Bedeutung von Massenkommunikationsmitteln wie dem von ihnen sehr geförderten Radio (Volksempfänger).

Macht:

Die Großgruppe des Staates braucht nach außen hin die Macht, sich gegen Angriffe wirkungsvoll verteidigen zu können. Zu diesem Zweck muss man sich nötigenfalls mit anderen staatlichen Großgruppen zusammenschließen, um die eigene Sicherheit zu gewährleisten. Diese Macht muss nicht unbedingt in direkter Weise ausgeübt werden, z.B. durch kämpfende Truppen, sie kann auch als potenzielle Macht genutzt werden, man besitzt eben Potenziale, die genügend mächtig sind, um den Staat und seine Integrität zu verteidigen. Innerhalb der Großgruppe ist in hierarchisch abgestufter Form ebenso Macht notwendig, um die Großgruppe zusammenzuhalten, um die Gesetze durchzusetzen, um zu erreichen, dass Menschen eben nicht all das tun, wozu sie in der Lage sein könnten. Um dies umzusetzen, braucht die Macht Gewaltpotenziale, die in der Lage sind, nötigenfalls auch gewaltsam die in sich ruhende und doch immer konflikthafte und von Interessengegensätzen geprägte Großgruppe in ihrer Ganzheit zu bewahren.

Marginalisierung:

Macht und Gewalt erscheinen in destruktiver Form bei in sich ruhenden und sicheren Großgruppen selten beim einzelnen Bürger, wenn ausreichend deren Wohlergehen gesichert ist. Die Destruktivität steht dennoch bereit und verlangt einerseits die Notwendigkeit, sie mittels Vernunft und unbewusst über das Über-Ich zu unterdrücken oder in Handlungsweisen umzusetzen, die nichts Wichtiges zerstören. Andererseits braucht es seitens der Kultur der Großgruppe die Drohung, staatlich sanktionierte Destruktivität gegen die einzusetzen, die in ihrer Destruktivität anderen gefährlich werden könnten. Doch dies erreicht nur Gruppen der Gesellschaft, die von ihrer Teilnahme an der Großgruppe Staat einen gewissen Gewinn davontragen. Gruppen der Gesellschaft, auf deren Kosten vieles geschieht oder die überhaupt keinerlei Entfaltungsmöglichkeiten innerhalb ihres Staatswesens oder ihrer Großgruppe sehen, erhalten durch den Staat oder die Kultur kaum Schutz vor dem Ausbruch eigener Destruktivität. Es sind dies die sog. marginalisierten Gruppen von Gesellschaften, die für sich selbst in ihrem Gemeinwesen keine sinnvolle und lebenswerte Zukunft erblicken können. Um diesem gesellschaftlichen Tod zu entgehen, werden sie selbst gegenüber dem Staat oder anderen aus ihrer Sicht Privilegierten oder auch innerhalb ihrer eigenen Gruppe, wenn sie absolut ohnmächtig sich wähnen, in mehr oder weniger großer Weise destruktiv. Wie Freud schon erkannte, ist Destruktivität menschlicher Art nur über eine gewisse Zeit im Rahmen einer sog. kulturellen Entwicklung einzudämmen und in sinnvolle Tätigkeiten umzuwandeln. Mit der Entwicklung der Prozesse von Lokalisierung und Personalisierung eignen sich dann solche Gruppen ohne wirklich lebenswerte Zukunft dazu, all das auszuleben, was den anderen als verboten, als zu primitiv erscheint. Reicht Lokalisierung und Personalisierung nicht aus, greift die Großgruppe zum Mechanismus der Dichotomisierung, der Entwicklung, in der eine größere Gruppe eine kleinere Gruppe mit all den schlechten Persönlichkeitsmerkmalen ausstattet, die man bei sich selbst nun plötzlich nicht mehr vorfindet. Geschickte, populistische, antidemokratische und demagogische Führergestalten können dies bei Nutzung moderner Kommunikationsmedien gut verwenden, um sich selbst in Machtpositionen zu bringen. Für die staatliche Großgruppe dürfte es genügend Anlässe geben, unerwünschte und kaum kontrollierbare Triebanteile zuerst in marginalisierten Gruppen gewissermaßen zu deponieren; gelingt dies nicht ausreichend, wird der Mechanismus der Dichotomisierung[197] verwendet. Aus der Sicht der Gruppenanalyse würde man sich nun wünschen, dass es integrative Führungsgestalten und Mehrheiten in der Gesellschaft gibt, die durch gute Beobachtung dessen, was in marginalisierten Gruppen geschieht, sich selbst darin wiedererkennen und nach nun neuen und geeigneten Lösungen suchen, d. h. all dies abgewehrte und auf andere Projizierte in sich selbst zu integrieren.

Destruktivität:
Nun gibt es das Argument, die von Freud postulierte Destruktivität des Menschen sei möglicherweise falsch, zumindest nicht zwingend notwendig, um Ausbrüche von destruktiver Gewalt innerhalb einer Großgruppe oder gegenüber anderen Großgruppen zu verstehen. Der Mensch habe in sich vor allem gute Potenziale, die erst dann zu negativen und destruktiven würden, wenn man ihm nicht den nötigen Le-

---

197 Ein Großgruppenmechanismus, dem oben ein eigener Absatz gewidmet wurde; hier beruht er auf dem »divide et impera« (lat.), teile und herrsche, des Römischen Reiches, wo man gezielt die unterworfenen Völker nicht gleich behandelte, unterstützte, wodurch sich diese gegenseitig misstrauten, sich nicht solidarisierten und ihre Kräfte nicht gegen Rom, sondern gegeneinander einsetzten. England machte Ähnliches mit seinen Kolonien. Siehe dazu Kissinger (1994).

bensraum lasse. Zweifellos kann man mithilfe dieser reaktiven Gewalt vieles erklären. Psycho- und Gruppenanalytiker würden dem gerne zustimmen, wenn nicht die alltäglichen Erfahrungen nicht nur bei Patientenbehandlungen, sondern auch bei Organisationsberatungen und sonstigen Anwendungen der Psycho- und Gruppenanalyse nicht anderes lehren würden. Leider zeigt sich bei der genauen Untersuchung destruktiver Handlungen fast immer, dass diese tatsächlich nicht allein daraus erklärt werden können, dass äußere und auch innere Bedingungen, z. B. seitens des Über-Ichs, oder innere narzisstische Konflikte, die ausgeführten destruktiven Handlungen zureichend erklären. Man konnte feststellen, dass schon lange vor der äußeren oder inneren Einschränkung Potenziale bestanden, die nach Abfuhr drängten, sodass die Erklärungen, äußere Bedingungen bewirkten reaktiv die destruktiven Handlungen, nun eher so behauptet werden müssten: Das innere Potenzial zur Destruktion wartet, bis sich endlich ein guter Grund findet, sie ausleben zu können. Nun könnte man wiederum einschränken und sagen, dass das Daraufwarten schon darin ausreichend begründet sei, dass immer irgendwelche einschränkenden Bedingungen bestanden, sodass auch das Warten im Sinne einer reaktiven Handlung zu sehen sei. Hier mag man zugeben, dass dies vielleicht letztlich nicht entscheidbar ist, obwohl aus meiner Erfahrung und Sicht heraus etwas mehr dafür spricht, dass destruktive Potenziale gegeben sind, als dass sie erst reaktiv erworben wurden. Konrad Lorenz meinte dazu in einem Gespräch (pers. Mitteilg.), er nehme an, der Mensch sei ein Allesfresser, also kein Raubtier, infolgedessen habe der Mensch innerhalb seiner Spezies keine Tötungshemmung. Es sei, wie Freud sagte, Aufgabe der Kultur, diese nicht vorhandene Tötungshemmung gesellschaftlich durchzusetzen. Doch auch er meinte, letztlich lasse sich das Nicht-Vorhanden-Sein der Tötungshemmung wohl nicht gänzlich beherrschen.

Gleichgültig nun, ob angeboren oder reaktiv erworben, die destruktiven Potenziale bestehen und brauchen in der Großgruppe Staat Mechanismen der Bändigung.

Gewaltenteilung:
Einer der Mechanismen zur Bändigung ist die Teilung der Gewalt zwischen verschiedenen Instanzen der Gesellschaft. Die Voraussetzung dafür aber ist das, was man in moderner Sprache das Monopol des Staates auf Gewalt nennt. D. h., Gewaltausübung, außer zum Zweck der Not-

wehr, ist nur dem Staat, der Großgruppe also, und den dafür zur Verfügung stehenden Instanzen erlaubt. Alles andere wird staatlich sanktioniert, nötigenfalls mit Gewalt. Die klassische Gewaltenteilung ist die zwischen Legislative, Judikative und Exekutive, zumindest in modernen westlichen Gesellschaften. In westlichen Demokratien soll alle Gewalt vom Volk ausgehen, an den Staat übertragen werden in ebendiese Institutionen. Judikative, die Gesetze umsetzende Gewalt, sie obliegt den Gerichten; die Legislative, d. h. die gesetzgebende Gewalt, ist das Parlament; die Exekutive, d. h. die ausführende Gewalt, ist die Regierung und mit ihr das Militär, die Polizei. Dabei sollte das Militär Gewalt nach außen im Sinne der Verteidigung ausüben, die Polizei die Gewalt nach innen repräsentieren. Staatliche Großgruppen haben hiermit eine gewisse Schwerfälligkeit erreicht, die in Bedrohungs- oder Ausnahmesituationen durch Zentralisierung der Gewalt rückgängig gemacht werden muss, um schnellstens und zielgenau schlagkräftig zu bleiben, um die gesamte Großgruppe zu schützen. Es bedarf also Gesetzen zum Notstand. Diese müssen genauestens eingegrenzt werden, damit die wohl bestehende Lust herrschender Kräfte an der Gewaltausübung begrenzt wird, zumindest zeitlich. Eine demokratische Militärführung in Kriegszeiten hat sich als wenig sinnvoll erwiesen, da dann zu lange Diskussions- und Ausgleichsbedürfnisse bremsen. In ruhigen Zeiten aber ist man auch beim Militär in demokratischen Gesellschaften geneigt, Einsichten und Bedürfnisse der Soldaten ernst zu nehmen.

Entmündigung:

Das staatliche Gewaltmonopol bedeutet eine gewisse Entmündigung der Bürger, die sich in Großgruppen wie der USA noch heute heftig dagegen wehren, keine Waffen tragen zu dürfen. Sie wollen diese Entmündigung des freien Bürgers nicht hinnehmen. In Deutschland scheint man das Verbot des Waffentragens im Allgemeinen nicht als Entmündigung wahrzunehmen, da sich hier eine gewisse Kultur entwickelt hat, die Austragung von Streitigkeiten gerne staatlichen Organen, dem Gericht, zu überlassen. Dies hat zur Folge, dass die Rechtsprechung einerseits immer mehr verfeinert werden musste, andererseits aber genügend allgemein richtig bleiben sollte, sodass das allgemeine Recht für die einzelnen streitenden Parteien gerade wegen seiner weiteren Entwicklung immer weniger Möglichkeiten lässt, unter Nutzung des Rechts und seiner Spielräume eigene Entscheidungen zu treffen.

Auch hier ist ein gewisser Entmündigungsprozess eingetreten, da die immer individueller werdenden Streitigkeiten letztlich nicht mit immer individuelleren Gesetzen und Vorschriften so beantwortet werden können, dass dabei das Gerechtigkeitsgefühl der Beteiligten erhalten bliebe. Man kann durchaus von einem dialektischen Prozess hier sprechen, je mehr staatliche Vorschriften entstehen, desto weniger werden sie dem Einzelnen wirklich gerecht. Denn die staatlichen Vorschriften müssen der Allgemeinheit und gerade nicht so sehr dem Einzelnen gerecht werden. Hoch differenzierte staatliche Großgruppen benötigen, das zeigen Bewegungen in der letzten Zeit, wieder vermehrte Mündigkeit der Bürger[198] in den Fragen der Auseinandersetzung mit anderen. Die unter 5.1 bis 5.3 genannten Verfahren außergerichtlicher Konfliktlösung sind ein Anzeichen für diese nun vermehrt notwendige Mündigkeit der Bürger, im Rahmen des gegebenen Rechts ganz individuelle auf sie zugeschnittene Konfliktlösungsmöglichkeiten innerhalb gegebenen Rechts zu suchen und zu finden. Verstärkte Mündigkeit des Bürgers ist somit in solch hoch entwickelten Staaten mit langer Rechtsgeschichte wieder erforderlich. Die Balance zwischen staatlicher Durchsetzung des Rechts und individueller Durchsetzung im Rahmen von rechtlich akzeptierten Verhandlungsmöglichkeiten geht nun wieder mehr in Richtung der Bürger, wie die neuerdings zunehmende Bedeutung außergerichtlicher Konfliktlösungsverfahren wie z. B. Mediation zeigt.

Bindung und Freiheit:

Großgruppenprozesse, auch solche staatlicher oder gesellschaftlicher Art, tendieren dazu, sich zum einen in die Richtung von verstärkter Bindung und Unfreiheit der einzelnen beteiligten Großgruppenmitglieder zu entwickeln, andererseits in der Richtung von mehr Freiheit der Einzelnen voneinander. Wird die Freiheit zu groß, zerfällt die Großgruppe, wird die Bindung zu groß, schrumpft die Großgruppe gewissermaßen auf eine einzige Person zusammen, wodurch so viele Gegenkräfte entstehen, dass dann die Zerstörung der Großgruppe von innen heraus möglich oder sogar wahrscheinlich wird. Man kann also von

---

198 Siehe Beckenbach (2005, 2009), der im Einklang mit meinen Thesen (Gfäller 1998, 2002a, 2004) das in Deutschland wegen nicht stattgefundener erfolgreicher bürgerlicher Revolution noch bestehende »obrigkeitsstaatliche Denken« konstatiert mitsamt damit zusammenhängender Bereitschaft zur Delegation vieler Verantwortungsbereiche an »die da oben«, wie Elias (1989).

einer gewissen Balance zwischen Bindung und Freiheit in einer Großgruppe ausgehen, einmal ist die eine Richtung verstärkt, einmal die
andere. Mit der Bindung ist u. a. das Zugehörigkeitsgefühl gemeint,
aber auch, und dies im Wesentlichen, der Verlust der Differenzierung
zwischen den einzelnen Beteiligten. Zu große Bindung vermindert die
Fähigkeit zu vernunftgeleitetem Handeln, sodass hier regressive, d. h.
von der Entwicklung her gesehen rückschrittliche, Prozesse eintreten,
wo sich auch die gegenseitige Bindung von Aggression und libidinösen Kräften zunehmend aufhebt, sodass beide Triebrichtungen in un-
gebremster Form sich durchsetzen können. Dies besonders bei narzisstischen Kränkungen.

Es sind hier nur wenige Mechanismen genannt, die klugen Staats-
führern, ihren Parteien, vonseiten der Gruppenanalyse nahegelegt werden können. In kleineren Großgruppen wie Firmen oder Konzernen
oder sonstigen Organisationen treten solche Prozesse ebenfalls auf,
sie können da, wenn sie bewusst gemacht sind, genutzt werden. Auch
wenn ich mich hier wiederhole, das Phänomen des verstärkten Mobbings bei zu großem Abbau klarer hierarchischer Strukturen ist eine
der Folgen von allzu großer und nur scheinbarer Demokratisierung bei
erhöhtem Druck zu Effektivität und Erfolg. Damit ist nicht der demokratische Führungsstil nach Lewin gemeint, bei dem die Verantwortung für wesentliche Entscheidungen – nach ernsthafter Anhörung der
Meinungen und Vorschläge der Mitarbeiter – beim Gruppenleiter
bleibt. So mag die Aufteilung der Führung z. B. im Projektmanagement
zwischen allgemeiner Personalführung und sachorientierter Führung
durchaus ihre Vorteile haben, geht aber einher mit einer gewissen Desorientierung der beteiligten Gruppenmitglieder, was in Bezug der
Entfaltung der Destruktivität und ihrer Eindämmung manchmal die
zwangsläufige Folge hat, dass die Destruktion dann im Sinne des Mobbings innerhalb der Gruppe ausbricht.

Zur deutschen Großgruppe stellte G. Jerouschek (2005) eine ganz
andere Frage, nämlich die, warum hier anale Beschämungsformeln[199]

---

199 »*Er aber, sag's ihm, er kann mich im Arsch lecken*«, Jerouschek untersuchte die Geschichte dieses Götz-Zitats (Goethe) und fragte sich, warum in Deutschland anale
Beschimpfungen im deutlichen Unterschied zu z. B. mediterranen Ländern als
schlimmer gelten als genitale, wie z. B. Du Sohn einer Hure. »*… die Prädominanz des
analen Beschämungsmodus (ist) im nord- und westgermanischen Bereich gar nicht zu
leugnen*« (S. 94).

ein besonders beleidigendes Gewicht haben, auch strafrechtlich stärker als z. B. genitale Beschämungen (z. B. Hurensohn, Nutte) verfolgt werden. Er vermutet einen eher analen Habitus der Deutschen, einerseits im Sinne von Leistung, Konzentration, Erfolg, andererseits als Schattenseite die Beschmutzung, Verwendung von Fäkalausdrücken. Die genitale Metaphorik speise sich in Mittelmeerländern *»geschlechtsspezifisch aus einem phallischen Überwältigungsgestus.«* (S. 88). Die Anregung zu einer kulturvergleichenden Psychologie der Verwerfung könnte gut aufgegriffen werden, um innerlich steuernde narzisstische (im Zusammenhang mit großgruppenspezifischen Selbstwertidealen) Prozesse solcher nationalen Großgruppen leichter erfassen zu können, damit man z. B. in der Diplomatie nicht einfach den eigenen Großgruppen-Habitus samt den dazugehörigen Beschämungsformeln auf andere Großgruppen ununtersucht überträgt und damit unnötig beleidigt.

Dazu ein Beispiel aus einer international zusammengesetzten Arbeitsgruppe:

Ein deutsches Gruppenmitglied wollte die ihm unangenehme Dominanz eines spanischen Mitglieds etwas bremsen und sagte, es solle doch sehen, dass es hier mehr Raum einnehme als andere. Der Spanier empfand dies als Kompliment im Sinne seiner Männlichkeit und Kraft, fühlte sich ermutigt, noch mehr Raum einzunehmen. Schließlich mahnte der Deutsche ihn zu mehr Bescheidenheit, bekam zur Antwort, wie solle er bescheiden die spanischen Interessen vertreten, ohne in Nachteil zu geraten. Bescheidenheit sei etwas für Schwächlinge. – Es ist hier ins Deutsche übersetzt – »Nachteil« oder »ins Hintertreffen geraten« sind schon Annäherungen an »Hintern«, an »Arschkriecher«.

4.4.9 Ethnisierung der Politik

Nach dem Zweiten Weltkrieg, der darauf folgenden Machtbalance zwischen den beiden Supermächten USA und UdSSR und dem Niedergang der letzteren entwickelten sich immer mehr regionale Kriege. Man könnte meinen, Menschen brauchen immer eine etwa gleiche Anzahl von Menschen im Krieg. Sehr stichhaltig ist das Argument nicht. Die Machtbalance zwischen den Supermächten war aufgehoben, die UdSSR verfiel zunehmend, bis es zur Öffnung des »Eisernen Vorhangs« kam, im Zusammenhang damit zur Wiedervereinigung Deutschlands. Viele

Nationen, Staaten und Völker waren im Rahmen der damaligen Machtbalance zwischen den USA und der UdSSR von der einen oder anderen Seite mit modernster Bewaffnung versehen worden, die nun zur Verfügung stand. Es war das geschehen, was am damaligen Starnberger Max-Planck-Institut unter der Leitung von C. F. von Weizsäcker und J. Habermas[200] schon von der Gruppe um Fröbel, Heinrichs und Kreye (1977) vorausgedacht wurde, die Globalisierung. Beide Supermächte hatten zum Zweck der Machtbalance bei den von ihnen unterstützten Staaten[201] wenig darauf geachtet, wie diese regiert wurden, es war vielmehr ganz praktisch, wenn sie mehr oder weniger Diktaturen waren. So konnte man sie besser im Griff behalten. Die Diktatoren in den Ländern der Dritten Welt waren in der Mehrzahl Angehörige eines Volksstamms, einer Volksgruppe, die zum gegebenen Zeitpunkt fast zufällig gerade einmal an der Macht war und diese Macht durch die Unterstützung durch eine der beiden Großmächte ausbauen konnte. Sie baute damit aber nicht nur ihre eigene persönliche Macht aus, sondern auch die ihrer Herkunftsnation oder ihres Herkunftsstammes. Mit dem Ende des Kalten Krieges, dem Zusammenbruch der UdSSR und den verschiedenen Niederlagen der USA, die dort als solche nicht anerkannt waren, entstand ein internationales Machtvakuum, das die zur Macht gekommenen Führergestalten der verschiedenen Staaten nun zur Durchsetzung nicht nur ihrer eigenen Machtbedürfnisse, sondern auch zur Durchsetzung ethnischer Vorteile gegenüber den anderen Ethnien im eigenen Land nutzten. Es kam zu dem, was Paul Parin die Ethnisierung der Politik[202] nannte, da beide Großmächte weniger Einfluss hatten. Die Ethnisierung hatte für die Großmächte auch den Vorteil, dass

---

200 Habermas (1968, 1981, 1984) vertrat die Auffassung, viele der nationalen und internationalen Konflikte hängen mit Problemen der Kommunikation zusammen, wo sein Beitrag die Kommunikationsforschung sei.

201 Im Sinne globaler Machtbalance, wie deren Notwendigkeit für den Weltfrieden ein Außenminister der USA, Kissinger (1994), beschrieb. Er vertrat die Auffassung, eine Vernunft der Nationen sei im Sinne der Abschaffung der Institution des Krieges heute nicht zu erreichen, somit sei es besser, ein gewisses Gleichgewicht der Kräfte zu erreichen, um unter diesem Schutz Friede und Demokratie langsam weltweit durchsetzen zu können, obwohl er dabei wenig optimistisch war.

202 Im Zusammenhang mit den mörderischen Kriegen im ehemaligen Jugoslawien entwickelte Parin (persönl. Mitteilung) die Theorie, dass durch die »Ethnisierung« des Krieges davon abgelenkt werden könnte, welche wirtschaftlichen Interessen der Großmächte dadurch kaschiert werden.

damit internationale Interessen kam mehr berührt wurden, sodass sie sich langsam wieder erholen konnten, was aber zur Vormachtstellung der USA führte. Ein grausames Beispiel für eine solche Ethnisierung lief in Mitteleuropa ab, in den Kriegen des zerfallenden jugoslawischen Staates, der sich auflöste in die Serben, die Kroaten, die Bosnier, die Slowenen, die Montenegriner und schließlich die Albaner. In diesem Gebiet hatten vor allem die UdSSR und im Süden etwa Albanien für genügend Waffen gesorgt. In den Auseinandersetzungen besann man sich dann auf gewählte historische Ereignisse (Traumas oder Ruhmestaten): Die Serben erinnerten sich an eine vermeintlich siegreiche, in Wirklichkeit aber totale Niederlage am Amselfeld gegen türkische Truppen, um ihre Identität aufzubauen, die Kroaten an ihre Verbindungen zum Nazideutschland, die Slowenen an Österreich/Ungarn, die Albaner an Albanien; die Bosnier und Montenegriner konnten sich in dieser Zeit etwas heraushalten, die Großgruppenidentitäten wurden zunehmend ethnisch. Die Europäische Union fand sich zu schwach, um hier einzuschreiten, überließ dies amerikanischen Einheiten, die, wie im Golfkrieg, von Flugzeugen aus operierten. Man war zwiespältig mit dieser Ethnisierung einverstanden, da das internationale Machtgefüge durch solche Ethnisierungsprozesse kaum beeinträchtigt wurde, wohl aber das Ansehen der jeweils stützenden Staaten, das empfindlich litt durch die verschiedenen an Völkermord grenzenden Aktionen aller beteiligten Ethnien. Es zerbrach alles, was unter Tito zusammengehalten wurde. Der damalige Feind waren die deutschen Truppen, vor allem die SS, mit denen die Kroaten sympathisiert hatten. Man kann somit durchaus die Meinung teilen, die Ethnisierung der Politik erhalte das Gleichgewicht der bestehenden Großmächte, weil die Kriege untereinander geführt wurden, damit auch die Waffen verbraucht wurden, die man zuvor den rivalisierenden Ethnien gab. Da diese Kriege nun trotzdem zur Destabilisierung gewisser großer Bereiche auf dieser Welt führten, musste die sich als Weltpolizist verstehende Großmacht USA eingreifen. Russland hatte dem zuerst wenig entgegenzusetzen, erstarkte langsam aber wieder. Nachdem inzwischen die USA etwas friedfertiger geworden sind, trotz des Irak-Kriegs, des Kriegs in Afghanistan, Russland, genauso wie China erstarkt ist, der Welthandel fordert, dass Grenzen weitestgehend geöffnet bleiben, dürfte diese Ethnisierung eine gewisse Phase bleiben, die sich nur dann wiederholen wird, wenn die dann bestehenden Großmächte wieder ihre weltumspannende Kraft verlieren.

Ethnisierungsprozesse haben in allen Staaten eine gewisse Bedeutung, wenn man den in diesen Staaten lebenden Ethnien nicht genügend Rechte bezüglich der Ausübung ihrer Traditionen und Bedeutung ermöglicht. Die Ethnisierung ist damit immer eine Möglichkeit, Unfrieden auch innerhalb von Nationen zu stiften. Gruppenanalytisch gesehen ist Ethnisierung eine Abwandlung des Mechanismus der Dichotomisierung (siehe Kapitel 4.4.1).

4.4.10 Großgruppenführer

In analytischen Großgruppen minimal strukturierter Art braucht es einen oder mehrere Großgruppenleiter, die in besonderer Weise auf das Setting, d.h. auf die Zeitdauer, den Ort, die Art der Auseinandersetzung (nur sprechen statt handeln), achten und diese durchsetzen. In strukturierten Großgruppen (z.B. Staaten, Konzerne) werden die Leiter zunehmend zu Führern. Großgruppenführern kommt auch deshalb eine so besonders herausragende Rolle zu, weil die Mitglieder der Großgruppe sich in der Regel[203] mit den Eigenschaften dieses Führers identifizieren, ihn sich zum Vorbild nehmen. Einige grenzen sich von ihm ab, akzeptieren dennoch seine Führungsfunktion. Großgruppen wählen sich ihre Führer, je nachdem sie sich in der Zeit einer Ruhephase oder in einer solchen der Bedrohung befinden. Deutschland war nach dem Ende des Ersten Weltkriegs mit den darauf folgenden extremen Reparationszahlungen an die Siegermächte nahe daran, 1929 völlig in ein Chaos abzustürzen. Verschiedene Untergruppen (Parteien) mit ihren jeweiligen Führern rivalisierten um Vorherrschaft: Gemäßigte Kräfte, wie Zentrum, zwei eher liberale Parteien, die radikaleren, die Sozialdemokraten, die Sozialisten, Kommunisten, aber auch nationalistische rückschrittliche Kräfte. Besonders Letztere erkannten bald die Wichtigkeit moderner Massenmedien, wie dem damals beginnenden Rundfunk, um über diesen Weg vermehrt Einfluss auszuüben. Die

---

203 Mit Regel meine ich hier die Untersuchungen Volkans (1999, 2004, 2005), die ergaben, dass Großgruppen in friedlichen und sicheren Zeiten den Führer oder die Regierung mehr oder weniger achten. Je bedrohlicher die Situation für eine Großgruppe wird, treten die regressiven Phänomene in stärkerer Weise auf, in denen Ich-Funktionen zunehmend auf den Führer übertragen werden bei gleichzeitiger verstärkter Identifikation mit ihm – und Gegenidentifikation bei mit ihm rivalisierenden potenziellen Führern und deren Anhängerschaft.

Weltwirtschaftskrise von 1929 verschärfte die Situation, besonders die der Armen und Ärmsten der Gesellschaft. Trotz seiner ersten Niederlage und dem darauf folgenden Gefängnisaufenthalt, wo er das Buch »Mein Kampf« schrieb, wurde Hitler bald zu einer Symbolfigur für breiteste Massen, die versprach, Deutschland aus dem Elend zu erlösen. Er konnte dazu nicht nur Massenveranstaltungen, sondern auch das Medium des Rundfunks gut nutzen. Es galt, die deutsche Großgruppe sowohl von der narzisstischen Kränkung des verlorenen Kriegs als auch den Zwängen der Versailler Verträge zu befreien, die Wirtschaftskrise zu beenden. Kommunisten und Sozialdemokraten konnten sich nicht einigen, waren untereinander zu uneins, um wirksam und gemeinsam ausreichend Gegenkräfte zu mobilisieren. Obrigkeitsstaatliches Denken war, wie Norbert Elias (1989) ausführte, eine der Grundlagen dafür, dass man in der deutschen Großgruppe über wenig gewachsenes demokratisches Verständnis verfügte. Seine Diagnose beruhte darauf, dass sich der Habitus aufstrebender Stände oder Schichten an dem Stand oder der Schicht der Mächtigeren orientierte. Es wurden höfische Sitten und Gebräuche bis hin zur Kindererziehung übernommen, der Adel beherrschte das Militär. Es war in Deutschland nicht zu einer erfolgreichen bürgerlichen Revolution gekommen, sodass immer noch im Sinne einer Prestigehierarchie der Adel und sein Habitus an höchster Stelle blieben. Demokratisches Denken konnte sich so nicht durchsetzen. Sogar die sozialistischen Parteien und die Gewerkschaften waren sehr hierarchisch und wenig demokratisch organisiert. In der zusätzlichen Not mit massenhafter Armut und Arbeitslosigkeit entwickelte sich die Grundlage dafür, einem »charismatischen Führer« alle Macht zu geben, um das zerrissene Land zu festigen und alle »Schuld« am Elend den »Fremden«, seien es die Juden, Sinti, Homosexuelle, Russen, Engländer, Franzosen, Slawen oder sogar Amerikaner, zu geben. Hitler und seine Mitstreiter erfanden eine manipulativ zurechtgemachte Geschichte des Sieges der Germanen über die römische Fremdherrschaft. Viele Bevölkerungsschichten übernahmen kompensatorisch diese Pseudo-Identität, um die jahrhundertelang erlebten Unterwerfungen bis zur Niederlage im Ersten Weltkrieg und den Folgen zu verdrängen, die man nun als Ergebnis von Verrat aus eigenen Reihen heraus rationalisieren konnte. Besonders schuldig machte man die Juden. Hitler konnte so mit seiner Demagogie und der seiner Mitstreiter auch aufgrund seiner Persönlichkeit, die vielfach durchleuchtet[204] wurde, die Führung übernehmen und Deutschland mit einer neuen Identität ausstatten, wozu auch der Abbau der Arbeitslosigkeit z. B. durch den Bau der Autobahnen beitrug.

Ein anderer Führer, Mahatma Gandhi, führte seine indische Großgruppe auf eine integrative Art und Weise aus der Kolonialsituation in eine Demokratie. Dabei ging allerdings Pakistan als mehr muslimisch orientierter Staat verloren. Nelson Mandela konnte sogar aus dem Gefängnis heraus zum Führer der südafrikanischen Großgruppe werden, um sich aus dem englischen Kolonialismus und dem folgenden rassistischen Südafrika zu befreien. Gandhi und Mandela hatten nicht die Machtbesessenheit Hitlers, dafür Besonnenheit und größtes Charisma.

Ein Vorstandsvorsitzender eines Autokonzerns hatte mit einem Rennsportwagen einer anderen Firma einen schweren Unfall. Hätte er einen ebenso schnellen Wagen seiner Firma gefahren, wäre es kaum ein Problem gewesen. Er drückte mit dem anderen Wagen aber symbolisch aus, dass die eigenen Produkte anscheinend sich zur Identifikation nicht eigneten – er musste abtreten.

4.4.11 Professionalisierungsschübe

In modernen westlichen Gesellschaften, die im Sinne internationaler Arbeitsteilung[205] nicht nur selbst, sondern auch mit dem Osten und den Ländern der Dritten Welt enger zusammenrücken, das Wort der Globalisierung wird dazu oft verwendet, zeigt sich innerhalb der Gesellschaften ein Phänomen, dass immer mehr Lebensbereiche voneinander abgetrennt werden, für die es zunehmend organisierter professioneller Hilfe bedarf[206]. Es gibt solche professionellen Beratungsangebote bezüglich des Berufs, der Ehe, der Familien, bei Scheidungen, die Eltern werden beraten, die Kinder, Jugendliche, die Unternehmen, das Management, Organisationen, das Personal, Flüchtlinge, Emigranten und Immigranten, Süchtige usw., alles wird beraten. Dann gibt es viele The-

---

204 Z. B. Erikson (1977), Matussek, Matussek, Marbach (2000), Volkan (2005)

205 Die wohl erste größere Untersuchung dazu fand am damaligen Max-Planck-Institut in Starnberg (Direktoren C. F. von Weizsäcker und J. Habermas) im Bereich Weizsäcker statt: Fröbel, Heinrichs, Kreye (1977).

206 Siehe Gfäller (1997), wo zur »Professionalisierung der Liebe« in Psychotherapien Stellung genommen wird.

rapierichtungen, spezielle Therapien für sexuelle Störungen, für Liebes-
süchtige, für Kinder, Erwachsene, Alternde, Homosexuelle usw. Auch
intimste Bereiche bedürfen anscheinend dringend weiterer professioneller Hilfe. Kostenexplosionen im Gesundheitsbereich, der So-
zialfürsorge sind festzustellen. In der Soziologie beobachtete man dies
aufmerksam und benannte diese Prozesse als Professionalisierungsschübe[207]. Die Lebenswirklichkeit in solchen Gesellschaften scheint in
einem solchen Ausmaß undurchschaubar, überkomplex geworden zu
sein, dass die einzelnen Mitglieder der Großgruppe anscheinend immer
weniger Möglichkeiten haben, ihre einzelnen Lebensbereiche noch
sinnvoll und gut zu gestalten, ohne sich dafür professionelle Hilfe
zu holen. Auch die Psychoanalyse ist aus meiner Sicht dieser Professionalisierung nicht entgangen, sie wurde weitgehend reduziert auf psychotherapeutische Behandlung, ihr gesellschafts- und kulturkritisches
Potenzial wird an den meisten psychoanalytischen Aus- und Weiterbil-
dungsinstituten kaum mehr gelehrt. Es gibt fast nur noch ein Anwen-
dungsgebiet, nämlich die Therapie. Es scheint für Therapeuten und
ihre Patienten einfacher zu sein, gesellschaftliche, ökonomische und
politische Ereignisse samt ihren Folgen zu personalisieren und zu lokalisieren auf Probleme mit Eltern, Vorgesetzten, Ehepartnern, Kindern
usw., wodurch sie dem gesellschaftlichen Kontext entrissen werden, was
schließlich auch dazu führt, nicht mehr die Menschen zu behandeln,
sondern ihre Krankheiten. Dabei wäre es für Therapeuten im Alltag
ausgezeichnet sichtbar, wie gesellschaftliche Bedingungen, wie zunehmende Sorge um den Arbeitsplatz, Sorge um die Familie, allgemeine
Zukunftsängste sich in den Problemen und Erkrankungen der zu behandelnden Menschen niederschlagen. Dann müsste man allerdings
seinen eigenen gesellschaftlichen Standort hinterfragen, ob man sich
ausschließlich als Reparaturbetrieb verstehen möchte oder als jemand,
der die Folgen gesellschaftlicher Prozesse an den einzelnen zu behandelnden Individuen sieht und im Rahmen seiner politischen Verantwortung sich zur Aufgabe macht, solche Umstände auch auf politischer
Ebene zu verändern zu versuchen. Man kann es in der Psychoanalyse
gut aufweisen, wie eine Wissenschaft, die auf das Genaueste mensch-

---

207 Siehe Beckenbach (2009), der da ein Podiumsgespräch (Niels Beckenbach, Dieter
    Ohlmeier, Georg Gfäller) zur Frage einer soziologisch-psychoanalytischen Zeit-
    diagnose auswertete.

liche Verarbeitungsprozesse darlegen kann, schließlich im Rahmen dieser Professionalisierungsschübe zu einer der vielen therapeutischen Methoden wird, die in Konkurrenz zu anderen von der Gesellschaft und dem einzelnen Menschen isolierte Krankheiten versucht zu bessern. Gerade die Psychoanalyse könnte einen anderen Professionalisierungsbegriff hochhalten, nämlich den, den behandelten Menschen zu helfen, die eigenen Selbsthilfepotenziale neu zu wecken und auszubauen, sich als Profession überflüssig zu machen. Andererseits gehörte es zu dieser Profession, da sie tagtäglich mit den Auswirkungen gesellschaftlicher Prozesse befasst ist, diese auch rückzumelden an die Gesellschaft und die Politik, um einen Beitrag dafür zu leisten, insgesamt mehr Gesundheit in der Gesellschaft zu verankern. Das Revolutionäre bei Freud war nicht nur, dass er die vielfältigen Wirkungen des Unbewussten zugänglich machte, sondern auch, dass er jegliche neurotische oder psychosomatische oder auch, wie man heute sagen würde, Erkrankung der Persönlichkeit zuerst einmal als einen gesunden und guten Lösungsversuch in einer gewissen Zeit des meist kindlichen Lebens darstellte, die jetzt im Erwachsenenalter eine inadäquate Lösung darstellt. Man dürfe niemandem seine ursprünglichen Lösungsmechanismen einfach wegnehmen, ohne andere Lösungen parat zu haben. Da aber niemand mehr als der Patient selbst über seine inneren Potenziale weiß, auch wenn es ihm zunächst verschlossen ist, geht es in der Psychoanalyse nicht darum, ihn irgendwo hinzuführen, sondern eine Situation anzubieten, in der er seine für ihn jeweils adäquaten neuen Lösungen aufgrund des Anwachsens von Selbsthilfepotenzialen selbst erarbeiten kann. Psychoanalyse (und Gruppenanalyse) wäre dann die Profession zur Rückführung in die Gesundheit unter Untersuchung seiner Resonanzen auf Lebensbedingungen, die ihn krank gemacht haben. Ein solches Potenzial zu verschwenden und nur noch auf Krankenbehandlung bzw. Behandlung von Krankheiten zu reduzieren, bewirkt meines Erachtens die Gefahr, als Psychoanalyse gänzlich zu verschwinden. Dem entgegenzuwirken dürfte sinnvoll sein.

5. Weitere Anwendungsgebiete

Psycho- und Gruppenanalyse, wenn sie nicht nur auf Krankenbehandlung, heute eher Krankheitsbehandlung, reduziert werden sollen, haben vielfältige Anwendungsgebiete, die im Rahmen dieses Textes, vor allem in den Beispielen, schon mehrfach genannt sind. Eines dieser Gebiete ist die

5.1 Mediation

Es handelt sich hier um ein Konfliktbearbeitungs- und -lösungsverfahren, das sich von den USA aus langsam weltweit verbreitete, Hans-Georg und Gisela Mähler (Mähler u. a. 1984, Mähler, Mähler 2001, 2002) sind frühe Verfechter dieses Verfahrens. Das Grundmodell der Mediation beruht auf der Scheidungs-, Trennungs- und Familienmediation[208]. Man hatte gesehen, dass der gerichtliche Weg zur Trennung und Scheidung nicht nur wegen der Überlastung der Richter, sondern auch deswegen für die Beteiligten fast unkalkulierbar wurde, da die gesetzlichen Bestimmungen und richterlichen Entscheidungen in deren Interpretation des Rechts dem Gerechtigkeitsgefühl der beteiligten Konfliktpartner oft wenig nahekamen. Man wollte wieder mehr Selbstverantwortung im Rahmen des gegebenen Rechts, Selbstgestaltung und neue Konfliktkreativität erreichen. Auch psychologische Hintergründe konnten vor Gericht nicht ausreichend berücksichtigt werden, weshalb Mediation nicht nur aus meiner Sicht immer auch psycho- und gruppendynamische Prozesse berücksichtigen, teilweise auch aufgreifen sollte.

Das Verfahren selbst gliedert sich in fünf Schritte:

Im ersten Schritt wird ein Mediationsvertrag im Sinne eines Arbeitsbündnisses erarbeitet, in dem festgelegt wird, dass der oder die

---

208 »Der Ausbildung anhand familiärer Konflikte kommt wegen der Nähe zu den immer wieder auftretenden Gesetzmäßigkeiten der zwischenmenschlichen Kommunikation und Beziehungsdynamik eine grundlegende Funktion zu. Es ist die Ausbildung, die – mit entsprechenden Zusatzelementen – am ehesten auf andere privatrechtlich geordnete Gebiete übersetzt werden kann.« (Mähler, Mähler 2001, S. 1210)

Mediatoren samt evtl. im Mediationsprozess hinzugezogener Sachverständiger der Schweigepflicht unterliegen und nicht bei einem evtl. Scheitern der Mediation vor einem Gericht als Zeugen aussagen können. Das Mediationsverfahren wird ausführlich erklärt.

Der zweite Schritt ist die Sammlung der zu besprechenden Themen. Zudem wird Bestandsaufnahme gemacht über z. B. das verteilende Vermögen, den Zugewinn oder auch die Rentenansprüche. Es geht um den Ist-Zustand und dabei auch um die jeweiligen Erwartungen, Positionen der Konfliktpartner.

Nach der Bestandsaufnahme kommt es zum dritten Schritt, der Konfliktbearbeitung. Hinter den geäußerten Positionen bezüglich Unterhalt, Zugewinn, Vermögensaufteilung, Haushaltsaufteilung usw., die zuerst einmal durchaus unvereinbar und widersprüchlich sind, stehen oft persönliche Interessen, die als solche vielleicht nicht wirklich schon bekannt sind, sie liegen teilweise im Unbewussten der Beteiligten. Um solche hinter den geäußerten Positionen liegende Interessen zu erforschen, benötigt der Mediator eine gewisse Fähigkeit, auch bislang unbewusst wirkende Hintergründe gemeinsam mit den Medianten zu erforschen und erkennen zu können. Häufig kommt es zu Positionen im Sinne von später Rache, manchmal zu Positionen deswegen, weil man sich schon in der Ehe nicht wirklich ernst genommen fühlte und deshalb auf das angebliche Recht pocht. Vielfältige Verletzungen während der Ehe erschweren das Verfahren. Man spricht in der Mediation nicht von »Konfliktparteien«, da man bei der üblichen anwaltschaftlichen Tätigkeit parteilicher Anwalt ist, also nur für die Interessen der eigenen Partei sorgt, die Entscheidung wird dem Richter übertragen, an ihn delegiert. Man spricht von »Konfliktpartnern«, um damit auszudrücken, dass das Mediationsverfahren als solches schon wieder einigermaßen partnerschaftlichen Umgang im Konflikt miteinander ermöglicht. Gerade, wenn das Paar Kinder hat, ist es absolut notwendig, dass einerseits das Paar eine gute Trennung erfährt und gleichzeitig die gemeinsame Elternschaft aufrechterhalten bleibt. Somit fordert der Bereich der Konfliktbearbeitung Fingerspitzengefühl, Einfühlungsvermögen und gewisse Fähigkeit und Übung im Umgang mit unbewussten Prozessen. In solchen Situationen wird der Mediator unbewusst gerne in eine parteiliche Situation gebracht und dieser Position dann verdächtigt. Er kann dem nur dadurch gut entkommen, indem er seine eigene auch unbewusste Mit-Beteiligung am Prozess zuerst einmal voraussetzt und dann auch erkennen bzw. erraten kann. Aus diesem Grunde spricht man auch nicht von Neutralität, sondern von Allparteilichkeit (Breidenbach 1995, 2001). Aus der Sicht der Psychoanalyse würde man hier von konkordanter und komplementärer Identifikation mit dem Konfliktpartner sprechen. Konkordante Identifikation meint das Sichhineinfühlen in die eigene Sichtweise eines der Konfliktpartner, mit der komplementären Identifikation das Sichhineinfühlen in die des betroffenen anderen, während einer der Konfliktpartner spricht. Die Frage, inwieweit bin ich wirklich all-parteilich, ist bei der Untersuchung der eigenen unbewussten Anteile eine gewisse Hilfe. Eine in sich ruhende und ruhige Gesamteinstellung (Heintel 2007) bringt meist auch etwas Ruhe im Verfahren. Psychoanalytiker sprechen von gleichschwebender Aufmerksamkeit, um möglichst viel und scheinbar Unwichtiges mit einbeziehen zu können. Das Recht spielt bei dieser Konfliktbearbeitung zuerst einmal kaum eine Rolle, es wird erst später wieder eingeführt, wenn es um mögliche Lösungen geht. Die Untersuchung der hinter den Positionen liegenden Interessen, seien sie bewusst oder unbewusst, ist ein wesentlicher Baustein dafür, dass das Verfahren zu einem nachhaltigen wird, dass man das Ergebnis der Mediation auch wirklich als selbst erarbeitet und damit verträglich und gerecht hält.

Im vierten Schritt, der Lösung oder Einigung, werden verschiedene Lösungsmöglichkeiten erarbeitet, wobei man erfahrungsgemäß gelegentlich auf den vorangegangenen Schritt der Positionen und Interessen zurückkehren muss, um eine verträgliche Einigung erreichen zu können. Hier werden auch Optionen herausgearbeitet, wo neue Ressourcen gesehen werden, divergierende Interessen werden versucht auszugleichen, es geht letztlich um eine Erweiterung der gegebenen Möglichkeiten unter dem Gesichtspunkt von Gerechtigkeitsmerkmalen. Werden hier die Schwierigkeiten zu groß, kann der Mediator mit den Medianten auch erarbeiten, welche Nicht-Einigungsalternativen möglich sind, ebenso die Folgen davon. Das führt dann oft wieder zurück zum Prozess möglicher Einigung.

Im fünften und letzten Schritt wird das, worauf man sich bisher geeinigt hat, in rechtliches Gefüge, den Vertrag, eingearbeitet. Dazu ist es oft nötig, dass die Konfliktpartner ihre eigenen Anwälte noch einmal zur Beratung heranziehen, ob nichts übersehen ist, ob das Recht durch die Vereinbarungen nicht verletzt wird. Das Recht bietet eine große Bandbreite, ein Vertrag darf nicht »sittenwidrig« sein. Er soll der Gerechtigkeit und dem Gerechtigkeitsgefühl beider Konfliktparteien entsprechen. Mit der Ausgestaltung des Vertrags und der Unterschrift darunter kann die Mediation beendet werden, man geht dann zum Notar oder auch zum Scheidungsrichter.

Mediation ist ein zielgerichtetes Verfahren, um am Schluss eine bindende rechtliche Vereinbarung zu bewirken. Die Konfliktpartner können (bei Trennungs- bzw. Scheidungsmediation) schließlich zum Notar oder auch zum Scheidungsrichter gehen. Für Firmen kann es im Sinne von Kosteneinsparungen und zwecks besserem Betriebsklima sehr sinnvoll sein, wie es in einem Energiekonzern schon geschieht, alle neuen Arbeitsverträge mit der Klausel auszugestalten, dass im Konfliktfall zuerst Mediation eingeschalten wird.

Beispiel: Behinderung einer Mediation durch unbewusste
innere Konflikte:

Ein wohl der Mediation zugetaner Richter lehnte die Entscheidung bezüglich der Scheidung ab. Er empfahl den beiden schon getrennt lebenden Eheleuten erst einmal Mediation, was deren Anwälte und sie selbst auch aufgriffen, nachdem alle Beteiligten sahen, dass hier über das Gericht in Bezug auf die Frage des Umgangs mit den Kindern keine Lösung zu erzielen sei. Man wollte sich außergerichtlich einigen, um durch Umgangsstreitigkeiten den Kindern nicht nachhaltig zu schaden. Sie kamen zum Mediator. Dort erläuterten sie ihre strittigen Positionen: Die Mutter wollte, dass die beiden 2 und 5 Jahre alten Kinder nur alle 14 Tage von Freitagnachmittag bis Sonntagabend zum Vater kommen dürfen. Die Frau lebte mit den Kindern schon in einer eigenen Wohnung. Der Ehemann seinerseits wünschte, dass die Kinder auch dann zu ihm kommen können, wenn sie es wollen und er für sie Zeit habe, nicht nur an diesen 14-tägigen Wochenenden. Die Ehefrau begründete ihre Position damit, dass sie ihren früheren Mann verdächtige, dies auch von den Kindern und anderen schon erfahren habe, dass er die Kinder tatsächlich nicht selbst beaufsichtige, sondern sie zur im gleichen Gebäude liegenden Wohnung seiner Mutter bringe, wo sie also eigentlich nur bei der Großmutter seien, die schon immer etwas gegen die Ehe ihres Sohnes mit der Frau hatte. Da müssten diese 14-tägigen Wochenenden absolut reichen, sonst würden die Kinder schlecht beeinflusst. Nun reagierte der Ehemann wütend und erklärt, das alles stimme nicht, er sorge immer für das Wohl der Kinder, habe dies auch immer schon getan, er habe seine Firma so im Griff, dass er da genügend Zeit herausholen könne, um mit den Kindern zu spielen, Hausaufgaben zu machen usw. Die Kinder sollten da selbst entscheiden können. Seinerseits wisse er wohl, die Ehefrau mische sich bei den Kindern immer so ein, dass diese nur ganz ungern kommen. Er habe seinerseits oft mit den Kindern Schwierigkeiten bekommen, wenn er sie wieder zu ihrer Mutter bringe, sie wollten da oft gar nicht mehr zurückgehen. Beide behaupteten also, zu lange Zeit mit dem jeweils anderen sei für die Kinder schädlich, bringe sie nur durcheinander. Beide berichteten dann über Ereignisse und Erzählungen sowohl der Kinder als auch anderer Erwachsener, mit dem sich das, was behauptet wurde, alles belegen lasse. Von der Mediationstechnik her war vereinbart worden, dass das Gespräch so gestaltet werde, dass die Konfliktpartner einzeln direkt zum Mediator hinsprechen und der andere dann zuhöre, ohne zu unterbrechen. Wenn allerdings das Gesagte so verletzend sei, dass man sich unbedingt verteidigen müsse, solle man sich melden. Das Gespräch sollte unter dieser Bedingung stattfinden. Dies war aber nicht möglich. Beide waren emotional so geladen, steigerten sich in ihre gegenseitigen Vorwürfe so sehr hinein, dass nicht einmal strenge Ermahnungen seitens des Mediators, sich an die Regeln zu halten, so richtig noch wahrgenommen wurden. Die Mediation war in wohl ähnlicher Gefahr zu scheitern wie schon das bisherige Vorgehen. Es musste unbewusste Hintergründe geben, die das lautstarke und verletzende Reden und Unterbrechen bewirkten. Also mischte sich der Mediator ebenso lautstark ein und sagte, hier müsse man aufhören zu sprechen, denn anscheinend geschähe über das Sprechen nichts von dem, was sie nun wollten. Die Positionen kenne man nun, es müsse Hintergründe geben, die man gemeinsam erforschen könne. Wahrscheinlich müsse das erst einmal geschehen, damit die einzelnen Positionen wirklich verstanden werden können. Die beiden Konfliktpartner beruhigten sich, der Mediator bat noch einmal um die Einhaltung der Gesprächsregeln, beide stimmten zu.

Nun fragte er die Frau, was an den Vorwürfen des Mannes sie so verletze. Sie erklärte, wieder mit weitschweifiger Erörterung verschiedenster Aussagen der Kinder, der Erzieherin des Kindergartens, des Richters und auch der Anwälte, dass seine Vorwürfe doch alle gänzlich unbegründet seien. Sie habe nie den Fehler begangen, die Kinder gegen den Mann oder dessen Mutter aufzuhetzen, sie wisse als belesene Mutter, dass man dies nicht tun solle. Dem Mediator war spürbar, dass die Frau peinlich darum bemüht war, sich als gute Mutter darzustellen, die, um die Kinder gut zu versorgen, die eigene Berufstätigkeit etwas zurückgestellt, vielfältigste Anstrengungen unternommen hatte, um das Beste für ihre Kinder tun zu können. Sie wollte alles vermeiden, was als negative Tendenz im Sinne ihres eigenen inneren Koordinatensystems gewertet werden könne. Sie hatte, psychoanalytisch gesprochen, ein extrem einengendes Über-Ich, das sie gerade dazu zwang, nur gute Seiten zu haben. Wahrscheinlich war ihr Über-Ich so extrem einengend, dass sie deswegen sogar einer Therapie bedurft hätte. Negative Einstellungen waren also tabu. So fragte der Mediator, um einmal ein Tabu anzusprechen, was sie denn tun würde, wenn die Kinder ihr erzählten, der Vater habe sie geschlagen. Es stellte sich heraus, dass dies kein Tabu war, denn beide lachten da und sagten, die Kinder seien schon manchmal so aufreizend und frech, dass ein gelegentlicher Klaps auf den Hintern oder eine Ohrfeige, wenn sie es schlimmer trieben, von beiden als notwendige und sinnvolle Erziehungsmaßnahmen gesehen wurden. Es war also eher ein Tabu für den Mediator als für die Medianten. Nun sprach der Mediator ein vielleicht schlimmeres Tabu an, nämlich das, die Kinder überhaupt nicht haben zu wollen und sie mit Vergnügen dem jeweils anderen überlassen zu wollen, um einmal ein paar Abende oder Nachmittage damit zu verbringen, wieder auf die Suche nach einem möglichen neuen Partner oder einer neuen Partnerin zu gehen. Hier wurde die Frau sehr still und begann zu weinen, als wäre das eine absolut schreckliche Unterstellung. Doch, nach kurzer Unterbrechung, sagte sie dann, ja, das wäre ihr schon gelegentlich passiert, solche Gedanken zu haben, wenn sie der Kinder überhaupt nicht mehr Herr werde. Wieder hatte das Über-Ich zugeschlagen und für diese aus ihrer Sicht schlechten Gedanken dann wenigstens eine gute Begründung zu haben, die nichts mit eigenen Wünschen nach Selbstentfaltung zu tun haben. Doch der Mediator insistierte und fragte noch einmal, ob sie sich nicht manchmal in ihrer eigenen Lebensgestaltung, die sie sich wünsche, durch die Kinder eingeengt fühlte. Dann wäre es doch ganz gut, wenn die Kinder öfter beim Vater sein könnten. Habe sie denn überhaupt keine Träume, wie ein Leben auch ohne die Kinder aussehen könne, fragte der Mediator, worauf sie fast schluchzend sagte, ja, manchmal eben schon, aber das seien schlechte Gedanken. Weiter insistierte der Mediator in der Richtung, die Kinder wegzuwünschen, sie vielleicht gar nicht haben zu wollen. Er fügte zur Erklärung hinzu, dass es jetzt darum gehe, eventuell kommenden Vorwürfen, die anscheinend ohnehin auf vorhandene innere Vorwürfe bei ihr treffen, besonders ausgeliefert zu sein und sie deswegen mit Vehemenz zurückweisen zu müssen. Es sei eine Verdoppelung eines Konflikts, der von außen komme und Inneres wachrüttle, was vorhanden sei.

Nun wandte sich der Mediator dem Mann zu, fragte ihn, wie er innerlich darauf reagiere, wenn die Frau ihn verdächtige, die Kinder nicht haben zu wollen und sie nur zur Großmutter zu schicken. Er sagte, er sei da ganz cool und wisse einfach, das stimme nicht, sage dies auch. Es gäbe schließlich auch eine Realität. Er führte dies seinerseits länger aus, wobei bei ihm dann spürbar wurde, dass sein Über-Ich, also seine innere Kritikinstanz, ihn zwinge, nur Realitäten zu akzeptieren, nicht aber Gefühle. Man konnte mit ihm herausarbeiten, dass er schon fast immer in seiner Familie daran gemessen wurde, was real geschah, auf seine Gefühle habe man nie Rücksicht genommen. Er merkte, dass er solches nun selbst tue, nämlich das, worunter er eigentlich extrem als Kind gelitten habe. Auch er lockerte sich etwas und konnte dann zugestehen, dass z. B. sein Vorwurf, seine Frau würde die Kinder gegen ihn und seine Mutter aufhetzen, deswegen für ihn ein so wichtiger Vorwurf war, weil er bei sich solche Gefühle überhaupt nicht zulassen konnte. Er hatte sie auf die Frau verschoben, denn tatsächlich, wenn er einmal ein Gefühl zulasse, fühlte er sich wie schon in der Ehe mit der Frau von den Kindern weggeschoben. Seine Bemühungen darum, mit den Kindern möglichst viel Zeit zu verbringen, wären nie wahrgenommen oder akzeptiert worden. Da er dies auch bei seiner Mutter zunehmend bemerke, habe sich das Verhältnis zu ihr in der letzten Zeit deutlich abgekühlt, er reagiere bei ihr ziemlich wütend, wenn diese seine Realitätswahrnehmung für falsch erkläre, ihre eigene Realität, die meist verletzend sei, ihm überstülpen wollte. Nun getraute auch er sich von negativen Impulsen gegenüber den Kindern zu sprechen, er könne sich, dafür schäme er sich sehr, auch ein Leben manchmal ohne die Kinder vorstellen, ohne all die Belastung, wolle am liebsten die Zeit zurückdrehen, diese Frau nicht geheiratet haben, um mit einer anderen Frau vielleicht andere Kinder haben zu können. Doch dies seien Gedanken, die er absolut an sich selbst unmöglich finde. Nun wurde ihm klar, dass er besonders explosiv reagierte, wenn seine Frau ihm ebensolche Vorwürfe mache, er kümmere sich eigentlich gar nicht um die Kinder, schiebe sie ab an seine Mutter, die sich ohnehin immer in die Ehe in negativer Weise eingemischt habe. Letztlich seien es seine eigenen Gedanken.

Es dauerte über zwei Mediationssitzungen, bis der Mediator mit seinen Klienten die möglichen Vorwürfe, deren Verknüpfung mit eigenen verbotenen Gedanken und Wünschen so ausreichend durchsprechen konnte, dass beide sagten, sie wollen gerne einmal trainieren, sich schlimmste Vorwürfe auszudenken und es darüber möglich zu machen, dass sie jeweils selbst dem anderen gegenüber dann nicht mehr so explosiv reagierten, weil eigene Gedanken darin zu erkennen waren, auch wenn sie noch so verpönt sind. Zudem konnte herausgearbeitet werden, dass die Kinder keinesfalls als Boten zwischen den beiden dienen dürften, d.h., wenn Kinder irgendwelche Aussagen über den jeweils anderen machen, dann sind solche Aussagen erst einmal in einem Telefonat mit dem oder der anderen zu überprüfen. Es konnte klargemacht werden, dass die Kinder bislang eine solche Botenrolle eingenommen hatten, in bestimmter Weise dann zu Trägern der Verletzungen und Aggressionen beider ehemaligen Ehepartner wurden. Das müsse absolut beendet werden. Der Mediator fügte zur Aufklärung hinzu, dass Kinder, wenn sie es schon nicht erreichen, dass die Eltern wieder zusammenkommen, deswegen auch Schuldgefühle heftigster Art entwickeln, zumindest immer versuchen, die Nähe der Eltern dadurch wiederherzustellen, dass sie über negative Aussagen, von denen sie wissen, welche Wirkung sie haben, die Nähe der Eltern im Sinne negativer Reibung wiederherstellen. Hier konnten beide Konfliktpartner berichten, wie sie selbst in ihrer Kindheit bei Streitigkeiten zwischen den Eltern reagiert hatten. Sie hatten das ganz vergessen.

Die Fortführung der Mediation benötigte zwei entscheidende Dinge, nämlich erstens die Ermöglichung konfliktfreierer Kommunikation zwischen den Partnern dadurch, dass die jeweils eigenen Über-Ich-Ansprüche genauer untersucht wurden, und zweitens, dass die Kinder aus ihrer Funktion als Boten entlassen würden.

Es zeigte sich an diesem Beispiel deutlich, dass unbewusste Prozesse in einer Mediation eine möglicherweise entscheidende Rolle spielen können, die zumindest teilweise aufgegriffen werden müssen, damit das Gespräch und die Mediation überhaupt weitergehen können.

Das Ergebnis der Mediation war nach weiteren Sitzungen, dass man im Vertrag vereinbarte, die Kinder kämen 14-tägig von Freitag bis Sonntagabend zum Vater, ein weiterer Tag in der Woche sei eine Option, die beide Eltern miteinander absprechen und den Zeitplan des Vaters mitberücksichtigen. Dieser oder weitere zusätzliche Tage wurden aber schriftlich nicht festgehalten, da man inzwischen davon ausgehen konnte, dass die ehemaligen Eheleute genügend Einsicht und Kommunikationsfähigkeiten erworben haben, um sich da in freierer Weise miteinander zu einigen. Die juristische Festlegung sei eher eine Linie, die für den Fall bestehe, wenn man sich einmal nicht einigen könne.

Weiteres Beispiel: Mediation und unbewusste zwischenmenschliche Konflikte (Übertragung)

In einer anderen Scheidungsmediation war man schon mehrfach in der Phase möglicher Lösungen angekommen, aber die Medianten gerieten immer wieder in solch emotional aufgeladene Streitigkeiten, sodass es erforderlich wurde, noch einmal, es war dann schon das vierte Mal, in die Phase der Klärung der hinter den erneut infrage gestellten Positionen liegenden Interessen zurückzukehren. Man konnte annehmen, dass da ein unbewusster Widerstand gegen die Mediation bei bewussten und geäußerten Wünschen, die Mediation gut weiterzuführen, wirksam war. Was konnte das sein? Man fing noch einmal von vorne an und untersuchte erneut die Geschichte der Ehe. Bekannt war, dass die Ehefrau wegen der schon vor der Ehe eingetretenen Schwangerschaft vom Wunsch Abstand nahm, noch eine Ausbildung zur Fachkrankenschwester zu machen, um dem späteren Mann sein Medizinstudium mitfinanzieren zu können. Als nach etwa 10 Ehejahren die beiden Kinder schon in die Schule gingen, der Mann dabei war, seine Facharztweiterbildung abzuschließen – die Frau arbeitete nach der Geburt des zweiten Kindes nicht mehr –, wollte sie, um wieder in den Beruf zurückzukehren, die damals geplante Ausbildung nachholen. Dabei erfuhr sie, dass sie sich zuerst wieder im alten Beruf (Krankenschwester) bewähren solle, außerdem sei für ihre Weiterbildung jetzt mindestens die Mittlere Reife, wenn nicht das Abitur, erforderlich, zudem eine Zeit als Stationsleiterin. Sie sagte sich damals, das mache nichts, sie seien ja finanziell gut gestellt – und so könne sie weiterhin gut für die Kinder sorgen. Zudem war der Mann dabei, eine Chefarztposition zu bekommen, wenn er sich weiter bewähre. Beide planten nun, dass er sich noch einmal seiner Karriere widmen solle, sie werde ihn dabei unterstützen. Das geschah. Zur Trennung führte Jahre später, dass er, inzwischen Chefarzt, sich in eine junge Assistenzärztin verliebte und diese schwanger wurde. Er habe eigentlich bei seiner Frau bleiben wollen, es sei nur eine kurze Affäre gewesen, aber durch die Schwangerschaft und das Kind sei er in neue Verantwortung geraten. Die Frau war durch diese Affäre so gekränkt, dass kein Zusammenleben mit ihm mehr möglich war. Er zog aus, wohnte dann etwa zwei Jahre allein, besuchte seine Kinder, wollte zur Ehefrau zurück, die immer sicherer um Scheidung nachsuchte. Die Assistenzärztin war mit dem Kind an einen anderen Ort gezogen und inzwischen anderweitig verheiratet. All das war schon bekannt und früher durchgesprochen. Wo war da der unbewusste Hintergrund? Die Frau behauptete, sie möge ihren Mann schon noch, könne sich aber keine Gemeinsamkeit mehr mit ihm vorstellen. Er behauptete seinerseits, mit der Scheidung schon einverstanden zu sein, da er die Kränkung seiner Frau verstehen könne. Woher kamen dann die extremen Affekte, die Gespräche so häufig völlig unmöglich machten? Der Mediator nutzte seine Gegenübertragung, das heißt, er ging seinen Gefühlen nach mit der Überlegung, was er mit diesen Gefühlen abwehren könnte. Gegenübertragung ist wie Übertragung (siehe entsprechendes Kapitel) ein unbewusster Prozess. Die bewussten Gefühle gegenüber der Frau waren einerseits freundlich und verständnisvoll, andererseits aber auch von unklaren, etwas verwirrten Gedanken geprägt. Aus seiner eigenen Psychoanalyse musste nun der Mediator annehmen, dass er mit solchen Gefühlen und Gedanken heftige Ambivalenzen abwehrte. Daraufhin fragte er die Frau nach ihrem Verhältnis zu ihrem Vater in der Annahme, die Ambivalenzen gehörten vielleicht zum Vater. Schnell konnte die Frau berichten, die Mutter habe immer alles getan, um dem Vater eine Hilfe zu sein, er arbeitete seinerseits neben seinem Beruf (Polizist) noch als Mechaniker, reparierte alles Mögliche, war fast nie zu Hause. Sie habe dennoch eine sehr enge Beziehung zu ihm gehabt, wenn er da war. Sie sei aber entsetzlich enttäuscht gewesen, als er immer noch seltener nach Hause kam und schließlich mitteilte, sie war da 14 Jahre alt, er ziehe nun zu seiner Freundin. Da habe er völlig den Kontakt abgebrochen und bei ihren zweimaligen Versuchen, ihn aufzusuchen, sie abgewiesen, sie solle doch bei ihrer blöden Mutter bleiben und ihn in Ruhe lassen. Er habe dann auch nichts mehr bezahlt, und wenn doch, dann nur über Anwälte und Gericht. Es wurde klar, dass das bei ihr ein so einschneidendes Erlebnis war, das sie vergessen zu haben glaubte, dass es wohl jetzt bei der Abwendung ihres Mannes mit dem Seitensprung in vollem Umfang wieder hervortrat. Sie sah also in ihrem Mann das Verhalten des Vaters, das war die Übertragung auf ihn. Da sie nie so sein wollte wie die Mutter und jetzt doch entdecken musste, dass ihr Verhalten in der Unterstützung der Karriere des Mannes genau gleich war, konnte sie ihre Affekte langsam verstehen und – das zeigte der weitere Verlauf – damit besser umgehen. Der Mann hatte eine ganz andere Geschichte, einen extrem autoritären Vater, von dem er sich abgewandt hatte, eine Mutter, die meist depressiv und ängstlich litt. Mit ihr fühlte er sich verbunden, wollte seiner Frau nie das antun, was der Vater tat – schon gar nicht im Bereich des Sexuellen. Er hatte also, was nicht selten ist, eine Mutterübertragung in der Form, seine Frau nie sexuell belästigen zu dürfen, sie immer zu verwöhnen, ihr dankbar sein zu sollen, wenn sie sich für ihn und die Kinder zurückstellte. Die Sexualität sei für ihn erst bei seinem Seitensprung so richtig möglich gewesen, wofür er sich noch heute schäme. Nun wurde deutlich, dass die eheliche Sexualität für keinen der Partner besonders schön gewesen sei, wechselseitig hatten sich die Vater- und Mutterübertragung in der Ehe durchgesetzt, noch jetzt die Mediation behindert. Nun wurde es möglich, auch am Mediator Kritik zu äußern, der Mann hätte sich mehr »Durchgreifen« gewünscht, die Frau mehr Zugewandtheit, wo man sehen konnte, er war auch schon ein wenig einer väterlichen Übertragung ausgesetzt. Andererseits war er unbewusst wie die jeweilige Mutter, die Frau sah seine vielfältigen Bemühungen, der Mann glaubte die leidende Mutter zu erkennen, wenn der Mediator sich offensichtlich sehr bemühte. Nachdem diese Übertragungsprozesse (die Gefühle des Mediators und deren genauere Analyse im Sinne der Gegenübertragung lasse ich hier aus Platzgründen weg) zumindest in ihren Grundzügen angesprochen und damit etwas beruhigt wurden, konnte der Mediationsprozess in deutlich klarerer Weise fortgesetzt werden und mündete langsam in den Scheidungsvertrag.

Diese Form (Mediation) der außergerichtlichen Konfliktgestaltung und -lösung bewährt sich nun nicht nur bei Trennungen und Scheidungen, sondern auch in der Industrie, zwischen Firmen, innerhalb von Firmen, Organisationen und Institutionen, es gibt die Wirtschaftsmediation, dann die Mediation zwischen und in Städten, Gemeinden, Parteien usw., auch die Mediation bei Umweltkonflikten (Geißler 2004)[209].

---

209 Unter der Leitung von Peter Heintel wurde das Mediationsverfahren zwischen Umweltgruppen, Regierung, der Stadt Wien, Flughafengesellschaft und anderen Interessengruppen ausführlich dokumentiert: Falk, Heintel, Krainer (2006).

Mediation ist vom Grundsatz her ein interdisziplinäres Verfahren, die Mediatoren sind Anwälte, Steuerberater, Betriebs- und Volkswirtschaftler, Wirtschaftsprüfer, Richter (bei der gerichtsnahen Mediation), aber auch Berufe aus dem psychosozialen Bereich. Bei letzteren Berufsgruppen, vor allem bei Psychoanalytikern, zeigte es sich bei der Ausbildung, dass diejenigen, die in ihrer Tätigkeit nur mit Einzelkontakten betraut waren wie z. B. Einzel-Psychotherapeuten, es recht schwer hatten, sich umzustellen auf eine Situation mit mehreren Beteiligten. Leichter hingegen hatten es solche, die es schon vom Beruf her mit mehreren Beteiligten zu tun hatten, also Paar-, Familien-Therapeuten, Gruppenanalytiker, psychodynamisch orientierte Organisationsberater oder auch solche, die im Bereich der Sozialtherapie tätig waren. Schon in der Familien- oder Scheidungsmediation hat man es mit mehreren Personen zu tun, das dafür nötige Handwerkszeug ist eine deutliche Hilfe[210].

Der schon im Beruf geübte Umgang mit unbewussten Prozessen war für die psychodynamisch orientierten Mediatoren eine große Hilfe, diese Hilfe bewährte sich schon in der Mediationsausbildung, wo die anderen Berufe wie z. B. Anwälte im interdisziplinären Austausch viel über die Möglichkeiten eines solchen Umgangs mit unbewussten Prozessen lernen konnten. Umgekehrt lernten die psychosozialen Berufsgruppen viel über das Recht, wobei gerade durch die Spezialisten des Rechts deutlich gemacht wurde, wie entmündigend die Delegation des Rechts an Gerichte wirken kann. Zudem besteht die Erfahrung, dass Beteiligte in Rechtsverfahren unbeweglich werden und gerne starr an ihren Positionen festhalten[211].

---

210 Im Rahmen meiner Vorstandstätigkeit in der DGPT (Deutsche Gesellschaft für Psychoanalyse, Psychotherapie, Psychosomatik und Tiefenpsychologie e. V.) begründete ich gemeinsam mit G. Jerouschek ein Institut für Psychodynamische Mediation in München, das in Kooperation mit G. und H.-G. Mähler (1994) und ihrem Institut (Eidos Projekt Mediation) PsychoanalytikerInnen neben anderen Berufen zu MediatorenInnen ausbildet. Das ist die Erfahrungsgrundlage für die oben geäußerten Gesichtspunkte.

211 P. Heintel (2006, S. 211) zur Mediation Flughafen Wien-Schwechat: »Internationale Beispiele haben längst gezeigt, dass in ähnlichen Konfliktfällen zwar Rechtsrahmen existieren, die für Lösungen zuständig gemacht werden können, dass aber die gewählten Verfahren nicht befriedigen. Der Hauptgrund dafür liegt nicht so sehr in der Unterbewertung von Initiativen, die nicht juristische Parteienstellung erhalten, sondern, ..., überhaupt in der Delegation an das Rechtssystem, das vielfach mit dem Verlust eigener Konfliktkompetenz einhergeht.«

Mediation ist somit ein Verfahren außergerichtlicher Art, das in erfolgreicher Weise, ausgehend von der Familien- und Scheidungsmediation bis hin zur Mediation von ganzen Staaten und Ethnien (Volkan 1994), reichen kann. Psychodynamische Prozesse spielen, wie immer, auch hier eine nicht zu unterschätzende Rolle (Gfäller 2007). In den von mir berichteten Fällen von Mediationsprozessen in Organisationen wirkten die unbewussten Prozesse sowohl bei den einzelnen Beteiligten als auch bei den beteiligten Organisationen in deutlicher Weise, die aufzuklären notwendig waren, um zu befriedigenden und nachhaltigen Abschlüssen zu kommen. Ich möchte hier, neben den schon genannten Beispielen oben über Familienmediation, nicht näher auf die Prozesse im Einzelnen eingehen. Zu sagen ist nur, dass im Hintergrund sowohl Freud als auch die Aussagen von Norbert Elias über unbewusste Prozesse in der Kulturentwicklung Einfluss hatten. Immer spielen Tabus (siehe Schröder[212]) insofern eine Rolle, als Tabus als solche zuerst einmal gar nicht leicht erkennbar sind, sondern langsam herausgearbeitet werden müssen. Mediation, Psycho- und Gruppenanalyse sind auf mehreren Ebenen miteinander verbunden: Man teilt die Anschauung, es gibt verschiedene Wirklichkeiten der am Prozess Beteiligten. Jede dieser Wirklichkeiten, die manchmal zudem als Wahrheiten empfunden werden, steht gleichberechtigt neben den anderen, die Hintergründe dieser Anschauungen werden hinterfragt. Die nächste Überschneidung liegt in der Auffassung, dass Konflikte ubiquitär sind, Konflikte innerhalb des Menschen (Ambivalenzen), zwischen den Menschen und zwischen menschlichen Gruppierungen. Konflikte sind keineswegs grundsätzlich schlecht, man geht davon aus, dass es wegen ihres Vorhandenseins nötig ist, einen Umgang damit sich zu erarbeiten, kreative Konfliktgestaltung zu entwickeln. Konflikte und Widersprüche werden als dem Leben zugehörig gesehen[213]. Eine weitere Gemeinsamkeit liegt darin, dass der Mediator, wie der Psycho- und

---

212 Järventausta, M., Schröder, H. (1997), Keck, R. W., Kirk, S., Schröder, H. (Hrsg.) (2006), Rothe, M., Schröder, H. (2005), Schröder, H. (1995, 1997, 2003, 2006)

213 C. F. von Weizsäcker geht hier noch weiter, binäre Entscheidungen, sog. Uralternativen, sind Bestandteil seiner Ure, der Grundbausteine unseres Universums. Wenn ich es richtig verstanden habe, sind Ure 10^{-27} Quarks, die ihrerseits die Größe von 10^{-27} der Größe eines Atoms haben. Ure treffen ihre »Entscheidungen« in Gruppenprozessen. Da ich kein Physiker bin, kann ich nur die Meinung Weizsäckers (siehe die angegebene Literatur) wiedergeben, soweit ich glaube, sie verstanden zu haben.

Gruppenanalytiker, als in den Prozess einbezogen mitgedacht wird, er ist als Leiter des Prozesses zugleich Mitglied dieses unter den von ihm mitgestalteten Umständen, z. B. der Regeln und des Settings.

5.2 Collaborative Practice (Kooperative Praxis)

Neben der Mediation hatte sich in den USA ein weiteres außergerichtliches, der Mediation ähnliches Verfahren entwickelt, gewissermaßen eine Mediation ohne Mediator. Auch dieses Verfahren ist inzwischen in der Bundesrepublik angekommen, es zeichnet sich dadurch aus, dass es statt eines Mediators nun eine Gruppe von Fachleuten gibt, die sich wie folgt strukturiert[214]: Die Konfliktpartner haben hier jeweils eigene beratende Anwälte, Sachverständige und Coaches, die allesamt dem Verfahren angehören und per Vertrag abgesichert sind, nicht bei einem evtl. Scheitern vor Gericht z. B. als Zeugen auftreten zu können. Das Verfahren läuft so ab: Die Gruppe der Experten setzt sich nach den Gesprächen mit den Konfliktpartnern (manchmal getrennt, manchmal gemeinsam) selbst zusammen, um Optionen für das weitere Vorgehen zu erarbeiten, dann kommen wieder Gespräche mit den Konfliktpartnern einzeln oder gemeinsam, dann weitere Gespräche der Gruppe der Experten oder der Professionellen usw. Dabei werden Psycho- und Gruppendynamiken zur Erforschung der Konfliktlagen genutzt, sofern man sich damit etwas auskennt. Das Ziel ist wie in der Mediation über ähnliche fünf Schritte die Erweiterung eigener Konfliktlösungspotenziale, Selbstverantwortung und schließlich eine nachhaltige Lösung samt Vertrag, wiederum außerhalb der Gerichte.

Bricht man das Verfahren auf die Scheidungsproblematik herunter, so hat der Ehemann sowohl seinen Anwalt als auch seinen Coach wie auch die Ehefrau. Die Anwälte beraten im rechtlichen Sinne, die Coaches versuchen, die hinter den Positionen liegenden Interessen so mit den jeweiligen Konfliktpartnern heraus zu arbeiten, dass auch auf diese Art und Weise die Möglichkeit zu einer nachhaltig wirkenden Einigung entstehen kann. Im Gruppengespräch mit allen Beteiligten wird von den Professionellen ermutigt, offen zu sprechen. Das Verfahren selbst ist in Deutschland noch wenig geübt, sodass noch nicht genügend Er-

---

214 Ausführlich bei Mähler, Mähler (2009)

fahrungen vorliegen, es ist ein neues Verfahren, in dem dann vor allem die Gruppenanalyse einen wesentlichen Beitrag leisten kann, da es hier um Gruppenprozesse geht, die ihre eigene Dynamik entfalten und von den Professionellen erkannt werden sollten, damit sie einerseits genutzt, andererseits in ihrem schädlichen Gehalt behindert werden. Wiederum sind unbewusste Hintergründe am Wirken, ohne dass jetzt schon allzu viel darüber auszusagen ist. Zu erwarten ist allerdings, dass sich in der Gruppe der Professionellen die Konfliktszenarien der verschiedenen Konfliktpartner neu inszenieren, wodurch sie mit ihren unbewussten Hintergründen vielleicht leichter erkennbar sind. In der Gruppenanalyse nennt man dies Spiegelung, mit der umzugehen und sie überhaupt zu erfassen gewisses gruppenanalytisches Handwerkszeug hilfreich sein dürfte. Diese neue Methode ist vor allem bei Konflikten zwischen Firmen, Organisationen, Gemeinden usw. eine sehr zu überlegende Alternative.

5.3 Schlichtung – andere Konfliktbearbeitungs- und Konfliktlösungsmethoden

Es dürfte kaum eine Zeit gegeben haben, in der nicht gewählte Schlichter zwischen Konfliktparteien ihre Tätigkeit ausgeführt haben. Ein bekannter Schlichter, Dr. Hans-Jochen Vogel, berichtete mir über anstrengende Schlichtungsverfahren[215] nach gescheiterten Tarifverhandlungen zwischen Gewerkschaftsvertretern und Vertretern der Industrie. Im Gegensatz zum Mediator wird der Schlichter mit Stimmrecht ausgestattet, weswegen man besonders herausgehobene Persönlichkeiten mit ebenso bekannter Integrität zum Schlichter wählt, der im Entscheidungsprozess eine gewichtige Rolle spielen soll. Es sind zwar mediatorische Fähigkeiten gefragt wie z. B. das Herausarbeiten von Interessen hinter den zuerst geäußerten Positionen, der Schlichter aber trägt die letztlichen Entscheidungen mit, es geht nicht um ausschließliche Selbstverantwortung der Konfliktpartner. Er verkündet schließlich die Entscheidung. Natürlich muss die Entscheidung von den Konfliktparteien mitgetragen werden, was aber schon mehr oder weniger vorausgesetzt wird, wenn solche Konfliktparteien ihren

---

215 Darüber gab es ausführliche Berichte in den Medien.

Schlichter sich auswählen. Man benötigt großes Verhandlungsgeschick, Diplomatie und viel Erfahrung im Umgang mit schweren Konflikten. Inwieweit hierbei unbewusste Prozesse eine Rolle spielen, würde Vogel schon interessieren, obwohl er meint, eine gewisse Allparteilichkeit, wie in der Mediation, müsse doch meist genügen. Wird man allerdings als Schlichter bei einem ethnisch-nationalen Konflikt, wie im ehemaligen Jugoslawien es Herr Koschnik erfahren musste, eingesetzt, benötigt dies doch großes Wissen über die Geschichten und Mythologien der daran beteiligten Ethnien und Staaten. Das geht schon viel näher an die Mediation heran, weshalb Herr Koschnik auch von der Centrale für Mediation und der Stiftung Apfelbaum für seine mediative Tätigkeit im ehemaligen Jugoslawien den Soharts-Preis erhielt[216]. Da ich selbst keine persönlichen Erfahrungen mit Schlichtungen habe, möchte ich mich hier nicht weiter äußern.

Die ansonsten und meist gebräuchlichen Verfahren zur Konfliktlösung sind in demokratischen Staaten die Prozesse im Gericht. Hier werden das Recht und auch die Entscheidung an das Gericht delegiert, die beteiligten Konfliktparteien werden von Anwälten vertreten, die mit ihrer jeweiligen Interpretation des Rechts die gegebenen Positionen versuchen gegenseitig durchzusetzen, die Entscheidung aber trifft das Gericht.

Konflikte zwischen Unternehmen werden aber sehr selten vor ein Gericht gebracht, da die diesbezüglichen Verfahren öffentlich sind und keinerlei Bedürfnis besteht, der Öffentlichkeit oder Konkurrenten firmeninterne Daten, Prozesse und sonstiges Wissen über die Firmenstruktur mitzuteilen, sodass hier fast immer ein Verfahren gewählt wird, das in der einen oder anderen Weise der Mediation nahekommt. Wirtschaftsmediatoren haben hier ein großes Betätigungsfeld[217].

So meldete sich ein Richter eines Sozialgerichts, um heutzutage immer häufiger werdende Konflikte z. B. zwischen Arbeitnehmern und ihren Berufsgenossenschaften mithilfe der Mediation zu schlichten. Der

---

216 Pers. Mittlg. von G. Mähler, die Jurymitglied war und Koschnik nach der Preisverleihung interviewte (abgedruckt in Zeitschrift für Konfliktmediation).

217 Siehe Breidenbach (1995, 2001), dann Falk, Heintel, Krainer (2006) zur Umweltkonfliktstrategie und Lösung durch Mediation wegen einer weiteren, dritten Startbahn des Flughafens Wien-Schwechat, schließlich Geißler (2006, 267–274) zur Konfliktlösung in einer Bankfiliale.

Vertreter einer Berufsgenossenschaft berichtete, dass in Zeiten zunehmender Wirtschaftskrise Versicherte in der Berufsgenossenschaft vermehrt Klagen bei den Sozialgerichten gegenüber ihren Berufsgenossenschaften anstreben, um diese zu zwingen, hohe Zahlungen zu leisten. Dabei spielten nicht selten psychische Probleme wie z. B. andauerndes Gefühl, ungerecht behandelt worden zu sein, die sog. Rentenneurose (V. v. Weizsäcker 1986 ff.) eine nicht unbedeutende Rolle, die juristisch nicht zu fassen sind. Die Sozialgerichte arbeiten in Deutschland unentgeltlich, sodass man problemlos auf diese zugreifen kann. Von daher haben die Berufsgenossenschaften großes Interesse daran, außergerichtliche Einigungen zu erreichen, da die Prozesse vor Sozialgerichten lange Zeit, meist mehrere Jahre, dauern, bis sie überhaupt begonnen werden, dann auch noch lange Zeit und kostenintensiv (wegen beteiligter Anwälte) andauern, bis sie entschieden sind. Im Zweifel aber muss doch auf die Gerichte zugegriffen werden, wenn die Klagenden oder – hier selten – die Beklagten zu außergerichtlichen Verfahren nicht bereit sind. Es bedarf dringend einer Schlichtung, evtl. Mediation.

(Ein Hinweis auf »Soziologische und ethnologische Forschung« in diesem Kontext kann auf der Homepage des Verlages: www.klett-cotta.de auf der Seite zum Buch als PDF-Datei heruntergeladen werden.)

5.4 Gesundheit

Gesunde Mitarbeiter sind wünschenswert. Es dürfte erlaubt sein, Zweifel zu hegen am Erfolg der vielen Versuche, die immensen Ausgaben für das sog. Gesundheitssystem zu verringern, wenn man sich ausschließlich auf Krankheiten und deren Behandlung konzentriert, nicht aber darauf, wie man gar nicht erst krank wird. Es scheint nur darum zu gehen, die gesellschaftlichen Folgekosten von Erkrankungen einzudämmen. Die angeblich »naturwissenschaftlichen« Forschungsmethoden, um zu überprüfen, mit welcher Methodik man welche Krankheit man am besten behandelt, sehen daran völlig vorbei, wie intensiv ein guter mitmenschlicher Kontakt zwischen konkretem Arzt, Psychotherapeuten und dem jeweiligen Patienten wirkt. Die Forschung geht von austauschbaren Medizinern und ebenso austauschbaren Kranken aus, es geht um die Frage der Methode und die der Krankheit, nicht darum, wie die persönliche Beziehung zwischen Arzt und Patient zu gestalten sei. Heutzutage *ist* der Patient nicht mehr krank, er *hat* eine Krankheit. Und diese Krankheit steht ihm potenziell feindlich gegenüber und ist als solche mit ausgewählter Methodik zu bekämpfen. Meier-Abich (2008) berichtet von zwei verschiedenen Gruppen von Ärzten, die einen Ärzte waren im alten Griechenland dafür zuständig, die Kranken möglichst schnell gesund zu machen, damit sie wieder arbeits- und leistungsfähig wurden. Die andere Gruppe der Ärzte untersuchte mit den Kranken gemeinsam die Frage, unter welchen Lebensbedingungen sie erkrankt sind, ob sie ungesund gelebt hatten oder ob vielleicht die Gesellschaft, in der sie leben, krank sei, sodass das Krankwerden vielleicht eine gesunde Antwort darauf sei. Diese Ärzte waren auch dafür zuständig, im Rahmen politischen Handelns dafür zu sorgen, dass Gesellschaften als solche wieder gesund wurden, damit man an ihnen gar nicht erst erkranke. Die eine Gruppe der Ärzte, die für das Gesundwerden möglichst schnell zuständig war, waren die Ärzte für die Sklaven, die anderen Ärzte waren für die Bürger Athens zuständig. Böse formuliert könnte man sagen, die heutigen Mediziner sind die Ärzte für die Sklaven. Aus diesem Grunde könnte man fordern, dass aus Medizinern heute wieder Ärzte werden, nämlich solche, die sich darum kümmern, wie Menschen ihr Leben führen, sodass sie vielleicht daran erkranken, und wie sie im Sinne politischer Medizin ihre Aufgabe verstünden, wie aufgrund der Kenntnisse der Erkrankungen und der Erkrankten Gesellschaften (auch Unternehmen) anders organisiert werden könnten, sodass auch in diesem jetzigen neuen Sinne Bedingungen entstünden, an denen man gar nicht erkrankte. Natürlich gibt es immer Erbkrankheiten, Unfälle, Infektionskrankheiten und Erkrankungen wie Krebs, die zum Tod führen. Das Sterben und der Tod gehören zum Leben. Der zweite thermodynamische Hauptsatz (Zeit = zunehmende Entropie) benötigt zu seiner Richtigkeit auch sein Gegenteil, zumindest zeitweise, Neues wird geschaffen, neue Gestalten entwickeln sich, das Leben[218]. Schließlich kehrt das Leben wieder in die zunehmende Auflösung zurück. Sieht man Krankheiten ausschließlich als

---

218 Siehe hierzu Weizsäcker, C. F. (1971, 1977, 1988, 1991, 1992, 1994⁵), Zimmermann (2002, 2007) und Meyer-Abich (2009). Die Autoren, allesamt Physiker und Philosophen, können in berechtigter Weise die Kenntnis des zweiten thermodynamischen Hauptsatzes umsetzen auf das Leben und den Menschen.

Feinde an, die es zu bekämpfen gilt, wie es die heutigen Mediziner im Üblichen tun, worauf auch die unzweifelhaften Erfolge der heutigen Medizin beruhen, so sieht man nur Krankheiten und die dazu passende Methodik, nicht mehr den kranken Menschen samt dem behandelnden Arzt. Dabei hat die Frage, wie gesundes Leben und Arbeiten zu gestalten sei, nach den von Meyer-Abich (2010) vorgelegten Untersuchungen nur sehr partiell etwas mit Medizin zu tun. So scheint die Öffentlichkeit anzunehmen, dass Krebs und Herzkrankheiten Hauptursachen vorzeitigen Sterbens sind, dass man sie überwinden könnte, wenn noch viel mehr Geld in die medizinische Versorgung investiert werden würde. Die heutigen sozialmedizinischen Befunde aber zeigen, dass die Hauptursachen vorzeitigen Sterbens der Mangel an mitmenschlichem Rückhalt, mangelhafte Bildung, Probleme am Arbeitsplatz und wirtschaftliche Erfolglosigkeit sind und dass das, was man dagegen tun kann, nichts oder fast nichts mit medizinischer Versorgung zu tun hat. Eine Gesundheit, die Krankheiten (z. B. im Sinne von Reorganisation, Stärkung von Abwehrkräften) nicht zulässt, trägt die Krankheit schon in sich. In einem Selbstverständnis, einen Körper nur zu haben, nicht aber selbst Leib zu sein, kann man Krankheiten aus dem leiblichen Allgemeinen und der leiblichen Ganzheit samt dem Mitsein entfernen. Nach Viktor von Weizsäcker (1986 ff.) tritt oft an die Stelle des nicht gelebten Lebens Krankheit. Ein nicht mehr krankheitsorientiertes Gesundheitswesen dürfte heute die zentrale Aufgabe einer Gesundheitspolitik sein, die die Frage der Gesundheit ernst nimmt. Vermutlich hat es eine solche Gesundheitspolitik – auch in den Betrieben – bis jetzt kaum gegeben.

»Das Gute an der Krise der Medizin ist, dass die Kostensteigerungen dem Irrweg wohl eine Grenze setzen werden. Froh werden wir dessen aber nur dann, wenn wir den falschen Weg nicht mehr für den richtigen halten und einsehen, dass es schon längst einen besseren gegeben hätte. Wir können dankbar dafür sein, dass uns die großen Wegweiser der Vergangenheit – von Goethe bis Alexander von Humboldt bis zu Viktor von Weizsäcker – zu dieser Einsicht verhelfen, wenn wir danach suchen.« (Meier-Abich 2008 S. 84)

Zum gesunden Leben gehören die Formen der Verarbeitung gegebener Lebensbedingungen auf der Grundlage der Anlagen und bisheriger

Verarbeitung. Fühlt man sich den äußeren Gegebenheiten nur ausgeliefert, ohne Möglichkeit des Eingreifens zur Veränderung, dürften Anfälligkeiten für alle möglichen Erkrankungen vermehrt ausgebildet werden[219].

Aus meiner Sicht heißt, den zweiten thermodynamischen Hauptsatz der Physik ernst zu nehmen, auch, der Destruktivität den Raum zu lassen, der ihr gebührt. Wenn Freud (1915 b) sich die Frage stellte, weshalb es das Gesetz gäbe, »Du sollst nicht töten«, so musste er davon ausgehen, dass es dieses Gesetzes nur bedürfe, wenn im Menschen eine gegenteilige Bereitschaft bestünde. Einen anderen Menschen zu töten schien wohl gewisse Freude zu bereiten. Man könnte hier sagen, dass die sog. Naturvölker ihre Nahrungsmittelkette dadurch aufrechterhielten, dass sie ihre Nahrungskonkurrenten vernichteten. Gibt es weniger Ernährungsbedürftige, so bleiben die Natur und damit die Ernährung erhalten. Wie nun also ist das Gesetz, du sollst nicht töten, entstanden? Freud meinte, es sei am Grabe der geliebtesten Person entstanden, die aus ähnlichem Grund von Nachbarstämmen getötet wurde. Der enorme Schmerz über die geliebte getötete Person könnte nun über die Vernunft den Menschen veranlasst haben, da dieser Schmerz auch anderen widerfahren ist, das Gesetz einzuführen. In radikaler Weise geht Freud nun weiter und überlegt, wodurch dieser Schmerz am Tod der geliebten Person entstanden sei. Die Antwort darauf war für ihn, die Intensität des Schmerzes entspräche den vorangegangenen, meist schnell verdrängten und damit unbewussten Todeswünschen gegenüber dieser geliebten Person. Der Mensch ist nun einmal zutiefst ambivalent, widersprüchlich. Es ist dies eine kaum erträgliche Vermutung, die aber seit Freud in vielen analytischen Psychotherapien bestätigt wurde. Freud wusste damals keine Lösung, menschlicher Destruktion

---

219 *So träumte ein schwer erkrankter Patient, er stünde auf einem Hügel und sähe die Bombardierung Dresdens, überall Blitze von explodierenden Bomben, das Dröhnen der Flugzeuge. Der Hügel, es war inzwischen ein Hausdach geworden, begann zusammenzubrechen und ihn mitzureißen. Er wachte auf. In der Erinnerung hatte er als Kind tatsächlich diese Bombardierung gesehen, in der seine Eltern samt der jüngeren Schwester umkamen. Neben anderen Ergebnissen brachte dieser Traum seine ängstliche, vermeidende Lebenseinstellung zutage, wo er sich allein allen möglichen feindlichen Umwelten ausgeliefert fühlte, schließlich in der Krankheit zusammenbrach. Die Wende in der Therapie kam, als er vermehrt Möglichkeiten entdeckte, sich selbst gestaltend an seiner Umwelt mitzuwirken, wodurch er aus der mehr passiv-ausgelieferten Position in eine mehr aktiv-gestaltende kam.*

wirksam zu begegnen, auch heute dürfte eine solche Lösung kaum wissbar sein. Die vorgeschlagene Lösung, Kulturentwicklungen in bewusster und vernünftiger Weise so voranzubringen, dass auch die destruktiven Potenziale, seien sie gegen andere oder gegen sich selbst gerichtet, in sinnvoller Weise eingebunden werden könnten, ist noch nicht verwirklicht.

> Bei einem Patienten, der nach der Geburt seiner Tochter plötzlich erektive Impotenz erfuhr, ergab die Analyse, dass er noch in einer solchen Weise an seine Mutter gebunden war, dass er in der Frau mit der Geburt der Tochter plötzlich auch eine Mutter sah, die sexuell zu begehren zwar möglich, das sexuelle Begehren aber umzusetzen wegen der Mutterübertragung auf seine Frau unmöglich wurde. Seine geliebte Ehefrau war unbewusst zur Mutter geworden, die sexuell zu bedrängen eine ähnliche Schande bedeutet hätte wie das im Rahmen des Ödipus-Komplexes erwachende sexuelle Begehren gegenüber seiner Mutter. Aus seiner Lebensgeschichte wurde deutlich, dass er eine Mutter hatte, die die Sexualität mit ihrem Mann eher leidvoll als freudig erfuhr. Als »Sohn« (obwohl jetzt Ehemann) hatte er unbewusst die Entscheidung getroffen, männliche Sexualität einer Frau, die man liebt, nicht antun zu dürfen, da das Sexuelle selbst und dann die Schmerzen bei der Geburt eines Kindes dem Mann schuldhaft zuzurechnen seien; solches hatte er ihr aber angetan, weshalb er sich dadurch bestrafen musste, keine Erektion mehr zustande bringen zu können. Die Verknüpfung von Sexualität und Leid, also die Verknüpfung von Sexualität und Destruktion oder gar Gewalt, war ihm zutiefst unbewusst, verdrängt und durfte nicht ins Bewusstsein kommen. Er hatte in seiner Kindheit nicht erfahren, dass männliche Sexualität gerade eine Bedingung für das Glück weiblicher Sexualität sei, dass Frauen überhaupt so etwas wie Lust an der Sexualität empfinden könnten, außer vielleicht »schlechte Frauen«, Prostituierte, entsprechend dem christlichen Bild der heiligen Maria und der Hure Magdalena.

Aus somit guter alter und, wie so oft schwer erträglicher, psychoanalytischer Sicht ist das, was oben mit »kill-a-pig« in Papua-Neuguinea beschrieben wurde, dass also Destruktion und Leben/Liebe in engem Verhältnis zueinander stehen, vermutlich aber dennoch wahr. Gesundheit braucht damit auch richtigen Umgang mit Destruktion. Voraussetzung ist die Möglichkeit, solche Gedankengänge bei sich selbst überprüfen zu können. Die von Freud erarbeitete Einsicht in den Zusammenhang zwischen Liebe und Hass, Leben und Sterben (Freud 1915b) ist von der Psychoanalyse her gefordert. Dies ist allerdings nicht nur eine Forderung der Psychoanalyse, sondern auch die bescheidene Annahme der Richtigkeit dieses oben erwähnten zweiten thermodynamischen Hauptsatzes mit dem Leben als Gegenbewegung und neu sich entwickelnder Gestalten wie dem Bewusstsein, dem beseelten Leib, das sich dann wieder eingliedert in die Entropie und sich auflöst oder zerstört wird. Eine nun zu fordernde »gute« Kultur könnte diesem immanenten Zerstörungspotenzial vielleicht eine gewisse aufschiebende und leichter erträgliche Wirkung ermöglichen. Das ist die Hoffnung, die Freud (1933b [1932]) teilte mit anderen, die man auch heute noch teilen könnte, wenn es gelänge, eine solche Kultur zu schaffen, in der z. B. nicht Krankheit, sondern Gesundheit unter Einschluss des Wissens um die Destruktion im Zentrum der Betrachtung eines Gesundheitsprogramms oder einer Gesundheitsreform stände. Bezüglich des Krieges ist es wohl so, wie C. F. von Weizsäcker forderte in vielen seiner Schriften, es braucht einen Bewusstseinswandel (z. B. 1988) und die Vernunft des Menschen, die Institution des Krieges gemeinsam abzuschaffen, so schwer das auch immer ist. Die weltweite Abschaffung atomarer Waffensysteme samt dem Verzicht, neue zu produzieren, ist ein kleiner Schritt.

Da es aus der Sicht von Meyer-Abich (2010), der ich mich anschließe, durchaus zur Gesundheit gehört, dass auch die menschliche Gemeinschaft und der Staat gesund seien, wie es schon Platon[220] in seinem hippokratischen, durch die thrakischen Ärzte erweiterten Gesundheitsbegriff forderte, dürfte das beständig neu zu erwerbende innere Gleichgewicht von innerer und äußerer Natur, im Zusammenhang mit den dynamischen Gleichgewichten von Familie, Bezugsgruppe, Referenzgruppe, Gesellschaft und Staat nicht nur durch Krankheitsbekämpfung, sondern auch durch konkreten Einsatz für eine ebensolche gesunde Gesellschaft Aufgabe einer sich in politischer Verantwortung fühlenden Ärzte- und Therapeutenschaft sein. Aus Medizinern sollten wieder Ärzte werden. C. F. von Weizsäcker forderte diese politische Verantwortung für jeden wissenschaftlich Tätigen. Einen medizini-

---

220 Zitiert nach Meyer-Abich 2010

schen Reparaturbetrieb zu organisieren, wie es die jetzige[221] von mir so genannte Krankheitsverwaltungspolitik betreibt, die sich Gesundheitspolitik nur nennt, wird zur gesellschaftlichen Alibifunktion, um nichts verändern zu müssen. Da die Organisation dessen, was man tut, unbewusst eingreift in die eigene Wahrnehmung, man ist in Wechselwirkung Teilnehmer dieser Organisation, verändert dies auch das Bewusstsein des eigenen Tuns, wie es sich leider die organisierte Psychoanalyse gefallen ließe, wäre sie nur noch reduziert auf Krankheitsbehandlung. Gesundheit ist nicht nur mehr als Abwesenheit von Krankheit, sondern im positiven Sinne ein ausgewogenes, Konflikte einbeziehendes Mitsein in innerer und äußerer Natur, Arbeit, Gesellschaft und Staat, ein weltliches Mitsein, wozu gewisse Krankheiten zur leiblichen Neuorganisation gehören können, wie auch die bescheidene Haltung, auch einmal sterben zu können. Die politische Verantwortung des Arztes/Psychotherapeuten wäre aus dieser Sicht die Einmischung in die Gesellschaft oder Politik, um Bedingungen mit zu verändern, die krank machen.

---

221 Ich spreche hier von den Jahren bis mindestens 2009, Gutes scheint weiterhin nicht zu erwarten zu sein.

6. Zusammenfassung und Ausblick

Der Astrophysiker Börner[222] erklärte auf einem Vortrag, man wisse von unserem Universum nur etwa 3 – 7 %, alles andere sei noch nicht direkt zu erkennen, man könne darüber nur Vermutungen und Theorien aufstellen. Auf die Frage, wie dieses auch für den Menschen gälte, meinte er, dafür seien doch die Psychoanalytiker, vielleicht auch Hirnforscher, zuständig. Es trifft diese Aussage das, was in der heutigen Gehirnforschung vermutet wird, auch da könne man davon ausgehen, dass die Bewusstheit nur einen ähnlichen Prozentsatz erreiche. Das Unbewusste bestimmt also nicht nur, wie Freud im Bild des Eisbergs vermutete, dass nur etwa $1/7$ aus dem Wasser herausschaue, zu $6/7$ menschliches Verhalten, sondern wohl noch etwas mehr.

Mit der Psychoanalyse reihte sich Freud in die Reihe großer Persönlichkeiten ein, die den Menschen nicht als den Mittelpunkt der Welt ansahen. Darwin hatte ihn in eine Abstammungsreihe gestellt, Freud sagte nun, er sei nicht einmal mehr Herr im eigenen Haus, die Gruppenanalyse fügt dem hinzu, er sei im eigentlichen Sinne ein Gruppenwesen, also bestimmten unbewussten (auch gruppalen, institutionellen) Prozessen in hohem Ausmaß ausgeliefert, trotz allem Wissen und aller Bewusstheit über eigenes menschliches Verhalten. Das heißt natürlich nicht, dass die Vernunft da keinen Platz habe. Vieles kann über Vernunft geregelt werden, dennoch ist wohl hinter jeder Vernunft ein großes Stück Unbewusstheit.

Möchte man den Menschen in seinen kulturellen und gesellschaftlichen Prozessen genauer untersuchen, dürfte es ein geradezu notwendiges Unterfangen sein, die Wirkungen unbewusster Vorgänge, die Wirkung des Verborgenen in seinen jetzt schon wissbaren Mechanismen, wie sie hier dargestellt sind, zu untersuchen. Es ist die ethische Aufgabe der Psycho- und Gruppenanalyse, mithilfe ihres Wissens in alle möglichen gesellschaftlichen Bereiche hinein zu wirken, um da unnötigen Schaden zu vermeiden. Angesichts der Anschauung Freuds, Kultur-

---

222 Max-Planck-Institut für Astrophysik, Pers. Mittlg. Juni 2006

entwicklung sei immer auch Einschränkung der freien Äußerung der angeborenen Triebe, dürfte Kulturwissenschaft ohne Psycho- und Gruppenanalyse etwas schwerfallen, wenn man bedenkt, wie viele unbewusste Anteile da mitwirken. Dabei scheint es, als würden die Kultur- und Gesellschaftswissenschaftler mehr wissen als die Psychoanalytiker selbst, die die zunehmende Tendenz aufweisen, sich auf den Bereich der Krankheitsbehandlung zurückzuziehen.

Psychoanalyse und Gruppenanalyse stehen im Zeichen der Aufklärung (Heinrich 2007) und sind von daher immer auch kritische Einstellungen gegenüber der gerade gegebenen Kultur und Gesellschaft. Woanders als in Psycho- und Gruppenanalyse kann man mehr über die negativen Auswirkungen und Folgen von Gesellschaften, betrieblichen Organisationen, lernen? Vielleicht noch etwas in der Sozialmedizin; dieses Wissen gehört zurück in den gesellschaftlichen Diskurs und zur politischen Verantwortung.

In bescheidener Weise steht dieses Buch in der Tradition Carl Friedrich von Weizsäckers, dessen Mitarbeiter und späterer Gesprächspartner ich sein durfte. Wissenschaft und politische Verantwortung gehören zusammen. Für die Wissenschaft führte C. F. von Weizsäcker das Kriterium der »semantischen Konsistenz«[223] ein, dem ich hoffe, hier etwas gefolgt zu sein. Wenn Thomas von Aquin formulierte, die wahre Kirche entstehe nicht durch äußere Unterordnung, sondern durch innere Wahrnehmung, so könnte man heute formulieren – mit der Psychoanalyse Freuds und der Gruppenanalyse nach Foulkes –, es gälte das Über-Ich des einzelnen Menschen in seinem Mitsein mit Kultur, Natur und Gesellschaft vernunftgemäß so einzurichten, dass trotz aller Destruktivität (im Sinne des 2. thermodynamischen Hauptsatzes und der tristen Vermutungen der Psychoanalyse) Friede durch Abschaffung der Institution des Krieges einmal möglich würde. Wahrscheinlich kann kein einzelner Mensch seiner Destruktivität, seinen Trieben, wirklich Herr werden. Er benötigt der Unterstützung seiner Mitmenschen, um dem gerecht zu werden, das tun zu können, was im Mitsein Gutes ist, um das unbewusst Gewollte, das Schlechte, nicht tun zu müssen. Es geht um eine Welt, die dadurch besser wird, dass es Menschen gibt, nicht eine Welt oder Natur, die unter den Menschen leidet.

---

223 Dieses Kriterium verlangt einen Einklang zwischen Beobachtungen, der Art ihrer Feststellung und der Formulierung der Theorie.

Vermehrte Freiheit könnte sein, Gesolltes angesichts des Horizonts des Möglichen (des Ganzen, der Natur) tun zu können, das, was dem Menschen in seinem Mitsein (in und mit sich selbst und anderen, der Gesellschaft, dem Staat, der globalisierten Welt, der inneren und äußeren Natur) ansteht und seinem Wollen-Können entspricht[224]. Dazu gehört das Wissen um die Wirkung unbewusster Prozesse in der Kommunikation, in Organisationen, Institutionen, Firmen, in Gesellschaft und Politik und nicht zuletzt in der Wissenschaft, das nötig ist, um mehr Gewaltfreiheit, gewaltfreie Kommunikation und die von der Vernunft gebotene Abschaffung der Institution des Krieges möglich zu machen. Ob solches heute möglich ist, mag zu bezweifeln sein, ein Ansatz dazu ist gegeben. Ohne Akzeptanz unbewusster Vorgänge und erlerntem Umgang damit dürfte dies schwer möglich sein. Dieses Wissen ist allerdings neben aller theoretischen Erkenntnis zutiefst auch Erfahrungswissen samt nötiger Reflexion. In besonderer Weise gilt dies für Leiter oder Leiterinnen (Manager, Moderatoren) kommunikativer Prozesse jeglicher Provenienz, ob in Wirtschaft und Politik, in Unternehmen, als Therapeuten, Coaches, Berater, Schlichter, Mediator; diese Liste kann beliebig erweitert werden. Nicht zuletzt profitiert das Privatleben davon.

---

224 Zur Erklärung dieses Satzes: Die wohl größte Einschränkung im Handeln-Können ist – außer äußeren Einschränkungen – die Errichtung Triebverzicht fordernder innerer Gebote, also das Über-Ich, das weitgehend unbewusst arbeitet. Gelänge es, dieses Über-Ich (oder Clan-Gewissen, wie es Parin erweiterte) in den Einklang mit der Natur und Kultur so zu bringen, dass wir wollen können, wofür wir gut sind (Meyer-Abich 1997, 351–434), Mitsein leben zu können – nun unter der Zuhilfenahme des Unbewussten und der Aufdeckung seiner Wirkungen, wäre wohl Angemessenheit, Besonnenheit und mehr (innere und äußere) Freiheit möglich.

Literatur

Adler, M. (1993): Ethnopsychoanalyse: Das Unbewusste in Wissenschaft und Kultur. Stuttgart, New York: Schattauer

Adorno, Th. W. (1979): Jargon der Eigentlichkeit. In: Ebeling (1979), 116–131

Alberigo, G. (Hrsg.) (1993): Geschichte der Konzilien. Vom Nicaenum bis zum Vaticanum II. Düsseldorf: Patmos. 1998: Wiesbaden: Fourier

Ardjomandi, M. E. (Hrsg.) (2009): Jahrbuch für Gruppenanalyse, Band 14, 2008. Heidelberg: Mattes

Arendt, H. (1960 [2002]): Vita activa oder Vom tätigen Leben. München: Piper (2002)

Argelander, H. (1972): Gruppenprozesse. Wege zur Anwendung der Psychoanalyse in Behandlung, Lehre und Forschung. Reinbek bei Hamburg: Rowohlt

Baudrillard, J. (2007): Warum ist nicht alles schon verschwunden? Lettre International 77 (dt.), 30–35

Bauer, A., Gröning, K. (Hrsg.) (1995): Institutionsgeschichten, Institutionsanalysen: Sozialwissenschaftliche Einmischungen in Etagen und Schichten ihrer Regelwerke. Tübingen: edition diskord

Beckenbach, N. (Hrsg.) (2005): Wege zur Bürgergesellschaft. Gewalt und Zivilisation in Deutschland Mitte des 20. Jahrhunderts. Berlin: Duncker & Humblot

Beckenbach, N. (Hrsg.) (2007): Avant Garde und Gewalt. Gratwanderungen zwischen Moderne und Antimoderne im 20. Jahrhundert. Hamburg: Merus

Beckenbach, N. (2007a): Utopie und Eschatologie bei Karl Marx. In: Beckenbach 2007, 63–92

Beckenbach, N. (2007b): Das *feast of fools*. Vom kurzen Sommer der Anarchie. In: Beckenbach 2007, 153–197

Beckenbach, N. (2009): Soziologische und psychoanalytische Zeitdiagnose. DGPT-Tagung vom 26.–27. September 2002 mit ergänzenden Bemerkungen (April 2009). Unveröffentl. Manuskript

Behr, H., Hearst, L. (2005): Group-Analytic Psychotherapy. A Meeting of Minds. London, Philadelphia: Whurr Publ.

Belgrad, J., Görlich, B., König, H.-D., Schmid Noerr, G. (Hrsg.) (1987): Zur Idee einer psychoanalytischen Sozialforschung. Dimensionen szenischen Verstehens. Alfred Lorenzer zum 65. Geburtstag. Frankfurt/Main: S. Fischer

Bieri, P. (Hrsg.) (1981): Analytische Philosophie des Geistes. Königstein/Ts.: Anton Hain Meisenheim

Bilz, R. (1971): Paläoanthropologie. Frankfurt/Main: Suhrkamp

Bion, W. R. (1971): Erfahrungen in Gruppen und andere Schriften. Stuttgart: Klett

Böhme, H., Böhme, G. (1996³): Das Andere der Vernunft. Zur Entwicklung von Rationalitätsstrukturen am Beispiel Kants. Frankfurt/Main: Suhrkamp Tb 542

Bohleber, W. (Hrsg.) (2009): Alexander Mitscherlich. Verehrt – Vergessen – Erinnert. Mit Beiträgen von W. Bohleber, H. Thomä, G. Bruns, T. Hoyer, M. Leuzinger-Bohleber, T. Fischmann, N. Pfenning, K. L. Läzer, S. Bley, M. Brumlik, L. Lütgehaus. Psyche – Z Psychoanal 63, 2009, 99–236

Bosse, H. (1979): Diebe, Lügner, Faulenzer: Zur Ethno-Hermeneutik von Abhängigkeit und Verweigerung in der Dritten Welt. Mit einem Geleitwort von Paul Parin. Frankfurt/Main: Syndikat

Bosse, H. (1982): Defence Alliances. From Anxiety to Method in the Analytical Group. Group Analysis 15, 24–37

Bosse, H. (1994): Der fremde Mann. Jugend, Männlichkeit, Macht. Eine Ethnoanalyse. Unter Mitarbeit von Werner Knauss. Frankfurt/Main: Fischer

Bowlby, J. (1975): Bindung. Eine Analyse der Mutter-Kind-Beziehung. München: Kindler

Bowlby, J. (1999): Psychoanalyse als eine Naturwissenschaft. In: Sandler 1999, 106–127

Bräutigam, W. (1969²): Reaktionen, Neurosen, Psychopathien. Stuttgart: Thieme

Brede, K. (Hrsg.) (1974): Einführung in die psychosomatische Medizin. Frankfurt/Main: Syndikat

Breidenbach, St. (1995): Mediation. Struktur, Chancen und Risiken von Vermittlung im Konflikt. Köln: O. Schmidt

Breidenbach, St. (2001): Konsensuale Streitbeilegung. Bielefeld: Gieseking

Britton, R., Feldman, M., Steiner, J. (1998): Identifikation als Abwehr. Beiträge der Westlodge-Konferenz II, hrsg. von C. Frank und H. Weiß. Tübingen: edition diskord

Brown, D., Zinkin, L. (Ed.) (1994): The Psyche and the Social World. Developments in Group-Analytic Theory. London, New York: Routhledge

Bruns, G. (2009): Alexander Mitscherlich und seine Beziehung zur DPV. Psyche – Z Psychoanal 63, 153–167

Buchholz, M.B. (2003): Metaphern der »Kur«. Eine qualitative Studie zum psychotherapeutischen Prozess. Gießen: Psychosozial

Buchholz, M.B. (2009): Trauma – Was ich aus meinen Erfahrungen zu lernen versuche. In: Ardjomandi (2009), 171–190

Descartes, R. (1637): Discours de la Methode. Übersetzt von Artur Buchenau: Abhandlung über die Methode. Leipzig: Meiner PhB 26, 1911

Devereux, G. (1974): Normal und Anormal. Aufsätze zur allgemeinen Ethnopsychiatrie. Frankfurt/Main: Suhrkamp

Devereux, G. (1976): Angst und Methode in den Sozialwissenschaften. München: Hanser

Devereux, G. (1981): Baubo. Die mythische Vulva. Frankfurt/Main: Syndikat

Devereux, G. (1985): Realität und Traum. Psychotherapie eines Prärie-Indianers. Mit einem Vorwort von Margaret Mead. Frankfurt/Main: Suhrkamp

Dines, J. (1996): How Investors can MAKE MONEY using MASS-PSYCHOLOGY. A guide to your relationship to money. Belvedere, California 94920: James Dines & Company

Döbert, R., Habermas, J., Nunner-Winkler, G. (Hrsg.) (1980²): Entwicklung des Ichs. Königstein: Athenäum, Hain, Scriptor, Hanstein

Doppler, K., Lauterburg, Chr. (1994): Change Management. Den Unternehmenswandel gestalten. Frankfurt/Main: Campus

Drieschner, M. (1979): Voraussage – Wahrscheinlichkeit – Objekt. Über die begrifflichen Grundlagen der Quantenmechanik. Lecture Notes in Physics 99. Berlin: Springer

Ebeling, H. (Hrsg.) (1979): Der Tod in der Moderne. Königstein/Ts.: Anton Hain. Hier 4. Auflage 1997

Einstein, A., Podolsky, B., and Rosen, N. (1935): Can Quantum-Mechanical Description of Physical Reality be Considered Complete? In: The Physical Review, Bd. 47, 1935, 777–780

Elias, N. (1936 [1969]): Über den Prozess der Zivilisation. Bern: Francke. Neuauflage: Frankfurt/Main: Suhrkamp, Tschb. Wiss. 158 (1976)

Elias, N. (1987): Über die Zeit. Frankfurt/Main: Suhrkamp

Elias, N. (1989): Studien über die Deutschen. Machtkämpfe und Habitusentwicklung im 19. und 20. Jahrhundert, hrsg. v. M. Schröter. Frankfurt/Main: Suhrkamp

Elias, N. (1990): Norbert Elias über sich selbst. Frankfurt/Main: Suhrkamp

Elsen-Novák, G., Novák, M. (2006): Der »König der Gerechtigkeit«. Zur Ikonologie und Teleologie des »Codex« Hammurapi. In: Baghdader Mitteilungen 37, 131–156

Erikson, E. H. (1971): Kindheit und Gesellschaft. Stuttgart: Klett

Erikson, E. H. (1974): Jugend und Krise. Die Psychodynamik im sozialen Wandel. Stuttgart: Klett

Erikson, E. H. (1977): Lebensgeschichte und historischer Augenblick. Frankfurt/Main: Suhrkamp

Falk, G., Heintel, P., Krainer, L. (2006): Das Mediationsverfahren am Flughafen Wien-Schwechat. Dokumentation, Analyse, Hintergrundtheorien. Wiesbaden: Deutscher Universitäts-Verlag

Foucault, M. (1977): Der Wille zum Wissen. Sexualität und Wahrheit I. Frankfurt/Main: Suhrkamp

Foucault, M. (1986): Der Gebrauch der Lüste. Sexualität und Wahrheit II. Frankfurt/Main: Suhrkamp

Foucault, M. (1986a): Die Sorge um sich. Sexualität und Wahrheit III. Frankfurt/Main: Suhrkamp

Foulkes, S. H. (1948): Introduction to Group Analytic Psychotherapy. London: W. Heinemann

Foulkes, S. H. (1964 [1992]): Therapeutic Group Analysis. London: Allen & Unwin. (dt.: Gruppenanalytische Psychotherapie) München: Kindler (1974), München: Pfeiffer (1992) (mit einem Nachwort und Zusammenfassung nicht übersetzter Artikel von G. R. Gfäller)

Foulkes, S. H. (1971): Dynamische Prozesse in der gruppenanalytischen Situation. In: Heigl-Evers, A. (Hrsg.) (1971): Psychoanalyse und Gruppe. Göttingen: Vandenhoeck & Ruprecht

Foulkes, S. H. (1975 [1978]): Group Analytic Psychotherapy. London: Gordon Breach. Dt.: Praxis der gruppenanalytischen Psychotherapie. München: Reinhardt (1978)

Foulkes, S. H./Anthony, E. J. (1957 [1984]): Group Psychotherapy. The Psychoanalytical Approach. London: Karnac, London: Maresfields Reprints, 1984

Frank, C., Hermanns, L. M., Löchel, E. (Hrsg.) (2009): Jahrbuch der Psychoanalyse. Beiträge zur Theorie, Praxis und Geschichte. Stuttgart-Bad Cannstatt: frommann-holzboog

Frege, G. (1984 [1987]): Die Grundlagen der Arithmetik. Eine logisch mathematische Untersuchung über den Begriff der Zahl. Stuttgart: Reclam (1987)

Freud, A. (1964): Das Ich und die Abwehrmechanismen. München: Kindler

Freud, S. (mit Breuer) (1895d)[225]: Studien über Hysterie. GW 1, Frankfurt/Main: S. Fischer (ohne die Beiträge Breuers)

Freud, S. (1910e): Über den Gegensinn der Urworte. GW 8, 213–221. Frankfurt/Main: S. Fischer

Freud, S. (1912–1913): Totem und Tabu. GW 9. Frankfurt/Main: S. Fischer

Freud, S. (1915b): Zeitgemäßes über Krieg und Tod. GW 10, 324ff. Frankfurt/Main: S. Fischer

Freud, S. (1916d): Die Verbrecher aus Schuldbewusstsein. In: Einige Charaktertypen aus der psychoanalytischen Arbeit. GW 10, 364–391. Frankfurt/Main: S. Fischer

---

225 Die Zitierweise von S. Freud folgt der international gebräuchlichen Form (Int. J. Psychoanalysis).

Freud, S. (1916–1917): Vorlesungen zur Einführung in die Psychoanalyse: XXVI: Die Libidotheorie und der Narzissmus. GW 11, 427–446. Frankfurt/Main: S. Fischer

Freud, S. (1921c): Massenpsychologie und Ich-Analyse. GW 13, 70–161. Frankfurt/Main: S. Fischer

Freud, S. (1923a [1922]): »Psychoanalyse« und »Libidotheorie«. GW 13, 211 ff. Frankfurt/Main: S. Fischer

Freud, S. (1923b): Das Ich und das Es. GW 13, 237 ff. Frankfurt/Main: S. Fischer

Freud, S. (1924d): Der Untergang des Ödipuskomplexes. GW 13, 395 ff. Frankfurt/Main: S. Fischer

Freud, S. (1925d [1924]): Selbstdarstellung. GW 14, 33–96. Frankfurt/Main: S. Fischer

Freud, S. (1925h): Die Verneinung. GW 14, 11–15. Frankfurt/Main: S. Fischer

Freud, S. (1926e): Die Frage der Laienanalyse. GW 14, 209 ff. Frankfurt/Main: S. Fischer

Freud, S. (1926f): Psycho-Analysis. GW 14, 299–307. Frankfurt/Main: S. Fischer

Freud, S. (1927a): Nachwort zur »Frage der Laienanalyse«. GW 14, 287–296. Frankfurt/Main: S. Fischer

Freud, S. (1930a [1929]): Das Unbehagen in der Kultur. GW 14, 421 ff. Frankfurt/Main: S. Fischer

Freud, S. (1933a): Neue Folge der Vorlesungen zur Einführung in die Psychoanalyse. GW 15. Frankfurt/Main: S. Fischer

Freud, S. (1933b [1932]): Warum Krieg? GW 16, 13 ff. Frankfurt/Main: S. Fischer

Freud, S. (1940a [1938]): Abriss der Psychoanalyse. GW 17. Frankfurt/Main: S. Fischer

Freud, S. (1940b [1938]): Some Elementary Lessons in Psycho-Analysis. GW 17. Frankfurt/Main: S. Fischer

Fröbel, F., Heinrichs, J., Kreye, O. (1977): Die neue internationale Arbeitsteilung. München: Hanser

Geißler, P. (Hrsg.) (2004): Mediation – Theorie und Praxis. Neue Beiträge zur Konfliktregelung. Gießen: Psychosozial

Gfäller, G. R. (1982): Therapeutic Group Analysis in the Large Group. An Experiment. In: Group Analysis XV/3, 278–288

Gfäller, G. R. (1985): Von Freud zu Foulkes. Eine gruppenanalytische Interpretation von »Totem und Tabu«. Gruppenpsychother. Gruppendynamik 20, 383–398

Gfäller, G. R. (1986): Welterfahrung und Ich-Entwicklung. Gruppenpsychother. Gruppendynamik 22, 58–75

Gfäller, G. R. (1986²): Team-Supervision nach dem Modell von S. H. Foulkes. In: Pühl, H., Schmidbauer, W. (Hrsg.): Supervision und Psychoanalyse. München: Kösel, 69–110

Gfäller, G. R. (1992): Nachwort. Und: Teamarbeit und klinische Institution aus der Sicht der Gruppenanalyse. In: Foulkes, S. H. 1992, 260–270 und 271–284

Gfäller, G. R. (1994): Strafvollzug und Gruppenanalyse – ein unlösbarer Widerspruch? Bericht über 4 Jahre Fortbildung von Führungskräften aus Justizvollzugsanstalten. In: Knauss, Keller (1994), 205–212

Gfäller, G. R. (1995): Konvergenzen der anthropologischen Medizin von Viktor von Weizsäcker und der Gruppenanalyse nach S. H. Foulkes. Gruppenpsychother. Gruppendynamik 31, 212–241

Gfäller, G. R. (1996): Beziehungen von Soziologie und Gruppenanalyse. Gruppenpsychother. Gruppendynamik 32, 42–66

Gfäller, G. R. (1996a): Kindererziehung als unbewusste Reproduktion kollektiver Ziele. In: Gottschalk-Batschkus, Schuler 1996, 363–380

Gfäller, G. R. (1997): Professionalisierte Liebe in der Psychoanalyse. In: Höhfeld, K., Schlösser, A.-M. (Hrsg.): Psychoanalyse der Liebe. Gießen: Psychosozial, 315–324

Gfäller, G. R. (1997a): Die Gruppenleitung in der Gruppenanalyse (Foulkes) – spezifisch männliche Stile. In: Ardjomandi, M. E., Berghaus, A., Knauss, W. (Hrsg.): Leitung und Autorität im gruppenanalytischen Prozess. Jahrbuch für Gruppenanalyse und ihre Anwendungen Band 3. Heidelberg: Mattes.

Gfäller, G. R. (1998): Fremde Invasoren. Verdrängte Geschichte und die Folgen. Gruppenpsychother. Gruppendynamik 34, 37 – 53

Gfäller, G. R. (2001): Tabus in der Strategie gegen den Terrorismus. Aktuelle Stellungnahme. Gruppenanalyse 11, Heft 2, 103 – 108

Gfäller, G. R. (2002): Theoretische Grundlagen und Begriffsrahmen. Und: Beziehungen zu anderen analytischen Gruppenkonzepten. In: Lehmkuhl (2002), 19 – 37 und 50 – 64

Gfäller, G. R. (2002 a): Staatliches Gewaltmonopol, Gewaltenteilung, Notwehr und Unterdrückung der Geschichte von Gewalterfahrungen – eine mögliche Ursache für Gewalt gegen »Fremde« durch marginalisierte Gruppen? In: Schlösser, A.-M., Gerlach, A. (Hrsg.) (2002): Gewalt und Zivilisation. Gießen: Psychosozial

Gfäller, G. R. (2004): Fremdenfeindlichkeit und verdrängte historische Erfahrungen mit fremden Invasoren. Z. f. Individualpsychol. 29, 1, 20 – 37

Gfäller, G. R. (2007): Organisationsentwicklung und Gruppenanalyse: Ein Widerspruch, eine Ergänzung? In: Franke, C., Höller-Trauth (Hrsg.): Gruppenkompetenz in der Supervision – Es geht nicht ohne! Opladen & Farmington Hills: Barbara Budrich, 25 – 43

Gfäller, G. R., Leutz, G. (2006²): Gruppenanalyse, Gruppendynamik, Psychodrama. Quellen und Traditionen – Zeitzeugen berichten. Der Umgang mit Gruppenphänomenen in den deutschsprachigen Ländern. Heidelberg: Mattes

Gill, M. M. (1982): Analysis of Transference, Vol. I, Vol. II. New York: Int. Univ. Press

Gödde, G. (2009): Traditionslinien des »Unbewussten«. Schopenhauer – Nietzsche – Freud. Gießen: Psychosozial

Görnitz, Th. (1999): Quanten sind anders. Die verborgene Einheit der Welt. Mit einem Vorwort von Carl Friedrich von Weizsäcker. Heidelberg, Berlin: Spektrum

Görnitz, Th., Görnitz, B. (2002): Der kreative Kosmos: Geist und Materie aus Information. Heidelberg, Berlin: Spektrum

Goldstein, K. (1939): The Organism: A Holistic Approach to Biology. New York: American Book Comp. Dt.: Goldstein, K. (1934): Der Aufbau des Organismus. Einführung in die Biologie unter besonderer Berücksichtigung der Erfahrungen am kranken Menschen. Den Haag: Nijhoff

Gottschalk-Batschkus, Chr., Schuler, J. (Hrsg.) (1996): Ethnomedizinsche Perspektiven zur frühen Kindheit. Berlin: VWB, Verlag für Wiss. und Bildung

Green, A. (1996): Der Kastrationskomplex. Tübingen: edition diskord

Grinberg, L., Langer, M., Rodrigué, E. (1960): Psychoanalytische Gruppentherapie. Praxis und theoretische Grundlagen. Herausgegeben und eingeleitet von Werner W. Kemper. München: Kindler

Grinberg, L., Sor, D., Tabak de Bianchi, E. (1973): W. R. Bion. Eine Einführung. Stuttgart-Bad Cannstatt: frommann-holzboog

Groddeck, G. (1979 [1923]): Das Buch vom Es. Psychoanalytische Briefe an eine Freundin. Frankfurt/Main: S. Fischer

Gysling, A. (1995): Die analytische Antwort: Eine Geschichte der Gegenübertragung in Form von Autorenporträts. Tübingen: ed. diskord

Habermas, J. (1968): Erkenntnis und Interesse. Frankfurt/Main: Suhrkamp

Habermas, J. (1981): Theorie des kommunikativen Handelns. Bd. I und II. Frankfurt/Main: Suhrkamp

Habermas, J. (1984): Vorstudien und Ergänzungen zur Theorie des kommunikativen Handelns. Frankfurt/Main: Suhrkamp

Hamm-Brücher, H. (1990): Der freie Volksvertreter – eine Legende? München: Piper

Haubl, R. (2008): Die Angst, persönlich zu versagen oder sogar nutzlos zu sein – Leistungsethos und Biopolitik. Forum Psychoanal 24, 317 – 329

Heigl-Evers, A. (Hrsg.) (1971): Psychoanalyse und Gruppe. Göttingen: Vandenhoeck & Ruprecht

Heigl-Evers, A. (1978²): Konzepte der analytischen Gruppenpsychotherapie. Göttingen: Vandenhoeck & Ruprecht

Heigl-Evers, A., Gfäller, G. R. (1993): Gruppenpsychotherapie – eine Psychotherapie sui generis?! Gruppenpsychother. Gruppendynamik 29, 333 – 358

Heigl-Evers, A., Ott, J. (2001): Entwicklung und Konzepte der analytischen Gruppenpsychotherapie. In: Tschuschke, V. (Hrsg.): Praxis der Gruppenpsychotherapie. Stuttgart: Klett-Cotta, 328 – 334

Heinrich, K. (2007): Festhalten an Freud. Lettre International 78 (dt.), 26 – 32

Heintel, P. (2006): Mediation als Widerspruchsmanagement (ihre Möglichkeiten – ihre Grenzen). Und: Mediation und Politik. In: Falk u. a. 2006, 93 – 164, 191 – 224

Heintel, P. (2007): Innehalten. Gegen die Beschleunigung, für eine andere Zeitkultur. Freiburg i. Breisgau: Herder

Hempel, C. G. (1980): Typologische Methoden in den Sozialwissenschaften. In: Topitsch 1980¹⁰, 85 – 103

Hempel, C. G. (2003): Machbarkeitswahn und Daseinsgefräßigkeit im Biotechnischen Zeitalter. Berlin, Wien: Philo

Hengstl, J. (1999): Der »Codex« Hammurapi und die Erforschung des babylonischen Rechts und seine Bedeutung für die vergleichende Rechtsgeschichte. In: Renger, J., Dt. Orient-Gesellschaft (Hrsg.): Babylon. Focus mesopotamischer Geschichte, Wiege früher Gelehrsamkeit, Mythos der Moderne. 2. Internationales Colloquium der deutschen Orient-Gesellschaft 24. – 26. März 1998 in Berlin. Saarbrücken: Harrassowitz

Hermanns, L. (2009): Über die Wurzeln der Gruppenanalyse in Nachkriegsdeutschland – ihre Rezeptionsgeschichte und Traditionsbildungen. In: Ardjomandi (2009), 5 – 31

Hiebsch, H., Vorwerg, M. (1969⁴): Einführung in die marxistische Sozialpsychologie. Berlin: Deutscher Verlag der Wissenschaften

Hirschhorn, L. (2000): Das primäre Risiko. In: Lohmer (2000), 98 – 118

Horkheimer, M., Fromm, E., Marcuse, H. u. a. (1936 [1987²]): Studien über Autorität und Familie. Lüneburg: zu Klampen

Horn, K., Beier, Ch., Kraft-Krumm, D. (1984): Gesundheitsverhalten und Krankheitsgewinn. Zur Logik von Widerständen gegen die gesundheitliche Aufklärung. Opladen: Westdeutscher Verlag

Jacoby, R. (1985): Die Verdrängung der Psychoanalyse oder Der Triumph des Konformismus. Frankfurt/Main: S. Fischer

Järventausta, M., Schröder, H. (1997): Nominalstil und Fachkommunikation: Analyse komplexer Nominalphrasen in deutsch- und finnischsprachigen philologischen Fachtexten. Frankfurt/Main, Berlin, Bern, New York, Paris, Wien: Lang

Janssen, P. L., Joraschky, P., Tress, W. (Hrsg.) (2006): Leitfaden Psychosomatische Medizin und Psychotherapie. Orientiert an den Weiterbildungsrichtlinien der Bundesärztekammer. Köln: Deutscher Ärzte-Verlag

Jerouschek, G. (2005): »Er aber, sag's ihm, er kann mich im Arsch lecken. Psychoanalytische Überlegungen zu einer Beschämungsformel und ihrer Geschichte. Gießen: Psychosozial

Jung, C. G. (1971): Mysterium Conjunctionis, 3 Bände. Olten: Walter

Kaës, R. (2009): Innere Gruppen und psychische Gruppalität: Entstehung und Hintergründe eines Konzepts. Psyche – Z Psychoanal 63, 2009, 281 – 305

Kalevala, Das finnische Epos des Elias Lönnrot. Kommentiert von Hans Fromm (2005). Wiesbaden: Marixverlag

Keck, R. W., Kirk, S., Schröder, H. (Hrsg.) (2006): Bildungs- und kulturgeschichtliche Bildforschung. Tagungsergebnisse – Erschließungshorizonte. Baltmannsweiler: Schneider Verlag Hohengehren

Kissinger, H. A. (1994): Die Vernunft der Nationen: Über das Wesen der Außenpolitik. Berlin: Siedler

Klotter, Chr. (2007): Avantgardementalität. In: Beckenbach 2005, 25 – 62

Knauss, W., Keller, U. (Hrsg.) (1994): 9th European Symposium in Group Analysis: »Boundaries and Barriers«. Heidelberg, 29. August – 4. September 1993. Proceedings. Heidelberg: Mattes

König, K. (1996): Abwehrmechanismen. Göttingen, Zürich: Vandenhoeck & Ruprecht

Krause, R. (2002): Persönliche Mitteilung

Krause, R. (2008): Die Nazizeit als »chosen trauma«. Über die Ambivalenz der Erinnerungsarbeit in den Medien. Forum Psychoanal. 24, 341 – 349

Kreeger, L. (Ed.) (1975): The Large Group. London: Constable & Co. Ltd. Dt.: Die Großgruppe. Stuttgart: Klett (1977)

Kristeva, J. (2001): Das weibliche Genie. Hannah Arendt. Berlin, Wien: Philo

Krovoza, A., Schneider, Chr. (1987): Freuds Kulturtheorie und die Frage der Laienanalyse. In: Belgrad, J. u. a.: 1987

Kühl, S. (2007): Psychiatrisierung, Personifizierung und Personalisierung. Eine funktionale Analyse personenzentrierter Beratungen in Organisationen. In: Franke, C., Höller-Trauth, G. (Hrsg.): Gruppenkompetenz in der Supervision – es geht nicht ohne! Opladen & Farmington Hills: Barbara Budrich

Laplanche, J., Pontialis, J. B. (1972): Das Vokabular der Psychoanalyse. Frankfurt/Main: Suhrkamp

Leclaire, S. (1976): Das Reale entlarven. Das Objekt in der Psychoanalyse. Olten: Walter

Lehmkuhl, G. (Hrsg.) (2002): Theorie und Praxis individualpsychologischer Gruppenpsychotherapie. Göttingen: Vandenhoeck & Ruprecht

Lewin, K. (1947): Frontiers in Group Dynamics: Concept, Method and Reality in Social Science: Social Equilibria and Social Change. Human Relation 5

Lewin, K. (1951): Feldtheorie in den Sozialwissenschaften. Ausgewählte theoretische Schriften. In: Cartwright, D. (Hrsg.): Lewin Band 4, Feldtheorie, (Werkausgabe). Bern 1983: Stuttgart: Klett und Bern: Huber

Lindner, W.-V. (2006): Das Göttinger Modell der psychoanalytischen Gruppentherapie. In: Gfäller, Leutz (2006), 82 – 100

Löffler, A. (Hrsg.) (1981): Märchen aus Australien. Düsseldorf, Köln: Diederichs

Lohmer, M. (Hrsg.) (2000): Psychodynamische Organisationsberatung. Konflikte und Potentiale in Veränderungsprozessen. Stuttgart: Klett-Cotta

Lorenzer, A. (1973): Sprachzerstörung und Rekonstruktion. Frankfurt/Main: Suhrkamp

Lorenzer, A. (1973a): Über den Gegenstand der Psychoanalyse oder: Sprache und Interaktion. Frankfurt/Main: Suhrkamp

Lorenzer, A. (1974): Sprachspiel und Interaktionsformen. Frankfurt/Main: Suhrkamp

Lorenzer, A. (1974a): Die Wahrheit der psychoanalytischen Erkenntnis. Ein historisch-materialistischer Entwurf. Frankfurt/Main: Suhrkamp

Lyre, H. (1998): Quantentheorie der Information. Mit einem Geleitwort von C. F. von Weizsäcker. Wien, New York: Springer

Matussek, P., Marbach, J. (2000): Hitler. Karriere eines Wahns. München: Herbig

Mähler, H.-G., Mähler, G., Duss-von Werth (1994): Faire Scheidung durch Mediation. Ein neuer Weg bei Trennung und Scheidung. München: Gräfe und Unzer

Mähler, G., Mähler, H.-G. (2001): Mediation. In: Büchting, H.-U., Heussen, B. (Hrsg.) (2001): Beck'sches Rechtsanwalts-Handbuch. München: C. H. Beck, 1186–1215

Mähler, H.-G., Mähler, G. (2002): Familienmediation. In: Haft, F., v. Schlieffen, K. (Hrsg.): Handbuch der Mediation. München: C. H. Beck, 891–928

Mähler, H.-G., Mähler, G. (2009): Cooperative Praxis. – Collaborative practice/collaborative law. In: ZKM – Zeitschr. f. Konfliktmanagement 3/2009, 1–4

Mertens, W. (2008): Psychoanalytische Erkenntnishaltungen und Interventionen. Schlüsselbegriffe für Studium, Weiterbildung und Praxis. Stuttgart: Kohlhammer

Meyer-Abich, K. M. (1965): Korrespondenz, Individualität und Komplementarität. Wiesbaden. Zit. aus Weizsäcker, C. F. v. Weizsäcker, 1992

Meyer-Abich, K. M. (1997): Praktische Naturphilosophie. Erinnerung an einen vergessenen Traum. München: C. H. Beck

Meyer-Abich, K. M. (2008): Natur und Freiheit. Goethe, Alexander von Humboldt und Viktor von Weizsäcker als Wegweiser einer gesundheitsorientierten Medizin. In: Gahl, K., Achilles, P., Jakobi, R.-M. E. (Hrsg.): Gegenseitigkeit. Grundfragen medizinischer Ethik. Würzburg: Königshausen & Neumann, 65–85

Meyer-Abich, K. M. (2009): pers. Mitteilung, 22.4.2009

Meyer-Abich, K. M. (2010): Was es bedeutet, gesund zu sein – eine Philosophie der Medizin. München: Hanser

Mitscherlich, A. (1972): Die psychosomatische und die konventionelle Medizin. In: Mitscherlich u. a. 1972, 140–154

Mitscherlich, A., Brocher, T., Mering, von O., Horn, K. (Hrsg.) (1972⁴): Der Kranke in der modernen Gesellschaft. Köln: Kiepenheuer & Witsch

Morgenthaler, F. (1978): Technik. Zur Dialektik der psychoanalytischen Praxis. Frankfurt/Main: Syndikat

Morgenthaler, F., Weiss, F., Morgenthaler, M. (1984): Gespräche am sterbenden Fluss. Ethnopsychoanalyse bei den Iatmul in Papua-Neuguinea. Frankfurt/Main: S. Fischer

Nagera, H. (1977): Psychoanalytische Grundbegriffe. Eine Einführung in Sigmund Freuds Terminologie und Theoriebildung. Frankfurt/Main: S. Fischer

Neyraut, M. (1976): Die Übertragung. Frankfurt/Main: Suhrkamp

Nietzsche, F. (1884): Also sprach Zarathustra. Kritische Studienausgabe, hrsg. von Colli, G., Montinari, M. München 1980: dtv. Band 4

Obholzer, A. (2000): Führung, Organisationsmanagement und das Unbewusste. In: Lohmer (2000), 79–97

Ogden, T. H. (1982): Projective Identification & Psychotherapeutic Technique. New York: Jason Aronson

Odgen, T. H. (2009): Das intersubjektive Subjekt der Psychoanalyse bei Klein und Winnicott. In: Frank et al. 2009, 139–170

Parin, P., Morgenthaler, F., Parin-Matthèy (1963): Die Weißen denken zuviel. Psychoanalytische Untersuchungen bei den Dogon in Westafrika. Zürich: Atlantis. München (1972): Kindler

Parin, P. (1978): Der Widerspruch im Subjekt. Ethnopsychoanalytische Studien. Frankfurt/Main: Syndikat

Parin, P. (1978a): Warum die Psychoanalytiker so ungern zu brennenden Zeitproblemen Stellung nehmen. Eine ethnologische Betrachtung. Psyche 32, Heft 5/6, 385–399

Parin, P. (2003): Die Leidenschaft des Jägers. Hamburg: Europäische Verlagsanstalt

Parin, P. (2006): Lesereise. 1955 bis 2005. Berlin: Edition Freitag

Parin, P., Morgenthaler, F., Parin-Matthèy (1971): Fürchte Deinen Nächsten wie Dich selbst. Psychoanalyse und Gesellschaft am Modell der Agni in Westafrika. Frankfurt/Main: Suhrkamp

Pauli, W. (1952): Der Einfluss archetypischer Vorstellungen auf die Bildung naturwissenschaftlicher Theorien bei Kepler. In: Jung, C. G., Pauli, W.: Naturerklärung und Psyche. Zürich: Rascher, 109 – 194 (zit. aus Meyer-Abich 1997)

Pehle, C. (2007): Das Ebenenmodell nach Foulkes. In: Franke, C., Höller-Trauth (Hrsg.): Gruppenkompetenz in der Supervision – es geht nicht ohne! Opladen & Farmington Hills: Barbara Budrich

Pflanz, M. (1972): Gesundheitsverhalten. In: Mitscherlich u. a. 1972, 283 – 289

Picht, G. (1989): Der Begriff der Natur und seine Geschichte. Vorlesungen und Schriften (Hrsg. von Constanze Eisenbart). Stuttgart: Klett-Cotta

Plänkers, T., Laier, M., Otto, H.-H., Rothe, H.-J., Siefert, H. (Hrsg.) (1996): Psychoanalyse in Frankfurt am Main: zerstörte Anfänge, Wiederannäherung, Entwicklungen. Tübingen: edition diskord

Platon (1982): Sämtliche Werke. Herausgegeben von Erich Loewenthal. 8. durchgesehene Auflage der Berliner Ausgabe von 1940. Mit einem bio-bibliographischen Bericht von Bernd Henninger und einem editorischen Nachwort von Michael Assmann. Heidelberg: Lambert Schneider

Popper, K. R. (1963): Conjectures and Refutations. London: Routhledge and Kegan Paul

Popper, K. R. (1980[10]): Prognose und Prophetie in den Sozialwissenschaften. In: Topitsch, E. 1980[10], 113 – 125

Pribram, K. H. (1999): Psychoanalyse und Naturwissenschaften: Die Beziehung zwischen Gehirn und Verhalten von Freud bis zur Gegenwart. In: Sandler 1999, 144 – 166

Reichmayr, J., Wagner, U., Ouederrou, C., Pletzer, B. (2003): Psychoanalyse und Ethnologie. Biographisches Lexikon der psychoanalytischen Ethnologie, Ethnopsychoanalyse und interkulturellen Therapie. Gießen: Psychosozial

Richter, H.-E. (1996): Zur Psychologie des Friedens. Mit einem aktuellen Vorwort zur Neuauflage 1996. Gießen: Psychosozial

Ricoeur, P. (1969): Die Interpretation. Ein Versuch über Freud. Frankfurt/Main: Suhrkamp

Ricoeur, P. (1974): Hermeneutik und Psychoanalyse. München: Kösel

Röllere, H. (Hrsg.) (1982): Brüder Grimm: Kinder und Hausmärchen, 2 Bde. Nach der 2. Auflage von 1819, textkritisch revidiert. Düsseldorf, Köln: Diederichs

Rohde-Dachser, C. (1998): Verknüpfungen. Psychoanalyse im interdisziplinären Gespräch. Göttingen: Vandenhoeck & Ruprecht

Rohde-Dachser, C. (2001): Expedition in den dunklen Kontinent: Weiblichkeit im Diskurs der Psychoanalyse. Gießen: Psychosozial

Rothe, M., Schröder, H. (2005): Körpertabus und Umgehungsstrategien. Berlin: Weidler

Russell, B. (1950): Philosophie des Abendlandes. Ihr Zusammenhang mit der politischen und der sozialen Entwicklung. Wien, München, Zürich: Europaverlag

Sandler, J. (Hrsg.) (1994): Dimensionen der Psychoanalyse. Stuttgart: Klett-Cotta

Sandler, J., Dreher, A. U. (1999): Was wollen die Psychoanalytiker? Das Problem der Ziele in der psychoanalytischen Behandlung. Stuttgart: Klett-Cotta

Schild, U. (Hrsg.) (1977): Märchen aus Papua-Neuguinea. Düsseldorf, Köln: Diederichs

Schindler, R. (1969): Das Verhältnis von Soziometrie und Rangordnungsdynamik. Gruppenpsychother. Gruppendynamik 3, 31 – 37

Schindler, R. (1971): Die Soziodynamik in der therapeutischen Gruppe. In: Heigl-Evers (1971), 21 – 32

Schmahl, F. W., Brehme, U., Hanke, H., Krueger, H., Rettenmeier, A. W. (Hrsg.) (1997): Gefährdungen des Menschen in der heutigen Arbeitswelt. Berlin: Ernst Schmidt

Schöpf, A. (1982): Sigmund Freud. München: C. H. Beck

Schöpf, A. (1998): Sigmund Freud und die Philosophie der Gegenwart. Würzburg: Königshausen & Neumann

Schröder, H. (1995): Tabuforschung als Aufgabe interkultureller Germanistik. In: Jahrbuch Deutsch als Fremdsprache 21, 15–35

Schröder, H. (1997): »Ich sage das einmal ganz ungeschützt« – Hedging und wissenschaftlicher Diskurs. In: Danneberg, Lutz, Niederhauser, J. (Hrsg.): Darstellungsformen der Wissenschaften im Kontrast. Tübingen: Gunter Narr

Schröder, H. (2003): Tabu. In: Wierlacher, A., Bogner, A. (Hrsg.): Handbuch interkulturelle Germanistik. Stuttgart, Weimar: J. B. Metzler

Schröder, H. (2006): Das real erhobene Bildarchiv der Universität Hildesheim. In: Keck u. a. 2006, 76–84

Schröder, H. (2008): Diagnose Tabu. Zum Stil der temporären Tabuaufhebung in der Arzt-Patienten-Kommunikation. In: Rothe, M., Schröder, H. 2008, 166–180

Schur, M. (1973): Das Es und die Regulationsprinzipien des psychischen Geschehens. Frankfurt/Main: S. Fischer

Segal, H. (1994): Psychoanalyse und die Freiheit des Denkens. In: Sandler 1994, 62–73

Slater, Ph. E. (1970): Mikrokosmos: eine Studie über Gruppendynamik. Frankfurt/Main: S. Fischer

Spinoza (1967): Ethica – Ethik. Hrsg. von Konrad Blumenstock. In: Opera – Werke. Lateinisch und Deutsch. Bd. II. Darmstadt: Wiss. Buchgesellschaft, 84–557

Thiele, J. (Hrsg.) (1988): Mein Herz schmilzt wie Eis am Feuer: Die religiöse Frauenbewegung des Mittelalters in Portraits. Stuttgart: Kreuz Verlag

Thomä, H., Kächele, H. (1989[2]): Lehrbuch der psychoanalytischen Therapie. 2 Bände. Berlin, Heidelberg, New York, Paris, London, Tokyo: Springer

Thomä, H. (2009): Die Einführung des Subjekts in die Medizin und Alexander Mitscherlichs Wiederbelebung der Psychoanalyse in Westdeutschland. Psyche – Z Psychoanal 63, 129–152

Tögel, C. (2009): Freud, Einstein und das Institut für geistige Zusammenarbeit in Paris. Kommentierte Briefe zur Vorgeschichte des Briefwechsels *Warum Krieg?* In: Frank et al. 2009, 81–112

Topitsch, E. (Hrsg.) (1980[10]): Logik der Sozialwissenschaften. Königstein/Ts.: Anton Hain Meisenheim

Turquet, P. (1975): Bedrohung der Identität in der großen Gruppe. In: Kreeger (1975), deutsch [1977], 81–139

Volkan, V. D. (1999): Das Versagen der Diplomatie. Zur Psychoanalyse nationaler, ethnischer und religiöser Konflikte. Gießen: Psychosozial

Volkan, V. D. (2004): Das Baum-Modell. Eine psycho-politische Herangehensweise zur Verminderung ethnischer oder anderer Spannungen zwischen Großgruppen. In: Geißler 2004, 69–96

Volkan, V. D. (2005): Blindes Vertrauen. Großgruppen und ihre Führer in Krisenzeiten. Gießen: Psychosozial

Weizsäcker, C. F. v. (1971): Die Einheit der Natur. München: Hanser

Weizsäcker, C. F. v. (1977): Der Garten des Menschlichen. Beiträge zur geschichtlichen Anthropologie. München: Hanser

Weizsäcker, C. F. v. (1983): Wahrnehmung der Neuzeit. München: Hanser

Weizsäcker, C. F. v. (1985): Aufbau der Physik. München: Hanser

Weizsäcker, C. F. v. (1987): Das Ende der Geduld. Carl Friedrich von Weizsäckers »Die Zeit drängt« in der Diskussion. München: Hanser

Weizsäcker, C. F. v. (1988): Bewusstseinswandel. München, Wien: Hanser

Weizsäcker, C. F. v. (1990¹³): Zum Weltbild der Physik. Mit neuem Vorwort: Rückblick nach 46 Jahren. Stuttgart: S. Hirzel

Weizsäcker, C. F. v. (1991): Der Mensch in seiner Geschichte. München, Wien: Hanser

Weizsäcker, C. F. v. (1992): Zeit und Wissen. München, Wien: Hanser

Weizsäcker, C. F. v. (1994⁵): Der bedrohte Friede – heute. München, Wien: Hanser

Weizsäcker, C. F. v. (1997): Wohin gehen wir? Der Gang der Politik, der Weg der Religion, der Schritt der Wissenschaft, was sollen wir tun? München, Wien: Hanser

Weizsäcker, V. von (1986 ff.): Gesammelte Schriften in 10 Bänden, herausgegeben von Peter Achilles, Dieter Jans, Martin Schreck, C. F. von Weizsäcker. Frankfurt/Main: Suhrkamp

Wengenmayr, R. (2008): Die Formeln des Sprunghaften. Max-Planck-Forschung 1/2008, 68–73

Wengenmayr, R. (2008a): Spuk mit Spiegeln. Max-Planck-Forschung 4/2008, 26–31

Wildberger, H. (2009): Invidia – der Neid. Eine Psychoanalytikerin liest eine Episode aus Ovids *Metamorphosen*. In: Frank, Hermanns, Löchel (2009), 171–212

Winnicott, D. W. (1973): Vom Spiel zur Kreativität. Stuttgart: Klett

Zimmermann, R. E. (2002): Der totale Sinn seiner selbst. Literatur und Biographie bei Sartre oder Zur anthropologischen Grundlegung der Psychologie. J. f. Psych. 10, 2 (2002): 177–199

Zimmermann, R. E. (2007): Was heißt und zu welchem Ende studiert man Design Science? Aachen: Shaker

Zimmermann, R. E. (2009): Die Raumdeutung. Rekonstruktion der Psychoanalyse als kognitiver Metatheorie. Pers. Mittlg., Brief v. 6.5.2009